황해섬연구총서
대청도

필자(게재순)

최중기 인하대학교 해양학과 명예교수
이개석 경북대학교 사학과 명예교수
류창호 인하대학교 박물관 학예연구사
박덕배 인하대학교 해양학과 초빙교수
장윤주 대청도 엘림 여행사 실장
이영미 인하대학교 한국학연구소 연구교수
이재혁 한국연안협회 사무국장; 북극학회 회장
김형진 대청도 주민(모래울)
백광모 목사, 우리들교회
김기룡 사)인천섬유산연구소 이사장
최광희 가톨릭관동대학교 지리교육과 교수
박진영 국립생물자원관 국가철새연구센터장
현진오 동북아생물다양성연구소 소장
심현보 인천과학예술영재학교 교장, 식물분류학

황해섬연구총서 ❶

대청도 大靑島

최중기 이개석 류창호 박덕배 장윤주
이영미 이재혁 김형진 백광모 김기룡
최광희 박진영 현진오 심현보

사단법인 황해섬네트워크

1. 선진동 2. 선진포항

1. 삼각산 통신탑, 백령도, 양지마을, 옥죽동, 옥죽포구   2. 삼각산
3. 삼각산에서 바라본 모래울동과 갑죽도(무인섬)

1. 농여해변 나이테바위 2. 농여해변 전경 3. 농여해변 풀등에서 바라본 백령도
4. 농여해변 풀등

1. 대청중고등학교
2. 대청초등학교
3. 동내동

1. 서내동
2. 모래울동해변
3. 모래울동 소나무군락지

1. 미아동해변 2. 미아동해변 연흔

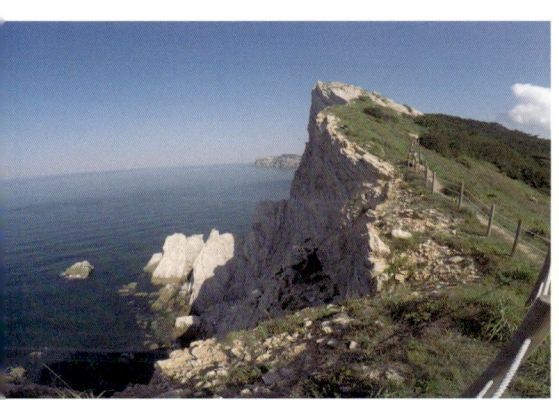

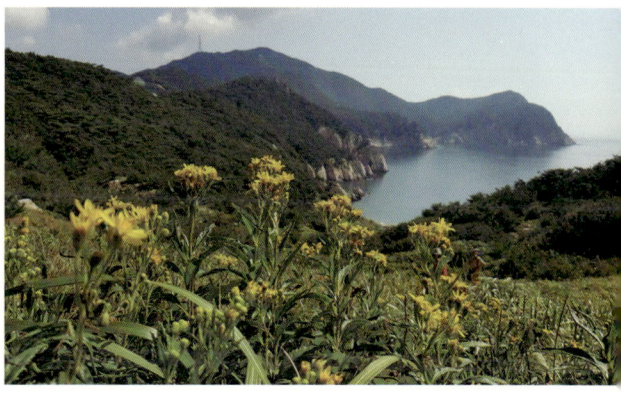

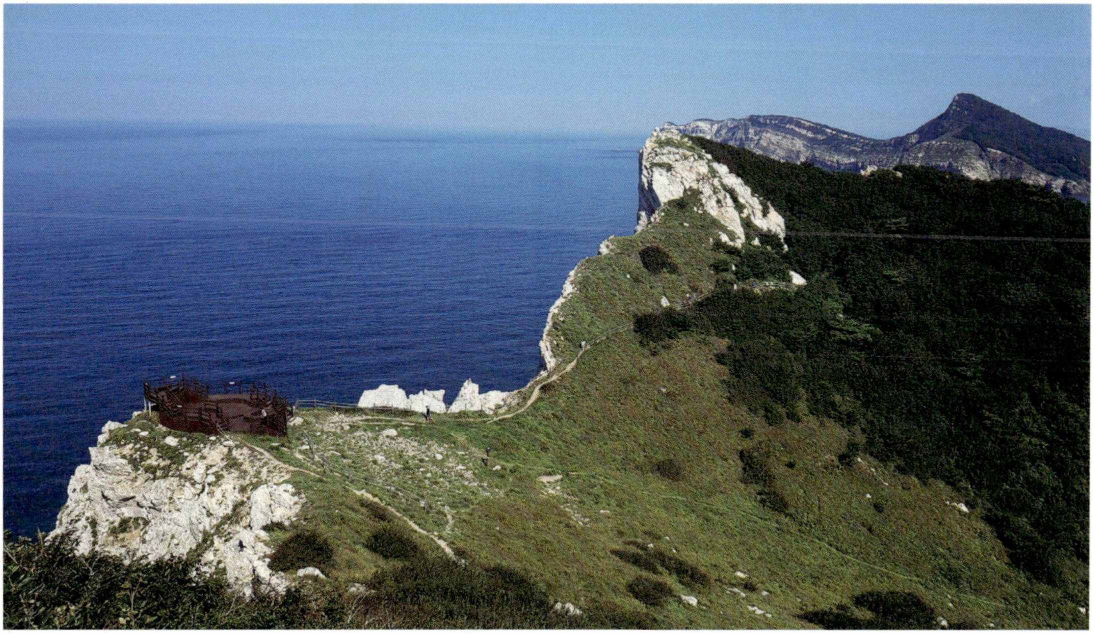

1. 서풍받이 2. 서풍받이길 금방망이
3. 서풍받이길

1	2
3	

1. 옥죽동 사구
2. 옥죽동 사구
3. 옥죽동과 옥죽포구

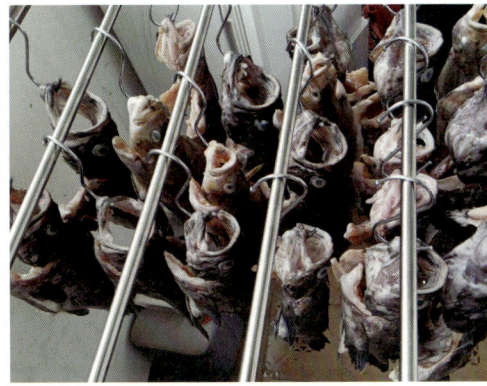

1. 대청도 홍어   2. 우럭 건조
3. 참홍어 건조
4. 모래울 임경업장군 사당   5. 해신당

대청도의 주요 식물

(a) 금방망이(*Senecio nemorensis* L.)

(b) 대청부채(*Iris dichotoma* Pall)

(c) 대청지치(*Thyrocarpus glochidiatus* Maxim.)

(d) 동백나무(*Camellia japonica* L.)

(e) 망적천문동(*Asparagus davuricus* Link)

(f) 멱쇠채(*Scorzonera austriaca* Willd. ssp. *glabra* (Rupr.) Lipsch. & Krasch. ex Lipsch.)

(a) 실부추(*Allium anisopodium* Ledeb.)

(b) 장딸기(*Rubus hirsutus* Thunb.)

(c) 정향풀(*Amsonia elliptica* (Thunb.) Roem. & Schult)

(d) 조밥나물

(e) 큰여우콩(*Rhynchosia acuminatifolia* Makino)

(f) 큰천남성(*Arisaema ringens* (Thunb.) Schott).

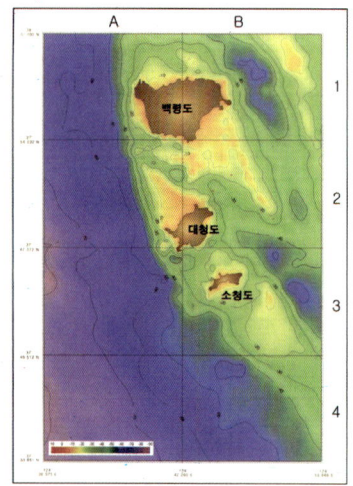
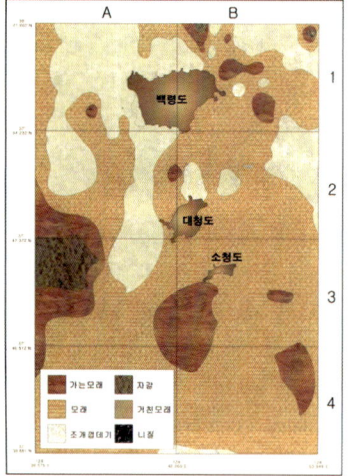

대청해역 수심 분포도(인천광역시, 2006)   대청해역 저질 분포도(인천광역시, 2006)

대청도 지명

서문

대청도는 인근에 유인도 소청도, 무인도 갑죽도와 함께 인천광역시 옹진군 대청면에 속하는 인구 1,500여명의 섬으로, 서해의 접경지역에 위치하는 서해 5도 중의 하나이다. 대청도는 백령도 남쪽 12㎞ 지점에 위치하며 동쪽으로 40㎞지점에 옹진반도를 마주하고 있으며, 서쪽으로 중국의 산동반도를 마주하고 있다. 이런 지리적 위치로 고대로부터 한반도와 산동반도를 잇는 황해횡단항로의 중간 기착지로서 이용되어 왔고, 주변 해역이 조선시대에는 중국 황당선荒唐船의 침입을 받아 왔으며, 최근에도 중국 어선의 불법어업이 일어나고 있다. 대청도의 명칭은 『고려사』의 고려태조기에 대청서大靑嶼로 처음 기록되었다. 이 명칭은 『삼국유사』의 고려태조 기에 나오는 푸른 섬이라는 의미의 포을도包乙島의 한자화에서 유래된 것으로 보인다. 대청도는 고려시대부터 백령진에 속하는 섬으로 관리되어 오다, 조선 초기에는 목마장으로 이용되기도 하였고, 공도 정책으로 주민이 없는 경우도 있었으나 조선 정조때부터 중국 황당선에 대비하여 진을 설치한 이후 관방 기지로서 역할을 하여 왔다. 대청도가 역사적으로 중요하게 기록된 사실은 원나라 황족들과 귀족들의 유배지로서 이용되어 왔고, 그 중 토곤티무르(妥懽帖睦爾)태자가 귀양 중 원나라 순제로 등극한 기록이 있으며, 과거 이들의 궁궐터와 신황당이 남아 있었고, 그 곳에서 귀중한 금동여래불상이 발견되는 등 원나라의 중요한 유배지로서 이용되었음을 알 수 있다.

대청도가 과거에 가장 번성하였던 시기는 일제 강점기로, 1918년 대청도 선진포에 대형고래 포경기지가 건설되면서 많은 일본인들이 유입되고, 일본으로 참고래 고기를 수출하는 등 포경업과 어업이 활기를 띠었다. 이런 역사적 사실들과 함께 대청도의 가장 우수한 자원은 대청도가 가지고 있는 자연자원이다.

대청도는 면적 12.76㎢로 서해5도 중 두 번째로 큰 섬으로 26.4㎞에 이르는 긴 해안선에 지두리 해변, 모래울 해변, 농여 해변, 옥죽동 해변, 답동 해변 등 곳곳에 모래

해변이 발달하였고, 농여 해변 북쪽으로는 대규모 모래풀등(사주)이 발달하여 썰물 시에는 수 키로미터에 이르는 모래 갯벌이 노출되어 아름다운 해안 경관을 이룬다. 이런 모래 갯벌과 해변의 영향으로, 육지 쪽에 대형 사구가 발달하여 옥죽동 사구는 길이 1,600m, 폭 600m의 대형 사구(축구장 약 70배 크기)를 이루어 마치 사막과 같은 장관을 보여준다. 이외에도 농여 해안에 해식과 염풍해에 의해 형성된 나이테 바위나 각종 지질 작용에 의해 형성된 미아동 해안 암석노두, 답동 해안의 죠스 바위, 지두리 습곡 지형 등 다양한 지질학적 특성을 보여주어, 2019년 7월 백령, 대청, 소청 국가지질공원으로 지정되었다.

대청도에서 가장 높은 삼각산(343m)에서 서쪽 해안 절벽인 서풍받이에 이르는 환상적인 트레킹 길은 대청도의 아름다운 산과 바다를 골고루 조망할 수 있는 관광자원이며, 서풍받이에서 보는 매의 사냥 모습은 특별한 생태관광자원이다. 대청도는 소청도와 함께 계절별로 남쪽과 북쪽에서 오가는 철새들의 기착지로 중요한 역할을 하여 다양한 조류들을 관찰 할 수도 있다. 대청도는 또한 식물 분포의 북방한계선, 남방한계선 역할도 하여 동백나무의 북방한계선으로 천연기념물 동백나무 군락이 있으며, 북방식물인 대청부채의 남방한계선으로 대청부채군락이 분포한다.

대청도의 가장 큰 자산은 풍부한 수산자원이다. 섬 둘레에 모래 갯벌이 잘 발달하고, 해안 암반이 많아 암반 지역에 미역 다시마가 서식하고 모래에는 거머리 말들이 서식하여 수산생물의 산란지와 서식처로 양호한 조건을 가지고 있다. 연안에는 놀래미, 농어, 숭어, 비단가리비, 전복 등 다양한 수산생물이 어획되며, 연근해 모래해저를 산란지로 이용하는 까나리, 참홍어가 많아 우리나라 최대의 참홍어 어획 해역을 이루었다. 근해로 나가면 수심이 깊고 먹이 생물인 태평양크릴새우가 많아 수염고래류가 많이 나타났다. 1910-1940년대에는 지구상 가장 큰 대왕고래도 나타났으며, 대형수염고래류인 참고래를 매년 30-40마리씩 잡기도 하였다. 이런 연유로 대청도는 일찍부터 수산업이 발달하였으며, 지금도 수산업이 주산업이다.

모래의 섬 대청도는 천혜의 자연 조건을 가지고 있으나 북방한계선(NLL)이 인근에 위치하여 안보에 위협을 받고 있으며, 조업에 큰 제한을 받고 있다. 또한 중국어선들의 불법어업으로 수산자원에 큰 영향을 받고 있다. 주민들은 남북관계가 개선되어 중국의 불법어선들의 침입을 막고, 안심하고 북방한계선까지 범위를 넓혀 조업할 수 있기를 원하고 있다. 이제는 대청도 청청해역에서 기후변화로 감소된 수산자원을 회복할 수 있는 방안이 세워지고, 과거 참홍어의 최대산지이자 대형고래의 회유지로서 명성을 되찾고 대청도의 아름다운 경관과 국가지질공원으로 대청도가 명품관광지로 명성을 쌓아가길 기대하고 있다.

대청도 총서가 나올 수 있기까지 많은 도움을 주신 대청도 선주협회 배복봉회장, 김유성 총무, 주민 여러분 및 엘림여행사에 깊은 감사를 드리고, 현장조사와 출판에 큰 도움을 주신 인하대학교 서해연안환경센터 이관홍소장, 황해섬네트워크 이동렬이사장, 다인아트의 윤미경 대표께 감사를 드리며, 먼 뱃길로 현장 답사를 다니시고 원고를 작성하느라 고생하신 집필자 여러분께도 큰 감사를 드립니다.

2021. 4.

집필자를 대표하여 최중기 씀

차 례

서문 17

제1부 대청도의 역사

역사 속의 대청도 _ 이개석
: 대원제국 황금가족의 대청도 유배를 중심으로
   1. 대청도 緣起 ··· 27
   2. 카안 울루스 大元(1260-1368) 지배 시기 몽골 황금가족의 대청도 유배 ·············· 37
   3. 皇子 토곤티무르의 대청도 유배와 大元王朝 후기 카안 토곤티무르 시대 ············ 51

마을신앙 변이를 통해 본 대청도의 사회구조 변화 _ 류창호
— 유배지에서 어업기지까지의 변화를 중심으로
   1. 신황당 가는 길 ··· 67
   2. 대청도의 유배인과 유배 문화 ··· 72
   3. 대청도의 개발: 수군진의 설치 ·· 76
   4. 어업기지로의 변화 ··· 81
   5. 맺음말 ·· 88

서해 북방한계선의 역사적 고찰 _ 박덕배
   1. 서해5도에서의 대청도의 위치 ··· 91
   2. 서해5도 어민의 공동대응 노력과 한계 ································· 95
   3. 중국어선의 조업 ··· 98
   4. 서해 북방한계선에 대한 북한의 문제 제기 ···························· 100
   5. 대안 : 서해5도 주변수역을 해양보존구역으로 ························ 103

제2부 대청도의 문화와 생활

대청도의 문화와 명소 _ 장윤주
   1. 서론 ··· 109
   2. 주요 연혁과 역사 ·· 109
   3. 지리적 조건 ··· 113
   4. 대청도의 전설 ··· 115
   5. 대청도의 체험거리와 특산물 ·· 118
   6. 문화유적 및 명소 ·· 121

그리스도교의 대청도 전래와 발전 _ 이영미
   1. 들어가며 ··· 135
   2. 소래교회와 중화동교회 ··· 136
   3. 대청도 개신교회들의 어제와 오늘 ··· 142
   4. 메리놀외방전교회의 도서 지역 선교 ··· 145
   5. 고주동공소에서 대청도(준)본당까지 ·· 148
   6. 나오며 ··· 149

대청도의 민속공간 당집과 민속행사로서의 당제와 풍어제 _ 이재혁
   1. 대청도의 주민 정착과 민속 ·· 153
   2. 대청도의 당집 ··· 154
   3. 대청도의 당제 ··· 162
   4. 풍어제 ··· 164

대청도(大靑島)의 마을과 지명 유래 _ 김형진, 백광모
   1. 유배지로, 고래와 홍어의 섬 대청도 ·· 169
   2. 마을 이름과 지명 유래 ··· 170

제3부 대청도의 자연

대청도의 해양 생태 환경과 수산 특성 _ 최중기
- 1. 서론 ········· 195
- 2. 해양환경 ········· 196
- 3. 해양생태 특성 ········· 199
- 4. 대청도의 수산업 ········· 203
- 5. 대청도의 참홍어 ········· 206
- 6. 대청도의 포경업과 대청도 고래 출현 기록 ········· 211

대청도의 지형과 지질 _ 김기룡
- 1. 대청도의 지질 ········· 217
- 2. 대청도의 지형 ········· 219

대청도 해안사구 _ 최광희
- 1. 서론 ········· 235
- 2. 사구 분포 ········· 236
- 3. 지형적 특징 ········· 237
- 4. 사구의 가치 ········· 242
- 5. 문제점 ········· 244
- 6. 결론 ········· 245

대청도의 조류 _ 박진영
- 1. 서론 ········· 249
- 2. 대청도의 조류상 ········· 250
- 3. 고찰 ········· 267

대청도 관속식물상 _ 현진오
   1. 서론 ·· 273
   2. 연구 방법 ·· 274
   3. 결과 및 고찰 ·· 275
   4. 요약 ·· 287

대청도의 사구 식물상 _ 심현보
   1. 서론 ·· 305
   2. 대상 지역 및 방법 ·· 306
   3. 사구식물 분포 결과 ·· 307
   4. 고찰 및 제언 ·· 308

제4부 좌담회

대청도의 과거와 현재를 말하다
   1. 대청도 지명과 역사 ·· 319
   2. 대청도 근대 발달 ·· 322
   3. 대청도의 어업 ·· 326

제1부

대청도의 역사

大靑島

역사속의 대청도
마을신앙 변이를 통해 본 대청도의 사회구조 변화
서해 북방한계선의 역사적 고찰

역사 속의 대청도
: 대원제국 황금가족의 대청도 유배를 중심으로*

이개석
경북대학교

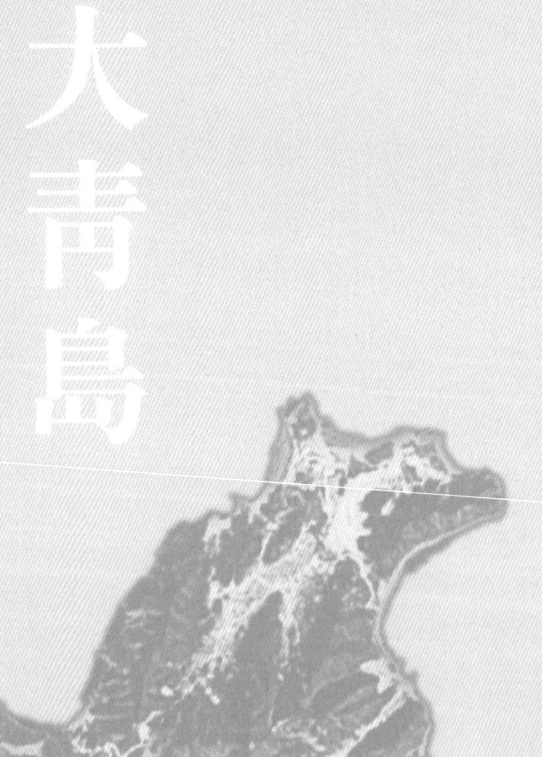

* 이 글은 필자의 미발표 연구결과를 포함하고 있으므로 轉載를 금함

1. 대청도 緣起

가. 대청도를 찾아서

　백령도와 함께 한국전쟁 후 새로 획정된 서해의 북방한계선(NLL) 북단에 위치한 대청도는 작은 어업기지이지만 오늘날 남북한 당국뿐만 아니라 일반 국민들도 잘 알고 있는 섬이다. 고려말 공녀로 끌려갔다가 유년시절 대청도에서 유배생활을 했던 몽골 제국 大元의 마지막 카안 토곤티무르(順帝)의 제2카툰(황후)이 된 기황후의 생애를 다룬 텔리비전 드라마가 인기리에 방영된 것도 많은 국민이 이 섬을 알게된 계기가 되었다. 그러나 대청도의 역사를 살필 수 있는 단서는 고려 말 이후 왜구 등 해적의 출몰을 이유로 오랫동안 空島政策을 시행했기 때문에 오늘날 우리 손에 많이 남아 있지 않다. 필자는 이 글을 시작하기 전에 두 차례에 걸쳐 대청도 현장답사를 했다. 역사의 현장인 대청도의 지리적 그리고 생태적 환경을 함께 살펴보면, 적은 단서나마 그 동안 알려지지 않은 새로운 길로 대청도의 역사를 안내하는 나침반이 될 수 있으리라 기대했기 때문이었다. 그러나 근래 출간된 『옹진군향리지』와 『대청면지』에서 비교적 상세히 보고된 연혁과 오늘날 대청도의 현황을 넘어선 다른 단서는 수집하지 못했다.

　따라서 이 글은 필자가 행한 대청도 현장 답사를 통해 얻고 이해한 대청도에 관한 정보와 『元史』·『高麗史節要』·『高麗史』·『朝鮮王朝實錄』등 역사적 관점에서 기술된 편찬사료와 현재까지 남아있는 여러 가지 형태의 대청도 관련 역사자료들, 그리고 이미 간행된 두 책의 성과를 참조하여 작성하였다. 대청도의 역사적 연

1. 대청도 緣起
2. 카안 울루스 大元(1260-1368) 지배 시기 몽골 황금가족의 대청도 유배
3. 皇子 토곤티무르의 대청도 유배와 토곤티무르 카안 시대

혁과 몽골제국시대, 특히 쿠빌라이 카안이 몽골 고유의 정치제도에 중국의 정치제도를 결합하여 새로운 국가체제를 갖추게 된 大元 시기 대청도에 유배왔다가 돌아간 칭기스칸의 후예와 형제의 자손(몽골 황금가족)의 이야기를 중심으로 서술하였다.

물론 이 보고서는 전문적인 학술연구가 아니어서, 가능하면 일반독자가 쉽게 읽을 수 있도록 서술내용과 서술방식을 선택해야 한다는 점에 필자도 기본적으로 동의하고 있다. 하지만, 그 동안 간행된 대청도의 역사에 관한 서술을 검토한 결과, 대중적 흥미를 끄는 데는 대체로 성공했지만, 역사적 진실을 담지 못한 허구도 적지 않았다. 특히 대원 황금가족의 대청도 유배와 관련된 서술을 보면, 그 동안 대청도 역사 서술에서 기본사료로 의존하고, 인용한 高麗史와 高麗史節要 조차 오류가 많다는 사실을 발견하였다. 사료비판의 과정 없이 적혀있는 그대로 인용함으로써 역사적 실상을 되려 왜곡한 경우도 있었다. 따라서 필자는 앞으로도 되풀이될 수 있는 이러한 오류를 이 보고서 작성과정에서 바로잡는 것이 더욱 중요하다고 판단하여, 역사적 사실을 실증하기 위한 번거로운 고증도 마다하지 않았다.

필자의 최초의 대청도 답사는 2010년 3월 23-24 양일간 이루어졌다. 제1차 대청도 답사의 목적은 대청도의 역사연구가 아니었다. 필자가 마침 13-14세기 몽골제국 大元의 역사를 공부하였고, 大元과 高麗의 관계를 연구한 책의 출간을 앞두고 있었기 때문에 몽골 카안의 皇子와 諸王 등 황금가족과 귀족 등 중요한 인물들이 유배형에 처해진 대청도 답사는 역사 현장의 확인을 위해 더 이상 미룰 수 없었던 일이었다. 정작 필자를 대청도로 이끈 것은 그 무렵 우연히 읽게 되었던 소설가 이인화(류철균)의 중편 역사소설『시인의 별--〈채련기採蓮記〉 주석 일곱 개』[1]였다. 이 소설은 1280년 처음으로 대청도에 유배왔다가 돌아간 몽골 황자 쿠빌라이 카안(大칸)의 여덟째 아들 '이아치(아야치, 愛牙赤)'[2]의 실재한 유배사건에서 소재를 얻어 작자가 창작한 허구의 역사소설이다.

몽골 대칸의 아들 아야치에게 사랑하는 아내를 빼앗긴 고려의 말단 관리 안현이 아

---

[1] 『文學思想』2000년 1월호 23-57쪽. 2000년 24회 이상문학상 대상을 수상함.
[2] 아야치(愛牙赤/愛也赤)는 아홉째 쿠케추와 함께 (四傑의 한 사람인) 후신(許兀愼氏) 종족 보로굴(博爾忽) 노얀의 딸 후시진 카툰의 아들이다. 라시드 앗 딘/ 김호동 역주,『집사 3 칸의 후예들』(파주시: 사계절출판사, 2005) 紀八 쿠빌라이 카안기/ 제1장 그의 카툰들과 자식들에 대한 설명: pp. 364-365

내를 앗아간 이아치의 장막을 찾아 오늘날 중국의 투르케스탄, 그리고 알타이 산맥을 넘어 끝없는 초원이 펼쳐진 몽골 대평원, 이렇게 사막과 초원, 산악을 헤매다가 千辛萬苦 끝에 오늘날 몽골의 수도 울란바타르 북쪽 오르콘 강 근처에서 꿈에 그리던 아내를 만나게 된다. 그러나 아내는 이미 이름을 아수친으로 바꾸고 몽골인 노욘(귀족) 지다이의 아들을 낳아 기르고 있었다. 소설 속의 지다이는, 당시 카라코룸에 둔영을 치고 카안의 영토인 漠北 영토를 방어하고 있던 쿠빌라이의 넷째 아들 북평왕 노무칸의 부하 천호장으로, 몽골의 聖山 부르칸 산 아래 駐營하고 있었다. 자신의 얼굴에서 눈을 떼지 못하는 늙은 노비가 오래 전에 헤어진 남편임을 알아 본 아수친은 지다이에게 친정 사촌 오빠로 소개하고, 비체치(書記)의 직분을 주게 함으로써 안현은 노비 신분을 벗어날 수 있었다. 노무칸이 죽은 뒤 가솔을 거느리고 오늘날 베이징의 원형이 된 大都로 돌아온 지다이가 오래지 않아 죽자 안현은 그녀에게 함께 돌아갈 것을 종용했다. 그러나 태후를 시봉하는 女官이 되어 아들이 성인식을 마친 뒤에 하루 빨리 지다이의 뒤를 잇는 것이 소원이었던 아수친은 안현의 요구를 거절하였고, 결국 안현이 옛 아내를 죽이고 사형당하게 된다는 것이 이 소설의 결말이다. 작가는 이 소설을 쓰기 위해 배경이 되는 지역을 여러 차례 답사했다고 한다. 당시의 몽골 풍속과 역사 등 자료조사를 철저히 한 덕분인지, 비록 허구이고, 부분적으로 역사적 사실이 왜곡된 부분도 있지만, 몽골제국시대의 역사와 문화, 그리고 몽골의 자연환경이 머리 속에 흡사 사진처럼 그려진다. 이 소설의 창작을 위해 작가가 얼마나 많은 노력을 했는지 생각하면 절로 고개가 숙여진다.

제1차 대청도 답사는 정희철 님(당시 부면장)이 직접 안내를 맡아 주었으며, 구전 채록과 자료수집 및 사진촬영은 당시 필자의 대학원 학생으로 역시 몽골제국(大蒙古國 1206-1260/ 大元 1260-1280)의 역사를 공부한 여치호 선생이 동행하여 도움을 주었다. 필자는 그 동안 몽골 황족과 귀족관료의 유배와 관련된 유적이라고 대청도 주민들 사이에 전승된 이야기를 따라, 유배된 몽골인들의 발길이 머물렀음직한 지점을 중심으로 동행한 여치호 선생과 함께 섬 안 곳곳을 살펴보았다. 대청도 안에서 사적지로 추정되는 장소 외에도 배를 타고 갑관에 올라 섬 주변 해안도 돌아보았다. 바다에 면한 섬의 삼면은 대체로 깎아지른 바위절벽 등 경사가 급한 지형으로 이루어지고, 해안 곳곳은 바위가 삐죽삐죽 솟아 있는데, 강한 파도가 쉴새 없이 부딪쳐 외부로부터 선박들이 접근하기 어려워 보였다.

　오늘날 섬은 여러 구역으로 나뉘어 있지만 중심은 예전부터 사람이 살았던 내동으로 좁지만 비교적 평탄한 개활지가 옥죽포 까지 길게 연결되어 있었다. 옥죽포가 있는 북쪽 해안은 백령도로 향해 있는데, 앞에는 군데군데 사구가 형성되어 있고, 간만의 차이도 심해, 역시 큰 배가 출입하기 불편했으리라는 인상을 받았다. 곧 대청도는 오늘날과 달리 육지에서 그리 멀지 않지만 지형상 접근하기도, 몰래 섬을 탈출하기도 쉽지 않아 고려말 몽골 당국이 몽골인 중죄인들을 유배하기에 안성맞춤으로 생각했을 것처럼 보였다.

　또 내동을 옥죽포까지 잇는 길게 펼쳐진 개활지에는 그리 넓지 않지만 농지로 쓸만한 땅도 있고, 옥죽포에서는 어업도 가능하므로, 호구가 그리 많지 않다면 주민들을 먹여 살리기에 어려움이 없었을 것 같았다. 그리고 섬의 북서쪽 사구가 형성되어 있어 큰 배가 들어 오기에 불편한 옥죽포 해안은 외부의 적이 들어오는 것이 불가능하지는 않지만, 옥죽포 해안으로 부터 비교적 멀리 떨어져 보이지 않는 개활지 안쪽의 오늘날 양지동(내동)과 서내동 등 마을은 고려말 왜구와 해랑적이 본격적으로 출몰하기 전까지 외부의 적의 침입으로부터 비교적 안전했을 것으로 보였다. 고대로부터 오늘날까지 이 섬에 거주하는 사람들의 주거지가 주로 이곳 구릉지역에 형성된 까닭을 알 수 있을 것 같았다.

　안내를 맡아주신 정희철님이 옛날 관기동 장안동으로 불렸던 양지동 언덕배기의 대청초등학교의 운동장 자리에서 고려말에 유배 온 몽골 귀족들의 주거지로 추정되는 흔적을 발견했다고 하여, 차를 타고 찾아갔는데, 마침 그곳에는 1975년 1월 25일 운동장 터를 새로 넓히는 데 직접 참여하신 마을 주민 최봉조님이 나와 있었다. 동료와 함께 통일신라시대 금동불상 2점을 수습했던 분으로, 유물을 발견하여 수습한 지점까지 손수 안내하였는데, 휴대한 GPS장비로 측정한 결과 북위 37도 49분 57.2초, 동경 124도 41분 45.0초였다.

　대청초등학교의 운동장은 대청리 산219-4 구릉지역 경사면에 위치하여 마을이 있는 개활지를 내려다 볼 수 있는 곳에 있었다. 몽골 카라코룸 지역 칭기스칸이 계절이동을 할 때 머물렀던 오르두(宮帳)를 설치한 직사각형의 두르불진(長方形土臺)이나 우게데이 카안이 카안 위에 오르기 전 오르두를 설치했다고 구전되는 新疆省 북부 西端의

에밀(額敏)市의 두르불진과 비교하면 협소하기 짝이 없었지만, 죄를 지어 작은 섬 대청도까지 유배 온 황자나 諸王의 게르를 설치할 장소로는 가능해 보였다. 하지만 대청도는 三面이 산으로 둘러싸인 데다가 당시 이곳은 초목이 우거져 있었을 터여서, 광활한 초원의 건조한 기후에 적응해 지냈을 몽골 황금가족의 성원들의 눈으로 보면, 매우 협소하고 습하여, 라시드 앗딘의『집사』에서 쿠빌라이 카안이 언급한, '기후가 매우 나쁜 어떤 섬'[3]이었음이 분명해 보였다.

혹자는 고려사에 언급되는 魏王 에무게(阿木哥)의 魏王館을 예로 들어, 고려 당국이 대청도에 유배된 몽골 황자나 제왕 등을 위해 안락한 거주 공간을 제공한 것으로 오해하여, 이곳에서 비교적 편한 생활을 했을 것으로 보고, 내동 대청초등학교 운동장 언저리쯤에서 고정건축물의 유구가 있었을 것으로 생각하나, 뒤에 위왕 에무게 관련 항목에서 다시 언급하겠지만 엄정한 고증없이 사료를 인용함으로써 생긴 오류로 볼 수 있다.

각설하고 오늘날까지 역사적 관점에서 이루어진 大靑島에 관한 문헌이나 관련 출판물로 가장 유용한 성과는『大靑面誌』(비매품: 편찬위원회 편, 성광인쇄소, 1995)[4]이며, 이 안에 지금까지의 성과가 모두 집대성되었다고 볼 수 있다. 전문적인 성과라고 볼 수 없지만 고대에서 현대까지의 고고학 역사학 민속학 인류학 등 각 방면의 관점에서 정리된 대청도에 관한 자료가 망라되어 있다. 특히 '第2編 歷史'에 金冑煥씨가 집필한 것으로 되어 있는 〈1. 大靑面의 沿革〉(pp.55-72)은 개괄적이고 짧은 글이지만 각종 역사 문헌을 나름대로 활용하여 대청도의 역사를 기술하고 있고, 부록으로 번역 소개한 徐兢의『宣和奉使高麗圖經』의 大靑嶼에 관한 부분을 비롯해『高麗史』地理志 대청도 관련 기술,《白翎鎭誌》《白翎島誌》《大靑島鎭將先生案》등은 대청도의 역사에 관심을 갖는 후학의 입문에 좋은 길잡이가 될 수도 있을 것으로 보인다.

최근 우리의 많은 이웃이 북아시아와 중앙아시아에 자유롭게 여행할 수 있게 되면서 칭기스칸의 제국 몽골제국과 그 역사에 대한 관심도 높아짐에 따라 고려와 몽골제

---

3   라시드 앗 딘/ 김호동 역주.『집사3—칸의 후예들』(파주시: 사계절출판사, 2007), p.402
4   面誌 말미의 大靑面誌編纂委員長 金晶玉 님의 편집후기는 1996년 2월에 썼다고 하여 간행은 그 이후로 보인다.

국의 관계가 어떠했는지에 대한 관심과 몽골 지배집단의 유배지 대청도에 대한 관심도 덩달아 높아지고 있다. 탐라를 비롯한 고려의 섬들 특히 대청도가 칭기스칸의 자손과 형제의 후손 소위 몽골황금가족의 주요한 유배지였다는 점에 흥미가 높아지고, 이에 대한 전문적인 연구성과도 나오고 있다.[5] 필자가 이 글에서 몽골 황금가족의 대청도 유배에 초점을 맞추어, 좀 더 자세히 살펴본 연유이기도 하다.

나. 고려 시대와 조선 시대의 문헌기록 속에 보이는 大靑島

大靑島에 관한 문헌으로 가장 오래고 믿을 만한 기록은 조선 초에 편찬된 『高麗史』[6]이지만, 1123년(壬寅/ 高麗 仁宗 元年/ 宋 徽宗 宣和 四年) 六月 十二日(癸巳) 예성항에 도착한 송나라 사신단의 배에 함께 타고 온 徐兢이 남긴 『宣和奉使高麗圖經』이라는 보다 오래 된 문헌에도 大靑嶼라는 명칭과 함께 그 이름이 유래된 섬의 외관상 특징도 함께 적어 놓고 있어 흥미롭다. 徐兢은 무관인 提轄(從六品)로 당시 (北)宋 徽宗이 高麗에 사신으로 보낸 正使 給事中 路允迪이 이끈 사신단의 호위 책임을 맡았던 것으로 보이는데, 예성항에 입항하기 3일 전인 六月 九日 오늘날 충청남도 태안시 안흥반도로 보이는 馬島[7]를 출발한 배가 午刻(11-13시)에 지나 온 섬에 대하여 다음과 같이 적고 있다. "大靑嶼가 멀리 보인다. 나무가 울창하여 짙게 바른 눈썹먹 같다. 고려 사람들이 (대청도라) 이름붙인 까닭이다. 배가 지날 무렵은 이 날 午刻이었다."[8]

하지만 徐兢의 高麗圖經에 나오는 大靑嶼를 高麗史 권58 地理3 西海道 白翎鎭의 大靑島로 보기에는 확실하게 무리가 따른다. 高麗圖經에 의하면, 宋使船은 유월 六日 群山島에 도착했다. 또 유월 8일 아침에 群山群島의 북부 섬인 橫嶼를 출발한 배는 그

---

5 風修靑, 「蒙元帝國在高麗的流放地」, 『內蒙古社會科學』 1992-3; 權五重, 「大靑島에 온 元의 流配人」(영남대학교 인문과학연구소 『인문연구』 20권1호/1998년 8월/ pp.183-198); 이개석, 「13-14새기 여몽관계와 고려사회의 다문화」, 『복현사림』 제28집(2010) 1. 대청도와 몽골황자, 제왕의 고려 유배(pp.32-36)

6 高麗史 권58 志卷第12 地理3 西海道 白翎鎭條: 有大靑島..... (이하 細注 /12상)

7 森平雅彦, 『中近世の朝鮮半島と海域交流』(東京: 汲古書院, 2013) 「第一章 高麗における宋使船の寄港地 '馬島'の位置」, p.52

8 徐兢, 『宣和奉使高麗圖經』(고려대학교 해외한국학자료센터/ 한국학자료 이미지보기) 卷第三十八 海島五 40/62: 大靑嶼: 大靑嶼以其遠望鬱然如凝黛, 故麗人作此名, 是日午刻舟過.

날 저녁에 安興半島의 馬島에 도착했고, 이튿날 아침 마도를 출발한 배가 저녁에 인천 앞바다 紫燕島(永宗島)에 도착했다. 곧 九日(庚寅) 辰時(7-9시) 馬島를 출발한 서긍의 배가 멀리 九頭山을 보며 지나갔을 때는 巳刻(9-11시)이었고, 午刻(11-1시)에 구두산과 이웃한 唐人島를 지났다. 당인도를 지난 배는 뒷바람으로 강한 남풍을 받으며 빠른 속력으로 雙女焦를 지나 大靑嶼를 통과했는데, 아직 午刻이었다고 하므로 오늘날 시각으로 오전 11시부터 오후 1시 사이에 멀리서 大靑嶼를 보며 지난 것으로 볼 수 있고, 역시 未初에 和尙島, 未正(2시)에 牛心嶼, 未末에 聶公嶼를 지나, 申(3-5시)初에 小靑嶼, 申正에 紫燕島에 도착했다고 하므로 항해 시간은 7시간 정도 걸린 것임을 알 수 있다. 그런데 그 날 午刻에 大靑嶼, 申初에 小靑嶼를 지난 배가 申正에 廣州에 속한 紫燕島에 도착한 것이 사실이라면,9 여기에 등장하는 대청서와 소청서는 고려사 지리지 西海道의 白翎鎭에 속한 대청도와 다른 섬임을 알 수 있다. 시간으로도 현재의 대청도 부근까지 갔다가 돌아와 자연도에 도착했다고는 볼 수 없다.

    紫燕島에는 慶源停이란 館이 있었고, 접반사 尹彦植과 知廣州 陳淑이 보낸 介紹와 譯官 卓安이 마중나왔는데 申後 비가 그친 뒤에 使副와 三節이 육지에 올라 館에서 저녁대접을 받고, 배로 돌아가 하룻밤을 묵고 있다. 이튿날 십일은 서북풍이 불어 배를 세워두고 다시 상륙하여 濟物寺를 찾아 宋神宗 元豊元年에 고려에 보낸 宋使行의 管勾舟船巡檢으로 왔다가 고려에서 사망한 宋密을 위해 스님들에게 식사를 대접한(飯僧) 뒤10에 潮水의 때에 맞추어 출항하였다. 강화도 동쪽 해도로 진입한 서긍의 배는 그러나 격류 때문에 蛤窟에 정박했고, 다음날도 날씨가 나빠 해질녘 酉刻에 배를 움직여 龍骨에 이르러 정박한 뒤에 십이일 다시 밀물에 맞추어 3일만에 예성항으로 입항하고 있다. 곧 간만의 차가 심한 영종도에서 禮成江 하구 벽란도까지의 항로가 船底가 뾰족한 航洋船이 항해하기에는 순탄치 않았음을 알 수 있다.

---

9 森平雅彦,『中近世の朝鮮半島と海域交流』"第一部 文獻と現地の照合による高麗--宋航路の復元---『高麗圖經』海道の研究---" 및 문경호,「1123년 徐兢의 고려 항로와 慶源停」『한국중세사연구』28호: 425-519 참조. 필자는 모리히라 교수의 견해를 따랐다.

10 海道6 紫燕島: "十日辛卯辰刻, 西北風八舟不動. 都轄吳德休提轄徐兢, 同上節以采舟詣館. 過濟物寺, 爲元豊使人故左班殿直宋密, 飯僧, 畢歸舟. 巳刻隨潮而進.": 宋密은 元豊 원년(1078) 시월 宋使行의 管勾舟船巡檢으로 왔다가 고려에서 죽었다. (李燾,『續資治通鑑長編』권293 神宗 元豊元年 冬十月戊午 條 참조)

요컨대 오월 이십오일 명주에서 배를 타고 출발한 서긍의 일행은 자연도(영종도)에 도착하기 전에 서해안을 통과하면서 본 섬들 가운데서 大靑嶼와 小靑嶼를 지목해 특징을 기록하고 있다. 오늘날 옹진반도 앞 바다의 대청도·소청도와 두 섬을 혼동하였다고 해도, 그가 이들 섬의 이름과 특징을 이미 알고 있었던 것만은 확실하다. 아마도 그 섬들에 대한 정보는 唐代 이래 신라를 왕래한 사신이나 상인이 축적한 항로 지식으로부터 얻었던 것으로 보인다. 특히 북송 초까지 고려의 사신이 산동반도 登州로 들어갔고, 송의 사신단은 高麗 선원(水工)이 운행하는 海船을 등주에서 타고 황해를 건너 옹진반도로 상륙하기도 했었다.[11] 이 경우 등주에서 출발한 使行이나 상인이 오늘날의 대청도 소청도를 지나 옹진반도에 상륙하면서 대청도 소청도와 관련된 항로 지식을 쌓았다고 볼 수 있다. 그런데 거란 때문에 명주에서 출발하는 바뀐 항로를 따라 고려에 오게 된 徽宗 宣和年間의 사신단의 一員 徐兢이 황해도 연안의 대청도와 소청도를 엉뚱하게도 충청도와 경기도 연안의 섬들 가운데서 찾은 결과로 보인다.

물론 대청도에는, 구체적인 기록이 남아 있지 않지만, 고고학 유물 등으로 보아 이미 고려 건국 이전부터 사람들이 살았을 가능성이 높다. 고려 태조 왕건 휘하의 장군이었던 유금필庾黔弼(?~941)이 태조 14년(931) 참소를 당해 鵠島(현재의 白翎島)에 유배되어 있는 동안 上書를 올려 "신이 이미 본 섬(백령도)와 包乙島에서 장정丁壯을 뽑아 군대를 충원하고, 또 전함을 지어 견훤의 해군의 침략을 막고 있으니 걱정마소서"[12]라 하였는데, 『大東地志』를 쓴 金正浩는 이 상소 내용 중에 丁壯을 뽑았다고 언급하는 包乙島

---

[11] 李燾 撰, 『續資治通鑑長編』 권247 熙寧 六年(1073) 冬十月 壬辰: "高麗自國初皆由登州來朝, 近歲常取道明州, 蓋遠于遼故也." 및 宋史 권 487/ 列傳 제246 外國3 高麗: "(淳化四年) 二月, 遣秘書丞直史館陳靖, 秘書丞劉式爲使, 加治檢校太師, 仍降詔存問車吏耆老. 靖等自東牟趣八角海口, 得(白)思柔所乘海船及高麗水工, 卽登州自芝岡島順風泛大海, 再宿抵甕津口登陸, 行百六十里抵高麗之境 海州." 高麗史 권3 成宗: "十一年夏六月甲子, 宋遣光祿卿劉式秘書少監陳靖加冊王檢校太師, ... , 餘並如故. 初白思柔之入宋也. 云云." 北宋 초 의 송사신단의 등주-옹진구 항로에 대하여는 森平雅彦 교수의 , 『中近世の朝鮮半島と海域交流』 (東京: 汲古書院, 2013) "序章 高麗-宋航路硏究の意義 課題 方法" pp.18-25; 楊渭生 編著, 『十至十四世紀中韓關係史料彙編(上冊)』 (北京: 學苑出版社, 1999) p.181 및 何勇强, 「徐兢《宣和奉使高麗圖經》硏究」 (楊渭生 著 『宋麗關係史硏究』 杭州: 杭州大學出版社, 1997: pp. 365-409) 참조.

[12] 高麗史 권92 列傳 卷第五/3하-8상 庾黔弼: 十四年被/讒竄于鵠島. 明年甄萱海軍將尙哀等攻掠大牛島. 太祖遣大匡萬歲等往救不利, ... 黔弼上書曰, 臣... 聞百濟侵我海鄕, 臣已選本島及包乙島丁壯以充軍隊, 又修戰艦禦之. 願上勿憂.

를 大靑島로 보고 있으며,[13] 이 견해를 따르면 군대를 충원할 만한 숫자의 호구가 이 섬에 살고 있었음을 말해주고 있다.

곧 대청도는 늦어도 고려 초 이래 주민이 살았던 섬으로 볼 수 있는 바, 고려 후기 몽골 지배 아래 있는 동안 몽골 황자나 제왕 등 황금가족과 金方慶, 崔有渰과 같은 고려 고위관료의 유배지로도 활용될 수 있었던 배경이다. 그러나 대청도는 외딴 바다에 있어 고려 말 이래 왜구나 海浪賊의 노략질 대상이 되기도 했다. 왜구가 서해안까지 횡행하고, 수로가 험난해 방어가 어려운 상태가 되었던 공민왕 6년(1357) 白翎鎭을 文化縣 東村加乙山 지역으로 옮기고, 官人 吏民 노비 까지 육지로 옮겼다고 하는데,[14] 당시 인근의 大/小靑島의 주민도 육지로 이주시켜 空島化한 것으로 보인다. 조선 초에 들어 1406년 대청도와 소청도는 옹진현에 편입되었다가(『世宗實錄』152《地理志》甕津縣/ 海島), 다시 장연현에 편입(『新增東國輿地勝覽』43 長淵縣 山川)되었고, 1751년 저술된 이중환李重煥(1690~1752)의 『擇里志』에 "大靑·小靑 두 섬이 있는데 주위가 꽤 넓다. 원 문종이 순제를 대청도에 유배하여, 순제가 집을 짓고 기거했다. …… 섬은 이제 버려져(廢) 사람이 없고 우거진 수목이 하늘을 가리고 있다. 순제가 심은 뽕나무 옻나무 쑥 꼭두서니 따위가 더불 속에서 멋대로 자라고 … , 궁실의 섬돌과 주추가 완연하다."[15]라고 한 것으로 보아, 예커 몽골 울루스Yeke Mongol Ulus(大蒙古國/ 大元)의 카안(順帝/ 惠宗) 토곤티무르 관련 기록의 사실 여부를 떠나 대청도는 18세기 중엽까지도 공식적으로 주민이 살지 않는 버려진 섬이었음을 알 수 있다.

그러나 世宗 10년(1428) 대청도에 소를 방목하는 목우장이 설치되는 것으로 보아, 다시 사람의 왕래도 시작되고, 소를 돌보는데 필요한 인력의 체류가 이루어졌을 가능성이 전혀 없지는 않다. 또 때로 어민과 연해어민을 약탈하며 불법어로를 하는 해적의 근거지로 이용되었던 듯하다. 이는 1793년 좌참찬 鄭民始가 大小靑島 개발을 주장

---

[13] 金正浩《大東地志》(1864刊行) 十七 長淵/23a '白翎島鎭' 條에 유금필이 고려 태조 시기 鵠島(=白翎島)와 包乙島에서 군사를 징발한 사실을 인용했는데, '包乙島' 아래 작은 글씨로 '即靑島'라 細注를 달고 있다.(23b)

[14] 高麗史 권58 地理3/12ab (西海道) 白翎鎭 本高句麗鵠島. 高麗改今名爲鎭. 顯宗九年置鎭將. 恭愍王六年以水路艱險, 出陸僑寓文化縣東村. 尋以地窄廢鎭, 將屬文化縣任內. 恭讓王二年, 革爲直村.

[15] 李重煥/이익성 역『擇里志』(서울: 을유문화사, 2012 krpia) 八道總論/ 黃海道 項 참조

한 고려말 趙云仡의 말을 인용하면서, 대청도와 소청도에 주민을 이주시키자고 상주한 배경이기도 하다. 이리하여 正祖의 치세였던 18세기 말에 이르러 조선왕조의 海防政策의 기조가 바뀜에 따라 공도정책으로 비워두었던 대청도에도 入島를 허락하고 鎭을 설치하게 되었다.

정조 17년(1793) 四月 庚寅의 황해도 수군절도사 李禹鉉이 올린 狀啓는 "북쪽 높은 봉우리 아래 있는 內洞은 지금도 기와조각이 나오는데, 민간에서는 元順帝의 舊址라 전해온다. 그 아래는 玉子浦(玉竹浦)이며 길이가 十里, 폭이 數里인데, 좁은 곳도 200餘步나 되며, 윗부분은 자갈밭이 많으나 드문드문 밭으로 개간할 곳이 있고, 아래는 모래 땅이나 진흙(細膩)으로 개간할 만하다"고 말하고, 나머지 3洞은 농사에는 적합하지 않으나 소금 생산(煮鹽)은 가능하다고 하여, 대청도에 주민을 이주시키도록 요청하였는데, 備邊司에서도 이에 대응하여 이주와 개간을 통해 적극적인 해방책을 시행할 필요가 있다는 의견을 狀啓하였고, 그 결과 1793년 대청도와 소청도에 주민의 이주와 경작이 허용되었다.[16]

그러나 이후 1년 뒤에 황해도수군절도사 李海愚가 올린 狀啓를 보면 주민 이주 정책을 시행한 뒤에도 상황은 크게 개선된 것 같지 않다. '대청도에 26호 소청도에 22호가 사는데, 大靑島는 경작할만한 넓은 땅은 있으나 잡초와 수목이 우거져 경작지로 만들기에 오랜 시간이 필요하다. 산비탈 土幕에 사는 주민들은 언제 唐船이 출몰하게 될지 두려워 다시 출륙을 허락해주기를 원하고 있다. 이주한 주민은 恒産도 恒心도 없는, 아침에 모였다가 저녁에 흩어지는 사람들로, 억누르기만 해서 그들을 막을 수 없다. 두 섬은 唐船이 드나드는 길목이다. 밀무역과 불법어로를 자행하는 唐船이 많을 때는 30여척 적을 때는 10-20척 출몰하며, 대청도를 근거로 밀무역과 불법채취를 하고 있다. 居民이 입주한 뒤로 唐船이 멋대로 왕래하지 못하도록 추포하고 감시하였으며, 두 섬에 분배한 防卒의 수가 백명을 내려가지 않았다. 대청도에 이주한 주민이 안심하고 살 수 있도록, 唐船의 출몰을 막을 수 있는 적극적인 대책이 오히려 필요하다'는 이해우의 장계를 통해 海防의 측면에서 두 섬의 중요성을 깨달은 조정은 正祖 23년 대청도와 소청도를 水原府에 편입시키고, 두 섬에 각각 진을 설치하여, 鎭將을 파견하

---

16 『正祖實錄』권37/31하: 十七年 四月 庚寅條

였다. 鎭將은 수원부 留守가 自辟으로 旗牌官이나 別武士 중에서 일년 마다 한 명씩 번갈아 임명했다.

大靑鎭에 鎭將을 파견한 제도는 조선왕조 말기까지 존속하였으나, 1894년 甲午更張 시기에 이르러 폐진되고, 1895년 鎭將은 島長으로 바뀌었다. 그 후 일본의 식민지 지배를 받게 되면서 대청도와 소청도는 白翎面에 편입되었는데, 대청도가 일제의 서해안 어업기지로 번영함에 따라 1942년 대청도에는 백령면 대청출장소가 설치되었다. 또 한국전쟁 후에 대청도 주민이 늘어나면서 1962년 6월 14일 옹진군 조례에 의해 다시 대청출장소를 설치하였고, 1974년 7월 1일 大統領令 제 716호에 의해 대청면으로 승격되어 오늘에 이르고 있다.

2. 카안 울루스 大元(1260-1368) 지배 시기 몽골 황금가족의 대청도 유배

가. 쿠빌라이 카안 시기의 대청도 유배

필자는 글 머리에서 류철균 선생이 쓴 중편소설 《시인의 별》이 역사적 사실인 몽골 쿠빌라이 카안(大칸)의 여덟째 아들 아야치의 대청도 유배사건을 소재로 하였다고 소개하였다. 高麗史 권29 충렬왕 세가 2는 6년(1280) 八月 丙子에 쿠빌라이 카안이 대청도에 유배시킨 여덟째 황자 아야치(愛牙赤 Ayachi)가 고려에 도착한 일을 기록하고 있다. 몽골 황금가족의 고려 島嶼 유배에 대한 최초의 기록인데, 정작 카안 울루스 大元의 역사를 기록한 元史 등에는 그가 무슨 죄로 고려에 유배되었는지는 고사하고, 그의 유배기록조차 보이지 않는다. 당시 충렬왕은 入朝를 위해 상도로 떠났고, 王京에 남아 있던 쿠빌라이 카안의 딸 大長公主 쿠툴룩켈미시가 남매 사이인 아야치를 새로 지은 전각(元成殿)에 초대하여 대접했다고 하며,[17] 高麗史節要는 館에서 잔치를 열어 위로하고 노래도 연주하게 했으나 따르는 사람이 "황자는 황제의 명을 받아 유배지로

---

17 高麗史 권29/14상: 忠烈王 6년 八月: 丙子, 元流皇子愛牙赤于大靑島. ... 辛卯, 公主宴愛牙赤于新殿.

가는 길이니 어찌 가무(樂)를 즐기겠는가"라고 이를 막아 그만두었다[18]고 전후 사정을 좀 더 자세히 전한다. 아야치는 1281년 十一月 三日(乙丑) 카안 울루스 당국에 의해 소환되었고, 十八日(庚辰)에 충렬왕과 쿠툴룩켈미시 공주가 碧瀾渡에서 전별했다고 하는데, 고려의 무역항이었던 碧瀾渡가 당시 대청도에 유배한 죄인을 실어 나른 선박의 부두였기 때문에 이곳을 전별장소로 택한 것인지 여부는 알 수 없다.

돌아간 아야치는 오늘날 중국의 동북지방에 駐鎭하여, 南宋 병합 후에 집권적 통치를 추구하는 쿠빌라이 카안이 東道諸王을 견제하는데 일조한 것으로 보인다. 또 元史 권13 세조 10 至元 21년(1284) 六月 條 기사에 "甲戌, 皇子愛牙赤怯薛帶孛折等及兀剌海所部民戶鈔二萬一千六百四十三錠"이라 하여, 아야치의 케식에 속한 孛折 등과 兀剌海가 거느린 民戶가 鈔 2만1천6백4십3錠을 수령한 것으로 보아 휘하의 部民이 적지 않았음을 알 수 있다. 元史 권133 塔出 열전에 보면 타추塔出[19]가 나얀의 모반을 탐지해 쿠빌라이 카안에게 보고하자, 아야치로 하여금 1만의 군사를 거느린 타추와 함께 (1287년 발동되는) 나얀의 반란에 대비하도록 旨를 내리는 것으로 보아서,[20] 또 元史 世祖本紀 11 至元 24년에 "秋七月癸巳, 乃顔黨失都兒犯咸平, 宣慰塔出從皇子愛牙赤, 合兵出瀋州進討, 宣慰亦兒撒合分兵趣懿州, 其党悉平."이라 하여, 지점은 확실하지 않아도 아야치가 동북의 요양행성 관할 지역 瀋州 근처에 부민을 거느리고 駐鎭하고 있다가 遼東遼西 지역을 근거지로 하는 諸王軍·五投下軍·遼陽行省軍을 함께 거느리고 1287년 일어난 나얀의 반란과 잇따른 카단의 반란이 일어나자 반란을 진압하는데 기여했던 것으로 보인다.[21]

한편 류철균 교수의 《시인의 별》에는 안현이 아내를 찾아 오늘날 신강성 우르무치

---

[18] 高麗史節要 권20/28하: 元流皇子愛牙赤于大靑島. 公主宴慰于館, 張樂. 從者止之曰皇子以帝命之貶所, 胡可耽樂, 遂罷.

[19] 칭기스칸의 동생 조치 카사르의 두 아들인 諸王 이숭게(松吉/桑吉)와 카랄추(忽剌出)를 거느리고 고려에 침략하여 1259년 고려가 內附를 결정하도록 압박한 잘라이르타이(札剌台)의 아들이다. 이개석, 『고려-대원관계 연구』 (서울: 지식산업사, 2013) pp.120-121

[20] 元史 권133 列傳 20 塔出: 塔出探知乃顔謀叛, 遣人馳驛上聞, 有旨, 與皇子愛牙赤同力備禦.

[21] 吉野正史, 「ナヤンの亂における元朝軍の陣容」, 『早稻田大學大學院文學硏究科紀要』 54(2009); 吉野正史, 「元朝にとってのナヤン.カダアンの亂--二つの亂における元朝軍の編成を手がかりとして」, 『史觀』 161(2009)

에서 동쪽으로 멀지 않는 아야치가 移鎭한 비쉬발리크까지 간 것으로 기술하고 있는데, 그것은 元史 世祖 李紀 같은해 七月 癸丑 기사 중에, "以中興府隸甘州行省. 以河西 愛牙赤所部屯田軍, 同沙州居民修城河西瓜(주)沙(주)等處. 立闍鄽屯田."22이라 하고, 또 至元 25년 十一月의 記事 중 "丙申, 合迷裏民饑, 種不入土, 命愛牙赤以屯田餘糧給之."라 하여, 河西에 아야치 예하 둔전군이 있었고, 이들이 沙州居民과 더불어 闍鄽屯田을 개척한 것은 사실로 보이나, 아야치가 駐鎭한 본부를 비쉬발리크 지역으로 옮기지는 않았던 것 같다.

몽골 당국이 고려의 海島에 죄수를 유배보내는 조치는 물론 황자 아야치 유배 이전에 이미 시작되었다. 1277년 두 차례에 걸쳐 耽羅에 63명을 보냈고,23 1278년에 披綿島와 乃老島에 각각 13명과 24명 등 여러 섬에 죄인을 유배했다.24 그러나 고려 정부는 1278년 七月 十一日 중서성에 상서하여, '고려의 섬들이 육지에서 가까워 중서성(上司)에서 보낸 죄인을 安置하기에 적합하지 않는데, 지금 또 탐라에서 풀어놓은 죄수를 여러 섬에 옮기게 되면 아침 저녁으로 다른 變이 걱정되므로, 전과 같이 제주도에 그대로 안치하고, 官軍(몽골군)이 지켜 주도록 요청하고 있다.25 여기서 주목되는 것은 고려에 유배된 죄수 중 탐라에 유배된 죄수는 몽골군이 監守하고, 대청도와 같은 그 밖의 海島에 유배된 죄수는 고려에 監守를 위탁한 것으로 보인다는 점이다.

물론 아야치 말고도 대청도에는 대원의 역사상 이름을 알려진 여러 명의 황자와 제왕이 유배되었다. 아야치 다음으로 大靑島에 유배되는 황금가족의 一員은 뭉케 카안의 아들로 쿠빌라이 카안에 의해 河平王에 봉해졌던 시리기(昔里吉 Shirigi)였다. 高麗史는 1283년 九月에 "庚申元流室剌只于大靑島"라고 간단히 적고 있는데, 여기서 室剌只가 구체적으로 누구인지 무슨 죄를 짓고 유배온 것인지 분명하게 설명하지 않아 그를

---

22 闍鄽은 대원시대 甘肅行省 沙州路 지역으로 오늘날 新疆省 且末縣인 바, 비쉬발리크(五國城)와 闍鄽屯田 사이에 타크라마칸 사막이 가로놓여 있어 소설의 설정에 약간의 무리가 보인다.

23 高麗史 권28/25상 忠烈王 3년 五月: 戊戌, 元流罪人三十三人于耽羅; (권28/28상: 八月) 庚辰, 元流罪人四十于耽羅.

24 高麗史節要 권20/13상: 1278년 八月: 遣將軍朴義如元, 上中書省書曰, 今春所送罪徒分置諸島. 靈巖郡披綿島十三人乘桴逃竄追捕得之. 寶城郡乃老島二十四人奪人船逃竄. 我在上都嘗言此事,未蒙明降. 今二島罪囚逃竄如此, 其餘諸島罪囚孰不生心, 伏望善奏以降明斷.

25 『高麗史節要』권20 /10하: 忠烈王 四年 七月; 『高麗史』권28/38하-39상

시리기로 특정하는 데는 물론 어려움이 있다. 필자는 먼저 카안 울루스 측 사료 중에서 이 무렵 바닷가 섬으로 유배된 사람 중에 발음이 비슷한 사람이 있는지 찾아보았다.26

13세기 몽골사의 기본사료를 모은 한문사료인 元史와 페르시아어 사료인 라시드 앗 딘(김호동 역주)의 『집사3—칸의 후예들』의 기록에서 당시 쿠빌라이가 섬에 유배시킨 인물을 찾아보았는데, 다행이도 『집사3—칸의 후예들』에서 비슷한 처지의 비슷한 이름을 가진 시리기란 인물이 쿠빌라이 카안에게 반기를 들었다가 이 무렵 투항하였으나, 기후가 나쁜 어떤 섬에 유배된 사실을 확인하였다.27 1267년 河平王을 受封한 바도 있는 그는 쿠빌라이 카안의 同腹 형 뭉케 카안의 넷째 아들이었다. 우게데이 카안의 손자인 카이두가 반쪽 쿠릴타이를 거쳐 카안의 자리에 오른 쿠빌라이 정통성을 부인하고, 그에 대항하기 위해 킵차크 한국 칸 뭉케 티무르가 보낸 諸王 베르케치르, 차가타이 칸의 증손인 두아 등과 1269년 현재의 키르키즈스탄공화국 서북 변경 탈라스 강변에서 동맹을 결성하자, 쿠빌라이 카안은 회맹세력의 東進에 대비하기 위해 북평왕 노무칸의 주영지를 현재 중국 新疆위구르 자치구 霍城縣지역에 해당하는 알마리크로 옮겼는데, 약관의 우승상 安童과 함께 몽골 초원에 함께 駐鎭하고 있던 시리기 등 諸王의 군대도 함께 그곳으로 보냈다.

그러나 쿠빌라이 카안이 남송정복전에 전력을 기울이는 틈을 타서, 1277년 七月 癸卯 노무칸을 따라간 톨루이의 9자 수유게테이의 아들 툭 티무르가 뭉케 카안의 아들인 시리기를 부추겨 반기를 들었다. 또 쿠빌라이 카안의 두 아들 노무칸과 쿠케추(/코코추闊闊出), 그리고 우승상 安童을 포로로 잡아, 탈라스 회맹세력과 연대하기 위해 킵차크 한국의 칸 뭉케 티무르에게 노무칸과 쿠케추를 보내고, 우승상 安童은 하이두

---

26 몽원시대는 漢人 외에도 지배민족인 몽골인과 그들의 동맹세력이라고 할 수 있는 오늘날 신장 등 투르케스탄 탕구트, 위구르, 투르크 계를 포함한 중앙유라시아 대륙에서 활동한 다양한 민족(소위 색목인)이 활동하여 한문 사료에는 그들의 이름이 당시의 한자음을 빌려 표기되어 있지만 같은 사람의 인명도 표기한 사람과 책에 따라 다양한 방식으로 음역되어 있기 때문에 고증이 필요하며, 따라서 중국에서는 청대 이래 음운학을 활용한 '審音勘同'이라는 방법을 이용했다. 韓儒林, 「關于西北民族史中的審音與勘同」, 『南京大學學報』3(1978) --> 『穹廬集--元史及西北民族史研究』(上海: 人民出版社, 1982 재수록) pp.214-220 참조
27 라시드 앗 딘/ 김호동 역주. 『집사3—칸의 후예들』(파주시: 사계절출판사, 2007), p.402

칸에게 보냈으나 호응을 얻지 못했다. 더욱이 반란군은 카안이 보낸 군대와 싸워 패하고, 내부 분열로 세력이 약화되었다. 시리기는 끝내 뭉케 카안의 손자인 사르반에게 포로가 되었는데, 앞에 얘기한 바와 같이 쿠빌라이 카안은 시리기의 투항을 받아들이지 않았고, 대신 기후가 매우 나쁜 섬으로 보내 그곳에서 생을 마치라고 명령했다고 쓰어 있다.

한편 元史에도 至元 19년(1282) 사르반(撒里蠻)이 과오를 깨닫고 시리기(昔里吉) 등을 붙잡았고, 北平王 노무칸(那木罕)이 찰라쿠(札刺忽)를 보내 쿠빌라이 카안에게 이 사실을 보고한 기록은 보이나,[28] 그를 어디에 유배보냈는지 기록이 없다. 따라서『집사』와『元史』의 기록을 종합해 보건대 1282년 사르반에게 포로가 된 후 쿠빌라이가 기후가 매우 나쁜 섬으로 보내 생을 마치게 한 시리기는 1283년 고려의 대청도로 유배된 室剌只일 가능성이 매우 높다.[29] 한편 필자가 室剌只를 시리기로 보는 또 다른 이유는 1289년 9월 人物島에 유배되는 石列紇[30] 때문이다. 石列紇은 1283년 유배된 室剌只와 달리 앞에 大王을 붙여 그가 시리기에 버금가는 매우 높은 지위의 인물이었음을 보여주고, 또 石列紇silieko의 발음이 시리기(昔里吉)의 발음과 매우 가까워 필자는 시리기가 人物島에 移置되어 그곳에서 생을 마친 것으로 보고 있다. 물론『집사2 칭기스칸기』의 칭기스칸 아버지 이수게이 바아투르의 자손들을 일목요연하게 보여주는 도표(pp.96-97)를 보면 타가자르[31]의 아들 중에 역시 시리기란 이름을 가진 아들이 있고, 細注에 그가 많은 부민을 이끌고 하이두의 탈라스 동맹 진영에 가담했다고 하여, 이 시리기가 石列紇일 가능성도 완전히 배제할 수 없다.

다음으로 충렬왕 14년(1288) 六月 丁巳에는 몽골에서 大王 闊闊歹를 역시 大靑島에 유배하였다고 하는데,[32] 元史에는 쿠빌라이 카안 至元 25년(1288) 五月條 "戊子, 諸王祭

---

28 元史 권12 世祖9 至元19년(1282) 正月 丁卯: "撒里蠻悔過, 執昔里吉等, 北平王遣札剌忽以聞." p.239
29 風修靑,「蒙元帝國在高麗的流放地」,『內蒙古社會科學』1992-3
30 고려사 권30/19상 충렬왕3 15년 九月: 庚辰元流大王石列紇于人物島.라 하였는데, 高麗史節要에서도 역시 "元流大王石列紇于人物島"라 되어 있어
31 타가자르는 칭기스칸이 西征할 때 몽골에 남아 유수정권을 이끈 막내동생 테무게 옷지긴의 손자로 封王된 칭기스칸의 형제들의 후손들인 東道諸王을 대표하여 쿠빌라이의 카안위 즉위를 뒷받침했다. 윤은숙,『몽골제국의 만주 지배사』(서울: 소나무, 2010) pp.219-229 참조
32 高麗史 권30 忠烈王3/14하: 元流大王闊闊歹于大靑島.

合子闊闊帶叛, 床兀兒執之以來"³³라 하여, 같은 발음의 이름을 가진 제왕이 반란에 참여했다가 킵착(欽察)인 장군 중쿠르(床兀兒)에게 잡혀 온 것으로 보아, 같은 사람으로 보아도 될 것 같다. 또 몽골 조정은 1292(忠烈王 18년) 三月 哈丹을 따라 반란에 가담한 阿里禿 大王을 仿盆島에 유배하고,³⁴ 四月 癸亥에는 塔也速, 闍吉出, 帖亦速을 각각 白翎島 大靑島 烏也島에 유배했다. 또 庚午에는 역시 哈丹을 따랐던 이름이 알려지지 않는 복수의 大王을 靈興 祖月 두 섬에 유배하고 있다.³⁵ 곧 한반도 서해안의 작은 섬들이 哈丹의 반란에 가담한 여러 諸王의 유배지로 활용되고 있음을 보여준다.

한가지 여기서 눈길을 끄는 사항은 위의 阿里禿 대왕과 비슷한 이름의 諸王 阿禿이 같은 시기에 元史에도 등장하는데, 至元 29년(1292) 二月 戊寅 조에 역시 카단의 반란에 동조한 죄로 카안이 雲南王의 지방으로 추방하는 조서를 내리고 있다는 점이다. 그가 어떤 이유로 貶所를 바꾸어 다음달 고려로 오게 되었는지 경위는 알 수 없다. 다만 그를 따라 반란에 참가한 朶羅帶, 脫迭出, 抄兒赤, 合麥을 각각 闊里吉思, 阿里, 月的迷失, 亦黑迷失의 駐營地로 보내 종군케 하라는 조서가 본기에 기록된 것으로 보아³⁶ 이들이 모두 당시 꽤 중요한 인물이었음을 알 수 있고, 미루어 그들을 거느린 阿禿 대왕 또한 당시 반란에 가담한 제왕 가운데 영향력이 컸을 것으로 보이는데, 아쉽게도 그의 가계가 분명하지 않다.

요컨대, 반쪽 쿠릴타이를 거쳐 카안의 자리에 오른 쿠빌라이 카안은 초원의 전통인 황금가족에 의한 권력의 공유와 분점이라는 대몽고국 시기의 전례를 벗어나 중국적인 황제지배 시스템(改行漢法)을 케식 중심의 초원의 권력 운용 시스템과 결합하여(祖述變

---

33 闊闊歹는 高麗史에 '大王 闊闊歹'이라 적고, 元史에 諸王 察合의 아들 闊闊帶라 적혀 있으나, 그가 어느 반란에 가담해 유배되었는지는 분명하지 않다. 아비 察合은 元史에는 諸王으로 기술되어 있을 뿐(p.312) 집사에서도 그에 관한 기록을 찾을 수 없다. 元史辭典에 察合은 元宗王이고, 闊闊帶의 아비라고(p.1011) 기술되어 있는데, 어느 가문을 대표하는 宗王인지 근거 출처는 밝히지 않고 있다.

34 忠烈王 18년 三月: 戊午元流哈丹下阿里禿大王于仿盆島. 元史 권17/p.359 至元29년 二月庚午 기사 중 阿禿 기사 참조

35 高麗史節要 권21 忠烈王 18년 三月: 元流哈丹黨阿里禿大王于仿盆島.; 夏四月, ..., 元流賊黨塔也速于白翎島, 闍吉出于大靑島, 帖亦速于烏也島.; 이와 달리 高麗史 권30 충렬왕 18년 四月 條 기사에는 癸亥에 이어 庚午에도 몽골로부터 유배온 哈丹의 반란에 복수의 大王이 도착해 靈興島와 祖月島에 보냈음을 말해주고 있다.

36 元史 권17 世祖 14 至元 29年 二月 戊寅.(p.359)

通) 집권적인 카안 권력을 제도화하였다. 카이두와 두아 등 탈라스 회맹세력이 중심이 된 西道 諸王과 宗王이 쿠빌라이 카안 권력의 정통성을 부인하고, 나얀과 카단이 중심이 된 東道 諸王과 宗王이 그의 중앙집권적 지배에 항거하였다. 또 그로 말미암아 반란에 참여한 많은 제왕 특히 동도제왕의 반란에 참여한 제왕이 탐라총관부가 관할하는 제주도와 대청도를 포함한 고려의 海島에 유배되었음을 알 수 있다.

한편 몽골 조정은 삼별초 봉기 진압과 머지 않아 진행될 일본 원정을 위해 고려에 진주해 있던 몽골군 원수들과 대립하고 있던 고려군 원수 金方慶과 監察侍丞 崔有渰을 1278년(충렬왕 四年 二月 三日)과 1279년(충렬왕 五年 十二月 辛卯)에 大靑島에 유배하고 있다.[37] 兩人 모두 바로 소환되어 유배의 기간은 길지 않지만 하필이면 굳이 王京에서는 멀지만 육지(옹진반도)에서 가까운, 뱃길로 예성강 하구 碧瀾渡에서 멀지 않은 거리에 있는 大靑島에 유배시킨 점이 흥미로운데, 당시 고려에 와 있던 몽골측 장수들이 심문 등 형벌의 집행과정에 주도적으로 간여했던 점으로 미루어 볼 때, 유배지 대청도에 대한 몽골 조정의 인식을 엿볼 수 있는 간접적인 단서가 될 수도 있다.

나. 大元 중기 寧王 쿠케추(闊闊出)[38]와 魏王 에무게(阿木哥) 부자의 대청도 流配

이처럼 13세기 말 충렬왕과 충선왕이 재위하던 시기 몽골제국 역사에서도 언급되는 皇子와 諸王 여러 명이 大靑島에 유배 온 것을 알 수 있다. 하지만 황자인 아야치를 제외하면 이들 대부분은 쿠빌라이 카안의 즉위와 집권에 불만을 품고 반란을 일으키거나 반역행위를 저질러 고려에 유배된 경우로, 이들의 대청도 유배는 몽골의 내정은 물론 고려의 내정에 의미 있는 영향을 주지 않았다. 이에 비하여 大元 中期 이후 고려의 충선왕 충숙왕 충혜왕대에 걸쳐 있는 시기에 대청도에 유배된 몽골 황자나 諸王 중에는 大元 내정이나 고려 왕실과 보다 깊은 관련을 맺고 있는 경우도 있어 역사의

---

[37] 高麗史 권28/29상: (忠烈王三年十二月) 丁卯, 前大將軍韋得儒, 中郎將盧進義金福大等誣告金方慶謀叛, ... 권28/29하: (忠烈王四年春正月) 壬寅王如奉恩寺與忻都茶丘鞫方慶及其子忻, ... ; 二月丙辰王會忻都茶丘于興國寺鞫方慶. 不服流方慶于大靑島, 忻于白翎島.; 권29/8하 世家 忠烈王 (五年 十二月辛卯): 流監察侍丞崔有渰于大靑島, 尋召還.

[38] 후신 종족 출신 후시진이 낳은 쿠빌라이 카안의 아홉째로 아야치와 동모형제이다. 라시드 앗 딘/ 김호동 역주, 『집사 3 칸의 후예들』(파주: 사계절출판사, 2005) 紀八 쿠빌라이 카안기/ 제1장 그의 카툰들과 자식들에 대한 설명: pp. 364-365

전개에 심각한 영향을 준 경우도 있다.

1310년 九月 寧王 쿠케추가 家屬 50여인과 함께 고려로 유배되어 온 데에 이어 1317년 위왕 아무게가 역시 고려에 유배되어 온 것은 고려사에는 작은 일이지만 大元의 정치사로 보면 사소한 사건으로 치부해버릴 일이 아니어서 대청도 유배와 관련하여 좀 더 자세한 설명을 할 필요가 있다. 1317년 대청도로 유배된 魏王 에무게(阿木哥)의 경우 武宗 하이산 카안과 仁宗 아유르바르와다 카안의 이복형이고, 유배 이후 그의 딸 曹國長公主 金童[39]은 충숙왕의 妃가 되었으며, 특히 충혜왕 재위 초기 열 한 살의 어린 나이에 대청도에서 1년 남짓 유배생활의 고통을 겪은 토곤티무르는 1334년에 카안의 자리에 올라(惠宗/順帝) 1368년 大元이 망하여 초원으로 쫓겨난 이후(1370)까지 大元帝國을 제통치하였다. 본인은 물론 그의 황후가 되어 황태자 아유시리다라를 낳은 기황후 모자가 고려의 내정에 미친 영향을 고려하면 이들의 대청도 유배와 전후 사정에 대한 충분한 이해는 고려-조선 이행기 역사를 이해하는 데에도 많은 도움이 될 것으로 보인다.

먼저 寧王 쿠케추는 四傑의 한 사람인 보로굴(博爾忽) 노얀의 딸인 후시진 카툰을 어머니로 둔 아야치와 同母兄弟로 쿠빌라이 카안의 아홉 번째 아들이었다. 그는 시리기의 반란 당시 노무칸과 함께 포로가 되었다가 돌아온 뒤 1292년 이래 하이두와 두아에 맞서 서북변의 방어를 책임지고 있었는데, 1298년 두아와 체첵투가 침략했을 때 술에 취해 출전하지 못해 패전한 실수 때문에 1299년 하이산(武宗)에게 左右部 宗王과 諸帥에 대한 총병권을 넘겼던 인물이지만, 황금가족 내에서 그 지위가 비교적 높은 인물이었다. 하지만 그가 이 시기에 하이산 카안에게 반역을 꾀한 전후사정을 전하는 기록은 없다. 단지 차가타이 칸의 후손(玄孫)으로 1307년 정변에 공을 세워 하이산 형제의 집권을 가능하게 했던(木阿禿干-不里-阿只吉-) 越王 禿剌이 1309년 죄를 지어 賜死된 것과 관련하여 살펴 볼 여지는 남아 있다. 당시 日者, 方士로 하여금 제왕 공주 등 문하에 출입하지 못하게 했는데, 이를 어기고 畏兀兒僧과 함께 모든 걸 잃은 禿剌의 아들을 도왔던 것이 불궤의 전모로 보여,[40] 쿠케추의 반역사건도 처벌에 비해 큰 반역사

39　高麗史 권35/15하 충숙왕2 11년 "八月戊午, 娶魏王阿木哥女金童公主.
40　元史권23 武宗2 至大 2년(1309) 二年 春正月, ... 庚寅, 越王禿剌流罪賜死. 禁日者方士出入諸王公主近

건은 아니었던 것으로 보인다. 다만 내용이 零星하지만 고려사의 관련기사는 寧王 쿠케추의 불궤사건을 전하는 유일한 사료라는 점에서 의미 있는 기록이라 할 수 있다.

다음으로 魏王 에무게의 유배에 관하여는 高麗史節要와 高麗史의 忠肅王 4년(1317) 閏正月 壬申(四日)條에 "元流魏王阿木哥于耽羅, 尋移大靑島"라 하였는데, 위왕 에무게를 탐라로 유배했다가, 다시 大靑島로 옮겼음이 분명하다.[41] 하지만 그가 무슨 죄를 지었기에, 同腹은 아니지만 즉위 초부터 우호적이었던 仁宗 아유르바르와다 카안이, 갑자기 태도를 바꿔 이복형인 에무게를 1317년 새해 벽두에 반역에 준하는 중죄인이나 보내는 高麗海島流配를 명한 것인지 元史를 비롯해 어디에도 관련된 기록은 보이지 않는다.

다만 이와 관련해 에무게의 流刑記事에 이어 고려사 권 34 충숙왕 4년 정월 庚辰條에 한 가지 기사가 눈에 밟히는 바, 몽골 사신이 인종의 아들 시데바라의 황태자 책봉조서를 가져왔다는 것이다. 기실 인종 아유르바르와다 카안과 그의 형 무종 하이산 카안은 1307년 쿠데따를 통해 권력을 잡게 된 후 차례로 카안 자리에 올랐다. 하이두와 두아 등 서북 宗王 諸王의 군사적 도전을 물리친 혁혁한 군공을 세워서 북방의 군권을 장악하고 있던 하이산이 쿠데따 현장에서 우승상 하르카순의 도움을 받으면서 安西王 아난다와 左丞相 아쿠타이 등 세력의 정권탈취 음모를 깨부수고 권력을 장악한 뒤에 나름으로 새 권력의 진로를 설계한 아유르바르와다를 제치고 카안의 자리에 올랐을 때도, 두 사람 특히 어머니 다르기 태후의 지지를 받은 아유르바르와다와 군권을 쥐고 있던 하이산의 지지세력 간에 내부적인 갈등이 있었다. 결국 하이산이 카안의 자리에 오르는 대신 동생 아유르바르와다를 황태제로 세우고, 아유르바르

侍及諸官之門.(p.509); 至大3년 (1310) 二月: "己巳, 寧王闊闊出謀爲不軌, 越王禿剌子阿剌納失里許助力, 事覺, 闊闊出下獄, 賜其妻完者死, 竄阿剌納失里及其祖母母妻于伯鐵木兒所. 畏兀兒僧鐵里等二十四人同謀, 或知謀不首, 並磔于市. 鞫其獄者, 並陞秩二等. 賞牙忽都金千兩, 銀七千五百兩. 三宝奴賜號答剌罕, 以闊闊出食邑靑州賜之, ..."(p.523) 高麗史節要 권23/24상하: 元流寧王于我國, 寧王世祖庶子, 謀叛事覺, 與其家屬五十餘人偕來.

[41] 충숙왕 5년(1318) 七月에 몽골 조정이 보낸 이부상서 卜顔과 비체치 賣驢가 魏王을 慰接한 것과 耽羅叛狀을 함께 問責한 것으로 보아 二月 濟州 백성이 반란을 일으킨 뒤에 위왕 阿木哥를 대청도로 移置하는 과정에 고려 왕실에서 慰接한 것으로 보여, 魏王의 大靑島 유배는 1318년에 이루어진 것으로 보인다. 高麗史 권34 충숙왕 5년 이월-칠월 기사 참조/26하-28상

와다가 카안 자리에 오르면 다시 조카인 코실라(和世剌)를 황태자로 봉한다는 무언의 약속으로 내부의 모순을 봉합했었다.

그러나 1315년 인종 아유르바르와다 카안은 자신의 아들 시데바라를 황태자로 책봉하기 위해 무종의 장남 코실라(和世剌)를 周王으로 봉하여 서남변경인 雲南으로 出鎭하게 했다. 또 1316년 三月 다시 조칙을 내려 中書右丞 蕭拜住와 출진행렬의 경유지인 섬서행성과 사천행성의 省臣 각 1명을 뽑아 周王을 운남으로 護送케 하였다. 이에 출진에 동반할 周王常府(正2品) 常侍로 임명된 7인의 大臣 등 屬僚들의 집합장소인 陝西의 延安에 모인 주왕 코실라의 측근들이 불만을 품고, 兵變을 시도했는데, 兵諫은 카안 측이 미리 처놓은 함정이었다. 주왕 코실라는 大칸 울루스 서부 地境 곧 천산 산맥과 알타이 산맥의 방어를 책임지고 있던 하이산 카안의 舊臣 토가치 丞相이 駐鎭한 타르바가타이 지역으로 망명하였고, 주왕 코실라에 대한 雲南出鎭 조치와 코실라 측근의 병변발동과 망명사건을 계기로 무종 하이산이 북방에 있을 때 휘하에 있던 많은 舊臣들이 仁宗 아유르바르와다 카안 정권의 조치에 불만을 품고 호응하였으며, 토가치 승상은 카라코룸 지역까지 군사를 이동시켰다. 이들의 저항은 이듬해 결국 진압되었지만, 이로 말미암아 알타이 산맥과 천산산맥의 남북, 항가이 산맥의 東麓 카라코룸 일대 까지, 곧 중앙 아시아의 투르케스탄 지방과 몽골 초원 까지 광범한 지역이 혼란에 빠졌다. 마침 겨울철이라 혹한으로 많은 난민이 죽고 가축의 손실도 컸다. 코실라 측의 叛軍이 카안의 군대에 패함에 따라 주왕 코실라 일행은 차가타이 한국 에센 부카 칸의 호의로 차가타이 한국 경내의 탈라스 하 유역의 야니(野泥 /yängi / yani) 근처 지역으로 망명하였다.

하지만 하이산 카안 구신들의 무력 저항에도 불구하고 아유르바르와다 카안과 다르기 태후는 1316년 섣달 丁亥(19일) 시데바라(碩德八剌)를 황태자로 책봉하여 중서령과 추밀사를 겸하도록 하고, 金寶를 수여한 뒤 하늘과 땅 그리고 宗廟에 고하였다. 그리고 다음 해(1317) 閏正月 丙戌(18일) 上都에서 거행된 朝會에서 皇太子冊封詔書를 천하에 반포할 때는, 어려운 재정상황에도 불구하고, 그 자리에 모인 諸王 宗戚에게 푸짐한 사여를 하였다. 다만 한 가지 여기서 주의할 점이 있는 바, 高麗史節要 충숙왕 4년 춘정월 기사의 "元遣使來頒立太子詔"와 高麗史 권34 충숙왕 4년 정월 條의 기사의 "庚辰, 元以立皇太子遣使來頒詔"인데, 이 조서는 閏正月 上都 조회에서 반포한 책봉조서일 터이므로, 두 史書의 기사는 한 달 뒤 閏正月에 일어난 사건을 한 달 앞선 정월로 앞당겨 기록한 것으로 해당 날자의 간지는 따라서 정월에 해당되지 않는다.[42]

그렇다면 왜 인종 정권은 국가적 경사인 황태자 책봉의 조서를 속히 반포하여 조야가 함께 축하하지 않고, 두 달이 지나서야 上都의 朝會에서 반포하고, 그 자리에 모인 諸王과 宗戚에게 푸짐한 賜與를 하게 되었을가. 이는 하이산 카안의 아들 코실라 대신 아유르바르와다 카안의 아들 시데바라를 황태자로 책봉하는 과정에서 몽골 황금가족 내부에 심각한 모순이 발생하였음을 엿볼 수 있다. 갈등이 아직 봉합되지 않은 상황에서 아유르바르와다 카안의 결정에 수긍하고 상도에 모인 諸王과 宗戚에게만 賜與를 행했고, 그 결정에 이의를 제기했거나 주왕 코실라 편에 선 諸王과 宗戚은 죄를 물었던 것으로 보인다.

곧 魏王 에무게의 대청도 유배도 전년에 일어난 두 가지 사건 곧 周王 코실라의 운남 출진 강행 과정에서 일어난 망명사건과 시데바라의 황태자 책봉을 둘러싼 황금가족 내부의 갈등이 빚어낸 결과로 볼 수 있다. 魏王 阿木哥는 비록 하이산 카안의 시녀 郭氏 소생의 諸王으로 다른 형제에 비해 신분이 낮았지만, 順宗 다르마바라(答剌麻八剌)家의 장자로서 황태자 책봉문제에 이의를 제기하였을 가능성이 높고, 그 이유로 카안과 태후의 미움을 사서 貶謫된 것으로 의심된다. 역시 죄목은 확실하지 않지만, 비슷한 사례로는 자우투(牙忽都)의 아들 楚王 투라 티무르Tura Timur(脫列帖木兒)도 역시 周王 코실라의 망명에 연루되어 봉호도 격하되고, 가산의 반을 몰수당하여, 티벳으로 유배되었다가 명종 코실라 카안이 즉위한 뒤에 비로소 복위하고 있기 때문이다.

자우투(牙忽都)는 쿠빌라이 카안의 庶弟로 툴루이의 일곱째 아들인 대장군 부첵Bochek(撥綽)의 손자인데, 그의 아비는 1백 명의 아들을 둔 것으로 유명한 사블라카르(薛必烈傑兒)였다. 쿠빌라이 카안의 명으로 뭉케 카안 시기 킵착을 정벌하여 바아투르(拔都兒)의 號를 받은 조부의 군대와 食邑(丁巳 蠡州 3347戶) 곧 봉토를 13세에 이어받았다. 1275년 북안왕 노무칸을 따라 北征하였고, 1276년 시리기가 반란을 일으켰을 때 함께 포로가 되었다. 1277년 兀魯兀台와 伯顔이 군사를 이끌고 叛軍을 정벌할 때 자

---

[42] 忠肅王 4년(1317)은 陰曆으로 정월에 閏月이 있는데, 高麗史節要와 高麗史는 이 해에 윤달 기사가 보이지 않는다. 陳垣,『二十史朔閏表附西曆回歷』(북경: 중화서국 1978년 신개정판) p.153 丙辰年 項 참조

우투는 정벌군의 장수인 토투카(禿禿哈) 등과 약속하여, 시리기와 유부구르(約木忽兒)의 진영에 혼란을 일으켜 도왔고. 또 혼란을 틈타 탈출에 성공했다. 1281년 耒陽州의 호구 5347戶를 더 받은 자우투는 하이두가 막북을 침공하자 1284년 토투카와 함께 다시 출정하여 토벌군의 摠帥 토르토가(朶兒朶哈)의 휘하에서 선봉장으로 하이두의 정예군을 깨뜨려 패주시키는데 크게 기여했고, 패주한 하이두가 노획했던 軍民을 되찾아 오는 공도 세웠다.

또 오랜 포로생활에서 풀려난 北安王 노무칸이 1284년 三月 北平王으로 다시 돌아와 1271년 세워 7년간 머물렀던 幕庭이 있는 카라코룸 부근 타미르(帖木兒) 河에 駐鎭하게 된 뒤에는 처자(妻帑)와 輜重을 알타이 산맥 부스할라 고개(不思哈剌嶺)에 두고 쿠케추, 토투카와 함께 북평왕을 도와 나얀(乃顔)과 에부겐(也不堅) 등 東道諸王의 반란으로부터 막북 초원을 안정시켰다. 그러나, 1290년 하이두의 군대가 다시 침공했을 때 토르토가와 함께 칭기스칸 이래의 大帳을 지키라는 명령을 받았지만, 하이두 측의 침공에 대비해 알타이 산맥의 전선을 지키던 그의 군대는 싸우기도 전에 무너졌다. 부스할라 고개에 남겨둔 자우투의 처자와 輜重도 유부구르와 메릭테무르에게 약탈당했다. 아들 투라 티무르와도 헤어져 겨우 13騎를 이끌고 귀환한 그를 쿠빌라이 카안은 鎭遠王에 봉해 北安王의 第二帳에 머물게 했으며, 북안왕이 죽은 뒤에는 大帳을 넘겨주고자 했으나 고사하였다. 쿠빌라이 카안의 총애가 가볍지 않았음을 알 수 있다.

成宗 티무르 카안이 즉위한 뒤에는 常侍로 카안을 측근에서 보좌하였으며, 하이산이 막북에 출정하게 되자 아들 투라티무르를 데려가 주도록 청해, 1301년 하이두와 두아의 연합군이 침공하였을 때 그는 천호의 군사를 이끌고 하이산을 곁에서 지키는 등 공을 세웠다. 자우투는 1307년 성종 티무르 카안이 서거한 뒤에 불루간 카툰과 安西王 아난다, 그리고 좌승상 아크타이(阿忽台)의 정변을 선제적으로 제압한 逆꾸데따 과정에서도 역시 활약해, 무종 즉위 후 부자의 공과 충성을 인정해 楚王에 봉했다. 곧 무종 하이산과 인종 아유르바르와다가 나란히 카안의 자리에 오르는데 楚王 자우투와 투라 티무르 부자의 공로가 매우 컸음에도 불구하고, 역시 주왕 코실라의 편에 섰다는 이유로 楚王 투라 티무르는 가산을 적몰당하고 변방에 유배된 것이다.[43]

---

43 元史 권117 列傳 第四 牙忽都: "牙忽都薨, 仁宗命脫列帖木兒嗣楚王. 延祐中明宗西出, 脫列帖木兒坐

따라서 楚王 투라 티무르가 십년 넘도록 티벳 등에서 고초를 겪은 것에 비하면 魏王 阿木哥의 고려 해도 유배는 상대적으로 가벼운 처벌이었던 것으로 보인다. 그는 1323년 八月 南坡의 政變으로 英宗 시데바라 카안이 죽고, 시월에 사촌인 태정제 이순티무르 카안의 새 정권이 들어선 뒤에야 소환되었다.44 그런데 高麗史와 高麗史節要에 보이는 에무게 유배에 관련된 두 가지 기사 곧 高麗史節要 권24 충숙왕 4년 春正月 기사 중에 "(高麗史: 乙酉) 魏王館庭磚日照霜潤光彩爛(班)〔斑〕. 有人白王曰, 魏王館庭中光彩皆成牧丹諸花卉狀. 豈天降祥以表聖德. 王甚喜厚賞其人"라 했고, 또 충숙왕 5년 기사 중에 "秋七月, 元遣吏部尙書卜顔必闍赤賣驢來責問慰接魏王及耽羅叛狀."라 한 기록 가운데 나오는 '魏王館'과 '慰接'은 어떻게 받아들여야 당시의 역사적 실상에 어울릴까. 이를 근거로 魏王 에무게가 고려에서 편한 유배생활을 보냈을 것으로 추정하는 것은 가능할까.45

먼저, 몽골 조정에서 사절을 보내 공식적으로 '慰接'에 대하여 고려측을 문책(責問)하였던 것으로 보아, 고려 왕실이 잔치를 벌여 魏王 에무게를 위로한('慰接') 것은 역사적 사실로 보인다. 그렇다면 여기에 나오는 '魏王館'의 실체는 무엇인가? 고려측에서 유배되어 온 위왕의 접대를 위해 임시로 머무르도록 제공한 숙소일까. 아니면 고려 왕경에 머무르도록 고려측에서 지어 주었거나, 내어 준 숙소일까. 아니면 海島에 유배된 기간 魏王이 편안한 유배생활을 보내도록 대청도에 지어 준 건물일까. 이 의문에 대한 해답을 찾기 전에 고려사절요와 고려사의 전후 관련 기록을 다시 정리해보자. 위왕 에무게를 고려 해도에 유배한 사실이 적힌 날짜는 충숙왕 4년(大元 仁宗 延祐 4년) 윤정월 초나흗날(壬申)이다. 12일(庚辰)에는 몽골에서 온 사신이 황태자 책봉의 조서를 가져 오고, 17일(乙酉)에는 魏王 에무게가 머무는 魏王館 뜰에서 瑞祥이 나타났고, 보고를 받은 魏王이 화공을 시켜 그 모양을 그리게 했다고 한다. 또 마지막으로 다음 해(충숙왕 5년/ 延祐 5년) 七月 3일(辛酉) 몽골에서 이부상서 卜顔과 비체치 賣驢를 보내 魏王 에무게를 접대('慰接')한 일을 질책하고 耽羅의 반란상황을 묻고 있다.

累, 徙西番, 沒入其家貲之半. 明宗卽位, 帝曰, 脫列帖木兒何罪, 其轉徙籍沒, 豈不以我故耶. 其復故號, 人民貲帑悉歸之."(p.2910)
44 高麗史 권35 충숙왕2. (十年/1323) 冬十月... 戊辰, 帝召還魏王阿木哥(/11상)
45 權五重, 「大靑島에 온 元의 流配人」, 『인문연구』 20권 1호(1998) p.193

1년 6개월에 걸친 魏王 에무게 관련 서사 중 視點을 1318년 칠월 이부상서가 責問한 날짜에 맞추어, 마치 고려측에서 魏王 에무게를 慰接하도록 몽골 측에서 여지를 주고, 그것도 꽤 오랫동안 1년 6개월 가까이 기간이 지난 뒤에 몽골 정부가 고려를 문책한 것처럼 상상하는 것마저 필자는 탓하지 않는다. 그러나 형률을 엄격하게 집행한 몽골 조정이 당시 역모에 준하는 죄를 범해 고려 해도에 유배된 魏王을 호송해 온 몽골 관헌의 처지에서 보면, 몽골 황금가족의 일원이 된 고려 왕과 왕비가 유배형에 처해진 같은 황금가족의 어른인 魏王 에무게에게 하루 저녁 쯤 간단한 위로 잔치를 차려 주는 것을 허락할 수가 있지만, 여러 날 혹은 여러 달에 걸쳐 고려 왕경의 빈관에 머물게 하면서 접대하도록 허용했을 것인가 의문이다. 더욱이 王京이거나 大靑島거나를 막론하고 고려측에서 중한 죄를 지어 유배 온 죄인인 魏王 에무게를 위해 고려측에서 채색벽돌이 깔린 마당이 딸린 숙소 魏王館을 제공했으리라고 추정하는 것은 무리이다.

　　이는 大元 카안 아유르바르와다와 당시 최고의 권력을 휘두른 다르기 태후의 뜻에 어긋나는 조치이다. 몽골 제국에 종속되어 있던 왕국 고려의 왕인 충숙왕으로서도 감히 상상할 수도 없는 일이다. 또 이와 관련해서 먼저 元史 권26 仁宗3 延祐五年 六月 기사와 大元 당국의 魏王 관련 조치도 함께 살펴 볼 필요가 있다. "乙巳, 趙子玉等七人伏誅. 時魏王阿木哥以罪貶高麗, 子玉言於王府司馬趙脫不台等日, 阿木哥名應圖讖. 於是潛謀, 備兵器衣甲旗鼓航海往高麗取阿木哥至大都, 俟時而發. 行次利津縣, 事覺, 誅之."(p.584) 또 같은 해 秋七月 조 기사 중에 "癸酉, 拘魏王阿木哥王傅印."(p.585)이라 하여, 이 도참사건은 고려가 아닌 대원의 겨울 수도인 大都에서 발생했음을 알 수 있다. 당시 大都에는 魏王 에무게의 私邸인 魏王館이 있었을 가능성이 높고, 魏王 王府의 王府官이 상주했던 것으로 보인다. 곧 大都의 魏王의 王府에 있는 魏王館에 딸린 채색벽돌이 깔린 마당에서 나타난 자연현상인 瑞祥을 매개로 기획된 조그만한 역모사건이었던 것으로 보인다. 王府의 司馬 趙脫不台가 관련된 이 사건은 도중에 발각되어 미수에 그쳤고, 관련자는 모두 처형되었는데, 대청도에 유배중이던 魏王 阿木哥에게는 죄를 더 이상 묻지 않았던 것으로 보이며, 魏王 에무게는 충선왕과 마찬가지로 1323년 태정제에 의하여 소환되었다. 따라서 高麗史 권34 忠肅王1 四年 春正月의 기사는 魏王 에무게가 고려에 유배되기 전 大都의 魏王館에서 지낼 때 있었던 이야기를 잘못 적은 것으로 보는 것이 옳을 것 같다.

다음 1324년 대청도로 유배되어 오는 인물은 볼라드(孛剌) 태자이다. 그는 1323년 八月 大都로 돌아오는 길목 南坡에서 英宗 시데바라 카안을 弑逆한 사건 곧 南坡의 정변에 연좌되어 대청도에 流謫된 것으로 보인다.[46] 당시 제왕으로 아릭부케의 손자 冀王 볼라드[47]와 雲南王 후게치(忽哥赤)의 증손 볼라드(雲南王)가 모두 諸王 볼라드로 불릴 만하나, 冀王 볼라드는 仁宗 아유르바르와다 카안에 의해 처음으로 冀王에 봉해지고 있고, 雲南王에 봉해지는 볼라드 역시 지리적으로 멀리 있어 역시 英宗 弑逆에 가담했다고 보기 어렵다. 따라서 1324년 고려의 해도에 貶謫되었다가 1329년 3월 소환된[48] 볼라드는 仁宗과 英宗 부자에게 怨嫌을 품을 가능성이 많은 魏王 에무게(阿木哥)의 아들 볼라드일 가능성을 배제할 수 없다. 또 高麗史의 "丙辰, 帝流孛剌太子于我 大靑島"[49]라 하여 孛剌가 당시 종왕이나 제왕 신분인 사람의 장남으로 사료됨으로 태정제 즉위 직후 소환된 魏王 에무게의 장남인 볼라드일 가능성이 높다. 한편 元史 태정제기에 의하면 孛羅와 함께 兀魯思不花를 海島에 유배시켰다고 하여, 고려의 해도에 또 한 사람의 諸王이 유배된 것으로 볼 수 있는데, 고려 측 기록에는 남아 있지 않다.

3. 皇子 토곤티무르의 대청도 유배와 토곤티무르 카안 시대

오늘날 우리가 서해안의 옹진반도 건너 작은 섬 대청도의 역사에 유독 관심을 갖는 것은 몽골 세계제국 大元의 마지막 카안 혜종(/順帝) 토곤티무르가 어린 시절 이 섬에 유배되어 1년 남짓 지냈기 때문일 것이다. 고려 대청도로 끌려온 어린 소년 토곤티무

---

2 元史 권28 英宗2 至治 3年: 八月癸亥車駕南還, 駐蹕南坡. 是夕, 御史大夫鐵失... 孛羅 ...等逆謀, ... 遂弑帝於行幄.(pp.632-633); 元史 권29 泰定帝 至治3년 十二月 癸未: 流諸王 ... 孛羅及兀魯思不花于海島, 並坐與鐵失等逆謀.(p.641)

47 볼라드(孛羅 폴라드/Pulad)는 蒙古世系에서 아릭부케의 아들 나이라우부카(乃剌忽不花)의 아들로 적고 있으나, 집사3은 툴루이의 여덟째 무게의 셋째 아들로 적고 있다.(김호동 역주/ p.259)

48 高麗史節要 권24/48상: "(忠肅十六年/天曆二年)元召還孛剌太子."

49 高麗史 권35/35상 忠肅王2/ 十一年春正月.

르에게, 1년 남짓 되는 짧은 기간이지만, 고려의 작은 섬 대청도의 좁은 골짜기에 갇혀 지내야 했던 유배생활의 경험은 특히 그의 유소년 시절의 유별난 경험들과 함께 뒷날 그가 대원제국의 통치자가 되어 36년 동안 통치한 몽골 세계는 물론 韓半島의 王朝交替 등 14세기 말의 동아시아의 大變局에 큰 영향을 미쳤던 것으로 보이지만 오늘날까지 그의 역할은 정당하게 평가받지 못하고 있다. 특히 한국에서 순제(혜종) 토곤티무르 카안은 기황후의 무능한 남편이나 민간의 전설 속 인물로 남아 있다. 전술한 『大青面誌』의 元順帝 관련 항목의 서술내용이 그 실상을 잘 보여준다.

또 우리 방송이나 영화계는 기황후 관련 콘텐츠를 역사 드라마로 다루고, 영화로 제작하면서 토곤티무르 카안의 배역은 무소불위로 권력을 가진 권신이나 기황후에게 휘둘려 이러지도 저러지도 못하는 얼뜨기 황제나 남색에 빠진 무능한 황제 정도로 희화화되고 있다. 물론 역사 드라마는 역사적 사실을 콘텐츠로 이용하지만 허구적인 요소도 함께 스토리로 엮기 때문에 역사적 사실에 충실하도록 강요할 수는 없다. 다만 콘텐츠 구성에 참여하는 관련 전문가의 지식의 한계나 무지로 인해 역사물 창작의 바탕인 역사적 사실과 관련된 잘못된 1차적 정보가 제공되는 경우는 피하는 것이 바람직하다.

최근 다행이 국내의 몽골제국사 연구자가 늘었고, 또한 대원왕조 말기 정치사와 고려-대원 관계사 연구에도 이들 중 많은 연구자가 관심을 보인 결과, 특히 토곤티무르 카안 시대에 대한 많은 학술적 성과가 쌓이고 있다. 조만간 토곤티무르 카안의 대청도 유배와 관련된 한 걸음 진전된 학술적 성과도 기대해 볼 수 있다. 하지만, 年富力强하여 더욱 중요한 역사 주제에 대한 야심찬 연구에 골몰해 있을 젊은 연구자의 대청도 유배에 관련된 새로운 학술적 성과를 마냥 기다릴 수는 없다.

요컨대 최근 한국 학계에서 토곤티무르 카안 시대의 연구가 활발하게 진행되어 조만간 대청도와 관련된 역사적인 문제도 본격적으로 논의되겠지만, 이에 앞서 필자가 어린 시절 일년 남짓의 짧은 기간에 불과하지만, 토곤티무르 카안의 대청도 유배에 관련된 역사적 사실을 다시 검토하고, 그와 관련된 여러 갈래 이야기의 진위도 검토하고자 한다.

아울러 이 장에서는 그가 1330년 칠월 대청도에 오기전 망명 중인 주왕 코실라의 庶長子로 태어나서 1329년 몽골에 돌아와 카라코룸에서 즉위한 코실라 카안의 황자가 되기 까지 10여년 동안 어떻게 살았고, 1331년 말 그가 다시 대청도를 떠나 광서 靜江(桂林)으로 유배지를 바꿨다가, 역시 1년 남짓 뒤에 소환되어 1333년 유월 카안의 자리에 올라서 몽골제국의 마지막 38년을 어떻게 통치했는지도 간단히 살펴보려 한다.

1330년 여름 고려 대청도에 온 허여멀끔한 얼굴의 중앙아시아 출신 열한 살 소년 토곤티무르가 그 후 어떤 카안이 되었는지도 살펴봄으로써, 우리 한국인들에게 잘 알려지지 않은 그의 본 모습이 과연 어떠하였으며, 고려말 정국에 큰 영향을 미친 대원 말기 몽골제국 정국변화에 그가 어떤 양향을 주었는지 아는데도 도움이 될 수 있기 때문이다. 이야기를 그의 부친인 명종 코실라 카안의 망명지로부터 시작하는 이유이기도 하다.

파미르 고원 西北麓 오늘날 키르기즈스탄에서 발원한 탈라스 강은 4000m 전후의 高峯을 거느린 산맥 사이를 완만하게 서북쪽으로 흘러내려, 다시 북으로 카자흐스탄 공화국과의 국경도시 타라즈(Taraz/ 舊 잠불Zambyl <-- Yani/ Yangi)를 지나 여러 갈래로 흐르다가 모래사막에 스며들고 마는데, 대원제국의 혜종 토곤티무르 카안은 1320년 양력 5월 26일(음력 四月 十七日) 망명생활을 하던 周王 코실라와 메레디의 아들로 당시 차가타이 칸국 지배 아래 있던 탈라스 강에서 멀지 않은 초원에서 태어났던 것으로 보인다.

그는 어미 메레디가 일찍 병사하여 유모의 손에서 자랐고, 유년시절부터 매년 아비가 거느린 侍臣과 함께 계절이동을 하며 타라즈 부근의 高原 山地와 사막과 초원 등 열악한 자연환경을 경험하며 지냈을 것이다. 1328년 태정제 이순티무르 카안 사후 일어난 카안 위 계승전쟁(兩都戰爭)에서 부친 周王 코실라가 카안 위 계승의 가장 우선 순위의 경쟁자였기 때문에 그를 따라 천산산맥을 넘고, 타르바가타이 초원과 이르티쉬 강을 건너, 다시 알타이산맥의 통도를 지나, 수없이 반복되는 사막과 초원, 고산으로 이어지는 길을 돌아서, 몽골 대평원 서부에 도달한 다음, 북으로 울리야스타이를 지나는 항가이 산맥 중앙의 오래된 유목민의 길을 따라 고대로부터 13세기 중엽까지 북방유목민족과 몽골제국의 정치적 중심이었던 위투겐 산이 있는 카라코룸에 도착했을 터이므로, 이미 냉혹한 자연환경이 인간에게 줄 수 있는 다양한 어려움을 충분히 겪었을 것이기 때문에, 산으로 둘러싸인 좁고 옹색한 유배지 대청도의 답답한 자연환경과 여름날 서해안의 습윤한 기후도 그리 큰 도전은 아니었던 것으로 보인다.

차가타이 한국의 칸 엘자기타이의 호위를 받으며 카라코룸에 도착한 코실라는 1329년 정월 大都에 남아 섭정하고 있던 동생 톡티무르(文宗)가 보낸 중서좌승 躍里帖木兒의 영접을 받았다. 이어 도착한 治書侍御史 撒迪과 內侍 不顔禿古思로부터 즉위를 권하는 톡테무르의 뜻을 확인한 코실라는 카라코룸(和寧) 북쪽에서 서둘러 즉위하였다. 차가타이 한국의 변방에 망명 중이던 허울 뿐이었던 周王 코실라가 몽골 제국 카안 울루스의 大칸의 자리에 오른 것이다. 扈行한 제왕과 대신의 하례를 받은 뒤, 撒迪에게 이를 京師에 알리도록 명했는데, 때마침 京師에서 섭정 톡티무르가 보낸 太府太監 샤라발(沙剌班)과 함께 돌아온 前翰林學士承旨 不答失里가 金銀幣帛을 가지고 도착하여, 즉위 후 늘어난 행재行在 정부의 지출수요를 충당할 수 있었다.

명종 코실라 카안이 서서히 남하하여 삼월 초하루(戊午)에 게겐차간 호수에 도착했을 때, 톡티무르가 보낸 중서우승상 엘테무르(燕帖木兒)가 御史中丞 八卽剌과 知樞密院事 禿兒哈帖木兒 등 어사대, 추밀원의 장관 및 각 기관의 屬官을 데불고 와서 카안의 권위를 상징하는 皇帝寶를 바쳤다. 카안의 수레와 입성도 새로 짓고, 近侍도 제대로 복장을 갖춤에 따라, 三省을 비롯해 각 기관의 장관과 속관이 모두 모인 게겐차간이 일거에 대몽골국 권력의 중심으로 변하였고, 탈라스 초원에서 뛰놀던 망명 周王府의 어린 왕자 토곤티무르도 비록 庶出이었지만 졸지에 몽골 세계제국의 皇子가 되어 많은 시종의 돌봄을 받게 되었을 것임은 물론이다.

명실공히 몽골제국의 카안이 된 명종 코실라는 동생 톡티무르가 보낸 중서좌승 躍里帖木兒를 불러 "朕이 上都로 갈 터이니 宗藩諸王은 반드시 모두 대회大會(쿠릴타이)에 참석하라. 일반적인 쿠릴타이가 되어서는 안된다. 차가타이 제왕도 짐을 따라 멀리 왔으니, 관계기관(有司)은 이바지와 접대(供張)를 격식에 맞게 준비하되, 경은 이를 중서성의 신료와 의논하라"고 명했다. 코실라 카안은 팔월 정식으로 즉위식을 거행하게 될 쿠릴타이(大會)의 장소인 여름 수도 上都로 이동하는 석 달 동안 移動宮帳인 行在에서, 예케 몽골 울루스(大元)의 이전의 카안들이 여름 수도와 겨울 수도를 오가며 카안의 업무를 수행했듯이, 그를 따라 이동하는 정부 각 기관의 도움을 받으며, 대도에 남은 섭정 톡티무르의 留守政府와 별도로, 제국의 최고 통치자로서 일상업무를 수행하였다. 四月이 되자 중서우승상 엘테무르를 행재에 불러 百官을 함께 이끌고 와서 皇帝寶를 바친 공로를 치하하여 太師를 수여하고, 大都에서 동생 톡티무르가 섭정의 자격으로 그에게 수여한 中書右丞相 開府儀同三司 다르칸(答剌罕) 太平王 등 모든 관직을 그대로 수여했으며, 아울러 동생 톡티무르가 특별히 丞相 엘테무르와 함께 三省의 職을 겸할 수 있도록 허락한 大夫 바얀(伯顔) 등 京師(大都)에 남아 있는 백관의 관직도 그대로 인정한다고 알리게 하였다.

물론 그 과정에서 코실라 카안도 자신의 심복을 중서성과 추밀원 어사대에 새로 배치하였다. 무종의 舊人 哈八阿禿을 中書平章政事, 扈從한 前中書平章政事 伯帖木兒를 知樞密院事, 常侍 孛羅를 御史大夫로 새로 임명했다. 또 行樞密院을 따로 세워 昭武王 知樞密院事 火沙를 領行樞密院事, 賽帖木兒와, 買奴를 同知行樞密院事로 임명한 것은 移動宮帳의 호위 등 새로운 군사임무의 수요가 발생했기 때문으로 보인다. 코실라는 제왕과 대신을 行殿으로 불러 잔치를 베풀고, 엘테무르와 哈八阿禿 伯帖木兒 孛羅 등을 입시케 한 자리에서, 특별히 어사대 신하에게 칭기스칸의 훈칙과 쿠빌라이 카안의 구제舊制를 예로 들어 당부하고, 며칠 후 다시 어사대부 孛羅 등을 엘테무르 伯答沙 火沙 哈八阿禿 八卽剌 등에게 보내 세조구제를 따르는 것을 카안으로서 코실라 자신의 통치의 대원칙임을 다시 천명하였다.

또 코실라는 사자를 京師에 보내 날을 잡게(卜日) 하고, 中書左丞相 鐵木兒補化에게 명하여 郊廟와 社稷에 즉위를 고하게 하고, 또 따로 武寧王 체첵투(徹徹禿)와 哈八阿禿을 보내 그의 부친 하이산이 동생 아유르바르와다를 황태자로 봉한 전례에 따라 톡티무르를 황태자로 봉하고, 儲慶司 대신 詹事院을 설치하는 동시에 徹里鐵木兒를 중서평장정사, 闊兒吉思를 중서우승, 怯來와 只兒哈郞을 함께 감숙행성평장정사, 忽剌台를 강절행성 평장정사, 那海를 영북행성평장정사로 임명하는 고위 관료의 인사를 단행하였다. 코실라가 즉위할 때까지 임시로 카안의 자리를 맡고 있었다고는 해도, 카안의 자리에 있던 그를 일거에 황태자로 격하한 사태는, 외면상으로 그 동안 그를 믿고 그의 밑에서 일하던 대도 留守政府의 관료들이 이를 수용하였다손 치더라도, 쉽게 이를 받아들이기는 어려웠을 것이다. 곧 이를 계기로 코실라와 톡타무르 형제 양측의 힘겨루기가 물밑에서 본격적으로 시작된 것으로 보인다.

물론 코실라는 이에 앞서, 八月 上都大會에 대비하여, 陝西行臺 어사대부 鐵木兒脫을 上都留守로 임명하였는데, 大都의 留守政府 측에서도 정월에 京師에 都督府를 새로 설치하여 실권자인 엘테무르의 권력기반을 다지고 있다. 도독부의 실명은 從二品

관서인 欽察親軍都督府로 左右欽察衛와 龍翊衛를 관할했는데, 四月에 다시 명종 코실라의 추인을 받은 것으로 보이며, 뒷날 左右欽察兩衛, 龍翊侍衛, 東路蒙古軍元帥府, 東路蒙古軍萬戶府, 哈刺魯萬戶府를 관할하는 大都督府로 개편되어 權臣 엘테무르 권력의 군사적 기반이 되었다.

宗藩諸王과 대아미르들이 모두 모이는 팔월의 上都 쿠릴타이(大會)에서 정식으로 즉위식을 열기 위해 코실라 카안은 서서히 남하하였다. 오월 초하루 朶里伯眞에 도착하였고, 한 달이 지나 坤都也不刺에 이르렀던 유월 초하루 鐵木兒補化가 대신 카안의 즉위를 종묘와 사직에 고하였다. 다시 길을 재촉해 哈兒哈納禿에 왔을 때, 조를 내려 국가의 전곡錢穀(재정)과 전선銓選(관료의 인사)과 같은 중요한 정사는 먼저 황태자에게 보고한 다음 상주하라고 하여 황태자의 역할을 재상에 비정했음을 알 수 있다.

칠월 톡티무르에게 황태자보를 수여한 코실라 카안은 사절을 경사에 보내 중서평장정사 합팔아독으로 하여금 한림국사원관과 함께 태조 태종 예종의 御容에 제사를 올리게 하고, 위군衛軍 육천을 징발하여 대도성 공사를 완수하도록 명했다. 行在를 수행하여 토곤티무르 황자가 내몽고 대초원을 접어 든 문제의 땅 옹구차도(王忽察都)에 동생 亦璘眞班과 함께 八不沙 카툰을 따라 도착한 것은 팔월 초하루였다. 그러나 옹구차도에 도착한 명종 코실라 카안의 行在는 그곳에서 영영 멈추고 말았다. 2일 황태자 톡티무르의 알현을 받은 코실라는 나흘 뒤 초엿새날 갑자기 죽었다. 황태자인 동생 톡티무르와 실권을 쥐고 있던 중서우승상 엘 테무르에게 독살당한 것이었다. 문종 톡티무르는 아흐레 뒤인 十五日 上都의 大安閣에서 정식으로 카안 위에 올랐고, 졸지에 아버지 코실라 카안을 여읜 황자 토곤티무르는 이틀 뒤인 十七日 태후가 된 명종 황후 八不沙를 따라 嫡子인 동생 亦璘眞班과 함께 明宗宮의 일부 업무를 分掌하도록 설치된 寧徽寺에서 지내게 되었다. 독살의 현장에서 멀지 않은 곳에 있어 당시의 상황을 인지하고 있었을 것으로 보이는 명종 코실라 카안의 가솔을 따로 격리시킨 것이다.

그리고 다시 八個月 뒤에 1330년(至順元年) 음력 四月 二十日 八不沙 황후가 讒訴를 당해 죽고, 톡티무르는 고려의 작은 섬 大靑島로 유배되었다. 어려 아무 것도 모르는 이린지발亦璘眞班을 왕으로 봉하고 수계한 것과 달리 그를 기후가 나쁜 해도로 방축한 것은 독살과 관련된 전후사정을 알고 있는 톡티무르를 멀리 내침으로써 장차 발생할 수도 있는 禍根을 미리 잘라 버리고자 한 것으로 볼 수 있다.

高麗史 권36 忠惠王 世家의 忠肅王 17년(1330) 기사는 "秋七月丁巳(八日), 元流明宗太子妥懽帖睦爾于我大靑島, 年十一歲."라 기록하고, 元史 권38 順帝1 기사는 "至順 元年(1330) 四月 辛丑(二十日)에 명종황후 八不沙가 讒訴를 당해 害를 입고, 마침내 帝(토곤티무르 카안)를 고려로 유배하고, 타인과 만나지 못하게 하였다."[50]고 하여, (順帝本紀의) 찬자가 명종 庶長子 토곤티무르의 고려 대청도 유배의 목적이 그를 타인과 만나지 못하게 하는데 있다고 암시하고 있다. 또 한편 元史 권34 文宗3 四月 같은 날 기사는 "辛丑, 明宗后八不沙崩"이라는 짤막한 기사만 있는데, 順帝本紀의 마침내('遂') 유배되었다로 기록한 것으로 보아, 몽골 조정에서 내린 토곤티무르에 대한 유배 조치는 八不沙 황후가 사망한 당일에 내렸다기보다 사후에 행해져, 두 달 보름 넘어 비로소 秋七月 丁巳 곧 양력으로 1330년 7월 23일 한여름 장마철에 고려에 유배 행차가 도착하게 된 배경을 설명한다.

　그는 1320년 생이어서 고려에 도착했을 당시 아직 열 한 살의 어린 소년이었다. 그는 전년(1329) 카안의 자리에 오르기 위해 몽골 초원에 돌아 온 아버지 코실라를 따라 그가 태어난 중앙 아시아 파미르 고원 西麓 타라스 강변을 처음 떠나 동쪽으로 왔다. 그의 모친은 칼루라(罕祿魯/ 哈剌魯)氏 매레디(邁來迪)로 망명한 코실라가 그 땅을 지날 때 족장인 아비 테무데르帖木迭兒가 바쳤던 여인이었다. 칭기스칸의 西征 이전 1212년 칼루라 족 아르슬란(阿兒厮蘭) 汗이 부족을 이끌고 투항하여 郡王에 被封되었는데, 테무데르는 그의 후예였다.[51] 테무데르가 속한 칼루라族 支派는 軍功을 세워 몽골 조정에서 높은 관직에 오른 칼루라族의 여타 支派와 달리 그대로 중앙아시아 초원에 남았던 것으로 보인다. 토곤티무르는 延祐七年四月 丙寅(서기 1320년 5월 26일)에 태어났는데, 고려에 도착했을 무렵 그는 열한 살 생일을 두 달 가까이 넘긴 셈이어서 본인이 처한 사정은 어느 정도 이해하고 있었을 것으로 보인다.

　또 그는 어미를 일찍 여의고 유모의 손으로 길러진 데다가,[52] 嫡子인 동생 亦璘眞

50　元史 권38 本紀 順帝1: 至順元年四月辛丑明宗后八不沙被讒遇害, 遂徙帝于高麗, 使居大靑島中, 不與人接.
51　元史 권38 순제본기; 錢大昕,《元史氏族表》권2/ 76상 哈剌魯氏 項; 邱樹森,『妥懽帖睦爾傳』. 吉林教育出版社, 1991
52　元史 권181 列傳 권68 虞集: 初文宗在上都, 將立其子阿剌忒納答剌為皇太子, 乃以妥懽帖睦爾太子乳母

班53이 성종 티무르 카안(成宗)의 여형제의 외손녀인 正妃 八不沙를 어머니로 둔 것과 달리, 그의 모친 메래디의 가문은 보잘 것 없어, 유년시절부터 차별을 받고 자란 것으로 보인다. 또 아비 코실라의 오르두를 따라 탈라스 강 유역의 冬營地(어불저) 扎顔과 夏營地(조스랑) 斡羅斡察山, 그리고 코실라가 수하를 시켜 씨를 뿌리게 했던 野泥에서도 가까운 春營地(하불저)를 오가며 자랐을 것으로 보여, 명종 피살 후 문종과 엘테무르의 박해와 왕실 내부의 嫡庶의 차별, 그리고 고려의 작은 섬 대청도의 습기찬 여름 나쁜 기후에도 쉬이 굴하지 않는 강인한 소년이었던 것으로 보인다.

물론 열한 살 짜리 어린애인 토곤티무르가 작은 섬 대청도에서 어떻게 유배생활을 했을지 궁금하다. 유배되어 온 죄인의 신분이고, 톡티무르 카안의 命으로 명종 코실라의 친자라는 사실 마저 부인되기는 했지만 애당초 황자신분으로 온 유배죄인이었기 때문에 그를 돌보기 위한 수행인력이 몽골에서 따라 오고, 감시하기 위한 관헌이 고려에서 대청도에 파견되었을 것으로 보인다. 하지만 대청면지 등에 수록한 몽골 제국의 명종 코실라 카안의 황자 토곤티무르에 관련된 설화에 나오는 바와 같이 토곤티무르가 거주하기 위한 궁궐이 있었다고 보기는 어렵다. 그러나 김방경과 같은 고려의 고위 관료가 이곳에서 유배생활을 했고, 또 諸王 아야치, 쿠케추, 에무게, 볼라드 등이 토곤티무르에 앞서 이곳에서 귀양살이를 하였으므로, 이들 몽골 귀족이 지낼 만한 거처가 준비되어 있었을 것임은 분명하다. 다만 그 거처가 농경정착민이 거처하는 고정건축물이었는지 아니면 몽골인들의 게르와 같은 宮帳의 형태였는지는 불확실하다.

다만 여기서 어린 유배자인 토곤티무르가 다른 유배자와 달리 고통을 받았음직한 특기할 점이 있는 바, 유배생활을 하는 동안 타인과 토곤티무르가 타인과 만나지 못하게 한 점이다. 20세기 말 한 학자가 天曆 2년(1329)에 明宗皇后宮의 업무를 관장할 寧徽寺를 세워 明宗 황후 八不沙와 두 아들을 그곳에 살도록 격리한 것도 외부와 접촉

夫言, 明宗在日, 素謂太子非其子, 黜之江南(靜江), 驛召翰林學士承旨阿隣帖木兒, 奎章閣大學士忽都魯篤彌實書己已于脫卜赤顔, 又召集使書詔, 播告中外.(p.4180) 여기서 등장하는 乳母의 남편이 해당 인물인지는 알 수 없으나 그가 유모의 손에서 자란 것은 부인할 수 없다.

53　元史 권31 明宗 본기에 "改元泰定. 五月, 遣使扈從皇后八不沙至自京師."(p.694)라 하여 1324년 泰定帝의 명에 따라 혼인한 正妻이며, 그녀의 아들인 亦璘眞班이 동생이지만 嫡子이다.

을 막아 명종독살과 관련된 기밀누설의 여지를 없앤 것이라는 주장54도 일리가 있다. 여기서 기억할 것은 1329년 八月 庚寅 오늘날 내몽고자치구 張北縣의 白城 근처 옹구차두(王忽察都/汪忽察都)에서 문종 톡테무르 카안과 엘테무르(燕鐵木兒)가 明宗 코실라 카안을 독살했을 때 현장에서 멀지 않은 곳에 토곤티무르와 亦璘眞班 모자가 가까이 있었던 것으로 볼 수 있다는 점이다. 당시 亦璘眞班은 네 살(1326년 출생)밖에 되지 않아 상황을 인식하지 못했다고 하더라도 열 살의 토곤티무르는 진상을 잘 알고 있었을 수 있기 때문이다.

다음으로 검토해야 할 우리에게 익숙한 오해는 토곤티무르는 명종의 태자가 아니었다는 점이다. 元史 등 사료에 명종의 태자라고 기록되어, 후세 연구자들이 그가 마치 명종의 카안 위를 당연히 계승해야 하는 신분으로 보고 있는데, 과연 그러한가. 위에서 보았듯이 몽골 황금가족 내에서 적자와 서자는, 특히 카안 위나, 宗王의 왕위계승 순위에 있어서 뚜렷한 차별이 있었다. 두 사람 모두 妃로 책봉되는 명종과 문종의 모친인 이기레스씨와 탕구트씨의 경우도 마찬가지다. 대대로 황후를 시집보낸 콩기라트 가문 출신은 아니었지만, 카안의 공주와 혼인했던 가문인 몽골 亦乞列思氏의 鎭郞哈 駙馬와 쿠빌라이의 손녀 奴兀倫 공주의 딸인 亦乞烈氏의 아들인 明宗 코실라 和世㻋과 唐兀氏의 아들인 文宗 톡테무르는 嫡庶는 아니라도 엄연한 서열의 차이가 존재한 까닭에, 무종 하이산 카안의 아들이 카안 위의 계승자라면 당연히 코실라여야 한다는 무언의 동의가 존재했듯이 亦璘眞班과 安懽帖睦爾이 사이에도, 魏王 에무게와 무종 인종 사이의 뛰어넘을 수 없는 벽은 아니지만, 엄연한 차별이 존재했다. 한 예가 文宗 天曆 3년(1330) 二月 丁酉(十六日)에 거행되는 톡티무르 카안(문종)과 황후, 燕王 阿剌忒納答剌의 受佛戒 행사에 이어 己亥(十八日)에 명종황자의 受佛戒행사가 진행되고, 같은 달 乙巳(二十四日)에 다섯 살의 亦璘眞班을 鄜王에 봉하고 있는 점인데,55 수계의 대상인 명

---

54 邱樹森, 『安懽帖睦爾傳』(長春: 吉林教育出版社, 1991) p.45 참조. 독살설의 방증자료로 가장 신빙성 있는 사료는 李穡의 〈海平君謚忠簡公墓誌銘幷〉(『牧隱文藁』 券17/13하-14상)이다. 忠簡公尹之彪는 당시 文宗 톡테무르의 宿衛로 독살현장에 가 있던 고려 왕세자 王禎의 徒臣이었는데, "文宗自江南先入宮正位, 迎明宗于朔方. 文宗出勞于野, 丞相燕帖木兒進毒酒, 明宗中夜崩. 六軍亂, 公與宰相曹益淸李君侅左右永陵, 永陵恃以無恐."이라 하여 현장의 사정이 생생하게 묘사되어 있다.

55 元史 권34 문종3 天曆 3년 二月: 丁酉, 帝及皇后燕王阿剌忒納答剌並受佛戒. 己亥, 命明宗皇子受佛戒. ... 乙巳, 封明宗皇子亦璘眞班爲鄜王. (p.752)

종 황자 역시 이어 封王되는 亦璘眞班을 말하는 것이 분명하다. 곧 鄜王 이린지발이 명종의 태자가 되는 것이 마땅하다.

따라서 고려에 유배된 토곤티무르를 명종의 태자라 부르는 것은 明初의 元史 撰者들과 이를 그대로 받아들인 조선시대 高麗史節要와 高麗史 찬자들의 시대착오적 역사의식을 계승한 결과일 것이니 탓할 수 없지만, 분명한 것은 대청도에 유배당한 당시 王號도 없고 다른 배경도 없었기 때문에 이런 토곤티무르의 처지로 볼 때, 유배당했던 다른 황족들에 비해 그에 대한 처우가 오히려 열악했으리라는 점 또한 분명하다. 그런데 高麗史는 충혜왕 元年(1331) 十二月 甲寅(十三日) 몽골 당국에서 "樞密院使 尹受困과 中丞 厥干 등을 보내 妥懽帖睦爾 태자를 소환했다. 왕은 護軍 조익청을 보내 대청도에서 맞아 왔다."고 기록하고 있다.[56] 왜 이 시점에서 그를 갑자기 소환하여 광서의 靜江으로 보냈을가. 元史 권38 順帝 본기는 고려 대청도에 유배시키고, "일년이 지난 뒤에, '明宗이 朔漠에 있을 때 평소 토곤티무르는 자기 자식이 아니라고 말했다'는 내용의 조서를 천하에 공포하고, 廣西의 靜江(路)으로 옮겼다"[57]고 하여, '명종 친자 부인 조서'를 토곤테무르의 유배지 변동과 은연중에 연결한다. 반면 고려사는 그 무렵 발생한 토곤테무르 誣譖事件을 이어 함께 기록함으로써, 이 무참사건과 몽골당국의 소환조치가 관계가 있음을 비친다.[58]

곧 元史 권181 虞集 열전은 톡 티무르 카안은 "토곤테무르의 유모 남편이 말하기를 '명종은 (망명지 차가타이 한국) 朔漠에 있을 때 평소에, '토곤티무르는 자기 자식이 아니다'라고 말했다"는 내용을 翰林學士承旨 阿隣帖木兒와 奎章閣大學士 忽都魯篤彌實로 하여금 몽골 황금 가족의 비밀역사서인 『톱치안(脫卜赤顔)』에 기록하게 하고, 또 虞集에게 詔書를 작성케 하여 천하에 공포케 하였다고 한다.[59]

---

[56] 高麗史 권36 충혜왕 원년 "十二月 甲寅 元遣樞密院使尹受困中丞厥干等召還妥懽帖睦爾太子. 王遣護軍 曺益淸奉迎于大靑島."

[57] 元史 권38 順帝1: "閱一載, 復詔天下, 言明宗在朔漠之時, 素謂非其己子, 移于廣西之靜江"(p.815)

[58] 高麗史 권36/10상하.충혜왕 2년 "春正月庚辰: 遼陽省遣人來索朱帖木兒趙高伊. 先是二人誣譖于帝日, 遼陽與高麗謀欲奉安懽帖太子, 叛已而東奔于我. 乙酉盜殺二人於路.

[59] 元史 권181 列傳 68 虞集 " 初, 文宗在上都, 將立其子阿剌忒納答剌爲皇太子, 乃以妥懽帖睦爾太子乳母 夫言, 明宗在日, 素謂太子非其子, 黜之江南, 驛召翰林學士承旨 阿隣帖木兒, 奎章閣大學士 忽都魯篤彌 實書其事于脫卜赤顔, 又召集使書詔, 播告中外"(p.4180)

그런데 왜 톡테무르 카안과 독재자 엘테무르가 굳이 토곤테무르가 명종 코실라 카안의 친자가 아니라는 소문을 톱치안에 기록하게 하고, 또 다시 그 소문을 내외에 詔書로 공포하게 만들어야만 했을가. 확인할 수는 없지만, 명종의 서자인 토곤티무르가 1330년 十二月 五日 황태자로 책봉된 문종 톡테무르 카안의 嫡子 燕王 阿剌忒納答剌의 카안 위 계승에 위협이 되는 상황이 이미 벌어지고 있었던 때문일가. 그렇다. 이듬해 1331년 정월 보름 황태자 阿剌忒納答剌이 죽어 다시 카안 위 계승의 잠재적 경쟁자로 떠올랐기 때문에 그를 배제하기 굳이 이미 고인이 된 八不沙 황후를 증언자로 끌어들여[60] 토곤티무르의 경쟁자격을 원천적으로 박탈하려 한 것으로 볼 수도 있다.

또 여기서 고려사의 토곤티무르 소환과 관련된 서술 가운데 한 가지 짚고 넘어갈 것이 있다. 몽골 당국이 토곤티무르의 호송사절로 보냈다고 하는 樞密院使 尹受困과 中丞 厥干의 정체이다. 우선 樞密院使는 대원 중기 이후 관제에는 존재하지 않는다. 大元의 군사관련업무를 관장하는 樞密院의 관제에 유사한 명칭이 나오지만, 知樞密院事나 同知樞密院事, 樞密副使는 각각 從一品, 正二品, 從二品의 최고위관직이고, 다음 中丞도 大元 핵심 3대 권력기구 중 하나인 御史臺 관제에 존재하기는 하지만, 관리의 감찰을 맡았던 어사대의 從一品 御史大夫 바로 밑의 從二品 관직이 중승이다. 고려사의 기재에 따르면 이와 같은 몽골제국의 중추적 기관인 두 權府의 최고위직 관리 두 사람을 爵位도 없는 어린 죄인을 호송하는 일로 보냈다고 보아야 하는데, 상식적으로 납득하기 어렵다. 오히려 고려 후기 大元의 정치적 간섭을 받던 시기 고려 관제에도 樞密院使와 中丞이 존재하므로, 忠惠王이 護軍 曹益淸을 보내 대청도에서 토곤티무르를 맞아왔듯이, 고려의 관리인 尹受困과 厥干이 몽골 정부의 요구로 토곤티무르를 대도로 호송했을 가능성도 남아 있다. 다시 말해 고려의 대청도에 유배온 소년 토곤티무르는 숙부인 톡티무르 카안과 무소불위의 권력을 쥔 獨相 엘테무르에게는 코실라 카안 독살의 비밀을 누설할 수 있는 위험한 대상이었지만, 고관을 보내 보살펴야 할 높은 신분의 인물은 아니었기 때문이다.

1332년 大都에서 수천 km 떨어진 새 謫所인 廣西 靜江路(현재의 桂林)에 천신만고 끝에 도착한 토곤티무르 일행은 大圓寺에 머물게 되었다. 여기서 토곤티무르는 秋江長老

---

60 邱樹森, 전게서, p.35

로부터 초보적인 漢文化 교육을 받기 시작했다고 하는데, 그는 論語와 孝經 등 유가경전 외에도, 매일 두 장씩 한자 쓰는 법도 가르쳤다고 한다. 토곤티무르는 특히 書藝에 흥미를 가졌다고 하는데,[61] 정작 그의 한문화에 대한 지식과 이해가 어느 정도였는지는 알 수 없는데 서예에 대한 관심은 즉위 후에도 식지 않았던 것 같다. 따라서 혜종 토곤티무르 카안이 1340년 바얀을 축출하고 親政한 후에 한법적 개혁을 수용하는데, 그의 漢法에 대한 이해가 어느 정도 도움을 주었을 것으로 보인다.

물론 토곤티무르 황자의 靜江 유배도 그리 길지 않았다. 1332년 八月 己酉 29세의 문종이 죽고, 문종의 귀여움을 받아 京師에 머물고 있던 明宗의 次子인 鄜王 亦璘眞班을 문종의 遺囑에 따라 카안으로 세우고, 문종황후인 卜答失里가 황태후로서 稱制臨朝 곧 섭정을 하였으나, 시월 庚子(四日) 大明殿에서 즉위한 일곱 살의 寧宗은 십일월 壬辰(二十六日) 사망하였다. 결국 황태후 부다시리와 實權者인 엘테무르 승상은 명종 코실라 카안의 庶長子 토곤티무르를 카안으로 옹립하기로 결정하고, 중서우승 闊里吉思를 靜江에 보내 모셔오게 했다. 靜江으로 謫所를 옮긴지 一年만에 돌아오게 된 것이다. 그러나 엘테무르의 반대로 즉위를 미루다가 엘테무르가 죽은 뒤에 황태후와 대신들의 합의로 비로소 六月 己巳(初八日) 上都에서 카안의 자리에 올랐고, 태황태후가 된 부다시리가 전과 같이 稱制臨朝하여 섭정을 행하는 것으로 정했다.

대청도와 계림에서 3년의 귀양살이 끝에 1333년 六月 카안의 자리에 오른 열 네살 소년이 바로 혜종/순제 토곤티무르 카안이다. 그러나 그는 이후 7년 동안 실권이 없는 카안이었고, 대승상 바얀이 정권을 좌지우지했다. 드라마 등에서 그가 무력한 카안으로 그려졌던 것은 즉위 당시 어린 나이여서 태황태후가 섭정(稱制臨朝)을 하였고, 대승상 바얀이 일체의 국사를 결정했기 때문이다. 엘테무르가 죽은 다음 잠시 엘테무르의 아들 어사대부 唐其勢와 동생 중서좌승상 撒敦 숙질이 중서우승상 바얀과 권력균형을 이루었지만, 1335년 바얀이 엘테무르 가문을 제거한 뒤부터 바얀의 독재가 시작되었고, 1340년 바얀의 조카 톡토의 도움을 받아 바얀의 독재를 종식시킴으로써 비로소 토곤티무르 카안이 대원의 실질적인 통치자가 되었다.

---

[61] 藍武, 「元順帝妥懽帖睦爾的文化素養及其心態硏究」『廣西師範大學學報(哲學社會科學版)』第41卷-第1期 (2005년 1월) 참조

물론 권신 바얀이 제거된 이후에도 그의 조카인 톡토와 그 가문의 정치적 영향력이 컸던 것이 사실이나 톡토는 엘테무르나 바얀과 달랐다. 성년이 된 토곤티무르 카안은 톡토의 도움을 받아 1340년대 초부터 1350년대초까지 이루어진 일련의 개혁을 성공적으로 추진했다. 몽골중심주의 정권 바얀의 통치 아래서 폐지된 과거제를 부활시키고, 북방민족인 거란 왕조 遼와 여진왕조 金, 한족왕조인 宋에 모두 정통성을 인정하여 遼金宋 三史를 正史로 편찬한 三史編纂과 중국적 법제에 몽골적 법제를 결합한 至正條格 제정과정을 지속적으로 후원하였다. 삼사편찬과 지정조격 편찬을 시작할 때 중심적인 역할을 한 톡토가 실각된 이후에도, 이를 완성시켰으며, 봉사순무의 순행을 통한 吏治改革의 경우에는 개혁의 전과정을 토곤티무르 카안이 주도적으로 이끌어 민생을 안정시키고, 기울어져가는 대원왕조의 통치를 복원하고자 힘썼다. 1349년 톡토를 재상으로 다시 기용하여 통화개혁, 황하치수 등 일련의 개혁정책을 시행하는 과정에서도 그는 톡토의 개혁을 적극 뒷받침해 주었다.

그러나 황하제방의 붕괴로 인한 홍수와 큰 가뭄, 역병의 만연 등 잇따른 천재지변, 백련교의 미륵하세신앙과 바얀정권의 몽골중심주의가 심화시킨 한족에 내한 차별이 불러온 전국규모로 번진 백련교도의 농민봉기로, 토곤티무르 카안이 추진한 개혁은 일부를 제외하고 소기의 성과를 거두지 못한 것도 사실이다. 통화개혁과 같은 일부 개혁은 오히려 사회적 혼란만 초래하여, 의도와 달리 부정적 영향을 남겼다. 토곤티무르 카안의 통치 후기 중요한 개혁과제였던, 통화개혁이 실패하고, 해마다 반복된 범람으로 연변의 농민을 괴롭힌 황하의 水患을 근본적으로 종식시키고자 시작한 황하치수가 되려 또 농민의 원성을 사서 농민봉기의 도화선이 되었다. 최영 등이 지휘한 고려군까지 포함한 소위 백만대군을 동원했으면서도 高郵城의 張士誠軍 진압에 실패하는 등 백련교도가 중심이 된 농민봉기의 적기 진압에 실패함으로써, 이들 가운데서 등장한 지방정권을 통합한 朱元璋의 明 정권이 토곤티무르 카안 정권을 초원으로 몰아냈고, 결국 몽골제국은 붕괴하였다.

토곤티무르 카안은 高郵에 출동한 100만 대군에 대한 톡토의 총병권을 박탈함으로써 미연에 톡토대승상의 專政 출현을 막았지만, 대원 중앙권력 내부의 갈등과 권력투쟁을 조장하고, 농민반란세력의 성장을 적기에 제지할 기회를 카안 스스로 놓아버림으로써 결과적으로 농민봉기세력들이 다시 힘을 축적하여 성장할 수 있는 계기를 마련해 준 셈이다. 또 이는 주원장의 군대에 의해 대원왕조가 멸망하게 되는 씨앗을 토곤티무르가 간접적으로 키운 셈이 되었다. 특히 그는 톡토를 재기용한 이후 직접적인 施政의 책임을 그에게 맡기고 통치의 일선에서 물러남으로써 톡토조정에 대한 토곤티무르 카안의 견제력 약화와 카안 개인의 탈선, 곧 라마교의 異性間의 雙修法 수행(演撰兒法)의 탐닉 등이 통치집단 내부의 규범을 무너뜨림으로써, 대원제국을 멸망으로 이끈 중요한 요인을 제공하였다. 따라서 대원왕조의 멸망에 대한 토곤티무르 카안 자신의 책임도 결코 적다고 볼 수 없다. 특히 1350년대 후반부터 1368년 초원으로 돌아갈 때까지 중원각지가 농민전쟁으로 혼란에 빠져있는 동안 토곤티무르 카안의 이를 극복하기 위한 적극적인 施政의 모습은 보이지 않는다. 그러나 1340년대와 1350년대 초까지 그가 추진한 개혁정책이 어느정도 성과를 낸 것도 사실이다. 따라서 대원정권이 북으로 쫓겨난 요인은 대원왕조 후기 토곤티무르 카안 정권의 개혁 실패와 황하의 범람과 역병 등 천재지변, 이민족 몽골 정권의 지배에 항거하는 전국규모의 농민봉기에 편승한 강남지주사대부의 무장 세력화 등이 중층적이고 복합적 경로로 작용한 결과로 볼 수 있다.

  필자는 토곤티무르 카안이 성장과정에서 겪은 대청도 유배와 같은 특별한 경험들을 통해 주형된 개인적인 성격도 그의 통치와 삶의 스타일을 결정한 중요한 요인이 된 것으로 보고 있다. 토곤티무르 카안 스스로 주변 신하들을 상호견제하게 하고, 중서우승상과 같은 최고위 관료도 쉽게 교체함으로써, 결과적으로 내부에 다양한 파벌이 형성되는 것을 조장한 면도 보인다. 다시 중서우승상으로 기용되어 통화개혁과 황하치수를 이끈 톡토를 제외하면 토곤티무르 카안의 측근 신하 중에 오래 동안 그를 곁에서 지킨 신하가 드물다. 반면 그가 친정한 후 그의 재위 중에 그의 권력을 위협할 만큼 강력한 권력도 등장한 적이 없다. 통치의 일선에서 떠나 있는 동안에도 그는 신하들 사이의 상호견제와 상호감시의 기제가 작동하도록 유의해 한 파벌의 지속적 우세를 허용하지 않고 있다. 그가 황태자를 책봉하여 군정 등 중요한 정책결정에 참여케 한 뒤, 기황후와 황태자의 內禪 음모가 거듭되었지만 성공할 수 없었던 배경도 여기에 있다.

  요컨대 토곤티무르 카안 정권이 신하들로부터 확고한 충성도 얻지 못했고, 일련의 개혁이 소기의 성과를 거두지 못한 것도 사실이다. 그러나 적폐가 쌓이는 왕조말기라는 조건과 홍수와 한발, 역병 등 자연재해가 농민봉기의 보다 중요한 원인이었던 것도 함께 고려할 필요가 있다. 특히 그를 인간적인 면에서 까지 무능한 군주로 매도하는 것은 사실을 말하는 것이 아니다. 실제로 그는 수학이나 물리학, 건축학 방면에서도 특별한 재능을 보였던 것으로 알려지고 있다. 스스로 설계를 하여 집을 짓고 배를 건조하였으며, 또 스스로 설계한 宮漏라는 대형 물시계를 제작해 사용했기 때문이다.[62] 하지만 몽골 카안 가운데 가장 오래 37년간 재위에 머물렀던 토곤티무르 카안은 漢族王朝 明나라 군대에 의해 1368년 대도를 쫓겨났고, 1370년 四月 二十六日(丙戌) 내몽고 시린골 초원의 應昌府에서 五十一歲의 나이로 눈을 감았다. 이로써 1206년 칭기스 칸에 의해 공식적으로 건국한 空前의 유목 세계제국 大몽골國이, 그리고 그가 귀여워했던 손자 쿠빌라이 카안이 몽골 祖法과 漢法(중국적 정치제도)을 결합해 새로이 태어난 大元의 실체가 지구상에서 사라진 것이다.

---

62 邱樹森, 전게서. pp. 222-223

마을신앙 변이를 통해 본 대청도의 사회구조 변화
―유배지에서 어업기지까지의 변화를 중심으로

류창호
인하대학교

1. 신황당 가는 길

2009년 7월, 필자는 옹진군청의 군지편찬사업 일환으로 대·소청도의 민속조사에 참여한 일이 있다. 이틀간에 걸쳐 대청도 선진동·옥죽동·사탄동·내동 등에 소재하고 있는 각 서낭당의 위치와 현황을 빠짐없이 조사하는 일이었다. 조사 1일차에 대청도의 유적지와 마을들을 대강 돌아봤고, 조사 2일차에는 첫날 미처 답사하지 못한 곳을 찾으려고 아침 일찍부터 서둘렀다. 오전 10시경, 먹구름이 개이면서 삼각산에 밝게 햇살이 비추어지는 시간에 속칭 '동내동 서낭당'이라고 불리는 사당을 찾아 내동 깊숙한 '학골' 마을로 들어갔다. 이곳은 6·25전쟁이 한창이던 1951년 3월에 창설되어 적 후방에서 신출귀몰한 유격작전을 펼친 백호부대가 휴전 후 육군으로 편입되어 주둔한 곳이기도 하다. 마을 주민으로부터 사당의 위치를 전해 듣고 군부대 입구 조금 못 미치는 숲속을 살피기 시작한 지 10여 분, 오방색 천을 두른 신목神木 뒤로 큼지막한 널돌들을 쌓아올린 사당이 눈앞에 나타났다.

민속자료들에 문외한인 필자가 보더라도 한 눈에 비치는 '동내동 서낭당'의 모습은 범상치 않았다. 외관상으로만 봐도 시멘트벽으로 거칠게 마감한 대청도의 다른 사당들과는 분명 달랐다. 비록 세련된 맛은 없다고 하겠으나 고풍스런 석재로 견고하게 쌓아올린 것이 상당한 연식이 있는 건조물임을 짐작케 하였다. 내부 역시 커다란 석재로 붙박이한 제단이 잘 갖춰져 있었다. 그런데 필자는 이 사당을 처음 본 순간부터 이곳이 수많은 사서史書에 나오는 대청도의 원元 순제順帝

1. 신황당 가는 길
2. 대청도의 유배인과 유배 문화
3. 대청도의 개발: 수군진의 설치
4. 어업기지로의 변화
5. 맺음말

사적이 아닐까 하는 의문을 떨쳐버릴 수가 없었다. 『세종실록지리지』 등에 기록된 대청도 원 순제의 사적은 다음과 같다.

> a. 대청도大靑島는 옹진현의 서쪽에 있는데, 물길이 75리이며, 고궁 3칸, 뒷간[溷室] 1칸과 담장의 옛터가 있다. … (충숙왕) 17년에 선제先帝의 태자太子 도우첩목아陶于帖木兒를 이 섬에 귀양보냈다가, 충숙왕 복위 원년(1332) 12월에 소환하였다(『세종실록지리지』 권152, 황해도, 해주목, 옹진현).
> b. 충숙왕 17년(1330)에 도우첩목아陶于帖木兒를 여기[대청도]에 귀양보냈다가 후원년後元年(1331년)에 소환했는데, 거처하던 집터가 아직도 있으며 목장이 있다(『신증동국여지승람』 권43, 황해도, 장연현, 고적).
> c. 원나라 문종이 순제를 대청도로 귀양 보낸 일이 있었다. 순제는 집을 짓고 살면서 순금 부처 하나를 봉안하고 매일 해돋을 때마다 고국에 돌아가게 되기를 기도하였는데, 얼마 후 돌아가서 등극하였다. … 지금은 섬에 사람이 없고 수목이 하늘을 가렸다. 순제가 심었던 봉나무·옻나무·쑥·꼭두서니 따위가 덤불 속에 멋대로 자라다가 저절로 말라비틀어지고, 궁실의 섬돌과 주추 자리가 지금도 완연하다(이중환, 『택리지』).
> d. 충숙왕 17년 원에서 명종의 태자인 타환첩목이妥懽帖睦爾를 대청도에 유배 보냈다가 충혜왕 원년 소환하였다. 섬에는 거처하던 집터가 아직도 있다(김정호, 『대동지지』 권17, 황해도, 장연, 백령진).

『세종실록지리지』(1454년), 『신증동국여지승람』(1530년), 『택리지』(1714년), 『대동지지』(1864년) 등에 도우첩목아陶于帖木兒 또는 타환첩목이妥懽帖睦爾[1]로 기록된 인물은 대원제국의 마지막 황제이자 제2황후가 고려인 기황후奇皇后인 것으로도 유명한 순제(몽골명: 토곤 테무르, 1320~1370)이다. 원래 순제는 명나라의 묘호이고, 원나라의 묘호는 혜종惠宗, 시호는 오하트 칸(烏哈噶圖汗)이다. 지정至正 연간에 제위에 올라 지정제至正帝라고도 하고, 경신庚申년에 태어났기에 경신제庚申帝로도 불렸다. 이러한 그가 고려와 인연

---

[1] 『원사』에는 '탁환특목이(托歡特穆爾)'로도 기록되어 있다.

을 맺게 된 것은 충숙왕 17년(1330) 7월부터 충혜왕 원년(1331) 12월까지 약 1년 반에 걸친 대청도 유배 생활이었다. 황위 계승을 둘러싼 권력 싸움의 희생양으로 불과 11살의 어린 나이에 이국의 변방에서 유배 생활을 시작했던 것이다.

중국의 황제가 한반도에서 유배 생활을 보냈다는 것은 역사적으로 유일무이한 사례로서 위와 같은 조선시대의 각종 지리지에 그 사적이 소개되고 있는 것은 어쩌면 당연한 일이라고 하겠다. 『세종실록지리지』에 "고궁古宮 3칸, 뒷간[溷室] 1칸, 담장[墻垣] 옛터가 남아있다"는 구체적인 사례부터, 궁실의 섬돌과 초석이 남아있다거나 또는 단순히 '집터'라고 소개하는 사례가 있는 것으로 보아 적어도 19세기 중반까지는 원 순제 유배지의 흔적이 어느 정도 남아있던 것으로 추측된다. 하지만 20세기에 들어서면서 이러한 원 순제의 집터는 어느 순간 민간신앙과 연결된 사당의 모습으로 변화되어 있었다.

> 내동 뒷산 미테 늙은 느틔나무와 잡목과 솔나무가 울창한 가운데 조고마한 초가 신황당神隍堂이 잇습니다. 어두컴컴한 나무숩 속의 범이 나올듯한 잡초를 간신히 헤치고 들어가 보니 백목상 우에 목초ㅅ대木燭臺가 좌우로 노히고 그 중간에는 순종황뎨신위順宗皇帝神位라는 기울어진 위폐가 외로히 서잇습니다. 이곳이 녯날 순뎨가 집을 짓고 살든 곳이라 하야 그 집터에 신황당을 지엇는데, 지금도 도민들이 오히려 순뎨를 춘추제사하는 까닭이 무엇이겟습니까.²

위의 글은 1928년 8월에 대청도를 방문한 동아일보 김동진金東進 기자의 탐방기이다. 위의 기사에서 알 수 있듯이 원 순제의 집터에는 언제부터인가 '신황당神隍堂'이란 사당이 세워져 봄·가을로 제사를 지내고 있었다. 그런데 그 신황당이 위치한 곳을 "내동 뒷산 밑에 늙은 느티나무와 잡목과 소나무가 울창한 가운데 조그만 초가"로 설명하고 있어서 서두에서 밝힌 '동내동 서낭당'이 위치한 곳과 매우 유사한 입지조건임을 알 수 있다. 더군다나 위의 기사와 함께 실린 신황당 사진(그림 3)은 지붕이 초가에서 함석으로 바뀌었을 뿐, 현재와 동일한 모습으로 있어서 '동내동 서낭당'이 곧 '원 순

---

2 『동아일보』 1928년 8월 25일, 「도서순례-백령도방면(7)」

〈그림 1〉 대청도 신황당 외부 전경(2009년 촬영)

〈그림 2〉 대청도 신황당 내부 전경

〈그림 3〉 동아일보 〈도서순례〉 사진(1928년)

〈그림 4〉 국립중앙박물관 유리건판사진(1929년)

제 신황당'이란 추정에 확신을 갖게 만들었다. 아울러 〈그림 4〉는 국립중앙박물관이 소장하고 있는 일제강점기의 유리건판 사진으로, 이 역시 〈그림 3〉의 동아일보 사진과 똑같은 장소에서 찍은 것이다. 1929년 경성제대京城帝大 교수 오다 쇼고(小田省吾) 등이 대청도를 조사하면서 촬영한 것인데, 여기서도 사진자료의 설명을 대청도 내동의 '순종順宗 황제 사당'으로 기록하고 있다.

사실 현재의 대청도 주민에게는 원 순제의 유배라는 역사적 사실보다는 '신향이 이야기'로 구전되는 설화가 더욱 익숙하다. 그 이야기의 전개는 다음과 같다. 계모의 음모로 대청도에 유배 온 신향이가 내동에 집을 짓고 뽕나무, 자귀나무, 옷나무를 심고 농사를 지어 먹으며 살았는데, 어느 날 부황의 환후를 고치기 위해 자신의 눈알이 필요하다는 계모의 거짓 기별을 듣고서 신향이는 주저하지 않고 두 눈을 바치었다. 이후 자신의 안위는 돌보지 않고 오직 부모의 안녕만을 기원하며 열심히 불공을 드린 결과, 2년 만에 죄가 풀리어 본국으로 소환되었고, 빼어낸 눈알도 썩지 않고 그대로 남아 다시 찾아 맞추었다는 것이다.

이러한 '신향이 설화'의 스토리는 원 순제 유배 전후의 역사적 사실에 어느 정도 기반한 내용이다. 즉, 1330년 순제는 부친인 명종明宗의 장남이었는데, 명종의 후비인 반포이실班布爾實에게 참소를 당해 고려의 대청도로 귀양 보내지게 되었다.³ 게다가 그 이듬해에는 순제가 명종의 아들이 아니라는 조서가 반포되어 유배지를 대청도에서 광서廣西의 정강靜江으로 옮겨지는 일까지 벌어졌다. 이후 1332년 순제의 동생 영종寧宗이 제위에 올랐으나 그 해 사망하여 1333년 순제가 유배 생활을 마치고 황제에 등극하게 되었다.

흔히 대원제국의 마지막 황제로만 기억되는 순제는 주원장朱元璋의 북벌에 밀리어 수도인 대도大都를 빼앗기고 몽골고원의 상도上都로, 다시 응창부應昌府로 천도하는 비운을 겪은 인물이지만, 황제 등극 후 재상 탈탈脫脫을 등용하여 과거제를 부활시키고, 『대원통제大元通制』·『지정조격至正條格』 등의 법전을 편찬하는 등 여러 업적을 남기기도 하였다. 이러한 인물이 잠저시절 고려의 대청도에서 유배 생활을 보냈다는 것은 대청도 주민에게도 커다란 자부심으로 작용했을 것이다. '신향이 설화'는 이러한 원 순제에게 대청도의 입도조로서의 신격을 부여한 내레이션임이 분명하다. 1999년 대청도의 구전채록을 한 조사보고에 따르면 대청도의 노인들은 과거 『신황전』이라는 소설책을 거의 한 번씩은 다 읽었다고 한다.⁴ 아울러 현 대청초등학교를 원 순제 궁궐터로 보았고, 그 외에 대청도의 옥죽포와 고주동, 소청도의 분바위, 옹진반도의 교정면交井面 국사봉과 요래동堯來洞 등을 원 순제와 관계된 장소로 파악하고 있었다.

하지만 이상하다고 할 만큼 서두에서 소개한 '동내동 서낭당', 즉 원 순제 신황당에 대한 대청도 주민의 관심은 급격히 사라졌다. 추측컨대 이는 기독교의 전파, 그리고 연평도 임경업 신앙이 대청도로 급속히 전파되었기 때문으로 보인다. 즉 옹진군 내에서의 기독교 교세가 커짐에 따라 기존 마을의 전통신앙이 상대적으로 크게 위축되었고, 이와 더불어 대청도가 어업중심의 사회로 바뀜에 따라 섬의 내부에 있던 원 순

---

3 『원사』 권38, 順帝 1.
4 인천문화원『향토사료조사보고』(옹진군일원), 1999.

제 신황당도 그 기능을 점차 상실하였을 것이다. 대청도는 1918년 선진포에 동양포경회사東洋捕鯨會社의 포경기지가 설치된 이후 황해의 대표적인 어업 중심기지가 되었고, 섬의 중심지도 중앙에 있는 내동 마을에서 항구가 있는 선진동으로 이동하였다. 따라서 어업의 신인 임경업 신앙이 그대로 전승된 것에 비해 원 순제의 신황당은 그 이름조차 사라지게 되었다. 선진동의 임경업 사당이 대청도를 대표하는 사당으로 바뀌고, 내동의 신황당은 그저 '서낭님'이란 산신을 모시는 곳으로 그 위격이 하락하고만 것이다.[5]

2. 대청도의 유배인과 유배 문화

사서史書에 대청도의 이름이 처음으로 나오는 것은 고려 태조 때의 일이다. 태조 14년(931) 곡도鵠島(현재의 백령도)로 유배를 간 유금필庾黔弼이 이듬해 후백제 장군 상애常哀가 고려 땅인 대우도大牛島를 공격함에 따라 곡도와 포을도包乙島의 정장丁壯을 모집하여 격퇴하였다는 기록이 있다.[6] 여기서 포을도란 우리말 '푸른 섬'을 한자로 음차한 지명으로 현재의 대청도를 가리키는 말이다. 또한 인종 1년(1123)에 송宋의 사신으로 고려에 온 서긍徐兢이 쓴 『고려도경高麗圖經』에는 대청서大靑嶼와 소청서小靑嶼가 나오는데, 대청서를 "멀리서 바라보면 울창한 것이 진한 눈썹먹 같다"고 하였다.[7] 그러나 요동반도 및 만주일대에 자리 잡은 요遼와의 대립관계로 인해 황해의 연안항로나 횡단항로를 사용하지 못하고 남쪽 절강浙江 지역에서 한반도의 서남해를 통과하는 남부 사단항로를 이용한 서긍 일행이 대·소청도를 경유했을 가능성은 희박하다. 따라서 위의 대청서와 소청서는 대·소청도가 아닌 인천해역의 다른 섬으로 보인다.

역사상 대청도가 대중국 항로로서 자유롭게 이용된 시기는 원간섭기가 유일하다. 1270년 고려를 굴복시키고, 그 기세로 1279년 남송까지 멸망시킨 원은 중국 대륙과

---

5 서종원, 「서해안 임경업 신앙 연구」, 중앙대학교박사학위논문, 2009, 25~26쪽.
6 『고려사』 권92, 유금필전.
7 『선화봉사고려도경』 권38, 해도 5.

고려의 원활한 지배를 위해 '잠치站赤', 즉 역참驛站을 자신들의 세력권 안에 광범위하게 설치하였는데, 이는 바닷길도 예외가 아니었다. 원은 제주로부터 압록강에 걸친 한반도의 연해·도서지역에 수많은 수참水站을 설치하였다.[8] 『증보문헌비고』에 의하면 "탐라耽羅로부터 압록강鴨綠江과 아울러 양천楊川의 해구海口에 이르기까지 모두 30개소所인데, 그 하나는 추자도楸子島에 수참水站의 옛 터에 있으며, 나머지는 상고할 수가 없다"고 하였다.[9] 이들 30개소의 수참 중에 대청도가 포함되어있을 가능성은 매우 높다. 그 근거로서 이 당시 백령도와 대청도에 많은 원의 유배인들이 들어온 사실을 지적할 수 있을 것이다. 『원사』, 『고려사』, 『고려사절요』 등에 기록된 이들 유배인을 분석한 권오중에 따르면, 대청도는 탐라, 내로도乃老島, 피면도披綿島 등 서남해 도서들과 같이 20~40명씩 집단적으로 유배인을 유치하는 곳이 아니었다. 대청도에 유치되는 유배인은 태자太子, 대왕大王, 황족皇族 등과 같은 특수한 신분까지 포함하는 순수 몽골인들로서 시기를 달리하여 각기 개별적으로 송치하거나, 간혹 여럿이 함께 온 경우에도 철저히 격리 유치시킨 특징이 있다고 하였다.[10] 따라서 그는 대청도를 원의 황족이나 국가 중대사범만을 유배시키는 '특별 유배지'로 규정하고, 이를 가능하게 만든 원인으로 대청도가 지닌 지리적 이점과 풍부한 자원을 들었다.

또한 박원길은 쿠빌라이 칸이 구축해나간 바닷길을 통해 맺어진 몽골과 고려의 관계를 양국의 유배문화를 통해 규명해 보았다.[11] 그의 연구에 따르면 몽골 귀족의 경우 피를 흘리지 않고 죽이는 그들의 습속에 따라 종신유배지로 고려의 섬이 선호되었다고 한다. 광대한 초원이 고향인 이들에게 파도만 출렁이는 이국의 섬은 유배지로서 최적의 장소였던 셈이다. 따라서 고려 초부터 고려인들의 유배지로 유명한 백령도와 대청도가 자연스럽게 몽골인의 유배지로 계승되었다. 앞서 소개한 유금필부터 시작하여 김경손, 김방경, 김흔 등의 유력자들이 백령도와 대청도에 유배되었지만 충렬왕 5년(1279) 감찰시승 최유엄이 대청도에 유배된 것을 마지막으로 고려의 유배인은 더 이상 보이지 않는다. 그리고 이듬해부터는 아야치(愛牙赤)를 시작으로 몽골의 유배인들이

---

8 『원사』 권63, 지리지 및 『원사』 권178, 王約傳.
9 『증보문헌비고』 권35, 關防.
10 권오중, 「대청도에 온 元의 유배인」, 『인문연구』 35-1, 영남대학교 인문과학연구소, 1998.
11 박원길, 「몽골과 바다」, 『몽골학』 26, 한국몽골학회, 2009.

그 자리를 차지하고 있다.

위의 두 연구자들이 조사한 바에 의하면 원간섭기에 대청도로 유배 온 몽골인들은 모두 7명이었다. 그 시기와 신분 등을 정리해 보면 다음의 〈표 1〉과 같다.

〈표 1〉 대청도의 몽골인 유배인 사례

연번	유배시기		유배인	유배시 신분/관직	비고
	정배(定配)	해배(解配)			
1	충렬왕 6년(1280)	충렬왕 7년(1281)	아야치 (愛牙赤)	황세자	
2	충렬왕 9년(1283)	미상	시리기 (室刺只)	미상	
3	충렬왕 14년(1288)	충렬왕 23년(1297) 유배지에서 사망	커케데이 (闊闊歹)	황족(대왕)	
4	충렬왕 18년(1292)	미상	칙지추 (闍吉出)	미상	
5	충숙왕 4년(1317)	충숙왕 10년(1323)	아모카 (阿木哥)	황족(위왕)	
6	충숙왕 11년(1324)	충숙왕 16년(1329)	보로 (孛刺)	태자	
7	충숙왕 17년(1330)	충혜왕 원년(1331)	토곤테무르 (妥懽帖睦爾)	황태자	원 순제

위의 〈표 1〉에서 보이듯이 약 50년 간(1280~1331)에 걸쳐 대청도로 유배된 몽골인 7명 중 그 거취가 확인되는 인물이 5명이다. 유배기간은 10년 간 유형 생활을 하다가 결국 유배지에서 죽은 커케데이(闊闊歹)를 제외하고는 짧으면 1~2년, 길면 5~6년 정도였다. 또한 이들의 신분은 대왕大王, 황자皇子, 태자太子 등의 칭호가 말해주듯이 대부분 몽골 황금씨족의 자손들이다. 아야치(愛牙赤)는 쿠빌라이의 8번째 아들로 추정되며, 충렬왕비인 제국대장공주齊國大長公主와는 남매 사이였다. 따라서 아야치가 유배를 왔을 때, 그를 맞이하는 연회가 벌어지기도 하였다.[12] 대왕의 칭호를 가진 커케데이는 나얀의 반란(1287~1291)에 가담한 동방왕가의 후손으로 추정되며, 아모카(阿木哥)는 쿠빌

---

12 『고려사』 권89, 열전 2, 충렬왕후비 제국대장공주.

라이의 황태자 친킴(眞金)의 둘째아들 다르마 발라(答刺麻八刺)의 큰아들로 인종과 무종의 형이기도 하다. 태자의 칭호를 가진 보로(孛剌)는 인종의 아들이고, 앞서 설명한 토곤 테무르(妥懽帖睦爾)는 명종의 아들로 후에 순제로 등극하는 인물이다.

이들 몽골 유배인들은 앞서 원 순제의 사례와 마찬가지로 대청도 내동에서 유배 생활을 한 것으로 추정된다. 원 황실의 황족이나 귀족 신분이었다는 점에서 이들을 수행하는 시종과 관리들이 100호가 넘게 함께 살았다는 이야기도 있으나 검증할 수 없는 일이다.[13] 또한 일부 향토사학자들에 의해 현 대청초등학교 인근이 원 순제의 궁궐 터라는 주장이 제기되기도 했지만, 교사 신축 등의 형질 변경으로 이를 증명해 줄 유적의 존재 가능성은 매우 희박한 상태이다. 다만 2006년 조사에서 어골문이 시문된 기와편이 수습되어 고려시대의 건물지로 추정된다는 견해가 제시되기는 하였다.[14]

하지만 필자는 현 대청초등학교가 입지한 '대청7리 유물산포지'보다는 대청리 산 221-7 일대의 고려 고분군古墳群에 더욱 주목해야할 필요가 있다고 생각한다. 모래울-서내동 갈림길 북측 소로를 따라 올라가면 완만한 능선 사면에 약 10여 기의 석곽묘가 조성되어있다. 이곳은 대청도 원로들로부터 '호인胡人의 공동묘지'로 불렸다는 증언이 나온 곳이며, 글의 서두에서 소개한 오다 쇼고(小田省吾)의 조사단이 일찍이 1929년에 발굴조사를 시행한 곳이기도 하다. 그때의 발굴조사서는 아직까지 발견하지 못한 상태이지만, 당시에 오다가 수습한 유물목록은 현재 국립중앙박물관에 남아있다. 여기에 따르면 대청도 내동의 고분에서는 초벌구이병[素燒壺] 파편 1점, 청자상감사발[靑瓷象嵌鉢] 1점, 청자상감사발 파편 3점이 수습되었다고 한다.[15] 또한 이곳의 고분들은 묘광의 구조와 구조 등에서 백령도 가을리 고분군과 매우 유사한 형태를 보이고 있어 두 지역의 고분들이 같은 시기에 조성된 것으로 추정된다.[16] 아직까지 무덤들의 정확한 개수와 분포범위가 확정되지 않은 상태여서 발굴 및 정밀지표조사가 시급한 상황이다.

---

[13] 인천문화원, 『향토사료조사보고』(옹진군일원), 1999, 61쪽.
[14] 인하대학교박물관·인천광역시, 『문화유적분포지도(인천광역시 계양구·부평구·서구·옹진군)』, 2006.
[15] 국립중앙박물관 소장 조선총독부박물관문서(https://www.museum.go.kr/modern-history/main.do)
[16] 인하대학교박물관·인천광역시 옹진군, 『백령··대청도 대중국 등 관광객 유치 역사 발굴·고증 연구』, 2013.

〈그림 5〉 대청도 내동 1호분(1929년)

〈그림 6〉 대청도 내동 2호분(1929년)

〈그림 7〉 대청도 고려 고분군 전경(2013년)

〈그림 8〉 대청도 고려 고분군 내 고분(2013년)

3. 대청도의 개발: 수군진의 설치

명조明朝가 중원을 차지하고 원 세력을 몽골고원으로 몰아낸 이후, 더 이상의 몽골 유배인은 대청도로 오지 않았다. 그 사이 왜구倭寇 세력의 약탈이 심해지자 백령진白翎 鎭을 문화현 가을산으로 옮겼고(1357년), 또 진장鎭將을 폐하고 문화현 임내任內로 두다가 공양왕 2년(1390)에는 완전히 문화현의 직촌이 되었다.[17] 이는 사실상의 공도정책空島政策이 실시되었음을 말하며, 백령진의 부속도서인 대청도 역시 똑같은 과정을 겪었음을 의미하기도 한다.

---

17 『세종실록』권152, 지리지, 황해도 강령현.

조선 초기에도 공도정책은 계속 유지되었으나 어염漁鹽의 이익, 그리고 울창한 산림과 농경지가 있는 섬들을 그냥 비워두고만 있을 수는 없었다. 내륙의 주민들은 공도정책 하에서도 끊임없이 섬으로 유입하였고, 중앙정부에서도 섬은 국가의 재부財富를 창출하는 곳으로 인식이 변화하였다. 결국 세종 10년(1428) 강령현 소속으로 백령진을 다시 설치하고, 세종 13년(1431)에는 국영목장國營牧場을 설립했다. 세종대 백령진의 설치는 공도정책을 포기하고 적극적으로 외적을 방어하려는 '해도입보론海島入保論'의 표출이었고, 교통과 국방 그리고 외교에도 큰 몫을 차지하는 말(馬)목장의 설치, 선박 및 각종 건축에 필요한 재목材木 확보를 위한 송전松田의 설치와 같은 '해도개발론海島開發論'의 시책이었다. 그러나 세종대 이후 백령진은 유명무실하여졌고, 어느 시기인가 폐진된 것으로 보인다. 조선의 서해 도서들은 또다시 왜구와 해적들에게 시달려야 했다.

임진왜란 이후 국방의 중요성이 재부각되면서 백령진 설치에 대한 논의가 시작되었다. 광해군 즉위년(1609)에 체찰사體察使 이항복李恒福은 백령도에 해적들이 출몰하여 피해가 막심하고 남으로는 강화江華, 북으로는 황해도 초도椒島와 연결되는 군사적 요충지임을 강조하며 설진設鎭을 주장, 백령진이 복설復設되기에 이르렀다.[18] 백령진의 진장은 종 3품의 수군첨절제사水軍僉節制使가 부임했으며 백령도 일대의 행정과 해방에 대한 책임을 지게 하였다.

백령도가 수군첨절제사진이 되면서 섬의 개발이 빠르게 진행되었다. 백령도로 새로 이주한 주민들에게는 토지 개간권과 3년간의 면세 혜택이 주어졌으며, 어염漁鹽의 특혜까지 누리게 되었다. 그리고 나서 백령도에 인구가 늘어나고 개간할 땅이 부족해지자 백령도의 말목장을 대청도로 옮기는 문제가 대두되었다. 숙종 31년(1705)에 50여 필의 말이 대청도로 옮겨진 것을 시작으로[19] 영조 7년(1731)까지 나머지 말 모두를 대청도로 옮기고 백령도 옛 목장의 개간을 허가하였다.[20] 하지만 정조대에 이르러서는 대청도에도 수군진을 설치하고 주민들을 모민募民하여 개간시키자는 논의가 나오게 되었다. 정조 17년(1793) 4월, 좌참찬 정민시鄭敏始는 "지금 야인이나 해적의 걱정이 없어

---

18 『백사집』 별집 2권 계사, 백령설진사의계.
19 『비변사등록』 숙종 31년(1705) 7월 15일.
20 『영조실록』 권30, 7년(1731) 10월 17일(정미).

진 지 이미 수백 년이 지났는데도 〈서북의 섬들에〉 아직 백성들이 농사짓고 사는 것을 허락하지 않고 있다"며 장연의 대·소청도와 선천의 신미도 등의 섬들을 모민·개간시킬 것을 건의하였다. 이에 정조가 그 합당함을 인정하자, 때마침 황해도 수군절도사 이우현李禹鉉이 그동안 대·소청도를 조사한 내용을 다음과 같이 치계하였다. 내용이 제법 길지만 대청도 개척 초기의 모습을 잘 전하고 있어 그대로 옮겨보겠다.

  대청도는 동서의 거리는 30리이고, 남북의 거리는 20리입니다. 동쪽으로 소강행영所江行營과의 거리는 뱃길로 2백 리이고, 북쪽으로 백령진白翎鎭과의 거리는 30리이며, 동북쪽으로 장연長淵 무룡포舞龍浦와의 거리는 1백 30리입니다. 겹겹의 산과 봉우리가 바다 가운데 우뚝 솟아 있고, 내동內洞·고사동庫舍洞·사언동沙堰洞·판안구미板案仇味 등 네 개의 큰 골짜기가 있습니다. 내동은 북쪽의 높은 산봉우리 아래 부스러진 기와 조각들이 있는데, 세속에 전해오는 말로는 원元나라 황제가 살았던 옛터라고 하였습니다. 그 아래는 바로 옥자포玉子浦로 길이는 10리쯤 되고 너비는 수리數里쯤 되는데 좁은 곳도 2백여 보步는 되었습니다. 그런데 위쪽은 토질이 척박하여 다만 사이사이로 밭을 만들 수 있었고, 아래쪽은 모래땅이 기름져서 개간할 만하였습니다. 고사동은 길이가 3리쯤 되고 너비는 2백여 보쯤 되는데, 위쪽은 층을 이루는 바위와 널려진 돌들이 묻혀 있기도 하고 드러나기도 하여 경작할 만한 땅이 없고 아래쪽은 지형이 조금 평평하면서 흙빛이 거무스레하여 개간할 만하였습니다. 그런데 골짜기 어귀의 포구와 잇닿는 곳에 가로막은 둑 하나가 있었는데 모두가 돌무더기라서 매양 밀물이 들 때이면 짠물이 스며들어 왔습니다. 사언동은 하나의 긴 골짜기에 불과합니다. 양쪽의 벼랑은 모두 암벽이고 가운데 작은 개울 하나가 구불구불 바다로 흘러들어가고 있어 전혀 개간할 만한 곳이 없습니다. 판안구미는 너비가 사언동과 대략 서로 같은데, 골짜기 막바지에 땅이 평평하여 백여 말[斗]의 곡식을 부릴 만하였습니다. 대체로 네 골짜기 중 내동이 가장 개간하기에 적합하고 그 밖의 세 골짜기는 산이 아니면 골짜기이고 골짜기가 아니면 벼랑이며, 솔·느릅·뽕·상수리·개암·오동·떡갈·노나무 등이 곳곳마다 빽빽하게 들어차 있습니다. 그리고 사면의 바다 기슭은 가파른 벼랑이라서 방어 시설을 할 수 없고 어살을

칠 곳도 없으며 소금이나 굽기에 적합한 곳입니다.[21]

수군진이 설치되기 위해서는 거기에 합당한 토지가 마련되어야 했다. 이우현 절도사의 보고에 따르면 내동內洞, 고사동庫舍洞, 사언동沙堰洞, 판안구미板案仇味, 옥자포玉子浦 중에서 내동만이 개간에 적합하고, 나머지는 모두는 경사가 높은 절벽이거나 암반지대여서 극히 일부에서만 경작이 가능하였다. 내동은 현재와 같은 지명이고, 고사동은 현재의 고주동, 사언동은 현재의 사탄동, 판안구미는 대청도 동쪽의 느랑구미산(129m), 옥자포는 현재의 옥죽포로 비정된다.[22] 이후 대청도와 소청도에는 각각 둔屯이 설치되어 임시로 별장을 두고 모민募民하여 경작을 시작하였다가, 정조 23년(1799)에 이르러 결국 대청도에 진鎭이 설치되었다.[23] 그러나 대청진은 백령진과 같은 독진獨鎭이 아니라 수원부에 영속된 형태여서 수원부의 장교 중 1명이 1년씩 번갈아가며 파견되었다. 여기에 대해서는 철종 12년(1861)에 대청도 진장으로 부임한 임지형林芝馨이 쓴 『대청도진장선생안창설서大靑島鎭將先生案刱設序』에 그 경위가 잘 나타나 있다.

삼가 생각건대 우리 정조대왕께서는 불궤不匱의 효자로서 현융원顯隆園을 수원부水原府에 천봉遷奉하시고 부府로 승격하여 총리영摠理營으로 하셨다. 그리고 영營의 관할을 진념하시어 특히 이 섬을 본영本營에 소속시켜서 중요 거점으로 삼게 하셨다. 다시 도백道伯에게 하명하시어 진鎭을 설치하는 방책을 수립하도록 하셨다. 대개 이 섬은 주로 외국선外國船의 출몰이 빈번한 곳으로 서남해로西南海路의 병폐屛蔽와 같이 대양大洋가운데 우뚝 서서 가히 국방상 요충지라 할 수 있다. 만약 진鎭을 설치하지 않고 방임하여 두었다면 호서와 호남의 안온을 기할 수 없어서 평시에 도내의 치안을 바랄 수 없으며 유사시에 당선을 구축할 수 없었을 것이다.[24]

위의 『대청진 창설서』에도 잘 나타나듯이 대청진의 설치는 국방상의 요충지이자 서

---

[21] 『정조실록』 권37, 17년(1793) 4월 29일(신묘).
[22] 옹진군청, 『옹진군향리지』, 1996.
[23] 『만기요람』 군정편 4, 해방.
[24] 인천광역시 역사자료관, 『역주 인천도서지역의 지지자료』, 2010, 84~85쪽.

남해로의 병폐屛蔽로서의 역할뿐 아니라 신설된 수원유수영의 운영을 위해 매년 정철正鐵 500근을 납세케 하는 목적도 있었다.[25] 하지만 이처럼 신설된 진을 수원부에 영속되게 한 조치는 오히려 대청도 주민들의 환영을 받았는데, 이는 기존의 백령진과 장연도호부로부터 갖은 명목 하에 수시로 징수되는 잡세와 요역으로부터 벗어나는 길이었기 때문이었다. 그러나 대청도 주민의 기대와 달리 이후로도 백령진의 침탈은 계속되었던 것 같다. 모리배들이 백령진의 관예官隷들과 결탁하여 끝없는 침탈과 횡포를 자행하였다. 결국 고종 30년(1893) 2월, 의정부는 대·소청도 주민의 장적帳籍을 모두 수원유수영으로 이적시켜 줄 것을 요청하여 고종의 윤허를 받았다.[26] 그런데 재미있는 일은 이러한 수원부로의 이속도 모두 원 순제의 공이라는 믿음이 있었다는 사실이다.

> 순데의 심은 뽕도 어떠케 종자가 조흔 것이든지 태황뎨[고종황제: 필자 주] 당시에 황후의 환후침중하매 이 섬의 상실桑實이 령약이 되엿다고 이 섬의 공이 두텁다 하야 장연長淵에서 떼어다가 일시 경기도 수원水原군에 소속하고 토주관土主官을 두어 다스리게 하얏답니다. 이와가티 순데가 데왕의 품위를 가추고 잇섯슴으로 후에 섬사람들이 그의 덕으로 추앙하야 신황당을 세운 것이랍니다.[27]

대청도의 상기생桑寄生은 왕실 진상품으로 부인병에 특효가 있는 약재라고 한다. 원래 백령도의 상기생이 내의감의 약재로 진상되었지만 광해군 7년(1615)에 백령첨사 김기명金基明이 관재棺材로 쓰려고 마지막 남은 뽕나무를 베어버림에 따라 이후로는 대청도의 상기생이 진상품이 되었다.[28] 그런데 대청도의 뽕나무는 예전에 원 순제가 심어 놓았던 것이라는 믿음이 있었고, 고종황제 때 황후의 병환을 치료하는 데 사용되어 그 덕에 대청도가 장연에서 수원부로 이속되었다는 것이다. 이처럼 대청진 설치 후에도 대청도 주민의 원 순제에 대한 신앙은 견고하게 작용되고 있었음을 알 수 있다.

---

25 『만기요람』 군정편 4, 해방.
26 『승정원일기』 고종 30년(1893) 2월 1일(갑인).
27 『동아일보』 1928년 8월 26일, 「도서순례-백령도방면(8)」.
28 인천광역시 역사자료관, 『역주 인천도서지역의 지지자료』, 2010, 17~18쪽.

4. 어업기지로의 변화

전장에서 살펴본 바와 같이 대청진 설치로 모민·개간이 이루어졌지만 대청도의 자연환경 상 경작지가 절대적으로 부족하여 대다수의 주민들은 어업이나 해조류 채취에 종사해야만 했다. 하지만 당시 상황이 대청도 주민들로 하여금 쉽게 어업 활동을 영위할 수 있도록 조건이 마련된 것도 아니었다.

17세기 이후 해금정책이 느슨해진 것을 틈타 청국 상인과 어선들이 몰래 우리나라 해안으로 들어와 밀무역과 불법어채를 자행하는 일이 빈번해지다가, 1882년 「조청상민수륙무역장정」이 체결된 이후로는 서해의 출어권이 합법적으로 보장되어 청국 어선의 수가 폭발적으로 증가되었다. 이들 청국 어선은 남획으로 수산자원을 고갈시킬 뿐 아니라 종종 땔감이나 음료수를 구하기 위해 도서지역으로 상륙하다가 주민들과 충돌하는 일을 일으켰다. 부녀자를 납치하거나 관원들을 구타하고 살해하는 일까지 벌어졌다. 또한 백령·대청도민들의 청국 선원에 대한 보복도 이루어졌다. 1884년 백령도민 10여 명이 폭풍으로 피항 중인 중국어선을 습격하여 해삼, 홍어, 여우피, 은자 등을 강탈하였고, 같은 해 소청도에서도 중국어선 2척이 60~70명의 지방민에게 습격당하는 사건이 벌어졌다. 아울러 청일전쟁 이후로는 서해의 제해권을 장악한 일본인들까지 진출하면서 대청도의 주민 구성 및 사회구조는 더욱 복잡한 양상으로 전개되었다.

1910년에 간행된 『민적통계표』에 의하면 1909년 현재 대청도의 호수는 총 136호, 인구는 654명(남 206, 여 156)으로, 이중 어업종사자가 56호로 가장 많고 농민이 51호, 상업종사자는 22호를 차지하였다. 이를 백령도 및 소청도 주민과 비교하면 다음의 〈표 2〉와 같다.

〈표 2〉 1909년 백령도·대청도·소청도 주민 상황

도서명	戶	남자	여자	인구합	官公吏	상업	농업	어업	日稼	기타
백령도	588	1,500	1,356	2,856	1	38	450	79	20	0
대청도	136	363	291	654	0	22	51	56	7	0
소청도	75	206	156	362	0	11	29	35	0	0

(전거: 이헌창, 『민적통계표의 해설과 이용방법』, 고려대학교 민족문화연구소, 1997)

위의 <표 2>에서 알 수 있듯이 대청도와 소청도의 어민 호수는 각각 41%와 46%를 차지하여 농민 호수보다 많으며, 백령도의 어민 호수 13.4%의 비율을 크게 상회하고 있다. 대·소청도가 점차 농업사회에서 어업사회로 전환되기 시작하였음을 보여준다고 하겠다.

하지만 다음 <표 3>에 나타난 대청도의 동리별 호수 및 인구수를 살펴보면 1910년대까지는 여전히 내동·고주동과 같은 섬 내륙의 동리가 중심을 이루고 있어서, 전체 호수에 68.5%를 차지하는 모습을 보인다. 옥죽포, 사동(사탄동)과 같이 조선인이 이용하는 전통적 포구에는 단지 7~8호만이 있을 뿐이다. 다만 새로 개발된 항구인 선진포의 호수가 30호에 달하고 있는 것이 주목된다. 원래 선진포는 4~5호에 불과한 한촌寒村이었지만 이곳에 중국 선원과 일본인이 대거 내왕하기 시작하면서 점차 인구가 증가한 것으로 파악된다.

<표 3> 1910년경 대청도의 동리별 호구수

地名	戶數	人口
船津浦	30	男 62 / 女 54
沙洞	7	男 18 / 女 19
玉竹浦	8	男 20 / 女 12
康柱洞(庫柱洞의 오기?)	34	男 91 / 女 58
內洞	64	男 156 / 女 125
合計	143	男 347 / 女 268

(전거: 『韓國水産誌』 4, 농상공부 수산국, 1911)

전술한 바와 같이 개항기에 접어들면서 대청도는 중국인과 일본인이 혼재하는 국제적인 어항으로 변화되었다. 이는 대청도의 사회구조와 마을공동체를 변화시키는 근본적인 계기가 되었다. 일제강점기 대청도로 이주한 일본인 수는 정확히 알 수는 없다. 다만 1932년 『황해도통계연보』에 의하면 백령면(백령도·대청도·소청도)에 거주하는 일본인이 총 16호(22세대), 103명(남 52, 여 51)으로 기록되어 있다. 대청도의 초기 대표적인 일본인 이민자는 다나베 슌타(田邊春太)였다. 그는 대청도 추포樞浦(지두리)어장을 소유하고 있었고, 해삼이나 까나리를 건조한 '이리코'를 판매하였다. 또한 선박운수업에도 참여하여 대청도 황해운수黃海運輸의 대표이기도 하였다. 마찬가지로 1932년 백령면에 거주하는 중국인은 5호 26명(남12, 여14)이었다. 이들은 백령·대청도의 수산물들을 중국으로 수출하는 무역상이었을 것으로 추측된다.

무엇보다도 대청도를 변화시킨 가장 큰 요인은 1918년 선진포에 동양포경주식회사의 포경장이 설립된 것이었다. 일본은 이미 1880년대 후반부터 부산을 중심으로 우리나라에 포경선들이 진출하기 시작하여, 동해에서 러시아 포경선들과 경쟁하다가 러일전쟁 이후 러시아를 몰아내고 포경업을 독점하였다. 1909년 5월 오사카에서 설립된 동양포경주식회사는 20세기 초 동해연안에서 경쟁하던 동양어업주식회사, 장기포경합자회사, 일한포경합자회사 등을 합병한 초대형 포경회사로서 한반도 연안의 포경업에 대한 독점권을 획득하였다. 당시 포경선에는 잡은 고래를 선상에서 직접 해체하는 공모선工母船 시설이 갖추어져 있지 않았으므로 잡은 고래를 해체할 수 있는 중간기착지, 즉 경체鯨體 처리장이 필요하였다. 동양포경주식회사는 이러한 경체처리장을 갖춘

〈그림 9〉 1988년의 선진포항(옹진군청 제공)

〈그림 10〉 선진포항 호안시설(2013년)

〈그림 11〉 대청도 포경회사 사업장
(전거: 『대청면지』, 1995)

〈그림 12〉 서귀포 포경장 전경
(전거: 『文教の朝鮮』126, 朝鮮教育會, 1936)

사업장을 1913년부터 울산蔚山·거제도巨濟島·장전長箭 등 주로 동해안에 설치하였으나, 1916년부터는 서해안으로도 진출하여 대흑산도大黑山島에 사업장을 설치하였고, 1918년에는 대청도大青島, 1926년에는 제주도濟州島까지 확장하였다.

1920년대부터 1930년대 초까지 서해안의 포경업은 동해안의 포경업을 압도하였다. 특히 대청도는 1930년대 초까지 매년 30~60마리의 고래를 포획하는 조선 최대의 포경장으로 전국 총포획수의 18~49%를 차지하였다. 1926년부터 1944년까지 대청도 연안에서 포획된 고래의 종류와 포획수는 다음 〈표 4〉와 같다.

〈표 4〉 대청도 근해의 고래 포획두수

연도	종류	포획두수	전국총포획두수	%
1926	참고래	60	122	49.1
	돌고래	1	2	50
1927	참고래	45	221	20.3
1928	참고래	49	206	23.7
	돌고래	1	3	33.3
1929	참고래	41	126	32.5
	대왕고래	1	2	50
1930	참고래	79	196	40.3
	대왕고래	3	3	100
	돌고래	3	8	37.5
1931	참고래	40	159	25.1
	대왕고래	3	3	100
	돌고래	2	3	66.6
1932	참고래	26	143	18.1
	돌고래	1	9	11.1
1933	참고래	30	164	18.2
	돌고래	4	6	66.6
1934	참고래	7	106	6.6
1935	참고래	9	139	6.4
1940	참고래	3	113	2.6
1942	참고래	9	163	5.5
1943	참고래	21	113	18.5
1944	참고래	13	203	6.4

참고래는 긴수염고래라고도 하며 한반도의 근해에서 가장 많이 잡히는 고래이다. 참고로 일본의 미야기현 등에서 잡히는 고래는 대부분 향고래나 혹등고래이지만 이는 한반도 연안에서는 희귀한 고래이고, 반대로 참고래는 일본 연안에서 발견하기 힘들다. 그 원인은 고래의 회유 경로가 서로 다르기 때문인데, 참고래의 경우 캄차카·쿠릴열도 방면에 있던 것이 오호츠크해를 통과하여 연해주를 따라 한반도의 동해안에 나타나고, 다음으로 남쪽을 돌아 황해로 들어간다.[29]

1934년 이후부터 대청도 포경장의 포획수가 급감하는 이유는 동년 7월 동양포경주식회사가 일본산업주식회사의 자회사인 일본포경주식회사에 합병됨으로써 서해안의 주력 기지가 대흑산도로 변경되었던 사실에 기인한 것으로 보인다. 그러나 본질적으로는 동해안에서의 남획으로 인한 서해안 고래의 급속한 감소에 원인이 있었다. 대흑산도 포경장도 1936년 이후 포획수가 급감하여 1986년 포경업이 전격적으로 금지될 때까지 울산의 장생포가 명실상부한 한국 제일의 포경장으로 남게 되었다. 일본포경주식회사는 1936년 공동어업주식회사로 소유권이 이전되고, 1937년 일본수산주식회사로 회사명이 변경되었으며, 태평양전쟁 말발 후 1942년에는 국가총동원법에 의해 일본해양어업통제주식회사로 또다시 명칭이 변경되는 등 부침을 겪다가 1945년 패전으로 해체되었다. 대청도 포경장 역시 1945년 해방 이후 더 이상 포경업을 이어 나갈 수가 없었는데, 이는 남북분단으로 어장을 충분히 활용하지 못하게 된 것에 기인했다고 보인다.

대청도 포경장은 현재의 선진포항 배후에 위치하였다. 포경장에는 인양장引揚場, 해부장解剖場, 재해장裁解場, 제유장製油場, 냉동·냉장시설, 염장장鹽藏場, 간유제조장肝油製造場, 오물처리시설, 윈치장, 기관실, 배전실, 수리공장 등 설비와 사무실, 숙사, 창고, 연구실 등 부속 건물이 완비되어 있었다. 매번 고래가 포획되어 들어올 때마다 그 고래를 해체하는 모습은 진귀한 광경을 연출하였다. 1927년 서선일보西鮮日報 기자 우에무라(上村篤實)는 그 풍경을 다음과 같이 기록하고 있다.

"이제 고래가 옵니다"라고 소리치는 보—이의 소리에, 파도 높은 바다로 유쾌히 들어

---

[29] 上田常一,「朝鮮で獲れる鯨に就いて」,『文敎の朝鮮』126, 朝鮮敎育會, 1936.

가려는 꿈은 깨어졌고, 아직 6시가 되기 전으로 어둡지만 날씨가 어제보다 더 거칠어졌다. 바람은 강하게 불고 눈이 내렸다. 기름의 등화燈火는 굉장한 빛을 내뿜고, 바람에 화분火粉이 날리고, 손에 손에 낫을 든 후발권後鉢卷의 작업부作業夫들이 그 사이를 분주히 달리는 모습을 보니, 다시 한 번 지옥地獄의 연못에 빠진 것과 같은 느낌을 받았다. 세 마리만이 잡혀 막 배에서 육지로 인양하였다. 처음 로프에 매달려 인양된 것은 51척尺 정도의 거대한 놈이었다. 곧바로 해부를 하였다. 낫으로 고기를 절단하여 로프에 걸어 놓고 뼈와 살과 내장을 일일이 분리하였다. 선혈鮮血이 소리를 내며 흘러 내렸다. 분리되어 얻어진 고기는 곧바로 운반선運搬船에 싣고 뼈와 내장은 각각 처분하였다.[30]

아울러 매년 겨울 포경기捕鯨期마다 펼쳐지는 대청도 선진포항의 변화를 다음과 같이 기록하기도 하였다.

> 주위周圍가 겨우 4리里, 호수戶數는 200호에 불과하지만 사립학교私立學校까지 두고 있다. 포경기捕鯨期 외에는 내지인內地人이 겨우 두 사람에 불과하다. 두 사람 안에는 명치明治 42년(1909)부터 이곳에 와서 이리코(イリコ)를 상매商賣하고 계신 다나베 슌타(田邊春太)씨가 있다고 한다. 머나먼 섬 안에 훌륭한 항구가 있는데 놀라운 사실은 그것이 양항良港이라는 것이다. 뒷산에는 나무가 울창하고, 바다는 깊어서 큰 배를 댈 수 있다. 항상 외로운 이 항구에도 매년 포경기 11월경에는 갑자기 120~130명의 내선인內鮮人이 들어오고, 화장化粧한 자들도 들어와 샤미센(三味線)의 소리도 듣게 되어 황해의 고도孤島가 환락의 항구로 변화된다.[31]

매년 포경기마다 게이샤들까지 들어와 환락의 도시를 연출하는 선진포항의 모습은 대청도 주민에게는 극혐의 대상이 되었다. 아울러 일제가 1908년 「어업법」과 1911년 「조선어업령」을 제정하여 어업을 면허 및 허가어업으로 단속하고 어업조합을 통해 어민들을 통제하기 시작한 뒤로는 번번이 일본 이주어민들과 어업권을 놓고 갈등을 빚

---

30 上村篤實,「大靑島の捕鯨場へ」,『黃海道めぐり』, 西鮮日報支社(海州), 1927.
31 위와 같음

게 되었다. 대청도에서 가장 좋은 어장인 사동沙洞 어장이 1919년 진남포에 거주하는 일본인 시게에다(重枝)에게 허가되자 도민들은 군중대회를 열어 규탄하고 총독부에까지 진정하였으나 결국 무산되고 만 일이 있었다.[32] 결국 대청도 주민들은 1923년 어업조합을 창설하여 초대 조합장으로 대청도의 유지인 김학선金學善(1864년생)을 추대하였다, 그는 1909년 대·소청도의 조개채취 전용 어업권 등을 취득하여 이를 도민들에게 개방할 정도로 대청도 발전과 주민 생활 안정에 헌신적 봉사를 한 인물이다. 1921년에는 사재를 털어 대청사숙大靑私塾을 설립하기도 하였다. 대청사숙은 1932년 대청공립보통학교로 승격되었다. 그런데 주목해 볼 것은 김학선이 내동을 중심으로 엄격한 동규洞規를 만들어 섬의 풍속을 단속하려 하였다는 점이다.

> 문화정도가 향상한 대청도민들은 일즉이 이것을 념려한 바가 잇서 이 섬의 원로 격이오, 보통학교 교장이며, 운수회사 경영자인 김학선金學善씨 등의 발긔로 불률문不律文으로 된 동규洞規가 잇서서 도박을 엄금하며 옥외흡연을 금지합니다. 옥외흡연을 금지하는 까닭은 어부들이 길로 다니며 담배를 먹다가는 함부로 던지어 이전에 큰 화재가 잇섯슴으로 이것을 방지하기 위함이라 범하면 벌금이 일 원이오, 도민이 도박을 하면 첫 번은 주의를 시키되 두 번 이상에는 근신을 명하야 다른 사람이 그가 회개하도록 교제를 아니하는 법입니다. 술은 외디 선박이 만히 뎡박하는 배진포船津浦와 옥죽포玉竹浦에서만 팔게 하되, 도민은 절대로 영업을 못하게 하며, 외촌사람이라도 매음덕 행위를 할 사람에게는 허가를 아니 합니다. 내동內洞을 비롯하야 농사를 위주하는 촌락에는 술로 말미암아 어부들이 들어와서 풍속을 깨트릴 념려가 잇다고 양주와 음주를 절대로 금지하야 경박부화 음탕의 침입을 엄중히 방지합니다. 가위 섬중의 리상촌이외다. 완전한 자치촌이외다.[33]

외부인과의 철저한 격리, 그리고 도박과 옥외흡연은 물론 양주와 음주까지 금지하는 엄격한 동규를 통해 대청도의 전통을 지키려하였던 김학선의 노력은 결국 변화하

---

[32] 『시대일보』 1925년 8월 22일자 및 『조선일보』 1925년 8월 27일 기사.
[33] 『동아일보』 1928년 8월 25일, 「도서순례-백령도방면(7)」

는 시대의 흐름에 따라가지 못한 채 무너져버리고 말았다. 무엇보다도 식량의 3분의 1조차 자급으로 충족시키지 못하는 경제적 상황은 더 이상 내동 중심의 농업사회를 지켜낼 명분을 얻지 못하였다.[34] 반면에 선진포항은 1930년 1만 5천원의 공사비로 방파제를 수축하고, 또 1933년에는 다시 2만원의 공사비로 중축·보수하는 등 지속적인 투자가 이루어졌다. 아울러 학교·우체국·파출소 등 각종 근대시설물이 연이어 입지하면서 더욱더 발전하는 양상을 보이다가 결국 신설된 면사무소까지 들어서면서 명실상부한 대청도의 중심지가 되었다.

5. 맺음말

지금까지 서해의 작은 섬 대청도가 유배지, 수군진, 어업기지로 변화되는 과정을 역사적 고증과 민속적 관찰, 그리고 사회경제적 토대 분석을 통해 살펴보았다. 필자가 가장 관심을 갖은 사항은 한때 대청도의 입도조로 추앙받던 원 순제 신앙이 근대 산업개발과 사회구조적 변화 속에서 어떻게 그토록 쉽게 무너져 내릴 수 있는가하는 의문이었다. '신향이 설화'는 알지만 원 순제 집터에 건립한 '신황당'의 존재는 모르는 아이러니한 상황 속에서 결국 신황당은 2013년과 2014년 사이에 도로공사로 흔적도 없이 사라지고 말았다. 선진포항 포경장의 방파제와 호안시설도 비슷한 시기에 매립되어 지금은 자취를 찾을 길이 없다.

물론 서해5도의 부속도서로서 대한민국 국방의 최전선에서 기능하고 있는 대청도에서 700여 년 전에 온 몽골인 유배인을 숭배하고, 또 게이샤의 노래 속에서 일본인들이 환락의 밤을 보냈다는 사실에 불편해하는 사람들이 있음을 충분히 이해한다. 불행하게도 이 두 시기는 우리나라의 주권이 상실된 시기라는 점에서 더욱 그렇다. 하지만 오히려 이를 동아시아해역의 프론티어로 존재한 대청도의 숙명으로 이해하는 편이 좋지 않을까? 포스트모던의 시대를 살고 있는 지금, 이러한 약점을 전복적으로 사고하여 행동에 옮기는 것이 더 필요하지 않나 하는 생각이다. 대청도가 700여 년 전

---

[34] 『대동신문』 1947년 4월 12일, 「草根을 食量으로 그날그날 生活」

에 맺었던 몽골과의 관계는 현재의 대몽골 외교에서 충분히 긍정적인 소재로 활용할 수가 있을 것이고, 생태환경의 보존이 시급한 지금에서는 과거 무분별한 고래 남획의 피해를 포경장의 역사를 통해 교육 자료로 얼마든지 활용할 수도 있는 것이다. 이를 위해서 지금이라도 대청도의 역사문화자원을 발굴하고 보존·관리하는 노력을 아끼지 말아야 할 것이다.

서해 북방한계선의 역사적 고찰

박덕배
인하대학교

大青島

1. 서해5도에서의 대청도의 위치

대청도는 바로 북방의 백령도와 함께 6·25전쟁 전에는 남북의 경계선이었던 북위38도 아래에 위치하여 남한의 황해도 남부 연안 즉 옹진반도나 백령도와 함께 장산곶과 지근거리에 있어 서울 중심에서 보면 육로로 황해도로 이동하여 해로로 접근하기 용이한 위치였다. 하지만 3년간의 전쟁이 끝나면서 육지에서는 한강과 임진강 하구부터 동쪽으로 휴전선이라는 이름으로 나누어지고 바다에서는 북방한계선인 NLL에 의하여 남북이 나누어지면서 서해5도는 지리적으로는 북한과 가깝고 현실적으로는 남한의 행정구역이 된 독특한 위치를 갖게 된다. 즉 대청도는 위도 상으로는 옹진반도보다 더 북쪽에 위치하고 있어 지도상에서 육안으로 언뜻 보기에는 북한의 섬으로 보이기 쉽다.

(1) 대청도는 서해5도와 불가분의 관계

1953년 휴전이 되면서 육지부에서는 동서로 155마일 휴전선에 의해서 남북이 나뉘어졌다면 바다는 동해와 서해 각각 유엔사령부에서 설정한 북방한계선(NLL : Northern Limitted Line)에 의해서 남과 북이 바다 경계로 상호 인정해왔다.

대청도를 포함한 서해5도 주변 바다에는 어로한계

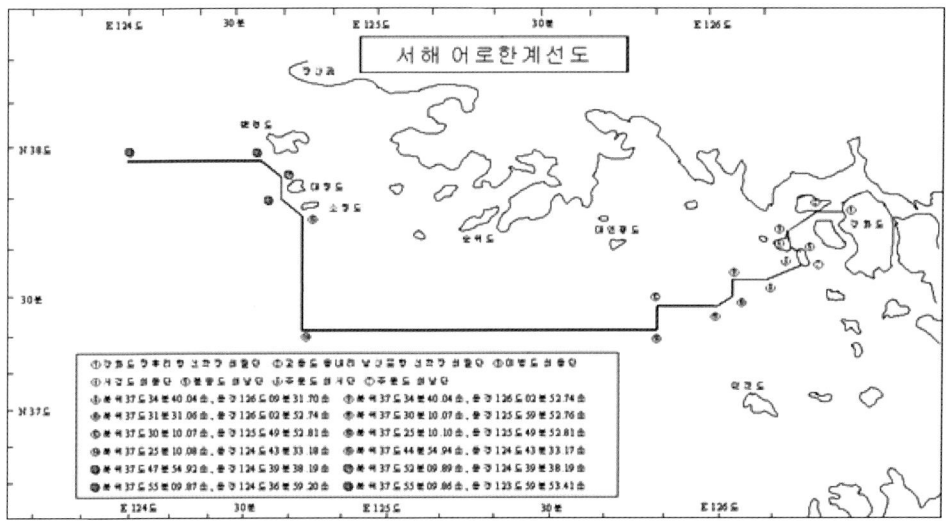

그림1 선박안전조업규칙 부록2

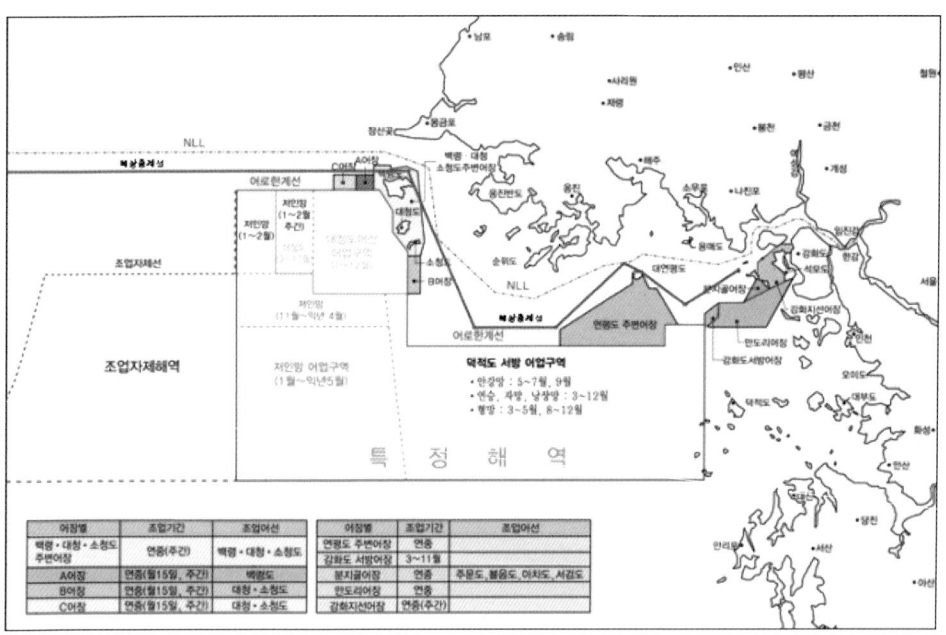

그림2 서해5도 주변 어장구역도

선과 특정해역[1] 조업자제선과 조업자제해역[2]이 설정되어 있으며, 업종별 지역별 출어를 규정한 다양한 규제가 있다. 동 해역에서의 어로작업도 해군의 입·출항을 포함한 통제는 물론 해양수산부에서 어업지도선을 파견하여 어로행위 시 안전 조업을 최우선으로 하고 있다. 남한의 모든 어선은 어로한계선 이북에서는 어떠한 경우에도 조업을 할 수 없도록 규정하고 있어 NLL과 어로한계선 사이에는 육지의 DMZ처럼 모든 어로행위가 금지되어있다.

반면에 예외적으로 서해5도 어민들에게는 각각의 섬 남방에 조업을 허용하는 어장이 지정되어있다.

(2) 서해5도 지원 특별법과 수산개요

2010년에는 '남북 분단 현실과 특수한 지리적 여건상 북한의 군사적 위협으로 피해를 입고 있는 서해 5도의 생산·소득 및 생활기반시설의 정비·확충을 통하여 정주여건定住與件을 개선함으로써 지역주민의 소득증대와 생활안정 및 복지향상을 도모함'을 목적으로 분명히 밝힌 '서해5도지원특별법[3]'을 제정하고 2015년 7월에는 이를 개정 더욱 보강하였다. 동법 19개 조의 내용을 보면, 지원개발관련 타법에 우선하여 종합발전계획 수립, 보조금 차등지원, 조세 및 부담금 감면, 대피시설 등 우선지원과 주택개량 및 정주생활지원금의 근거를 마련하고, 공공요금과 국민건강보험료 감면과 해상운송비 지원 및 교육비 부담경감, 공공시설 우선지원 및 농어업인과 소상공인에 대한 경영활동지원과, 불법조업 시설물 설치 등 상세한 지원규정과 종합적 지원방안을 담고 있다.

인천시 옹진군에 속하지만 서해 5도의 하나인 대청도는 서남해의 수많은 일반도서와는 달리 남북한 경계의 인근에 위치하고 있다. 따라서 남북이 그 경계에 대하여 상호 주장을 달리하고 있음을 이해하여야 한다. 즉 서해5도는 소위 말하는 북방한계선(NLL)의 남측에 위치하면서 특별법에 의해서 관리되고 지원되는 백령, 대청, 소청, 연평 및 소연평도이며, 행정구역으로는 백령면, 대청면(대청도와 소청도)과 연평면(연평도와

---

[1] 선박안전조업규칙 [시행 2015.8.4.] [해양수산부령 제155호, 2015.8.4., 타법개정]
제5조(조업해역의 구분) ① 어선의 조업해역은 특정해역, 조업자제해역 및 일반해역으로 구분한다.
[2] 어선안전조업규정 [시행 2016.10.1.] [해양수산부고시 제2016-128호, 2016.10.1., 일부개정]
[3] 서해5도지원특별법 [시행 2016.1.21.] [법률 제13400호, 2015.7.20., 일부개정]

소연평도) 3개면으로 구분되어 있으며, 상세 통계자료도 도서별로 구분하지 않고 행정구역으로 집계되어 있어 수산개요에서의 '대청도'라 함은 별도의 구분이 없는 한 소청도를 포함한다. 따라서 서해 5도가 NLL 및 북한과의 위치가 어떻게 되어있는가에 따라 생활 터전인 어장과 조업관리가 상이 할 수밖에 없다. 즉 대청도는 백령도 연평도와 비교하는 것이 수산전반을 이해하는데 바람직할 것으로 본다.

옹진군의 2016년 기본통계 자료에 의하면 어가 및 어민통계를 보면 연평도가 543세대에 816명, 백령도엔 379세대에 759명인데 반하여 대청도는 271세대(남자 381명과 여자 221명) 총 602명으로 집계하고 있어 총1,193세대에 이른다. 특히 북한과 가장 가까운 위치에 있는 연평도가 수산세로 보아서는 대청도의 2배에 달한다. 한편 대청도의 거주자는 총 923세대에 1,675명이 거주하고 있으며 이중 농민이 227세대 592명이라고 밝힌 통계와 비슷한 수준을 보이고 있어 수산업에 종사하는 인구가 많을 것으로 추정되는 일반적인 인식과는 차이를 보인다. 섬 주민들은 일반적으로 농업에 종사하면서 시기적으로 어업을 행하는 경우가 많다는 점에서 통계의 한계로 본다. 한편 어선은 총 75척으로 소형어선인 5톤 미만이 27척이며 10톤 미만 연안어선이 43척으로 주된 어선세력을 보여주고 있다. 특히 눈에 띄는 것은 어항과 방파제다. 대청도는 국가어항인 대청항은 물론 지방어항 2개 및 소규모어항 4개 등 총 7개의 어항을 갖고 있는 것은 섬의 크기나 거주인구에 비해 백령도 6개(지방어항1 어촌정주항 3 소규모어항 2)나 지방어항 1개에 불과한 연평에 비하여 수산 기반시설을 잘 갖추고 있으며, 방파제의 경우도 백령 1,036m 연평 1,414m인데 대청은 1,995m로 백령도의 2배에 달한다. 연안어업허가 처분현황을 보면 연평은 자망과 복합허가가 주로 73건이며, 백령은 복합허가가 주로 102건에 이르며, 대청은 복합 어업이 60건을 포함하여 23건의 자망어업허가가 처분되어 총 90건에 이른다. 어촌계 공동어업과 어패류 양식허가가 39건에 달하여 규모나 양식어업 종사자가 상당하다고 보아 섬의 규모나 어장으로 보아 90건의 어선어업허가 처분건수가 작지 않다.

2. 서해5도 어민의 공동대응 노력과 한계

대청도 어민은 물론 서해 5도 어민들은 이구동성으로 중국어선의 어장침범조업에 불만이 커, 대청 어장구역이 동쪽으로 확대되기를 기대하고 있다. 이러한 대 정부 요구는 중국어선의 불법조업 근절이 어렵고 남북대치 정국의 안정만이 해결방안임을 어민스스로도 잘 알고 있다. 특히 서해 5도 주변에서 발생한 연평해전 연평도폭격 천안함사건 등 역대 정권에서 발생한 여러 가지 물리적 충돌을 경험하고 있는 주민들로서는 NLL의 설정 배경이나 경과 및 북한 측의 주장을 상당부분 알고 있어 우리 정부의 일방적인 노력으로는 해결할 수 없는 불가피한 사항임을 이해하고 있다.

본고에서는 정부의 서해5도특별지원법의 적용대상인 대청도와 직접관련 되면서도 불가피하게 연계되어있는 연평도나 백령도를 포함한 서해5도 어민들의 일관된 주장인 어장 확대나 중국어선 불법조업대책 및 대 정부 피해배상요구나 영해설정을 위한 헌법재판소에 제기한 소송 등 그간의 공동대응이나 경과를 함께 기술하겠다는 점을 밝힌다.

(1) 주변 어장확대요구와 평가

어민들의 지속적인 어장 확대는 타 지역 어민이나 업종과의 경쟁적인 관계가 아닌 점이 특징이다. 그러나 남한과 북한 간의 해상경계에 대한 상이한 주장이 1974년부터 현안이 되면서 동 지역 어민들의 안전조업과 불가피한 관계로, 그간 어민들의 요구가 만족할만한 수준으로 수용되지 못했으나 여러 차례 어장이 확장된다. 특히, 2016년1월에 시행된 특별법에는 어장확대에 대하여 해양수산부 장관의 의무규정으로 신설된다.[4]

그간의 어장확대 경과를 보면, 2010년에는 백령도 서단 어장이 57㎢에서 102㎢로, 소청도 남방 어장이 82㎢에서 133㎢로 확장되었고, 2011년 말에는 백령도 서쪽 어장을 13㎢ 확장하여 44㎢에서 57㎢로 넓힌바 있다. 또한 2013년에는 소연평도 남단의

---

4   서해5도지원특별법 제18조3항에 의하여 해양수산부장관은 서해 5도 어업인의 소득증대를 위하여 안전한 조업이 보장되는 범위에서 조업구역의 확장 및 조업시간 연장을 위하여 노력하여야 한다. [신설 2015.7.20] [[시행일 2016.1.21]]

동쪽으로 776㎢로 12㎢를 확장하고 소청도 남방어장을 기존 133㎢를176㎢로 43㎢의 면적을 확장하고, 백령도 서단 어장을 138㎢로 36㎢를 확장했으며, 2015년 봄 연평도 주변어장과 소청도 남방어장이 각각 25㎢, 56㎢ 확장된다.

한편 2012년 현재 서해 5도서에는 전체 4,206가구 중 29%인 1,208가구가 어업에 종사하고 있으며, 총 222척(연평도 56척, 백령도 96척, 대청도 70척)의 어선이 조업 활동을 하고 있었다. 2015년 말 현재는 1,193가구가 244척(연평 62척, 백령도 107척 대청도 75척)으로, 3년 만에 어가가 15세대 줄었음에도 어선수가 22척 늘어난 것으로 보인다. 서해5도의 수산세 감소를 저지하기 위한 노력의 일환으로 추진된 어장확대는 조업 어선척수 증가와는 어가 감소로 나타난 결과로 볼 때 어민의 요구대로 어장은 계속 확장되었지만 그 효과는 반감된 것으로 평가된다. 서해5도의 어업허가 처분건수는 315건(연평도 73건, 백령도 102건, 대청 90건)이며, 복합연안어업허가와 자망어업허가로 옹진군청의 어업소득 향상노력이 눈에 띈다.

(2) 중국어선 불법조업 피해에 대한 국가상대 소송의 패소

서해5도 어민들은 2004년 2월 정부를 상대로 "정부가 중국 어선의 불법 조업을 막지 못해 피해를 입었다고 주장하면서, 배타적 경제수역에서 원고들의 조업권을 보호해야 할 의무가 있는 정부는 책임을 져야한다"며 소송을 냈으나, 2006년 2월 패소한 바 있다. 재판부는 "해당 지역은 남북한의 우발적 충돌 위험이 많은 곳으로, 북방한계선 이남에서 중국 어선의 불법 어업을 단속하는 것만으로는 어업 자원 보호에 한계가 있다"며 "해군과 해경의 단속이 충분하지 못한 사정만으로 관계기관의 책임을 물을 수 없으며, 정부 역시 중국어선 불법조업 문제로 수십여 차례 중국과 협상을 하는 등 외교적 노력을 기울인 사실이 인정되고, 정부가 원고들을 위해 필요한 조치를 취하지 않았다거나 그 조치가 현저하게 불합리했다고도 볼 수 없어 책임을 인정할 수 없다"고 밝혔다.

(3) 헌법재판소에 제기한 서해5도 영해표시 소송의 각하

2017년 3월 초 서해5도 어민들이 서해5도의 영해 표시를 명확히 해달라는 소송을 헌법재판소에 제기하였으나 각하되었다. 우리나라 '영해 및 접속수역법'에 의하

면 우리나라 서해 영해 기선은 인천 옹진군 덕적면 소령도에서 끊겨 서해5도에는 영해 표시가 없다. 이와 관련 어민들은 서해5도의 영해가 모호하여 중국어선 불법조업을 근본적으로 막지 못하고 있다고 주장하면서 소송을 제기하였으나, 헌법재판소에서는 2017년 3월 28일 '영해 및 접속수역법 및 해양법에 관한 국제연합협약에 의하면 서해 5도의 저조선으로부터 그 바깥쪽 12해리의 선까지에 이르는 수역은 영해가 된다고 보아, 입법부작위 즉 공권력의 불행사자체가 존재하지 아니므로 헌법소원심판청구를 각하한다.'는 결정을 내렸다.

동 각하결정을 해석해보면 서해5도 각각이 우리나라 영해법에 의해 12해리의 영해 폭을 갖는다는 것이다. 그러나 섬 주변 12해리 내에 북한의 육지로부터의 12해리 폭과 겹치는 경우, 즉 남한과 북한의 거리가 24해리의 폭이 확보되지 않는 경우는 해양법상 일반적으로는 등거리 내지 중간선이 영해를 나누는 기준이 되므로 섬 주변의 영해가 12해리의 폭을 갖지 못하게 된다. 특히 대청도 및 소청도와 연평도 사이에는 북한의 옹진반도가 위치하면서 남한의 영해를 설정하는 것은 현실적으로 매우 어려운 상황이 된다. 더구나 현재 북방한계선인 NLL을 남북 경계로 인정하지 않는 북한의 주장으로 일반적인 해양경계의 설정이나 어떠한 남한 당국의 결정도 한계를 보일 수밖에 없다. 특히 일부 어민들의 주장대로 소령도와 소청도를 잇는 직선기선을 적용하여 그 외측 12해리를 영해로 하면 중국어선의 어장 침범을 쉽게 막을 수 있다는 주장은 맞지 않다. 현재 중국어선은 외해로부터 서해5도 수역을 침범하는 경우는 극히 드물고 주로 NLL이북의 북한수역에서 조업하다가 NLL이남으

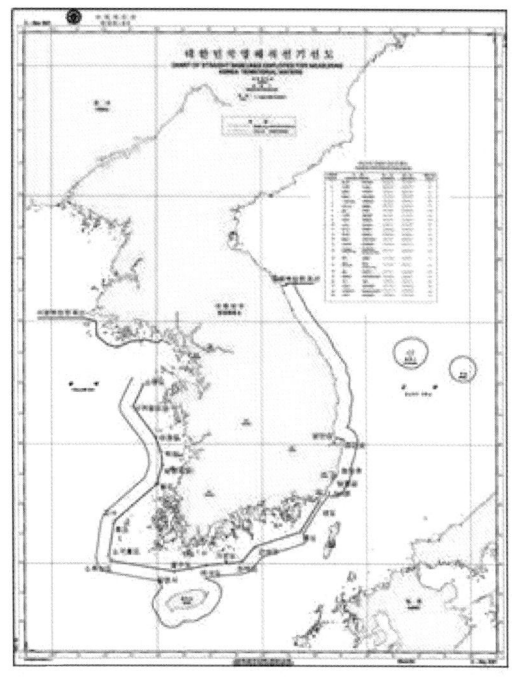

그림3. 우리나라 영해도
(영해및접속수역법에 의한 영해기선 및 영해)

로 이동 조업하는 형태가 대부분으로 중국어선의 불법조업형태로 보아도 설득력이 떨어진다.

또한 중국 등 이해당사국의 반대는 물론 국제법인 해양법 관련규정을 적용하기도 타당성이 떨어져, '영해 및 접속수역법'을 개정하기도 어려운 현실에서 헌재의 각하결정은 불가피하다고 보아야 할 것이다. 이와 관련된 사항으로 1997년 이후 2000년까지 진행된 중국과의 어업협상에서도 북위37도 이북의 수역에 대하여, 양국이 마주보는 수역 즉 협상 대상 수역에서 제외하여 합의하였다는 점을 첨언하며, 서해5도 주변의 영해기선 설정은 물론 영해 및 배타적어업수역 설정이 간단하지 않음을 첨언한다.

3. 중국어선의 조업

1990년 한중간 국교 이전에는 중국어선은 서해에서 영해 밖 우리측 수역에서 조업은 물론 경쟁적인 조업을 하는 과정에서 영해침범도 자행하는 무방비 상태였다. 이러한 심각성을 잘 알고 있는 정부는 1994년 이후 집중적으로 중국과의 어업체계구축을 위해 어업협상을 추진하고 그 결과 2001년 새로운 해양법 체제에 따라 한국 측 연안에 영해는 물론 배타적어업수역을 설정 합의하면서 중국어선의 일부분에게 어업허가를 주어 제한적으로 우리수역에 입어를 허용해 오고 있다. 이러한 결과 많은 중국어선은 어장이 축소되고 또한 중국 연안의 오염과 어업자원감소로 이를 타결할 방안을 모색해왔다. 그 출구로 서해5도 이북의 북한수역과 동해 원산앞 북한 바다에서의 조업이었다.

(1) 중국어선의 불법조업 실상

우리나라는 1999년 중국과의 어업협정에서 우리의 국내법이 적용되는 북방한계선 주변의 특별금지수역 및 특정해역에서 중국어선은 조업을 허용하지 않기로 합의하였다. 따라서 근본적으로 중국어선의 백령도 및 연평도 주변수역에서 꽃게잡이는 금지되었기 때문에 어업협정이 발효된 초기에는 큰 문제가 없을 것으로 생각했다. 그러나 시간이 경과하면서 중국 대련 등으로부터 소규모 어선 및 어민들이 북한 수역을 따라

남하하여 백령도와 연평도 북방 북한수역에서 중국어선만 조업을 하게 된다. 이러한 결과는 중국어선의 꽃게잡이 어장이 어업협정으로 한국수역에서 어장이 축소된 원인도 있으나, 한국어선이 조업을 하지 못하는 특정한 수역에서 어업하면서 경쟁력이 있고, 꽃게 등 어획된 수산물은 무역상들에 의해 한국으로 수출되기 때문이기도 하다. 이러한 상황은 수산 업계에서는 잘 알려진 사실이다.

중국의 대련 등 비교적 가까운 거리에서 이동하여 백령도와 장산곶 사이(18㎞)로 항행하여 북측 연안에서 조업을 하고 있다. 중국어선은 한중 어업협정으로 어장이 좁아지자 적극적으로 새로운 어장을 모색하면서 북한 측과의 상호 이해관계가 맞아떨어진 것으로 보인다. 동 어선은 특히 고가인 꽃게잡이에 집중하면서 봄. 가을로 출어하면서 남북 간 긴장을 조성하기도 한다. 즉 북방한계선 부근에서 조업하다가 그 이남으로 침범하는가 하면, 북한 어선의 북방한계선 침범조업도 촉발시키고 있다고 본다. 서해 5도 지선 어민은 물론 모든 남측 어민에게 적용되는 특정금지구역은 시기별로 특정한 업종에 한하여 조업을 허용하고 있으며, 어로한계선 이남에서만 조업을 허용한다. 서해5도 지선어민도 섬 주위의 좁은 어장에서 시기가 정해진 시기만 해군 및 해경의 감독 하에 조업을 하지만, 중국어선의 무분별한 조업이 꽃게 자원의 고갈을 초래할 수 있는 심각한 문제다.

(2) 중국어선 불법조업 풀기 어려운 숙제

북한 입장에서는 군부의 입어료 수입과 함께 NLL에 대한 북측 주장을 중국어선이 동조하는 결과를 초래하므로 북측으로서는 마다할 이유가 없는 일석이조인 셈이다. 즉 북한이 기존의 북방한계선인 NLL을 인정할 수 없다는 주장이 나오게 되면서 남북 간 첨예한 수역이 된다. 소위 '연평해전'이라 불리는 분쟁은 물론 상시 충돌이 예상되는 수역으로 지선 어민들에게는 조업기회조차 없는 수역인 것이다. 북방어로한계선 이북의 NLL 이남수역에서 중국어선이 무분별하게 조업을 하고 있는 것이다. 실제 북측 서해5도 이북 황해도 수역에서의 중국어선 조업허가를 보면, 1999년 이후 꽃게 조업어선 10톤급 100여척에게 NLL 이북의 좁은 수역에 중국어선의 조업을 허용한다. 초기 입어료는 척당 400만원 수준이었으나 최근에는 어기 당 1,300만원에 입어가 이루어지는 것으로 알려지고 있다. 동수역은 남북 공히 영해 및 내수역으로 외국어선에 입어료를 받고 허용할 수 있는 수역이 아니다. 일반적인 사례처럼 한중어업협정에서 이루어지고 있는 배타적경제수역의 상호입어로 볼 수 없으며, 매우 예외적인 북측의 중국어선 입어허용이다. 동 조치는 단순한 자국의 영해개방이 아니다.

이는 1999년 북측의 새로운 해양경계 주장과 관련, 연평해전으로 남북이 현실적으로 해양경계를 인정하지 않는 수역인 점이다. 따라서 중국어선에 의해서 나타나는 NLL이남으로의 단순한 항해나 불법조업은, 남측의 군 당국으로서는 자국수역을 지켜야하는 매우 어려운 수역이다. 실제로 연평도와 북측의 무인도인 장제도. 갈도 및 석도간의 거리는 2Km도 되지 않는다. 또한 동수역은 꽃게의 주요 산란지로 가장 좋은 어장인 점에서 의지만 갖고 NLL을 지켜내기는 사실상 불가능하다.

4. 서해 북방한계선에 대한 북한의 문제 제기

6·25전쟁이 끝나가는 1953년 유엔사령부는 동·서해에 북방한계선인 NLL을 설정하고 유엔군 및 한국 측의 선박이 준수해야할 북측경계로 북방한계선을 설정하게 되고 이러한 해양경계에 대하여 북측은 1973년까지 어떠한 이의 제기 없었다. 그러나 국제규범인 유엔해양법이 마련된 1974년 이후 북한의 입장변화가 시작되고 해양법이 비준 발효된 1994년 이후 북한은 공개적으로 NLL을 인정할 수 없다는 강경한 입장으로 선회한다.

그림4. 대청도 북쪽해안에 북한의 해안침투에 대비 설치된 시설물 용치

남북합의 및 긴장완화를 반복하는 과정에서도 남북 간의 가장 뜨거운 현안으로 대두된다. 여기서 남·북한 간의 수산협력과 대치 과정을 개괄하면 아래와 같다.

(1) 서해5도 주변에서의 이해관계와 남북관계 경과

1990년대 남북수산협력은 남북기본합의서 및 부속합의서에 따라 추진되었지만 결국은 무산된다. 외부요인으로는 1998년 한중어업협정이 합의되었지만 1999년 중국은 서해5도 수역에 대하여 남북 간 주장이 다른 수역이라며 한중어업수역에서 제외할 것을 주장한다.[5] 그 결과 중국어선은 동수역에서 조업을 금지하고, 한국어선은 양자강 수역에서 조업하지 않기로 합의하면서 일단락된다. 1999년 6월 1차 연평해전이 발발하고, 동년 9월 북한은 서해에서 새로운 해상경계선을 주장한다. 이러한 도발은 햇볕정책이 결실을 보는 2000.6.15. 성사된 남북공동선언이후인 2002년 6월에도 2차 연평해전이 발생하여 남측을 당황하게 한다. 이러한 경과는 NLL에 대한 북측의 강력한 주장은 앞으로도 지속될 것임을 반증하고 있다.

이러한 서해5도 주변에서 남북의 극한적 대립 중에도 2007년 10월에는 다시 남북정상회담이 열리고 구체적인 남북합의가 이루어졌으며, 동년 12월에는 1차 남북관계발전기본계획을 마련하는 등 남한의 적극인 노력이 눈에 띈다. 그러나 2008년 출범한 이명박 정부 초기 금강산을 관광 중인 민간인 박왕자 피살사건과 2010년 3월의 천안함사건의 발생으로 남한의 대북 5·24조치와 북한의 연평도포격 무력시위가 뒤따르게 된다. 이명박 정부 5년은 남북의 대치 시기였다. 새로 출발한 박근혜 정부의 2차 남북관계발전기본계획이 2013년 11월 발표되면서, 1차 기본계획에서는 대화를 통한 평화적 해결이 2차 기본계획에서는 안보와 협력의 균형추진이 눈에 띈다. 즉, 2차 주요 추진 계획에서는 서해평화협력 특별지대와 정전체제의 평화체제로의 전환 및 통행협정과 사회문화협정체결 등이 포함되지 않았다. 또한 1차에서 구체적으로 언급된 금강산. 철도. 도로 연결사업 등 경협확대 발전이 2차에서는 빠졌다. 이어지는 북측의 핵실험 등으로 2016년 2월 남측이 개성공단을 폐쇄하면서 양측의 긴장은 더 악화된다.

이러한 일련의 경과를 요약하면, 남북 수산협력은 진전과 중단을 반복하여 왔다. 즉 남북기본합의와 부속서에 의해 추진된 민간사업은 경제성이 관건이었으나 자료 및 정보 부족은 물론 지속성이 미흡하였다. 특히 남남갈등이나 남한 정부 내의 이견으로 상당부분 성숙단계에서 사업이 중단되었다. 2000년대 들어와 공동선언 및 정상회담

---

[5] 불루엔노트 2013.10.30. [동북아해양영토전] 박덕배저 111-113쪽

을 통하여 마련된 양측의 협의는 구체화되었으나 수산협력과는 다른 북측의 돌출사건 발발과 NLL에 대한 이견 등으로 정부 간 합의도 후속 조치가 중단되면서 상호 신뢰가 상실되었다. 2010년 이후 NLL의 침범사례가 209회에 이르며 서해5도 지역의 주둔 군 병력도 1200명 수준에서 5,000명 수준으로 확충되는데 반하여 인구는 5,300명 수준에서 4,900명 이하로 줄어 남북긴장이 악화되고 있음을 반증하고 있다.[6] 새로운 정부가 남북대화를 추진하겠다는 의지를 보이고 있으나, 북의 ICBM발사 및 핵실험의 우려 속에 국제사회의 대북압력강화가 예측되고 있어 이러한 긴장은 당분간 계속되리라 본다.

(2) NLL은 남북의 최대 현안이자 숙제

'1992년 남북기본합의서와 불가침부속합의서에서는 남북 간에 합의된 해상불가침경계선이 없으므로, 해양경계에 대하여 앞으로 계속 협의해 나가되, 해양경계가 확정될 때까지 쌍방의 해상 관할구역을 존중하고 지켜야 한다는 것을 규정하고 있다. 여기에서 '쌍방이 지금까지 관할하여 온 구역'이란 지금까지 유일하게 유지되어 온 북방한계선을 기준으로 양측이 관할하여온 구역임을 뜻한다.[7] 이러한 북방한계선에 대한 개념은 2007.10.04 남북정상회담이후 공동어로구역설정이라는 구체적 협의 시 다시 문제가 제기된다. 우리 측은 북방한계선을 기준으로 등 면적의 구역을 공동어로구역을 설정하는 안을 제시하였고, 북한 측은 북방한계선 남측과 경비계선 북쪽 사이에 공동어로구역을 설정하자고 주장한다.[8] 이러한 논의는 더 이상 접근되지 못하고, 이후 이명박 정부에서는 협의조차도 중단된다.

(3) 중국의 북한 진출 수준 심각

중국의 경제성장과 소득증가는 수산물 소비 증대로 이어졌고 1998년 합의 서명된 한중어업협정이 2001년 발효된 이후 중국의 수산업은 새로운 타개책을 모색하면서 어

---

6   KBS 2017.06.29. 보도
7   선인출판사 2012.6. [북방한계선] 이상철 지음 179쪽
8   위의 책 255쪽

장 개척 및 주변국으로부터 수산물 공급 확보에 주력하게 된다. 2000년을 전후하여 중국은 어장·양식·수산가공 및 유통 등 전 분야에 걸쳐 북한으로 진출하게 된다. 즉 중국어선은 서해에서의 한국 수역 침범조업으로 나타나듯이 생산량 증대에 최대 목표를 설정하면서, NLL 이북의 북한수역에 적극 진출하게 된다. 아울러 중국은 북한의 서해 갯벌의 바지락 등 패류 양식에 투자하면서 물량확보의 길을 열었고, 특히 남한의 2010.5.24 조치 이후엔 동·서해 모든 북한산 수출용 수산물에 대한 전매권을 확보하여 선급금을 지급하면서 시장을 장악하고 있다. 즉 남북수산협력 사업이 중단되면서 중국의 자본과 기술이 북한의 수산부문에 전방위로 진출하고 있다. 이러한 상태가 지속될 때 북한의 대 중국 의존도가 심각한 수준에 이를 것으로 보인다.

5. 대안 : 서해5도 주변수역을 해양보존구역으로

남북 간 긴장의 바다인 서해5도 주변의 바다를 평화의 체제로 전환시키고, 남북수산협력의 연속성을 확보[9]하기 위해서도, 백령도 동북단에서 북한의 장산곶을 경계로 중국어선은 물론 3국어선 입어를 허용하지 않는 방안이다. 이러한 방안은 구체화되지는 못했지만 2005년7월 남북 간 제3국어선의 불법조업을 차단하는 방안을 협의하기로 한바 있기 때문에 현시점에서 해결해야한다는 의지만 있으면 불가능한 일은 아니라고 본다.

2007년 남북은 평화수역 및 공동어로수역 설정을 합의했지만 그간의 경과를 보면 간단하지 않음이 확인되었다. 즉 공동어로수역의 설정은 NLL 문제로 이어지고 남측 내부의 정치문제는 물론 북측과도 합의하기가 매우 어려운 과제다. 또한 서해5도 주민도 찬성하지 않는 이론적 구상이었다. 서해5도민들은 남북 간 긴장완화를 위해 희생한다는 동의였지 어민들은 분명히 반대하고 있다는 사실을 간과해서는 안 된다. 공동어로는 자원 경쟁을 의미하고 그러한 과정에서는 물리적 충돌이 야기 될 수밖에 없다는 것을 모두 알고 있다. 즉 남측 어민들 간에는 물론 남과 북의 어민도 똑같은 이

---

[9] 남북수산협정체결방안 2015.11.01. [현대해양] 박덕배 55쪽

유에서 더 치열한 경쟁적인 어로를 촉발하며, 이를 감독 통제하는 정부 당국이나 군 간의 마찰도 야기할 수 있으며, NLL 문제가 다시 불거져 나올 수밖에 없다.

해양보존구역[10]이란 어업 등 일체의 행위를 하지 않고 보호하는 구역을 설정한다는 것이다. 남북이 합의하기 가장 쉬운 방법이기도 하다. 남측은 별도의 조치가 사실상 불필요하다. 이미 NLL과는 상당한 거리가 있는 남방에 어로한계선을 설정하여 수십 년간 지켜오고 있어, 서해5도 어민에게 배타적으로 허용해온 어장을 제외한 수역에서는 상황이 바뀌는 것이 아니다. 기존의 서해5도 어장에서의 생산성 증대를 기대할 수 있어 서해5도 어민이 반대할 이유가 없다고 본다. 남측이 중국어선의 입어를 금지시켰듯이, 북측도 중국어선을 포함하여 제3국어선의 입어를 중단하면 된다. 북측의 이러한 조치에 대하여 북측이 그동안 요구해온 수산부문 협력을 남측이 수용하는 방안이 될 수 있다.

서해 5도 수역은 수심이 얕고, 조수간만의 차이가 크다. 특히 꽃게자원의 불안정 등 해양여건이 열악하다고 본다. 때문에 남북이 지금처럼 꽃게자원을 남획하면 머지않아 꽃게가 사라질 것이 자명하다. 또한 남북 간 경계 및 중국어선의 침범조업 등 물리적 충돌 우려가 상존하게 된다. 과거 연평해전 등을 상기하면 남북이 무엇을 어떻게 해야 할 것인지 분명하다.

바다의 DMZ인 남북 간 해양보존구역을 남북합의에 의해 설정하는 방안으로, '남북 간에 합의된 해상불가침 경계선이 없으므로, 해양경계는 앞으로 계속 협의해 나가되, 해양경계가 확정될 때까지 쌍방의 해상 관할구역을 존중하고 지켜나가는 방안'[11]으로 대안을 찾으면 남북 양측의 입장을 훼손하지 않고, 서해5도 주변바다에서 남북간 물리적 충돌을 최소화하면서 새로운 시작을 기대할 수 있다. 대청도를 비롯한 서해5도는 평화스러운 활력의 명소가 될 것이다.

---

[10] 18th KAST International Symposium 2013.12.10. [Issues and Perspectives on the Production of Marine Food Resources] Plenary Session3 Deok-bae Park. page 114-126

[11] 선인출판사 2012.6. [북방한계선] 이상철 지음 179쪽 재인용

제2부

대청도의 문화와 생활

大靑島

대청도의 문화와 명소
그리스도교의 대청도 전래와 발전
대청도의 민속공간 당집과 민속행사로서의 당제와 풍어제
대청도의 마을과 지명 유래

대청도의 문화와 명소

장윤주
대청도 엘림 여행사

1. 서론

대청도는 그 면적에 비해 역사적인 이야기가 풍부하고 자연경관이 뛰어나 관광지로서 좋은 조건을 가지고 있다. 고려시대 원나라의 황실 유배지로서 특별한 역할을 해 왔고, 그에 따른 전설이 있으며, 일제강점기에 들어와 고래잡이 기지로서 서해에서 중요한 어업기지 역할을 해 왔으며, 해방후에는 홍어잡이 기지로서 중요한 역할을 했으나 잘 알려지지 않고 있다. 또한 모래가 풍부하여 해안을 둘러싸고 모래 해수욕장과 사구가 발달하여 한때는 우리나라 최대의 사구지역을 가지고 있었으나 방사림 확장으로 이제는 축소되어 그 명성을 잃고 있다. 이 원고에서는 대청도 관광과 연계된 대청도 전반에 대한 이해를 돕고자 대청도의 간추린 역사, 지리, 전설, 체험거리 등을 소개하고 대청도의 문화와 명소를 소개하고자 한다.

2. 주요 연혁과 역사

1) 연혁

고려 현종 9년(1018) : 백령도에 진을 설치하고 진장을 배치하고 대청/소청을 부속도서로 둠

고려말~조선초 : 고려말부터 조선 초까지 백령진을 폐쇄하고 장영현에 소속시키고, 대청도와 소청도는 옹진현에 편입됨

1. 서론
2. 주요 연혁과 역사
3. 지리적 조건
4. 대청도의 전설
5. 대청도의 체험거리와 특산물
6. 문화유적 및 명소

세종10년(1428) : 백령도에 주민이주 대청도에는 소를 방목하는 목우장이 설치되어
주민 입주 시작됨.
광해군 1년(1609) : 백령진 다시 설치 - 해적 토벌
숙종 31년(1705) : 전마 공급 백령목장을 대청도로 이전함.
정조 23년(1799) : 대청, 소청도를 수원부에 편입하고 두 섬에 진을 설치하고 운영함
일제강점기-휴전 전 : 황해도 장연군에 소속됨

휴전 후 경기도 옹진군 편입, 1962백령면 대청출장소 설치, 1974년 대청면으로 승격, 1975년 대청면 소청 출장소 설치, 1995 인천시 편입. 2011기준 786 세대 1,500여 명이 살고 있다.

2) 고려시대 대청도

황해도와 백령도 및 옹진군 도서 일원에서 신석기 유적이 출토된 것을 미루어 선사시대부터 사람이 살았을 것으로 추정된다. 이 지역은 예로부터 중국과의 해상 교통로로 중요한 곳이었다. 후삼국시대 중국으로 가는 해상 교통로를 장악하기 위해 후백제 견훤이 대우도를 침공하자 백령도에 유배되어 왔던 고려건국 공신 유금필이 백령도와 대청도의 장정을 뽑아 자원 출전하여 적을 패주시켰다. 이 공로로 왕건은 유금필을 복권시키게 된다. 고려후기 몽고압제기에 원나라 왕족들의 단골 유배지로 원나라 태자 토곤티무르는 고국으로 돌아가 원나라 황제 순제로 즉위하게 된다.

3) 조선시대 대청도

백령진이 폐진된 고려 말부터~조선 초기까지 대청/소청도는 당선이 드나들던 길목으로서 관서, 호서, 호남 방면에서 한강 하구로 들어오는 세곡선을 약탈하는 해적의 소굴이 된다. 또한 황당선, 어채당선이라 불리는 중국의 해적선에 의한 백령, 대청, 소청도 근해에서의 불법어로로 인하여 어민들의 피해가 막심했다. 심지어 경기, 충청, 전라도 연안까지 약탈행위를 자행했다.(현재의 중국어선 불법 어획과 비슷하리라) 광해군 1년(1608) 백령진을 다시 설치하고 이 지역을 근거로 조운선(세곡운반선)을 침공하던 해적을 토벌하게 되었다. 정조 23년(1799)에 대청도와 소청도를 수원부에 편입시키고 두 섬에 진을 설치하여 운영하였다. 1428년(세종 10) 대청도에 소를 방목하는 목우장을 설치

하였고, 숙종 31년(1705) 이후에는 전마를 공급하던 백령목장을 대청도로 이주시켜 운영하였다. 말은 예로부터 중요한 교통 수단이자 운송 수단이었으며, 국가에서는 전투의 승패를 좌우했던 기병용 군마로 또는 교통과 통신의 수단인 역마용으로 다양하게 이용해 왔기에 말은 국가적으로 중요한 자산이었다. 옹진군 도서 지역은 개경이나 한양과 해상교통이 편리한 섬이기 때문에 말을 방목하기에 알맞아 일찍부터 목장이 발달했다. 대청도 절경의 하나인 말구리의 지명 유래 또한 이와 관련이 있다. 말을 방목하던 시기에 절벽 아래로 말이 굴러 떨어지는 일이 많아서라는 것과 지형의 모양새가 말 잔등 형세를 하고 있어 붙여진 이름이라는 것이다. 어쨌든 이 지명은 말과 관련된 대청도의 역사이다.

4) 북방한계선(Northern Limit Line, NLL)

서해5도 지역의 가장 큰 문제는 북방한계선 문제이다. 이 문제로 연평해전 등이 발발했고 앞으로 풀어나가야 할 숙제이다. 북방한계선은 1953년 유엔 사령부가 정전협정 체결 직후 서해5도인 백령도-대청도-소청도-연평도-우도를 따라 그은 해안경계선이다. 1953년 정전협정 체결 당시 유엔군과 북한군은 육지에 대해서는 양측 대치지점에 군사분계선을 긋고 이를 기준으로 4㎞에 이르는 비무장지대를 설정하기로 합의했다. 그러나 해상 경계선을 어디로 정할지는 합의하지 못했는데 특히 서해의 경우 국군이 6·25전쟁 당시 치열한 전투 끝에 확보한 '서해5도'의 전략적 중요성 때문에 양측이 한 치도 양보하지 않았다. 유엔군은 서해5도와 북한측 육지 중간을 북한은 육지의 군사분계선을 기준으로 해상경계선을 정해야 한다고 주장하다 회담이 결렬되자 유엔군은 일방적으로 NLL을 설정했다.

NLL에 대한 남측주장 : 남측은 북한이 유엔사의 NLL 설정 이후 20여 년간 아무런 이의도 제기하지 않았으며, 한국군은 이선 남쪽을 실질적으로 관리해왔으므로 남북 양측이 새로이 합의하지 않는 한 현실적으로 존재하는 NLL을 서로 넘어서지 말아야 한다고 주장한다.

조약에 관한 빈 협정은 '상대방이 조약의 단서를 통보받은 지 12개월 내에 이의 제기가 없으면 이를 수락하는 것으로 본다'고 규정하고 있으므로 국제법적으로 북한은

NLL에 대해 합의한 것으로 간주한다. 또 20년이 상 분쟁 없이 국제적인 관행이 유지되면 법률적으로 인정하는 것이 국제법의 원칙이다. 실제 북한도 지난 1984년 수해구호물자 제공당시 이 선에서 우리측에 배를 인계하고 돌아갔고, 수역 침범에 대해 경고하는 즉시 후퇴하는 등 사실상 이를 존중해왔다는 것이다. 이와 함께 '남북의 경계선과 구역은 군사분계선과 지금까지 쌍방이 관할해온 구역으로 한다는 남북기본합의서 11조도 NLL 남쪽이 우리 수역임을 인정하는 근거가 될 수 있다는 주장이다.

NLL에 대한 북측 입장 : 북한은 서해 NLL의 경우 '유엔사가 일방적으로 선언했을 뿐'이라며 공식 인정하지 않고 있다. 북측은 지난 2000년 3월 23일에는 해군사령부 보도를 통해 '서해5도 통항질서'를 일방 선포하면서 임진강 하구를 시작으로 북측 옹도와 남측 서격렬비도, 서엽도 사이의 등거리점,한반도와 중국사이의 반분선과 교차점을 해상경계선이라고 주장해왔다.

NLL을 둘러싼 남북 분쟁 : 이 지역을 꽃게가 풍부한 어장으로 해마다 6월 즈음이 되면 북한어선이 NLL을 침범해 문제가 되어왔다. 이 곳에서 남북간 교전(서해교전)은 2차례 있었다. 1차 서해교전은 1999년에 일어났는데, 남북한 경비정이 NLL을 두고 9일째 대치상황을 이어가고 있는 상황에서 북측의 기관포 공격으로 교전이 발발, 단 5분간 전투가 진행됐다. 2002년 6월에는 2차 서해교전이 일어나 한국 해군 6명이 전사하고 18명이 부상했으며, 북한군은 경비정 한 척이 화염에 휩싸인 채 북측으로 예인되어 되돌아갔다.

NLL 남북합의서 : 2004년 6월 남북은 장성급 회담을 열고 향후 서해상의 우발적인 충돌을 방지하고 군사분계선 지역에서 선전 활동을 중지하는 내용의 합의서를 채택했다. 그리고 뒤 이은 부속합의서에서 남북을 NLL을 둘러싼 남북 해군함정간 무력 충돌을 막기위해 무선통신과 깃발, 발광을 이용하기로 했다.

3. 지리적 조건

면적은 15.7㎢로 백령도의 4분의 1 정도이고, 해안선 길이 24.7㎞, 남북 5㎞, 동서 3㎞. 인천에서 북서쪽으로 202㎞, 옹진반도에서 남서쪽으로 40㎞에 위치. 대부분의 주민들이 어업에 종사하며 밭농사와 논농사를 겸업하는 대표적인 어촌마을로 1980년대 말까지는 홍어 잡이가 성황을 이룬 곳이며 현재에도 다양한 어종 수산물이 풍족하여 섬 전체가 낚시터로 유명한 곳. 황해도 장산곶과는 불과 19㎞ 거리에 위치한 국가 안보상 전략적 요충지라는 특수한 요건만 제외한다면 국내의 어느 섬과도 비길 바 없는 청정해역과 천혜의 관광자원을 보유한 섬이다.

1950~60년대는 조기와 까나리잡이로 70~80년대는 홍어잡이가 대세였으나 90년대 이후 우럭과 쥐노래미 활어가 주력 어종이 되고 있는데 WTO 체제하에 가격경쟁력 상실로 인해 새로운 성장동력을 찾아내야 하는 과제를 안고 있다.

소청도는 대청도 크기의 4분의 1 정도로 바위를 온통 하얗게 분칠해놓은 듯한 천연 기념물 제508호 스트로마톨라이트 및 분바위가 있다. 국내 가장 오래된 남조류 화석인 분바위가 눈부시다. 신비로운 바닷물에 녹은 석회암 웅덩이와 해안을 덮은 자연산 홍합밭이 장관이다. 서쪽끝 절벽 위에는 우리나라에서 두 번째로 오래된 소청도 등대가 있다. 소청도는 면적 2.92㎢로 해안선 길이 13.1㎞이다. 120여세대 300명 남짓의 주민이 거주한다. 조선시대 소암도라 하였고 그후 대청도와 가까운 섬이라 하여 소청도라 했다. 동서길이 9㎞, 남북너비 2㎞로 가로로 누운 형상이며, 전체적으로 구릉성 산지이나 해안은 급경사로 산의 정상 부근까지 농경지로 개간되었고 전지역에 걸쳐 수크령과 참억새 등이 군락을 이루고 있다. 대부분 주민은 어업에 종사하고, 굴과 돌미역 등 해조류 양식이 활발하다. 원순제가 주악을 즐겼다는 분바위가 절경이다.

1) 지명유래

조선 명종 때 국모 윤씨(중종왕비인 문정황후 윤씨: 12세인 명종을 도와 12년간 수렴청정을 함)가 신병으로 명의의 처방을 받았으나 백약이 무효하였다. 그러던 중 윤씨의 병세에 명약은 '상기향'이라하여 전국 팔도 관찰사에게 명하여 뽕나무에 맺혀진 상기향을 구하도록 하였다. 전국에서 구하던 중 이곳 암도까지 입도하여 그 상기향을 구하여 상납

하니, 그로 인하여 국모 윤씨의 병이 완쾌되었으므로 그 후 조정에서 서해 암도를 그냥둘수 없다하여 왕관자 1조와 각띠 1조를 하사하고 돌만 있는 암도가 아니고 수목이 무성한 큰 섬이라하여 대청도라고 칭했다고 한다.

소청도는 대청도와 유래가 같으며 산세가 경사지고 마을을 협소한 작은 섬이라하여 소청도라고 했는데 대청면으로 소속되어오다가, 1975년 대청면 소청출장소를 설치하여 예동, 노화동 두개 행정리를 두고 있다.

2)동과 리

- 대청1리(서내동) : 옛날에 매가 많이 서식하였다 하여 매막골로 불렸으며 원순제의 구지가 있어 기와조각이 출토되었다고 알려진 지역으로 조선시대 황해도 수사보고때 내동으로 불렸으며 서쪽에 위치한 마을이라 하여 서내동이라 불리고 있다.
- 대청2리(선진동) : 옛날 중국 상선이 이곳을 지나다 쉬어갈 곳을 찾던 중 이곳 항구가 정박하기 적합하여 여장을 풀곤했다 하여 배진포라 칭해오다가 이 말의 한 자음을 따서 선진동이라 불리고 있다. 선진동은 대청도의 강남으로 면사무소 소재지이다. 고려~조선시대부터 이곳은 중국 상선의 이동이 많았던 지역이었다.
- 대청3리(옥죽동) : 예부터 이곳은 토질이 비옥하여 개간할만 하고 이곳에 대나무가 무성하게 자생하고있었다 하여 한자음을 따서 옥죽동이라 불린다.
- 대청4리(사탄동) : 옛날에 온마을이 바닷가에서 날아온 모래에 뒤덮여서 마을 전체 풍경이 모래밭과 같다하여 한자음을 따서 사탄동으로 불리고 있다. 이 지역은 옛날에 잡초와 수목이 우거지고 농사일이 잘 않되어 개발이 이루어지지 않았다고 한다.
- 대청5리(고주동) : 옛날부터 대청도에 주민이 정착한 후로 가까운 중국에서 식량을 운송하여 창고에 적치하여 그 식량으로 생계를 꾸려갔다 하여 창고마을이라 불렸으며 그 한자음을 따서 고주동이라 불린다.
- 대청6리(동내동) : 옛날에 학이 많이 서식하였다 하여 학골이라 불렸으며 지금의 서내동인 매막골과 합쳐져서 내동으로 통합된 후 동쪽에 위치한 마을이라 하여 동내동으로 불린다.
- 대청7리(양지동) : 삼면이 삼각산에 둘러싸여 안골이라 불렸던 지역이나 내동으로

통합되면서 양지쪽에 위치한 마을이라하여 양지동이라 한다.
- 소청1리(예동) : 소청도는 섬이 작아서 예부터 소수의 주민이 거주하여 서로의 외로움을 달래며 살았는데 너무나 외로웠던 그들에게는 지나가던 상선이나, 표류해 온 선박이 정박하게 되면 깍듯이 귀한 손님으로 대접하여 친절을 베풀어 예의를 지켰다 하여 예동이라 불렸다.
- 소청2리(노화동) : 이지역을 예로부터 지형이 가파른데다 삼면이 산으로 둘러싸여 있었다. 예부터 갈대가 무성하였다 하여 노화동이라 불렸다.

4. 대청도의 전설

1) 원순제의 유배이야기

원순제는 일찍이 어머니를 여의고 계모 품에서 자랐는데, 황후인 계모에게 왕자가 태어나면서 비극이 시작되었다. 계모는 자기의 아들을 왕위에 앉히려는 음모를 꾸미게 되고 적자인 태자가 존재하기에 원순제를 내쫓을 생각에 적자인 태자를 사랑하는 척 온갖 애교를 다 부렸고 마침 때가 이르렀다 생각할 즘 태자를 자신의 처소로 불렀다. 계모는 태자가 들어오자 저고리를 벗으며 등이 가려우니 긁어달라고 청했고, 동시에 태자가 자신을 겁탈하려 한다며 소리를 질렀다. 이때 근신들이 모여들어 현장을 살피고 황후의 웃옷이 벗겨져있는 터라 태자는 변명할 여유도 없이 누명을 쓰게 된다. 이 사실이 황제에게 보고되고 태자는 대청도로 귀양가는 벌을 받게된다. 그러나 태자의 무고함을 알게되어 대청도까지 따라간 충신이 600명에 이르렀다고 한다. 태자 일행이 대청도에 처음 도착한 곳을 옥죽포였다. 안으로 깊숙이 들어가 지금의 양지동에 자리를 잡고 대궐을 지었는데 어찌나 나무가 무성했던지 옥죽포에서 궁궐까지 오는 시일이 일주일이나 걸렸다고 한다. 그러던 중 태자는 부왕이 죽었다는 전갈을 받고 귀국하여 황제로 즉위하니 그가 원순제이다.

2) 대청도 시조설화

옛날 어느 고을에 신향이가 살고 있었다. 어려서 어머니를 여의고 아버지는 첩을 얻어서 그 사이에도 자식을 여럿 두었다 한다. 욕심 많은 계모는 '자기 뱃속에서 나온 자식에게 돌아올 재산이 없겠구나'생각하여 신향을 죽이기로 작정한다. 신향에게 등이 가려우리 긁어달라 부탁한 것이다. 등을 긁자 심하게 역정을 내며 새끼가 어미의 엉덩이를 만지며 능욕하려 했다고 소문을 냈다. 이에 아버지가 아들을 불러 자초지정을 묻자 대성 통곡하며 결백을 털어놓은 신향, 결국 아버지는 계모와 있으면 언젠가는 아들의 목숨이 위태로울 터 신향을 멀리 보내야겠다고 생각한다. 아들도 아버지의 뜻을 따라 하직 인사를 하고 길을 떠나 나룻배를 타고 탄식하듯 '돌아가신 어머님, 넋이라도 있으시다면 저를 아무 섬이라도 닿게 해 주십시오'라고 했다.

며칠이 지났을까. 신향이 눈을 떠 보니 배는 대청도 옥주포 앞바다에 와 있었다. 양지동 뒷산에 집을 짓고 정착한 그는 오랜 세월 흐른 후 큰집에 하인까지 거느리며 행복하게 살았다 한다. 훗날, 사람들이 양지동 뒷산을 '신향 당골'이라고 칭했고, 그곳에서 신향이가 살던집 기왓장과 먹던 우물이 발견됐다고 한다.

신향이 이야기는 원 순제의 귀향살이가 변형된 형태로, 대청도가 유배온 사람들로 인해 본격적인 주민 입주가 시작되었음을 알 수 있다.

3) 삼각산 도깨비 이야기

대청도의 기둥인 삼각산은 험준한 명산이다. 수려하고 원시초목이 잘 보존되어 있는 이 산은 예로부터 산삼의 산지로 유명하여 많은 심마니들이 모여들었다고 한다. 1920년 경 장산곶 청골에 산다는 곽주부라는 사람이 산삼을 캐러왔다. 곽주부는 의술이 용하고 침을 잘 놓았을뿐 아니라 유식하고 산수화, 동물화도 잘 그리는 재간꾼이었다 한다. 그는 단신으로 삼각산 중턱에 초가삼간을 짓고 산삼캐기에 전념하였으나 한 뿌리도 캐지 못했다. 게다가 밤이면 밤마다 도깨비가 나타나 곽주부를 괴롭혔다. 그래서 한밤중에 신발도 못 신은채 동리로 도망가기가 일쑤였는데 그때마다 도깨비는 그의 발목을 끌어잡으며 장난을 쳤다. 도깨비의 장난에 두 손을 들은 곽주부는 죽도록 고생만하다가 일년 후 고향으로 되돌아 갔다고 전한다.

4) 삼각산의 닭 이야기

옛날 정감록을 신봉하던 이지태라는 사람이 이곳 대청도 사탄동으로 난을 피하여 찾아왔다. 옹진군 용천면에 살다가 부인과 아들을 데리고 식량을 넉넉히 준비하여 이곳을 찾은 그는 삼각산 중턱 곽주부가 살던 곳에 집을 짓고 살았다. 황무지를 개간하고 가축도 길렀다. 그때 만주사변이 터지자 이곳에 오기를 잘했다고 생각했다고 한다. 그 후 그는 식량 준비차 일년에 두세차례 고향을 내왕하기도 하며 별탈없이 살았는데 기르는 닭마다 울지않은 괴이한 일을 겪게되었다. 사탄동으로 내려와 닭을 교환해가도 3일 후면 영락없이 벙어리 신세가 되었고, 반면 부락으로 가져온 닭들은 새벽이면 정확히 울었다. 곽주부가 겪은 도깨비 소동을 매일밤 겪으면서 이지태는 닭 사건도 도깨비 짓이라 생각하여 3년 후 할 수 없이 옹진군 기린도로 이사를 가버렸다고 한다.

5) 대청도 이무기 이야기

대청도 최남단 부치미 끝 동굴과 소청도 등대 밑 동굴에 이무기가 살았다고 한다. 대청도 이무기는 숫컷이고 소청도 이무기는 암컷이었다. 두 이무기는 1년에 한 번씩 바다에서 만났는데, 전하는 말에 의하면 이무기가 서로 바다를 갈때에는 작은 범선이 돛을 달고 가는 것처럼 보였다고 한다. 아마도 그만큼 이무기가 크다는 표현일 것이다. 짝짓기를 위하여 이무기가 대청도와 소청도의 중간에서 만났는지는 모르겠지만 몇 시간 후에는 자기 처소로 돌아갔다고 한다. 1994년도에 소청도 노화동에 사는 노경철 씨의 부인 이월선 씨는 이웃 부인과 굴을 따라갔다가 구렁이를 목격했다고 증언했다. 길이가 몇 미터인지는 알 수 없으나 둘레는 홍두깨보다 컸고 비단구렁이 처럼 빨강, 하양, 검은색 등으로 알록달록했으며 꼬리부분이 부채모양으로 넓은 형태였다고 진술했다. 2006년에는 대청도 서내동 도장골에서 날개 달린 뱀을 목격했다는 이야기도 전한다.

6) 대청도 숯 이야기

정조대왕이 대청도, 소청도를 수원부로 편입한 이후인 1799년 경 나라 안에서는 대청도는 최상급의 나무가 자라기로 유명하다는 소문이 퍼져있었다. 그 유명세로 인해 왕실은 약을 다리는데 사용되는 숯을 대청도에서 만들어 상납하라는 특명을 내렸다.

원순제가 태자시절 대청도로 유배왔을 때 처음 도착한 곳은 옥죽포였다. 지금의 양지동에 자리를 잡고 집을 지었는데, 어찌나 나무가 무성하던지 옥죽포에서 궁궐까지

오는 시일이 일주일이나 걸렸다는 것을 보아 대청도의 나무가 얼마나 무성했는가를 짐작할 수 있다. 대청도에 주민입도와 경작이 시작된지 1년 후 황해수사가 실시한 대청, 소청도에 대한 실태 조사보고에 "때 없이 이 섬에 드나들면서 수목을 도벌하는 자들도 그대로 둔다면 장차 큰 화근이 될 것이다. 당선이 많을 때는 30여 척, 적을 때는 10~20여 척씩 배를 타고 어로와 밀무역을 하여왔는데 우리 백성들이 살고부터는 다소 줄어들었지만 마땅히 토벌하고, 정찰을 게을리 하지않기 위해서는 100여 명의 군사가 필요합니다"라는 기록이 있다. 이 내용으로 볼 때 대청도는 수목이 무성하여 도벌하는 자들이 많았음을 알 수 있고 숯이 유명했으리라 짐작된다. 현재 고주동 공동묘지 아래쪽에 '숯꼴'이라는 곳이 옛날 숯을 굽던 골짜기였다고 한다. 대청 숯가마 터의 발굴이 기대되는 곳이다.

5. 대청도의 체험거리와 특산물

1) 원초적인 고기잡이 쌍끌이 그물끌기

개나리가 피는 5월이면 까나리가 나타나면서부터 숭어 쌍끌이가 시작된다. 먼저 그물 손질이 중요하다. 넓은 해변에 그물을 펼쳐놓고 쌍끌이 물때를 기다리며 그물 손질을 마무리한다. 쌍끌이 물때는 대체로 썰물이었다가 서서히 물이 들어올 때 그물을 반원으로 물속에 설치하고 양쪽에서 균형을 이루어 잡아당기면 그물에 들어온 물고기는 꼼짝하지 못하고 잡히게 된다. 쌍끌이 그물은 크게 숭어그물과 농어그물로 나뉜다. 숭어 그물은 그물코가 코고, 농어그물은 그물코가 촘촘하다. 계절에 따라 잡히는 어종도 다양하다. 봄에는 숭어와 농어, 여름에는 광어와 학꽁치, 가을에는 고등어가 잡힌다. 1회의 쌍끌이로 잡히는 고기 양은 숭어의 경우 최대 1,000마리 정도 된다.

2) 약초와 산채류 (하수오 잎, 신비의 영초지초)

봄부터 가을까지 다양한 산채들의 새순은 나물로 먹을 수 있다. 대청도는 해양성 기후의 특성이 있어 육지보다 한달가량이 늦고 평상의 기온도 5~6도 가량 덜 덥고 덜 추운 편이다. 그래서 육지보다 시간적으로 더 여유있게 나물을 채취하여 먹을 수 있다. 대청도에는 특별히 공해 발생요인이 없기 때문에 무공해 나물을 채취하여 마음놓고 먹을 수 있는 청정지역이다.

겨우살이는 옛 선조들이 초자연적인 힘이 있는 것으로 믿어온 식물이다. 동서양을 막론하고 옛 사람들이 겨우살이를 귀신을 쫓고 온갖 병을 고치며, 아이를 낳게하고, 벼락과 화재를 피할수있게 할 수 있을 뿐아니라 장생불사의 능력이 있는 신성한 식물로 여겨왔다. 역사적으로 보면 조선시대 뽕나무의 겨우살이 약초인 '상기생'이 발견되어 약초의 산지로 각광 받았다. 특히 중종왕비인 문정왕후 윤씨는 12세의 명종을 도와 8년간(1546~1553) 수렴청정한 대비로 중병이 들어 팔도 관찰사에게 상기생을 바치도록 하명하였다. 이에 명약인 상기생을 대청도 뽕나무 밭에서 발견하고 상납, 대비의 병세가 쾌차하였다 한다.

이곳에 처음와서 산천을 보고 감탄한 것 중의 하나가 질좋은 해쑥이 지천에 널려있고 아무도 거들떠보지 않는다는 점이고, 그 다음으로 많은 것이 달래나물이다. 양지바른 곳이면 어디든지 지천으로 달래가 군집을 이루고 있다. 대체로 주민들은 달래김치를 담아먹거나 약통만을 모아 삭혀서 먹는다. 그리고 백발이 검어진다는 강장제 하수오, 만병통치의 신비한 약초인 지초, 천마, 선더덕 등이 자생하고 있다.

3) 토종음식

흑염소, 오골계, 토종닭, 보신탕, 대잎주, 짠지떡, 개피떡, 쑥개떡, 선지순대 등

홍어회, 각종 생선회, 우럭내장백숙, 삼치회, 삼치구이, 꺽죽이 알무침, 꺽죽이 매운탕, 성게칼국수/비빔밥, 전복, 해삼, 성게, 굴, 홍합 등

흑염소는 방목하는 흑염소, 오골계/토종닭은 육질이 단단하고 맛이 매우 달다. 흑염소는 사람이 가지못하는 절벽에서도 뛰어다닌다. 마치 산양처럼... 그리고 각종 좋다는 약초는 다 먹고 심지어 솔잎이나 쑥도 먹고 산다. 그래서 가을 염소는 육질에서 쑥향이 난다고 한다. 토종닭은 어찌나 빠르고 영악한지 낮에는 잡히질 않아서 주문이 들어오면 저녁에 잠자는 놈을 잡아야할 정도이다.

대청도에는 세죽나무가 집집마다 그리고 산에 많이 있다. 커다란 대잎을 깔고 삼겹살을 구워먹으면 그 맛이 일품이고 세죽을 이용하여 전통주도 만든다. 과거에는 꽃게도 좋았고, 지금은 홍어가 단연 으뜸이다. 국내산 홍어를 생물로 회를 먹을 수 있는

곳은 대청도 뿐이다. 먼저 홍어를 잡으면, 홍어 간이라는 애를 빼먹고, 물코와 꼬리를 회로 먹어 보아야 홍어를 제대로 먹는다 할 수 있다. 참기름장이나 초장에 찍어 먹는 그 맛은 고소하기가 이루 말할 수 없다. 이제는 날개부분을 회를 떠서 우아하게 먹을 순서이다. 다음 코스는 내장과 몸통을 중심으로 끓인 홍어탕을 먹는다.

짠지떡은 묵은지 볶은 것에 자연산 굴을 넣어서 메밀전병에 싸서 다시 한 번 기름에 구워먹는 음식으로 황해도, 백령도에서도 즐겨먹는 전통음식이다. 개피떡은 손바닥 만하게 쌀을 빚어 속 양념으로 개피앙금을 사용한 것이다. 쑥개떡은 이곳에 많은 쑥 중에서도 5월 단오 이전에 연한 순을 중심으로 따서 삶아서 쌀가루와 찹쌀가루를 섞어 찌는 음식이다. 일부 완두콩이나 옥수수를 넣어 맛을 내기도 한다. 선지순대는 당면중심의 순대가 아니라 100% 선지와 야채만으로 만든 토속적인 맛을 느낄 수 있는 순대이다. 그외에 각종 생선회, 우럭내장백숙, 바다장어구이, 성게칼국수/비빔밥, 전복, 해삼, 성게, 굴, 홍합 그리고 늦가을에서 겨울에만 생물로 먹을 수 있는 삼치회/구이, 꺽죽이 알무침/매운탕 등이 있다.

4) 대청도 특산품 홍어와 고래(참고래 한마리=한우 600 마리 정도의 고기분량)

대청도 주변 해역을 평균 수심이 70~80m로 서해안에서 깊은 바다이다. 또한 대청도 서쪽에는 해저 암반층이 발달되어 있어 예로부터 어민들에게 전해져 내려오는 황금 어장으로 갈매기턱, 중턱, 턱받이, 세턱, 문단이 등이 수심 28~60m를 이루고 있는 것으로 최근 국립해양조사단 서해해양조사팀이 밝혔다. 이와 같은 근거가 대청도 특산품인 홍어와 고래의 존재를 확인하는 근거라 할 수 있다. 홍어가 서해5도에서 대청도에서만 잡히는 원인은 대청 앞바다에 서해의 냉수대가 시작하는 물기둥이 있어 서해연안 여름철 수온보다 3~4도 낮기 때문이다. 어로기에 수심이 80~90m로 깊은 것도 이유이다. 1980년대에 홍어잡이 배가 80척에 이를 정도로 대청도는 국내 최대의 참홍어 산지로 유명했다. 찬물에 사는 참홍어는 1년에 알을 100개 정도밖에 낳지 않는다. 한번 씨가 마르면 좀처럼 예전의 조황을 기대할 수 없는 어종이다.

대청도는 고래잡이로 유명했던 곳이다. 1918년 일본인들 중심으로 시작되었던 고래잡이는 1944년까지 이루어졌다. 일본인들이 고래잡이 허가권을 독점하고 있었으며 대청도에 일본 포경회사의 기지가 설치되어 있었다. 주로 이곳에서 잡힌 고래는 참고래가 많았고, 지구상에서 가장 큰 고래인 대왕고래도 잡혔다. 특히, 1930년대까지는 한해 30마리씩 잡혔으나 그 후로는 10마리 정도로 줄어들면서 고래잡이가 쇠퇴했다. 이는 어족자원을 돌보지않고 남획한 일본인들의 식민지에 대한 수탈의 결과라 할 수 있다. 참고래는 한우 600마리 정도의 고기 분량을 가지고 있다고 한다.

참홍어는 총허용어획량(TAC·Total Allowable Catch)의 제한을 받는 11개 어종 중 하나로 참홍어 허용치는 200t인데, 이 가운데 대청도 어선에 배정된 물량이 40t이다. 지난해에도 44t을 배정받아 18t을 어획했다.

물론 물량으로 치면 역시 흑산도다. 지난해 150t 정도가 흑산도에서 어획된 것으로 추산된다. 그 외에도 목포나 태안, 인천 등에서 어획된 물량이 200t 정도 된다. 홍어 하면 흑산도, 흑산도 하면 홍어라고 할 정도로 홍어는 흑산도의 전유물이라고 생각한다. 하지만 이런 인식에 대해 적어도 서해 최북단 대청도 어민들은 달리 생각한다. 대청도는 현실적 한계로 TAC 적용을 받는다. 국립수산과학원 서해수산연구원 조현수 박사는 "1990년대까지 대청도에서 참홍어가 가장 많이 나왔는데, 한동안 끊어졌다"며 "물량이나 어가 측면에서 흑산도에 못 미치지만 최근 나아지고 있다"고 말했다. 우리나라 연근해 참홍어 어획량은 1990년대 중반까지 연간 3천t 정도에 달했다. 그러다가 남획으로 하향 곡선을 그리기 시작해 급기야 2000년대 중반에는 200~300t 수준까지 떨어졌다. 다행히 최근 들어 400t 정도로 늘었다. 참홍어가 대청도 근해에서 잡히게 된 것은 수산과학원이 지속적으로 관심을 가진 영향이 크다. 수산과학원은 2007년부터 참홍어를 자원회복대상 어종으로 지정해 산란장 보호, 태그 부착 등 노력을 기울였다. 특히 그동안 950개의 태그를 부착, 시간대별로 참홍어가 서식하는 수심, 수온, 이동 경로 등을 파악했다. 올해는 전자태그를 부착할 계획이다. 전자태그는 일정 시간이 지나면 저절로 홍어 몸에서 발신한 정보가 인공위성을 통해 수신된다.

6. 문화유적 및 명소

1) 동백나무 자생 북한지
차나무과에 속하는 동백나무는 한국을 비롯한 일본, 대만, 중국 등지에 분포하고 있다. 꽃은 이른 봄에 피는데 매우 아름다우며 꽃이 피는 시기에 따라 춘백, 추백, 동백으로 불린다. 따뜻한 지방에서 자라는 나무이며, 난대 식물중 가장 북쪽에서 자라는 나무이므로 평균 기온에 따라 식물이 자랄 수 있는 지역을 구분하는데 표시되는 나무이다. 대청도의 동백나무 자생지는 동백나무가 자연적으로 자랄 수 있는 북쪽 한계지역으로 사탄동의 25만935평방미터에 자라고 있는 동백나무숲으로 일제때인 1933년부터 학술적인 가치를 인정받아 천연기념물 제 66호로 지정 보호하고 있다. 이웃, 소청도 예동 이승훈 신부 석고상 뒷편에도 동백나무가 무성하게 자라고 있다. 대청도 동백나무는 가장 북쪽에서 자라고 있으므로 남쪽의 그것보다 추위에 강하다 생각되어 품종개량에 활용되고 있으며 식물분포학상의 가치도 크다. 대청도의 동백나무 자생지는 한때 전국적으로 동백나무가 불법 채취될 때 파괴되어 그 수가 많이 줄어들었다. 약 60년전의 기록에 의하면 지름이 20㎝에 이르는 큰 나무가 147그루 있었고 높이 3m 에 지름 27㎝의 큰 나무도 있었다 한다. 동백꽃의 꽃말은 '고결한 사랑' '겸손한 사랑'이다.

2) 서해의 해중산 삼각산

인천광역시 내륙에서 가장 높은산은 계양산(394m)이다. 그 다음으로 높은 산이 서해바다의 중심에 떠 있는 대청도의 삼각산(354m)이다. 서해에서 가장 깊은 바다로 둘러싸인 삼각산은 서해바다의 해중산인 것이다. 가장 높은 봉우리에서는 날씨가 좋은 날이면 대청도 전체를 감상할 수 있음은 물론 백령도, 소청도 그리고 멀리 북한 땅까지 훤하게 관망할 수 있는 곳이다. 높은 산이 있어 물사정도 좋은 편이다.

'삼각산'이란 이름은 '서울산'을 한자로 나타낸것으로 '서울'의 본딧말이 '서불(세불)'이다. 그러니까 삼각의 '삼'은 '세(서)'이고, '각'은 '불(뿔)'로 곧 '서불-서울'이 된다. 우리나라말의 '서불', '세부리'를 한자로 뜻빌림 한 것 뿐이다. 그것은 옛날 그 지역이 부족국가의 군장이 있는 곳이기 때문이다. '서울'(서불, 세부리)은 그 지역의 '수부'(으뜸도시)라는 뜻이다. 바로 이곳 대청도는 주변 섬지역을 관할하는 으뜸 되는 곳이며, 부족국가의 군장이 있었던 곳으로 유추할 수 있고, 또 다른 하나는 시조 설화인 신향이 이야기의 근원이 원순제 유배에서 출발하였듯이 원나라 황제가 거주했던 지역이기 때문에 삼각산이라는 명칭이 사용되었을 것으로 추정할 수 있다. 지금은 삼각산 봉우리의 철탑에 각종 안테나가 설치되어 서해5도 전파 중심지로서의 역할을 하고 있다.

3) 수직 절벽의 말구리
   (말구리 초원, 말구리와 삿갓봉, 말구리 트랙킹/갯바위 낚시/낙조)

　대청도의 그랜드캐년이라 불리는 곳이다. 대청도 최고 절경의 하나로 웅장하면서도 장대한 스케일을 보여주고 있다. 사탄동 해수욕장의 방파제 쪽으로 군 해안 초소가 있고 그 옆길은 따라 올라가면 초원 지대가 펼쳐지고 그 반대쪽으로 장엄한 수직절벽의 웅장한 모습이 나타난다. 그 모습이 말잔등을 보는 느낌이 들기도 하고 겹겹이 쌓인 지층의 모습이 거대한 시루떡을 엎어놓은듯한 모습이다. 초원지대 끝 바다쪽으로 깎아지듯한 절벽을 타고 내려가는 길이있다. 내려가는 길이 너무 좁고 아슬아슬하여 강심장이 아니고는 접근하기 힘들다. 사람의 손이 닿지않은 곳이라 장어를 비롯한 각종 대어를 낚을수있는 곳이며, 물이 빠지는 날이면 미역, 다시마, 홍합, 해삼, 전복, 소라, 성게 등을 채취할 수 있다. 말구리 지명 유래는 말을 방목하던 시절 말이 자주 절벽으로 굴러 떨어지는 일이 발생하여 붙여진 이름이라 한다. 앞으로 대청도를 대표하는 트랙킹코스(트래킹은 느리지만 힘이드는 하이킹이라는 정도의 의미로, 등반과 하이킹의 중간의미이다) 가 되리라 생각된다.

4) 어의 고향 물 내린 골 (옆 창바위, 30m 암벽등반코스)

　대청도에서 소청도를 마주보는 곳으로 또 하나의 절경이있다. 고주동의 노랑구미 옆으로 공동묘지가 위치한 곳으로 바다쪽으로 내려가는 길고 가파른 길이 있다. 이길의 마지막 부분은 암벽 등반코스로 밧줄을 타고 30m가량 내려가야한다. 해안 쪽으로 큰 바위들이 무너져 내려있고, 곳곳에 바위가 잘 발달되어 있다. 커다란 돌들이 바닥을 이루고 있어 농어가 서식하기에 최적의 지리적 환경을 가지고 있다. 또한 해안선이 2~3㎞가량 형성되어 있어 물때와 상관없이 1년 내내 전천후 낚시를 즐길 수 있는 곳이다. 사람 손길이 미치지 못하는 곳으로 갈매기, 가마우지의 서식지에 해당하여 이곳에서 야영이나 밤낚시를 할때면 마치 고대 시대의 깊은 숲이나 아프리카 정글에 와 있다는 착각을 할정도로 다양한 새들의 울음소리를 들을수 있다.

5) 대청주민의 휴양지 지두리

마치 인공적으로 만들어 놓은 듯하게 양쪽 해안 경사면이 잘 발달되어 있고 3㎞ 일자형 해변이 완만하게 조성되어 있어 대청주민이 여름철에 가장 즐겨찾는 해수욕장이다. 최신의 샤워장, 화장실이 구비되어있고 해변이 잘 발달되어 있어 파도타기를 즐길 수 있는 곳이다. 쌍끌이 그물로 고기를 잡는 어장이기도 하고 잔잔하고 넓고 바닥의 모래가 잘 발달되어 있어 계절에 따라 다양한 어종(숭어, 농어, 광어, 학꽁치)이 잡히는 곳이다. 숭어의 경우 때를 잘 만나면 한번의 쌍끌이 그물에 100~200마리 최대 1,000마리 까지 잡힌다 알려져 있다. 또한 석양의 낙조를 감상하기에 기가 막힌 곳이다.

6) 천혜의 갯바위 낚시터

대청도는 섬 주변이 모두 낚시터에 해당한다(위 지역들).

- 독바위 : 반호를 이루고 있으며 돌 구르는 소리가 정겨운 곳이다. 바닥에 돌, 바위가 잘 발달되어 있어 전복, 해삼, 성게 등의 생산지로 어촌계에서 관리하는 곳이다. 오른산등성이를 넘어 밧줄을 타고 바다 쪽으로 가면 특별히 바다쪽에 외로이 홀로 떠있는 노적봉과 해안가 사이의 움푹한 곳은 갯바위 낚시의 황금 어장을 형성한다.
- 기름항아리 : 독바위 옆의 서쪽 방향으로 길마(짐을 싣기위해 소의 등에 안장처럼 얹는 도구) 모양을 이루는 해안이 두곳 있는데 작은 기르마가리와 큰 기르마가리로 나누어지고 그 중간에 아름다운 봉우리가 '길마봉'이다. 장어, 우럭, 놀래미 대물을 노릴 수 있는 포인트이다. 두 장소 모두 바다 앞쪽의 바위가 파도를 막아주고 있어 절경의 낚시터를 이루고 있다.
- 부치미 : 물이 매우 깊고 동그랗게 형성된 해안선 안쪽으로 작은 바위가 있어 어장이 형성. 전복 가두리 틀을 설치해 놓았을 정도로 깊고 안정되어 있는 곳이다. 강난도 정자에서 길게 뻗은 섬 남쪽 끝자락에 해당하는 지역이다. 가는길 오른쪽으로 '서풍받이'있고, 부치미 제일 끝 쪽은 '오지낭'이라는 절벽을 이루고 있다. 절벽 안쪽으로 넓게 초원지대가 형성되어 있어 영화 사운드 오브 뮤직을 연상케 한다.
- 검은낭 : 답동해변에서 안쪽으로 들어가면 검은 바위지역으로 절벽을 이루는 곳, 바로 검은낭이다. 답동해변에서 두번째 산에서 내려오는 물골을 지나면 물이 깊고

바위가 잘 발달되어 있어 농어, 우럭, 놀래미 등의 천혜의 낚시 포인트가 펼쳐진다.
- 지두리왼창 / 오른창 선창 : 지두리 해변으로 내려가기전 길게 뻗은 능선길을 따라 내려가면 왼쪽이 왼창, 오른쪽이 오른창, 제일 끝쪽은 자연형 선창을 이루고 있다. 이중에서도 오른창은 지두리 해변을 바라보면서 3~4㎞ 이상 넓게 쭉 뻗은 해안선으로 천혜의 낚시터가 이루어지고 많게는 100여 명이 동시에 낚시를 즐길 수 있는 곳이다.

7) 숨겨진 해산물의 창고

막골, 쑥골, 서고개, 도장골은 대청중고등학교 뒷산으로 섬의 북서쪽을 이루는 곳인데 대체로 산으로 둘러싸여 가파른 곳으로 사람들의 접촉이 없는 곳이다. 주민들은 배를 이용하여 물때를 맞추어 해산물을 채취 한다.
- 막골 : 탄광의 막장과도 같이 섬의 북쪽 끝으로 검은 바위가 아주 날카롭게 발달되어있다. 오른쪽 끝으로 '쌍촛대 바위'가 멋지게 위치해있으며 이 일대는 모두 숨겨진 낚시 포인트이다.
- 쑥골 : 막골보다 더 깊숙히 감추어진 곳이다. 사람의 손길이 더 미치기 어려운 곳이라하여 쑥골이라 한다. 해산물 채취의 황금어장이며 낚시포인트이기도 하다. 산길로는 사람의 접근이 없었기에 배를 이용하여 접근할 수 있다.
- 서고개 : 대청 고등학교에서 도장골로 넘어가는 산 고갯길이며 항상 음산한 기운이 감돈다. 오래전에 단독가구로 살고 있던 가족이 원인모를 화재로 몰살되고 주민 발길이 드문 곳이다. 고사리, 더덕 등 나물이 많아 찾는 이가 생기고 있다.
- 도장골 : 과거에 꽤 많은 사람들이 거주하여 마을을 이루고 산 집터가 발견된다. 지금은 2~3m의 세죽들이 숲을 이루고 있으며 느릅나무 군락지가 발견된다. 봄철 나물 캐러 갔다가 날개 달린 구렁이를 보았다는 소문이 있는 지역이다.

8) 모래해변의 진품, 수석해변의 명품, 해돋이와 해넘이
- 모래해변 : 사탄, 농여(고목바위), 미아(거북바위), 답동, 지두리, 옥죽동 대진동
- 수석해변 : 말구리, 지두리 왼창, 서풍받이, 부치미, 기마가리, 독바위, 노랑구미

해변
- 해돋이/해넘이 : 삼각산 정산, 답동해변, 노랑구미, 물 내린골, 강난도 정자, 지두리해변, 말구리, 막골

9) 해수욕장

　대청도의 자랑거리는 서해임에도 불구하고 섬주변 모두가 모래 해수욕장으로 구성되 있는 천혜의 휴양지라는 점이다. 동해바다나 남태평양의 어느 해변에 와 있는 것으로 착각할만한 곳이다. 감청색 바다 빛, 고운모래, 서해지만 개뻘이 없고 모두 모래 해변인 것이 멋지다. 만약, 이런 해변이 인천도심 가까이 있다면 부산 해운대 해수욕장이나 광한리 해수욕장보다 더 높은 가치가 있을 것이다. 앞으로 남북 관계의 개선에 따라 접근성이 용이해진다면 대청도 모래 해변의 가치는 새롭게 평가될 것이다. 특히, 사탄해수욕장은 우리나라 10대 해수욕장으로 평가받고 있는바, 대청도에서는 그 외의 농여, 미아, 답동, 지두리, 옥죽동, 대진동 등을 더욱 높게 평가하고 있을 것이다. 그리고 모든 해변에 사람의 발길이 많지않아 물이 빠지는 썰물때면 잠깐동안 많은 골뱅이를 주을 수 있다. 모래 해변이 아닌 돌의 자갈해변은 전국적으로 수석으로 유명하다. 특히, 태양석의 메카라고 불리고 있다.(말구리, 지두리원창, 서풍받이, 부치미, 기르마가리, 독바위, 노랑구미 해변) 해돋이를 볼수있는 관광 포인트는 삼각산 정상, 답동해변, 선진포구, 노랑구미, 물 내린골 등이다. 해넘이를 볼 수 있는 최고의 관광포인트는 강난도 정자, 지두리해변, 말구리, 막골, 삼각산 정산 등이다.

10) 한국의 사하라 (모래 사막)

　검은낭 큰산(206m) 북쪽에 있는 옥죽동은 북풍받이로서 밀물에 몰고 들어와 쌓인 모래는 썰물 사이에 햇빛이나 바람에 잘 마른다. 이와 같이 잘 말라 은빛같이 희고 고운 모래는 북풍만 좀 불어도 눈 날리듯 날아 높은 산을 타고 올라가 쌓이며 좀 강한 바람이 불면 산 등성이를 넘어 선진동 해안까지 넘어가 쌓인다. 푹푹 빠지면서 모래 산을 올라가 내려다보면 멀리서 보기보다는 사뭇 다른 엄청나게 넓고 높은 급경사의 사막이 나타난다. 눈이 불어나 겹겹이 쌓인 것 같이 아름다운 형태를 이루는가 하면 다양한 모습으로 바람에 의하여 이루어지고 있다. 우리나라에 사막은 없지만 고비

사막이나 사하라 사막을 간접적으로 느낄 수 있다. 오랜 세월동안 쌓이고 쌓여 이루어진 가로2㎞,세로 1㎞ 높이 100m이상의 사막을 이룬 이 모래산은 바람에 따라 물결과도 같이 형태를 변하면서 계절마다 진풍경을 연출. 옥죽동 사구(모래 사막)의 전체 면적은 약 66만 제곱미터, 축구장의 70배 크기로 길이 1.6㎞ 폭 약 600m로 국내 최대 수준이다. 국립환경과학원 조사에 따르면 옥죽동 사구는 바람에 날려 이동하면서 계절에 따라 형태가 변화하는 활동성 사구로 확인됐다. 옥죽동 사구에는 조류 90종, 포유류 6종, 곤충 74종 등 모두 174종의 야생동물이 서식하거나 도래해 종 다양성이 풍부한것으로 조사됐다. 멸종위기 1급인 노랑부리 백로를 비롯해 여러 조류가 발견됐으며 멸종위기 2급 곤충인 애기뿔 소똥구리도 서식하고 있다. 그러나 생활에 불편을 주는 모래 피해를 막기위해 1980년대 후반부터 해안가에 소나무를 심은 뒤 옥죽동 사구가 사라질 위기에 처했다. 소나무가 해풍에 날아오는 모래를 막고 있기 때문이다. 지금은 사구에 키작은 나무와 잡풀이 자라고 있다. 환경부는 옥죽동 사구를 생태경관 보존지역 지정하는 방안을 검토 하는등 보호 방안을 마련할 계획이다.

해안사구란 해빈이나 간석지의 모래가 바람에의해 해빈 후면으로 이동하여 형성된 모래언덕을 말한다. 해안사구 지대는 육상시스템과 해안시스템의 경계에 위치한 점이지대로서 다음과 같은 중요한 기능을 담당하고 있다. 우선, 해안사구는 평소 해빈과 간석지로부터 바람에 의해 유입된 모래를 저장하였다가 폭풍이나 해일이 일어났을 때 모래를 해빈과 간석지로 되돌려주는 '모래저장고' 역할을 한다. 해빈과 사구에서 일어나는 이러한 모래이 교환은 해안으로 유입되는 파랑에너지를 소산시켜 해안사구는 폭풍이나 해일과같은 자연재해로부터 배후지역을 보호하는 자연적인 '해안제방'의 기능을 담당한다. 대청도의 사탄동 사구와 고성 동호사구의 배후에는 모두 마을이 있는데, 사구의 해안제방 기능을 보여주는 예라 하겠다. 또한, 모래로 구성된 해안사구는 빗물 등에 의한 지하수의 함양에 유리하여 '지하수저장' 기능이 있다. 한편, 해안사구는 바다생태계와 육지생태계의 경계로 생태적 점이지대를 이루기 때문에 '사구성 동·식물의 서식처'가 되어 훌륭한 자연경관을 형성하여 휴식과 여가의 장소로서도 가치가 높다.

이 지역에는 다양한 사구 지형이 복합적으로 나타난다. 특히, 미피복사구는 조림사업이 아직 실시되지않아 해안사구가 자연 그대로를 유지하고 있어 경관이 아름다울 뿐만 아니라 모래의 이동이 활발하게 일어나 표면을 따라 바람에 의한 미지형이 잘 나타나서 해안사구의 형성과정을 잘 설명해줄 수 있는 지형으로서 가치가 높다. 모래 시료에 대한 연대측정결과, 약 30여년전에 형성된 것으로 나타났는데 이는 바람에 의한 모래의 이동 및 퇴적이 현재도 매우 활발하게 진행되고 있음을 보여주는 증거라하겠다.

옥중동 사구는 해안사구의 전형보다는 사막사구에서 볼 수 있는 경관들을 제공하기 때문에 더욱더 희소한 가치를 가지고 있다. 모래로 이루어진 해안사구는 지하수 함량이 용이하여 두터운 담수층을 형성하여 바닷물이 내륙으로 침투하지 못하도록 막는 방어벽의 역할을 한다. 또한 해안사구의 담수층은 배후 취락과 농경지에 식수와 용수를 공급한다.

대청도는 겨울은 따뜻하고 여름은 서늘한 기온분포를 보이며, 내륙지방에 비해 적은 연교차를 보인다. 연중 최한월이 1월이며, -1.5도로 유일하게 영하의 온도를 보이는 달이며 최난월은 8월로 23.4도로 연교차는 약 24.9도이다. 이는 가장 가까운 기상대인 강화기상대의 자료와 비교해보면 강화의 연교차가 24.4도로 이지역의 연교차가 적음을 알 수 있다. 7년간의 연강수량은 788㎜로 강화지역의 1,317㎜에 비해 크게 작으며 우리나라의 연평균 강수량 1,200㎜에 비해서도 작다. 이처럼 강우량이 적은 이유는 여름철 집중호우가 타지역에 비해 적다는 사실에 기인한다.

모래가 바람에의해 이동되기 시작하는 풍속이 5m/s 이상으로 알려져있는 점을 감안하면 대청도이 풍속이 7~10월를 제외하고는 다 5m/s이상이다.

사구와 배후산지의 연결부에서는 바람에 날려온 모래가 급경사의 배후산지 기반암을타고 올라가는 형태의 퇴적지형이 잘 나타난다. 이러한 유형의 사구를 지형학적으로 climbing dune 으로 분류하며, 모래 공급이 충분하고 바다로부터 강한 바람이 지속적으로 불어올 때 배후산지의 바람맞이 사면을 따라 형성된다고 알려져 있다.

- 모래사막 : 환경부에서 '사막'이라는 표현을 쓰는 옥죽동모래사구는 해안에서 500m 이내에 위치해 산등성이 위치한 길이 1.6㎞, 폭 600m에 이르는 한국 최고의 활동성 사구이다. 방사/방풍림 전에는 산 전체가 모래 모래바람에 날린 모래가 고개넘어 검은낭 학교까지 덮어 결국 학교가 이전 지금은 해발 80m까지 모래가 산을오른다. 영화 '마의' 손창민, 대청도 모래 사막 6시간 촬영 - 2012.9월 마

의의 손창민은 뙤약 빛이 내리쬐는 대청도 모래사막에서 6시간 동안 헤매는 투혼을 발휘하여 '마의'의 서막을 장식하는 프롤로그 장면을 완성, 손창민은 이날 촬영에서 넋을 잃은 채 모래 사막을 헤매다 결국 바닥에 털썩 엎드려 고통스럽게 눈물을 흘리는 연기를 실감나게 연기했다.
- 농여~미아해변 : 썰물때 풀등이 드러난다. 섬주민들은 모래를 '풀'이라 부르는데 '풀등'은 '바다에 있는 모래언덕'을 의미한다. 세계적으로 보기드문 풀등은 장봉도와 이작 등에서도 볼 수 있다.

한국에서 홍어가 가장 많이 잡히는 곳은 전남의 흑산도가 아니라 인천의 대청도이다. 2010년부터 인천이 참홍어 어획량이 1위로 군림했다. 대청도는 서해 어업의 전초기지로 일제시대인 1918~1944년까지 일본의 동양포경 주식회사가 있었으며 1930년대까지 한해 고래를 30~40마리씩 잡았다. 대청도 바다는 잘피 숲이다. 잘피는 수심이 5m 이하 바다의 모래나 바위에 사는 해양식물이다. 지상의 숲보다 3배나 많은 이산화탄소를 흡수하고 산소를 생산하는 잘피숲은 작은 물고기들의 산란장이며 은신처이다.

11) 대청도 적송보호지구 (축동/사탄동 적송 군락지)

전국에서 제일 품질이 뛰어난 적송이 대청도의 것이다. 대청도에는 200여년 이상된 적송 보호구역이있다. 대청도는 가파른 절벽으로 섬 전체가 둘러싸여 있고, 북쪽으로 옥죽포를 기준으로 섬 안쪽으로 들어올 수 있는 평지가 조성되어 있는데 바로 그 입구에서 섬의 안쪽으로 들어오는 해수와 바람을 막아주는 방풍림이며, 방사림이 적송 군락지로 조성되어 있다. 섬 안쪽의 주민들이 농사 짓고 생활하는 '내동 지역'을 지켜주는 수호자의 방패역할을 하고 있다. 조상들의 지혜를 엿볼 수 있는 대목이다. 또 다른 군락지는 사탄동에 있다. 이 동네 이름의 유래는 사언동으로 모래 언덕이라는 뜻이다. 바로 이 모래언덕을 중심으로 바다 쪽으로부터 마을을 감싸고 있는 언덕이 200여년 이상된 적송이 아름드리 군락을 이루고 있어 국내 10대 해수욕장으로 이름난 사탄동 해수욕장이다. 이 이외에도 대청도는 바다와 맞닿은 곳에는 곳곳에 적송 군락지가 잘 조성되어 있다. 최근 국내 유명 화장품 회사가 고가의 고급 화장품 재료로써 여성의 몸에 좋다는 적송을 구하기 위해 전국을 조사한바, 청정지역인 대청도의 적송이 최고의 품질임을 인정하고 이를 이용한 제품 생산은 물론 광고하고있다.

12) 유격부대 주둔지 학골
(삼각산 밑 학골 백호부대 주둔지/ 백호부대 주둔지 설명서)

6.25 당시 한국 유격군 백호부대 주둔지가 바로 대청도 동내동과 사탄동이다. 1951년 3월 백령도에서 황해도로부터 피신해 온 학생들이 중심이 되어 민간 복장과 짚신을 신고 한국 유격군 백호부대를 창설하였다. 백령도 주변에 분산 배치되어 북한에 육해공으로 잠입하여 100여 회에 가까운 유격작전을 실행하였다. 북한군 사살 2,110명, 생포 105명, 반공인사구출 4,500명, 무기노획과 군사시설 파괴의 공로를 세웠고 백호부대도 1,000여 명의 사상자를 낳았다. 이로인해 북한군 1개 사단 병력과 대치하여 전체 전세의 역전에 지대한 공로를 수행함은 물론 서해 5도를 수호하는 결과를 가져왔다. 1953년 7월 휴전협정으로 방어전선으로부터 철수하여 이곳 대청도에 주둔하면서 대북 방어임무를 수행하였다. 대청주민의 정성어린 도움으로 부대가 정상화되고 1954년 2월 육군 현역으로 편입되게 되었다. 거제도의 포로 수용소와 같은 관광자원으로 개발되어 당시 백호부대의 활약상을 다양하게 소개하고 체험할 수 있는 유적지로서의 복원이 이루어지기를 바란다.

13) 분단의 상처를 달래주는 위령탑

2005년 6월 우리 사회를 뜨겁게 흥분시켰던 최전방 부대 연천 GP 총기난사 사건이 있었다. 그보다 6년전인 1989년 8월 대청도에서 총기난동 사고가 발생했다. 서해 최북단 섬지역 전방부대 총기난동 역시 남북 분단의 아픈상처의 하나이다. 젊은이들이 국토 방위를 위해 절해고도의 섬지역에 배치되었다. 총기 난동이 발생하자 지휘관은 부대와 주민의 안전을 위하여 설득에 나섰다가 희생을 당하고 말았다. 당시 대청부대장과 주임상사, 그리고 무고하게 참변을 당한 주민의 넋을 위로하기 위한 위령탑이 옥죽포 언덕에 세워졌다. 위령탑을 통해 소속 부대원에 대하여 끝까지 책임을 지기 위해 목숨까지 아끼지 않은 지휘관의 숭고한 희생정신을 생각하면 옷깃을 여미게 된다. 또한 우리나라가 반드시 해결해야 할 분단의 아픔이 아직도 계속되고 있음을 확실하게 하는 증표로서 남아있다.

14) 힘찬 어부상과 생활신조

대청도 여객선 부두의 입구에 서 있는 동상이 바로 '어부상' 이다. 대청도 초입에서 처음 접하게되는 대청도의 상징의 하나이다. 대대로 내려오는 대청도 사나이들의 힘찬 함성이 들려오느듯 하다. 그 밑의 해설 내용에는 고려시대 원나라 태자가 유배하여 궁궐을 짓고 살았고 그의 도읍지라 하여 대청도의 최고봉을 삼각산 이라 칭하였다 전하며 이 어부상은 대청도민의 풍요로운 삶을 위한 힘찬 화합과 단결을 상징한다는 내용을 담고 있다. 면사무소 진입로에 세워져 있는 대청도민의 생활신조비에 보면, 감청빛 맑은 바다를 배경으로 살아가는 대청 사람들의 건실한 삶의 모습이 배어있는 내용을 접하는이로 하여금 흐뭇한 마음을 갖게한다.

15) 대청도의 노래 : 대청도 아가씨

대중가요 속에서 대청도에 관련된 노래를 찾아보면 배호의 '대청도 아가씨'가 있다. 일반적으로 이미자의 '흑산도 아가씨'가 많이 알려져 있는 편이나, 흑산도 아가씨의 노랫말은 떠나간 임을 그리워하며 잊지못해 하는 내용인 반면 대청도 아가씨는 바다로 고기잡이 나간 사랑하는 이를 기다린다는 전형적인 어촌 마을의 이미지를 강하게 담고있어 정감이 가는 내용이다.

16) 대청도 소설과 시 (시인의 별, 대청예찬)

대청도를 배경으로 한 소설로서 이인화의 '시인의 별'이 있다. 이 작품은 고려시대의 유배지인 대청도를 무대로해서 주인공 안현이라는 인물의 파란만장한 삶을 이야기하고 있다. 원나라 태자에게 아내를 빼앗기고 구사일생으로 아내를 찾아 중국대륙을 헤메이다가 결국 아내를 찾았지만 이미 자식을 낳고 남의 부인이 되어버린 몸, 안현이는 아내를 죽이고 본인 스스로도 목숨을 끊게된다. 그 주 배경에 대청도가 있는 역사소설이다. 2000년 제 24회 이상문학상 수상작품이다. 고려 충렬왕때 사람인 안현에 대한 역사적 기록을 토대로 작가의 상상력을 발휘한 소설로 소설속에서 나마 대청도는 시인의 별이되었다. ** 김 정옥 - 대청예찬 **

17) 삼서 트레킹

　　(삼각산-기름항아리(기름아가리)-마당바위-서풍받이-정자각: 6.4㎞, 4시간 소요)

　대청도 삼서트레킹은 한국 최고의 섬트레킹 코스이다. 대청도 삼서트레킹은 삼각산에서 서풍받이까지 이어진 트레킹코스로 거리는 6.4km, 소요시간은 4시간이다. 산 능선을 따라 푸른 바다를 보면서 삼각산 정상에 오른다. 푸른 산자락으로 둘러쌓인 맑은 바다와 기암괴석이 아름답다. 기름항아리(기름아가리)는 푸른 산자락으로 둘러싸인 절벽으로 맑고 푸른 바다와 우뚝 솟아있는 기암괴석이 하나가 되어 대단히 아름다운 해변이다. 낚시를 즐기기에 좋은 천혜의 낚시터로 손꼽히기도 하며 파도소리와 바람소리가 아름다운 곳이다. 바닷가에 우뚝 솟아있는 서풍받이에 오르면 감탄이 절로 난다. 서풍받이는 서해의 파도와 바람을 막고 있는 바닷가에 깎아지른 웅장한 수직절벽이 깨끗한 서해바다와 함께 장관을이루는 멋진 경관이며 아름답고 이국적인 풍경으로 파도, 바람소리가 시원함을 느끼게 한다.

　남해 바다 가운데도 거문도의 불탄봉~보로봉 능선 서안 절벽은 만약 세계 100대 절경을 꼽는다면 그중 하나일터, 이곳 삼서트레킹 서풍받이 역시 그곳 못지않은 절경을 뽐내고있다. 서풍이 워낙 세차게 몰아치는 곳이라서 서풍받이라 한다. 바람이 세니 파도가 거칠어서 해안 절벽이 깎아질렀다는 것이다. 삼각산과 서풍받이 일주길을 이은 삼서트레일은 약 7㎞ 4~5시간 잡으면 된다. 빨리 걷자고만 들면 2~3시간 만에도 될테지만 조망 좋은 곳들마다 놀며 쉬며 걷는 것이 이 삼서트레일의 포인트이다. 삼각산 정상에서 서풍받이 쪽 내리막길은 가파라서 노약자에겐 조금 무리이다. 내년 봄쯤 계단을 놓을 예정이라 한다. 삼서트레일의 3대 조망처는 삼각산 정상전의 330m 봉, 섬 남서쪽 꼬리의 갯바위지대인 마당바위, 그리고 서풍받이다. 한편 섬 꼬리의 마당바위는 오후 한나절이 저녁때보다 더 좋았다. 그러므로 오후에 산행을 시작, 노을 무렵에 서풍받이에 도착하게끔 계획을 잡는게 좋다. 하모니 플라워 대청 도착시간 후 일정과 일치한다.

그리스도교의 대청도 전래와 발전

이영미
인하대학교 한국학연구소 연구교수

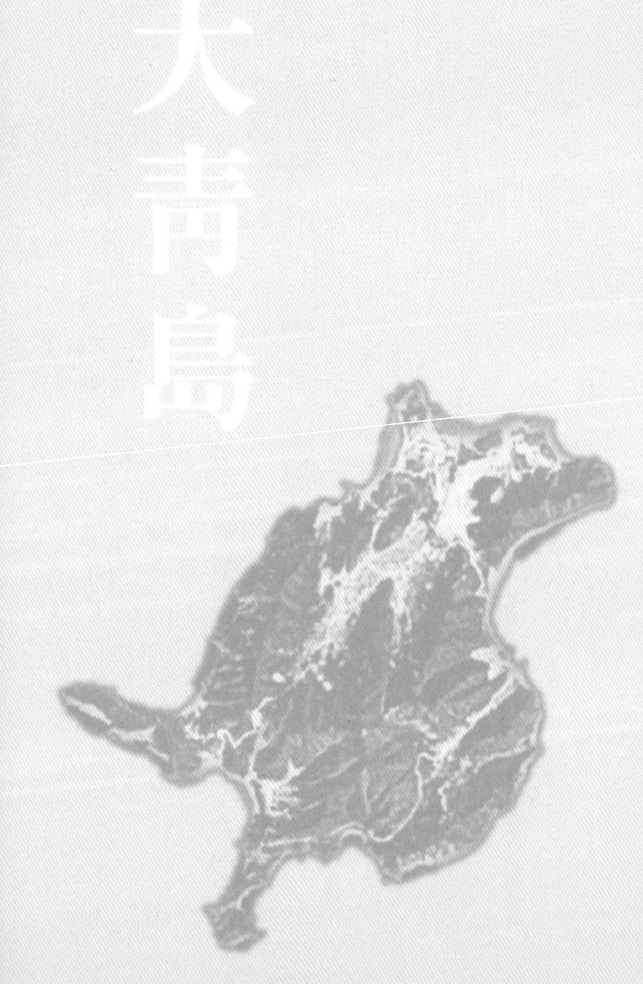

1. 들어가며
2. 소래교회와 중화동교회
3. 대청도 개신교회들의 어제와 오늘
4. 메리놀외방전교회의 도서 지역 선교
5. 고주동공소에서 대청도(준)본당까지
6. 나오며

1. 들어가며

서기 1세기 팔레스타인에서 창시된 그리스도교 Christianity는 유럽에 전파된 이래 크게 로마 가톨릭 교회, (동방) 정교회, 프로테스탄트 교회의 세 갈래로 발전해 왔다. 이 3대 분파 중 한국에 가장 먼저 들어온 것은 로마 가톨릭 교회 즉, 천주교이다. 한국에 천주교가 알려진 것은 중국을 통해서였다. 베이징에서 활동하던 유럽인 선교사들이 청 조정을 내방한 조선인들에게 과학 기구와 종교 서적을 선물하여 간접 선교를 시도하였는데, '서학西學'이라는 이름으로 그것을 연구하던 선비들 중 일부가 1784년 이승훈李承薰(1756~1801)을 중심으로 최초의 신앙 공동체를 형성하게 된 것이다. 천주교는 조선 정부에 의하여 '사학邪學'으로 규정되고 여러 번 가혹한 탄압을 받는 가운데서도 살아남아 오늘날까지 이어지고 있다.

프로테스탄트 교회 즉, 개신교는 천주교보다 거의 한 세기 후 한국에 소개되었고, 교황청을 중심으로 단일 체제를 갖춘 로마 가톨릭 교회와 달리 교단과 종파가 다양하여 훨씬 복잡한 역사를 갖고 있다. 필자는 만주에서 활동하던 스코틀랜드연합장로교 선교사들이 조선인들을 전도한 1870년대 후반을 한국 개신교의 시작으로 보는 편이 좋다고 생각한다. 최초의 신자들은 선교사들과 함께 신약성서를 번역 출간하고 전도 활동을 벌였으며, 그 중에서도 서상륜徐相崙(1848~1926)은 동생 서경조徐景祚(1852~1938)와 함께 황해도 장연에 소래교회를 설립하였다. 이후 개신교는 미국, 영국, 캐나다, 호주 등 영어권들의 노력에 힘입어

교세를 확장하였다. 그 규모는 지금도 세계적인 수준이다.

정교회는 4세기 말 로마 제국의 동서 분열 후 동로마(비잔틴) 제국에서 발달한 교회로, 현재는 그리스 정교회와 러시아 정교회를 필두로 지역별, 국가별, 민족별 교회를 두고 느슨하게 연대하고 있다. 한국의 정교회는 1897년 초 주한러시아공사관이 조선에 체류하고 있던 자국민들의 신앙 생활을 위하여 성직자 파송을 요청하면서 시작되었다. 3년 후 내한한 최초의 선교사들은 교리서와 예배서를 번역하고 한국인 신자들을 얻는 데 성공하였으며, 공사관 내 임시 성당에서 출발하여 1903년 4월 17일 정동에 성당을 세우는 데 이르렀다. 정교회는 러시아의 러일전쟁 패전과 사회주의 혁명, 냉전과 분단으로 인하여 반세기 동안 어려움을 겪었으나, 한국전쟁 후 재정비를 통하여 현재까지 명맥을 잇고 있다.

19세기 말 한국에 들어온 그리스도교 교단으로 성공회(영국국교회)가 있다. 성공회는 영국 왕 헨리 8세Henry VIII(1509~1547) 때 로마 가톨릭 교회에서 분리된 국가 교회로, 교황의 지배를 거부하였다는 점에서 프로테스탄트 교회에 속하지만 교리적으로는 가톨릭과 흡사하다. 한국의 성공회는 1890년 9월 코프Charles J. Corfe(1843~1921)를 초대 주교로 하여 서울과 인천에서 선교 활동을 개시하였고, 1991년 독립 관구로 승격된 이래 3개 교구와 100여 개 교회, 성공회대학교 등 각종 부설 기관을 두고 있다.

대청도는 인천의 다른 섬들에 비하면 그리스도교 역사가 긴 편이 아니어서 개신교는 1930년, 천주교는 1950년대 말 시작되었으며, 개신교와 천주교 모두 북쪽의 더 큰 섬인 백령도를 거쳐 전파되었다. 또한 백령도의 그리스도교는 개신교와 천주교 모두 흥미로우면서도 역사적으로 의미가 있는 이야기를 갖고 있다. 이 글이 대청도에 관한 것이면서도 백령도를 상당 부분 다룬 것은 이러한 이유에서이다.

2. 소래교회와 중화동교회

19세기 초 백령도는 중국에서 배를 타고 조선에 들어오는 서양인들의 방문을 받기 시작하였다. 그 중에는 군인과 상인, 의사가 있었고 당연히 선교사도 있었으며 개신교 선교사 뿐 아니라 천주교 선교사도 있었다. 현재 백령도에서는 개신교 선교사의 방문

사실에 큰 의미를 부여하고 있는데, 백령도의 개신교 인구가 많은 것을 생각하면 이상한 일은 아니지만 과대해석은 경계해야 한다. 백령도는 종착지가 아니라 경유지로서 의미가 있었다. 1880년대 중엽 미국 선교사들이 서울에 들어가기 전에 부산과 인천을 방문하였지만, 부산과 인천은 최종 목적지가 아니라 중간에 잠시 들른 곳이었던 것과 마찬가지이다. 또한 선교사들이 백령도민들에게 성서를 전달하고 돌아갔다 하더라도, 그 내용을 가르쳐 줄 교사 없이는 실질적인 열매를 맺을 수 없었다. 성서의 한 구절(사도행전 8:31)을 빌려 표현하자면 "지도해 주는 사람이 없으니 어찌 깨달을 수 있느냐." 실제로 백령도에 예배당이 세워진 것은 19세기 말 백령도민들의 주체적 결단에 의해서였으며, 오늘날 백령도의 개신교 인구가 많은 것은 수십 년 전 이 섬을 방문한 선교사들이 아니라 복음 전파를 사명으로 여긴 한국인 신자들의 공로라고 봐야 한다.

백령도 최초의 개신교 예배당은 1898년 10월 9일 세워진 중화동교회이다. 중화동교회는 황해도 장연의 소래교회에 이어 한국인들이 스스로 설립한 자생적 교회인데, 개인이나 일가족이 아니라 마을 주민 전체가 집단으로 입교를 결심하여 교회를 세웠다는 점이 독특하다. 창립 일화는 1900년 11월 8일 남편과 함께 이 교회를 방문한 북장로교 선교사 언더우드 부인 Lillias H. Underwood(1851~1921)의 저서에 다음과 같이 기록되어 있다.

우리는 소래를 떠나 팽영 Pang Yeng('흰 날개'라는 뜻, '백령(白翎)'을 서양인들이 발음하고 풀이한 것—필자)이라는 섬을 방문하기로 했다. 그곳에는 몇몇 현지인의 지도로 신자가 된 사람들이 다수 있었다. 이 이야기는 말할 만한 가치가 있다. 한 정치범이 이 섬에 유배되어 살고 있었다. 감리교 신자였던 그의 조카는 그가 유배지로 떠나기 직전 그리스도교 서적 한 권을 주면서, 그리스도교가 모든 시민적 자유와 문명의 근간이니 이 책을 읽고 출판하고 주민들에게 그리스도교 교리를 가르치라고 말했다. 그는 바다 건너 소래에 이 책과 그리스도교 교리를 잘 설명해 줄 수 있는 사람들이 살고 있음을 들었다. 그리하여 현지인 중 가장 연로하고 존경 받는 인물이 소래의 서 장로에게 가서 자신들을 가르쳐 달라고 간청하였다.

그들은 통탄할 만큼 무지하여 예수를 믿으면서도 우상 숭배를 계속하고 있었다. 그들은 부분적으로 회복되었으나 여전히 눈먼 자들이었다. 서 장로는 곧바로 (백령도에) 가지 못하고 얼마 후에야 갔는데, 모든 마을 사람들이 우상에게 제사를 지내기 위하여 모여 있었다. 그는 마음을 다하여 그들을 타일렀다. 그들은 즉시 모든 우상 숭배를 버리고 모두 함께 유일하신 참 하나님만 섬기기로 약속하였다.[1]

인용문에는 백령도에 그리스도교 서적—성서로 추정된다—을 가져간 '정치범'과 가장 연로하고 존경 받는 '현지인,' 그리고 소래의 '서 장로'가 등장한다. 먼저 '정치범'은 1897년 7월 경무청 총순 송진용宋鎭用, 시강원 시독 홍현철洪顯哲, 황학성黃鶴性, 장지영張志永과 함께 정부 전복을 꾀한 혐의로 붙잡힌 김성진金聲振이다. 그는 10년형을 받고 황학성(10년형), 장지영(3년형)과 함께 백령도에 유배되었다.[2] 다음으로 '현지인'은 허득許得(1828~1902)이다. 그는 1786년 백령 첨사의 책실(비서)이 되면서 백령도에 정착한 허종許種의 손자였다. 1828년 백령도 남부 중화동에서 허금철許今喆과 부인 이씨의 장남으로 태어났으며, 중앙 관직에 진출하지 못하였으나 1891년 환갑을 넘은 나이에 정3품 통정대부 품계와 종2품 동지중추부사라는 명예직을 받았다.[3] 마지막으로 '서 장로'는 형 서상륜과 함께 소래교회를 설립하고 조사助事(전도사)로 봉직하던 서경조를 가리킨다.

중화동교회는 소래교회와 밀접한 관계가 있다. 1894년 가을 황해도에서 동학농민군이 흥기하였을 때 허득은 김산철金○○과 함께 관군을 지원하기 위하여 장연에 갔는데, 그곳에서 지내는 동안 소래교회를 지켜보면서 개신교에 관심을 갖게 되었던 것이다. 그가 소래교회에 주목한 이유는 소래교회와 그 일대가 동학농민군의 공격을 받지 않고 오히려 보호를 받았기 때문이었다. 물론 처음부터 그랬던 것은 아니다. 서양 종교와 동학의 관계는 본질적으로 대립일 수밖에 없었다. 서경조는 동학을 비난하다가

---

[1] L. H. Underwood, M. D., *Fifteen Years among the Top-Knots or Life in Korea*, New York: American Tract Society, 1904, pp. 243-244.
[2] 송진용은 모반미수죄, 홍현철은 공범죄 겸 왕에게 불온한 언사를 한 죄로 처형되었다. 당시 법부대신이었던 한규설(韓圭卨, 1848~1930)은 김성진과 황학성을 종신 유형, 장지영을 3년 유형에 처할 것을 청하였으나, 고종은 참작할 것이 있다며 두 사람의 형기를 10년으로 줄여 주었고 1906년 초 다른 지역에서 유배 중이던 죄인들과 함께 조기 석방하였다(『고종실록』 35권 1897년 7월 16일; 『고종실록』 47권 1906년 1월 18일).
[3] 옹진군지편찬위원회, 『옹진군지』 5, 2010, 471쪽.

동학교도들에게 구타를 당할 뻔하였고, 소래교회를 선교 기지로 삼은 캐나다 선교사 매켄지William J. McKenzie(1861~1895)는 신자들을 죽이고 가옥을 파괴하겠다는 협박을 받았다. 그러나 12월 초 서경조 부자가 동학농민군 지도자들과 접촉하여 안전을 보장받으면서 소래교회는 이내 안전한 곳이 되었다. 동학 접주는 서경조의 아들에게 매켄지를 해치지 않겠다고 약속하는 한편 동학농민군과 소래교회의 상호 협조를 제안하기도 했다.[4]

한편 백령도는 허득과 김산철이 장연으로 간 후 동학군의 공격을 받아 폐허가 되었고, 갑오개혁의 일환으로 실시된 행정 제도 개편의 결과 진에서 면으로 강등되어 몹시 혼란한 상태였다. 1895년 말 1년간의 육지 생활을 마치고 돌아온 두 사람은 지역 유지로서 질서를 바로잡고 민심을 진정시키는 데 힘썼으며, 허득은 2년 후 김성진과 황학성, 장지영이 백령도에 도착하자 죄인들이 유배지를 이탈하지 못하도록 자신의 집에 머물게 했다.

소래교회에서 깊은 인상을 받은 허득과 유배지에 성서를 들고 온 김성진이 교회 설립을 의논하는 데는 그리 오랜 시간이 걸리지 않았다. 1898년 6월 조선 정부가 미국에서 온 북장로교 선교사에게 호조護照(여행허가증)를 발행함으로써 호의적인 환경이 마련되자, 그들은 중화동 주민들을 모아 개신교를 받아들이자고 설득하기에 이르렀다. 두 사람 중 전면에 나선 것은 물론 허득이었다. 백령도에서 평생을 산 70세 어른이야말로 주민들의 마음을 움직일 수 있는 사람이었을 것이다. 그는 주민들의 동의를 얻는 데 그치지 않고 소래교회의 서경조를 찾아가 교회 설립의 뜻을 알리고 백령도에 방문해 줄 것을 부탁하였다.

허득이 이 무렵 신앙을 갖고 있었다고 보기는 어렵다. 김성진 또한 마찬가지이다. 그럼에도 불구하고 그들이 개신교로의 합동 귀의를 추진한 이유는 무엇일까? 허득의 경우에는 그가 소래교회를 통하여 개신교에 관심을 갖게 된 점에 주목한다면, 지역 유지로서 백령도와 도민들의 안위를 도모하기 위하여 개신교 수용을 주장하였으리라는 추론이 가능하다. 한편 김성진은 중앙에서 활동하다가 백령도에서 형기를 채우고

---

4 소래교회와 동학농민군의 소통과 협력에 대한 구체적인 내용은 이영호, 『동학-천도교와 기독교의 갈등과 연대, 1893~1919』, 푸른역사, 2020, 94~133쪽.

있던 사람으로서, 지역 공동체의 보전을 위해서라기보다는 개신교와 그것을 근간으로 한 서양 문명의 효용을 염두에 둔 것으로 보인다.

개신교 신앙에 대한 허득과 김성진의 무지는 중화동 사람들이 예수를 믿기로 결심하고 10월 9일 중화동교회 창립 예배에 참여하면서도 보름 후에 올릴 당산제를 준비하고 있었던 사실에서 잘 드러난다. 두 사람은 개신교 신앙과 기존 신앙이 양립할 수 없음을 몰랐거나, 어렴풋이 알았다고 하더라도 그것이 그들의 삶에 어떻게 적용되는지 몰랐던 것으로 보인다. 6일 중화동을 찾은 서경조는 주민들에게 개신교 신앙의 기초를 설명하여 당산제를 무산시킨 후, 허득에게 교회를 맡기고 소래교회 신자들과 함께 돌아갔다. 그러나 조상 대대로 지켜 온 믿음과 관습을 폐기하고 낯선 유일신을 섬긴다는 것은 기적 같은 일을 경험하지 않는 이상 쉬운 일이 아니었다. 11월 말 몇몇 사람들이 예기치 못한 풍랑을 만나 몰사하는 사건이 터지자, 허득 일가와 김성진을 제외한 많은 이들이 교회를 탓하며 이탈하였다.

그러나 중화동교회는 스러지지 않았다. 이듬해(1899년) 초 소래교회 교인 김씨 부인이 중화동에 들어와 사람들의 발길이 다시 교회로 향하게 하는 데 중대한 역할을 담당하였고,[5] 허득은 소래교회의 도움과 마을 사람들의 협조 아래 여섯 칸짜리 초가 예배당을 건축하였다. 서경조는 다시 중화동을 찾아와 10월 1일 입당 예배를 인도해 주었는데, 놀랍게도 이 때 거의 모든 주민들이 교회로 복귀하여 신앙 생활을 시작하였다고 한다. 1년 후인 1900년 11월 허득과 허근, 허권, 허륜(허윤), 허간許侃(1885~1972), 최영우, 김홍보 7명은 백령도를 방문한 북장로교 선교사 언더우드Horace G. Underwood(1859~1916)에게 세례를 받아 정식으로 신자가 되었다. 김성진이 신자가 되었다는 기록은 없다. 허득은 영수領首(평신도 지도자)로서 중화동교회를 이끌다가 1902년 6월 초 75세의 나이로 세상을 떠났다.[6]

중화동교회는 중화동 뿐 아니라 백령도 전역을 아우르는 교회로 성장하였으나, 섬 남서쪽에 치우쳐 있었기 때문에 도 전체를 포용하기 어려웠다. 이에 중화동교회와 거

---

5 L. H. Underwood, M. D., op. cit., p. 244.
6 중화동교회의 창립과 발전에 대한 선행 연구로 안치범, 「한국 교회 복음의 관문인 백령도 선교와 교회 설립에 관한 연구」, 『신학과 실천』 36, 2013을 참고하였다.

리가 먼 곳 즉, 백령도 동쪽에 살던 교인들이 먼저 교회를 개척하였다. 그 첫 번째가 바로 사곶교회이다. 사곶교회는 1901년부터 중화동교회에 출석한 교인들이 1905년 9월 네 칸짜리 예배당을 건축하면서 시작되었다. 이듬해 4월에는 진촌의 신자들이 이윤범의 집에서 예배를 드림으로써 진촌교회를 세웠다. 그들은 1904년 중화동교회 지도자들의 집회와 전도를 통하여 신앙을 갖게 되었다. 교회 개척은 일제강점기에도 계속되어 1917년 3월 화동교회, 1924년 3월 가을교회, 1939년 11월 연지교회가 세워졌다. 화동교회와 가을교회는 화동과 가을동에 거주하던 중화동교회 교인들, 연지교회는 가을교회에 출석하던 연지동 교인들이 설립하였다.

해방 후에는 장촌교회와 백령중앙교회가 설립되었다. 두 교회는 허득의 손자 허간의 주도로 시작되었다. 그는 13세에 세례를 받고 중화동교회 집사, 해서제일백령학교 창립자, 사곶학교 교원을 거쳐 1923년 백령도 출신 목사 1호가 되었다. 장촌교회는 1952년 8월 해군 군목 전덕성과 함께, 백령중앙교회는 1953년 12월 가을리와 북포리에 거주하던 교인들과 함께 시작하였다. 허간 사후 세워진 교회로는 1974년 6월 두무진교회와 1988년 진촌교회에서 분리된 진촌제2교회가 있다. 후자는 10년 후 백령한사랑교회로 개칭하여 오늘에 이르고 있다.[7]

백령도의 개신교는 허득과 김성진의 주도와 소래교회의 지원 아래 1898년 10월 6일 중화동교회 창립으로서 시작되었다. 외국인 선교사나 한국인 전도자가 별다른 활동을 하지 않은 상태에서 주민들이 단체로 개종하였다는 것이 특징인데, 개신교의 영향력을 빌려 지역 공동체를 보호하려는 허득의 뜻이 크게 작용한 것으로 분석된다. 한편 중화동교회는 미국 북장로교 관할이었던 소래교회의 영향으로 자연스럽게 장로교회가 되었다. 허득이 사망한 후 그의 후손과 중화동교회 교인들은 백령도 전역의 복음화를 위하여 힘쓰는 한편 대청도로도 전도의 손길을 펼치기 시작하였다.

---

7 옹진군지편찬위원회, 앞의 책, 398~404쪽.

3. 대청도 개신교회들의 어제와 오늘

백령도민들에 의하여 대청도에 개신교가 전파되고 최초의 예배당인 선진교회가 세워진 것은 중화동교회가 세워진 지 30여 년 후인 1930년의 일이다. 2020년 창립 90주년을 맞는 이 교회의 역사는 『대청면지』(1995)에 수록되어 있는 것이 거의 전부이다. 그마저도 1979년 4월 3일 이전의 내용은 창립자의 아들을 비롯한 교인들의 구술에 근거하여 작성되었으므로 부정확한 부분이 있을 수 있다.

『대청면지』에 따르면 황해도 장연군 속달면 태탄리 출신의 문일선이라는 인물이 홍역으로 한 해에 아들 셋을 잃은 후 대청도에 들어왔다. 입도 시기는 알 수 없다. 그의 모친이 허간 목사의 권면으로 먼저 신자가 된 후 그도 신자가 되었다는데, 정확한 경위는 알려지지 않았지만 백령도의 개신교 지도자들이 1930년 전부터 대청도민들을 전도하려 했음을 알 수 있다. 여하간 그의 가족은 선진동에 작은 집을 구하여 사랑채에서 예배를 드림으로써 선진교회를 시작하였고 당회장은 허간, 영수는 문일선이 맡았다. 창립일자는 분명하지 않으나 어느 순간부터 1930년 4월 3일로 지키고 있다. 현재 선진교회 주보에도 이 날짜가 기록되어 있다.

선진교회는 장연에서 조사 박○○을 청빙하고 박창문의 집을 매입하여 예배당을 세우는 등 교회의 모습을 갖추어 나갔다. 그러나 일제강점기 말에 접어들면서 이 교회도 다른 교회들과 마찬가지로 어려움을 겪었다. 일본인들은 철물 공출이라는 명목으로 종과 종각을 뜯어가고 교회와 교인들을 감시하였으며, 해방 후 임병덕林炳德(1920~1999)이 조사로 부임하였으나 오래지 않아 한국전쟁이 발발하고 말았다. 문일선과 교인들은 서울 수복 후 피난길에서 돌아와 낡고 허물어진 기존 예배당 대신 지역 유지 김학필金學彌의 기념관에서 예배를 재개하였다.[8]

문일선 사후 예배당 건축을 갈망하던 선진교회 교인들에게 도움의 손길을 내민 것

---

[8] 김학필은 '대청도의 은인'으로 불리는 김학선(金學善, 1864~미상)의 동생이다. 김학선은 황해도 서패골 출신으로 중년 이후 대청도에 정착하여 대청도민들의 생활 개선에 크게 기여하였고, 일제강점기에는 대청도 및 소청도 산야의 국유지 편입을 저지하는 한편 대청사숙(1921)과 대청도어업조합(1923)을 설립하였다. 김학필 역시 형과 마찬가지로 대청도를 위하여 헌신하였다(옹진군지편찬위원회, 『옹진군지』 6, 2010, 473쪽과 506쪽).

은 "서울 김원철 성결교회 장로님"이었다. 이 부분에 대한 『대청면지』의 설명은 다음과 같다.

따라서 예배를 드리던 기념관 건물도 너무 낡아서 예배를 드릴 수가 없게 되자 교역자도 모실 수 없고 하여 당시 교우였던 김성녀, 김승학, 김종세 등 여러 교우들 집으로 돌아가면서 예배를 드릴 때 서울 김원철 성결교회 장로님께서 고주동 넘어 물 내리는 골에 규석 광산을 개발하게 되었는데 김원철 장로님께서 김학필 옹의 송덕비를 건립하여 주는 조건으로 기념관 자리에 교회를 건축하게 되었는데 당시 광산에서 석공일하던 허형호 씨가 퇴근길에 물 내리는 골에서 배로 돌을 실어왔고 당시 교인들 김성녀, 김승학, 김종세, 김순덕, 이은태, 김영옥, 조합 이사 부인 문선순 부인들이 가난한 살림으로 낮에는 일하고 그러면서 피곤한 육신을 이끌고 밤에 허형호 씨가 실어다 한상교 집 앞 바닷가에 풀어 놓은 돌을 이고지고 하여 운반하였고 1959년 5월에 선진교회 머릿돌을 놓게 되었다.[9]

선진교회 건축을 지원한 김원철金源喆(1918~1982)은 황해도 장연군 용현면 출신으로 어린 시절부터 교회에 출석하였다. 정미소와 곡물상을 운영하던 갑부의 딸과 결혼하여 사업가로 활동하였고, 1947년 4월 월남한 후에는 광산업에 눈을 돌려 백령도 규석 광산을 비롯하여 전국적으로 7개 광산을 소유하였다. 사업의 번창과 함께 신앙에서 멀어졌다가 아내가 집으로 초대한 미국인 목사의 설교를 듣고 회심하였으며, 1958년 장충단성결교회 서리집사, 1964년 장로로 임명되어 남성 전도회 조직과 국내 전도 사업에 힘썼다. 그는 도서 지역에 6개 교회를 개척하는 한편 목회자들의 생활비도 지원하였다. 선진교회를 도운 것도 그 일환이었다.[10]

1959년 5월 건축을 마친 선진교회에 허간이 부임하였다. 이후 박○○ 전도사, 최인모 전도사, 전응식 장로, 김수만 전도사, 이경복 전도사, 민원기 강도사가 교회를 담당하였고, 1979년 4월 3일 박영식(박청산) 강도사가 부임하여 30년 이상 재직하였다. 신

---

9 대청면지편찬위원회, 『대청면지』, 1995, 195쪽.
10 김원철에 대한 이상의 내용은 2014년 2월 1일 『한국장로신문』에 실린 기사를 참고하여 작성하였다.

자들의 수가 늘어나면서 1983년 선진동 산50번지에 예배당을 신축하고 1991년 교육관을 준공하였으며, 1995년 등록 교인 123명, 일요일 출석 교인은 평균 117명(남성 30명, 여성 50명, 초중고생 37명)에 달하였다. 현재는 2010년 부임한 류영달 목사가 10년 넘게 시무하고 있다.

대청도에 두 번째로 세워진 교회는 내동교회이다. 이 교회는 1955년 12월 10일 허간과 마찬가지로 허득의 손자였던 허응숙 목사의 주도로 선진동의 북서쪽인 내동에 설립되었다. 당시 백령도 진촌교회 담임 목사였던 허응숙은 대청도 전도 사업의 일환으로 내동교회를 개척하였고, 진촌교회 장로 백기선이 1956년 1월부터 4개월간 이 교회를 담당하였다. 처음에는 예배당이 없었으므로 김삼촌의 집을 교회 겸 사택으로 이용하였으며, 5월부터 1년 반 동안은 내동국민학교를 빌려 예배 장소로 삼았다. 창립 1년 만인 1956년 12월 8일 김삼촌의 남편 김윤상 소유의 건물과 기지(내동 601번지)를 60,000원에 매입하여 예배당으로 사용하였다.

내동교회는 창립 이래 한동안 백령도에서 파견하는 사람을 담당자로 받아들였기 때문에 거의 매년 담당자가 바뀌었다. 1972년 처음으로 박성화 전도사를 15대 담임으로 청빙하였으나 오래 머무르지 못했고, 박성화 이후 1994년 4월까지 9명의 목사와 전도사가 이 교회에 왔다가 떠났다.[11] 그러나 이러한 어려움에도 불구하고 교회는 성장을 계속하여 1972년과 1981년 건물을 신축하였으며, 1994년 8월 최영권 목사를 25대 담임으로 청빙하였는데 그는 지금까지 무려 25년 넘게 시무하고 있다.

대청도에는 선진교회와 내동교회 외에도 옥죽포교회와 실로암교회가 있다. 우선 옥죽포교회는 1984년 1월 1일 내동교회 교인 중 옥죽포에 살던 사람들이 강명성 집사 자택에 모여 창립하였다. 이듬해 1월 20일 교회 건물을 짓고 입당하였으며, 2004년 10월 14일 다시 새 예배당을 완공하여 현재까지 사용하고 있다. 『옹진군지』(2010)에 따르면 윤문혁, 김찬홍, 임홍식, 박정인, 김정구, 김영걸이 교회를 담임하였고 당시 신자

---

[11] 내동교회 1~24대 담당자는 다음과 같다. 백기선, 이찬영, 김형찬(이상 장로), 허간, 전응선(장로), 허응숙, 허간, 허응숙, 김윤성(장로), 장응열, 변신보(이상 집사), 김윤성, 허응숙, 박성화, 김세권(전도사), 김종만(목사), 배무일, 김범승, 박학원(이상 전도사), 권봉구(목사), 전봉일(전도사), 김원균, 이약슬(이상 목사)(대청면지편찬위원회, 앞의 책, 200쪽).

규모는 47명이었다.[12] 인도네시아 등지에서 선교사로 활동한 조동진 목사가 2017년 부임하여 오늘날까지 교회를 맡고 있다.

실로암교회는 앞에서 살펴본 선진교회와 내동교회, 옥죽포교회가 장로교회인 것과 달리 성결교단(예수교대한성결교회) 소속이다. 이 교회는 내동교회 신자로 출발하여 성결교에서 안수를 받은 이용남 목사가 1990년 5월 30일 창립하였으며, 현재 건물은 약 15년 전 같은 교단 등촌제일교회의 지원을 받아 개축한 것이라고 한다. 조○○ 목사와 이창선 목사를 거쳐 2013년 부임한 4대 조승연 목사가 지금까지 시무하고 있다.

4. 메리놀외방전교회의 도서 지역 선교

천주교는 개신교보다 100여 년 먼저 한반도에 들어왔으나 정부의 금령 때문에 전국적으로 확산되지 못하다가, 1886년 조불수호통상조약으로 파리외방전교회 선교사들의 포교 활동이 가능해지면서 새로운 전기를 맞았다. 특히 1890년대 후반 황해도와 평안도에서 입교자들이 현저하게 증가하였는데, 자신의 생명과 재산을 보호하기 위하여 교회와 선교사, 신자들의 도움을 얻으려는 자발적인 입교가 많았던 것이 특징이라고 한다.[13] 백령도 주민들이 자발적으로 교회를 세우고 개종한 것과 비슷하다.

백령도는 19세기 말 중화동교회 창립 이후 개신교가 융성한 섬이었다. 따라서 백령도의 천주교는 기존 주민들이 아니라 외부에서 유입된 신자들의 종교로 출발하였는데, 여기에서 외부란 주로 1898년 설립된 장연본당을 가리킨다. 백령도민으로서 최초로 천주교 신자가 되었다는 최경림崔京林(1921~1970)도 어떻게 보면 장연본당 출신이었다. 『백령성당 50년 여정』(2009)에 따르면, 그는 1945년 4월 15일 장연 출신의 유치원 교사 김양겸과 장연본당에서 혼배성사를 드린 후 백령도에 정착하였다는 것이다.[14] 1947년 장연본당의 이호연, 정만원, 홍인강, 장인균 등이 가족을 이끌고 백령도로 이

---

12 옹진군지편찬위원회, 『옹진군지』 5, 2010, 406쪽.
13 1890년대 말 황해도 은파 등지에서 나타난 자발적 입교 운동에 관해서는 장동하, 「황해도 해서 지역의 빌렘(Wilhelm, 홍석구) 신부 선교 정책에 관한 연구」, 『가톨릭 신학과 사상』 55, 2006.
14 천주교 인천교구 백령도성당, 『백령성당 50년 여정』, 2009, 64쪽.

주하자 당시 백령면장이었던 최경림의 집에서 공소 예절을 시작하였으며, 1952년 인천 본당 주임 신부가 이곳을 방문하여 첫 미사를 집전하였다. 당시 신자들은 남성 15명과 여성 21명으로 총 13세대를 이루었다고 한다.[15]

1958년 인천과 부천, 휴전선 이남의 황해도 도서 지역이 인천감목대리구로 설정되고 메리놀외방전교회가 포교를 맡게 되었다. 메리놀외방전교회는 1923년 5월 평안도에서 한국 선교를 개시한 미국 최초의 가톨릭 선교회인데, 서울교구장 노기남盧基南(1902~1984)의 요청에 따라 인천감목대리구를 담당하게 된 것이다. 그리고 이듬해 봄 '부영발'이라는 이름으로 잘 알려진 마펫Edward J. Moffett(1922~1986)이 백령본당을 설립하였다. 그는 1948년 서품을 받고 중국 광시성에서 선교사로 활동하다가 1951년 공산당에 의하여 추방된 인물이었다.[16]

마펫이 부임할 당시 대한민국 어디나 마찬가지였겠지만 백령도 역시 심각한 식량난에 시달리고 있었다. 영양실조로 사망하는 아이들도 수십 명이었다. 이러한 상황에서 그가 역점을 둔 것은 구호 사업이었다. 그는 본국의 구호 단체에 원조를 요청하여 백령도와 대청도, 소청도의 빈민들에게 식량과 각종 물품을 전달하였고, 고아원과 양로원, 병원을 건립하는 등 도서 지역 주민들의 생활 개선을 위하여 힘썼다. 그리하여 그의 활동은 1960년대 종종 신문에 보도되었다. 다음은 1960년 8월 25일자 『동아일보』 기사를 발췌한 것이다.

> 그는 이곳에 삶을 택한 이후 해마다 이 빈약한 고도는 식량 사정이 극도로 핍박하여 대부분의 도민들이 굶주리고 있다는 사실과 갖은 병마에 시달리면서도 치료의 길이 전혀 없다는 딱한 실정을 보고 (…) 각 구호 단체에 호소하여 식량과 의료품을 제공받아 우선 급한 대로 일시적인 구호에 열과 성을 다하였다. (…) 매그루더 대장은 휘하 참모들

---

[15] 인천교구사편찬위원회·한국교회사연구소 편, 『인천교구사』, 천주교 인천교구, 1991, 646~647쪽.
[16] 1951년 6월 22일자 미국 아칸소주 일간지 『가디언(The Guardian)』에 따르면, 마펫은 1950년 7월 체포되어 사형 선고를 받고 복역하다 추방되었으나 그의 동료는 처형되었다고 한다. 이러한 경험을 통하여 열렬한 반공주의자가 된 그는 반공을 국시로 내건 군사 정변을 지지하였고, 군인 정권을 달가워하지 않던 미국 정부를 설득하는 데 앞장섰다. 1974년 8월에는 하원 외교위원회 한국문제청문회에 참석하여 유신을 옹호하였다(대청면지편찬위원회, 앞의 책, 216~221쪽).

에게 그 대책을 강구할 것을 지시한 끝에 그들로 하여금 에펙 자금(미군대한민간원조자금) 사만칠천 딸라를 마련케 하였다. 이에 힘을 얻은 모페트 신부는 이 자금으로 새 병원을 세우고 수술대와 X선 광선 장비, 마취기, 발전기 등 최신 기재를 설치하였을 뿐 아니라 여러 가지의 가구 및 환자용 침대까지도 마련할 수 있었으며 환자를 병원에까지 수송할 수 있는 차량도 한 대를 구독할 단계에 이르게 하였다.[17]

백령본당 관할 구역의 천주교 교세는 급속하게 증가하였다. 백령도에 10개, 대청도에 4개, 소청도에 2개 공소가 설립되었고, 백령도의 천주교 신자는 1959년 2,837명에서 1963년 5,770명, 1967년 7,543명으로 급속하게 증가하였다. 신자들의 신앙 생활 지도와 예비 신자 교육을 위하여 수녀들도 파견되었다. 그러나 이렇듯 괄목할 만한 양적 성장에는 언제나 그늘진 부분이 있기 마련이다. 전부가 다 그런 것은 아니었지만 구호품을 얻기 위하여 성당을 찾고 세례를 받은 사람이 많았던 것이다. 신자들은 헌금과 교무금 납부는커녕 주일 미사도 참석하지 않는 게 보통이었으며, 1970년 전후 성당을 이탈하기 시작하여 1971년 5,996명, 1975년 4,275명, 1979년 3,513명으로 감소하였다. 신자가 되는 데 필요한 교육을 제대로 받지 못한 것, 구호품에 의존하지 않아도 될 만큼 경제 사정이 호전된 것이 원인이 되었다.

백령본당 신자들의 신앙 생활이 활성화된 것은 한국인 신부가 부임한 후, 특히 1974년 말 부임한 4대 주임 황상근 신부 때부터이다.[18] 과거에는 뭔가를 받기 위하여 성당에 나오던 사람들이 1981년 700만원을 모금하여 성당 지붕을 개량한 데서 이를 알 수 있다. 1983년 평신도 사도직 단체인 레지오 마리애(자비의 모후회)가 구성되어 전교 활동을 시작하였으며, 그밖에도 사목회와 신우회를 비롯한 모임이 이루어졌다. 1989년 신자 수는 1,798명을 기록하였다.[19]

---

[17] 1960년 8월 25일 『동아일보』 3면 「서해고도에 사랑의 손길」. 그는 이러한 공로가 인정되어 수십 번의 감사패와 표창장을 받았으며 1970년에는 2등급 국민훈장인 모란장을 받았다.
[18] 1973년 3월 마펫이 백령도를 떠나고 테이슨(Roman G. Theisen, 1927~2002)이 2대 주임으로 부임하여 1년간 재임하였다. 백령도를 떠난 후 마펫의 삶은 예비역 해병 대령 이근식의 회고록 『노해병의 어제와 오늘』(2002)에 소개되었다.
[19] 인천교구사편찬위원회·한국교회사연구소, 『인천교구사』, 1991, 646~649쪽.

5. 고주동공소에서 대청도(준)본당까지

1958년 고주동에 첫 번째 공소가 세워지기 전 대청도에는 천주교 신자가 얼마나 있었을까?『대청면지』에는 1936년 김정옥金晶玉(요셉)이 대청도에서 첫 번째로 영세를 받았다고 기록되어 있다. 그러나 그 이전에도 소수의 천주교 신자가 외부에서 들어와 지냈던 것 같다. 1925년경 장연본당 회장을 지낸 김진오金鎭嗚 내외가 선진동에서 10여 년간 살았다고 하며, 장연본당 초대 주임 파이야스Camillus C. Pailhasse(1868~1903)와 신자들이 1898년 10월 대청도에 전도 활동을 갔다가 조씨 신자를 만난 일화도 전해지고 있다. 그에 따르면 충청도 출신의 조대연曺○○이 1846년 병오교난을 피하여 아들 문근을 데리고 대청도 도장골에 정착하였다고 한다.[20]

현재 대청도에는 2004년 1월 26일 설립된 대청도(준)본당과 고주동공소, 선진동공소, 모래올(사탄동)공소 즉, 1개의 미자립 본당과 3개 공소가 있다.[21] 이 교회들이 세워진 경위는 상세하게 알려진 바가 없어 관련 자료들을 검토하고 조립하는 과정이 필요하다. 우선『인천교구사』를 보면 연도와 장소에 대한 언급 없이 대청도에 4개 공소가 세워진 사실이 기록되어 있다. 고주동공소, 선진동공소, 모래울공소 외에 1개 공소가 더 있었으며 그것이 본당으로 발전하였음을 알 수 있다. 다음으로『대청면지』에는 '내동천주교회'와 '선진동천주교회'의 사진과 함께 전자가 1959년 11월 5일 창립되었다는 설명이 있다. 사진을 통하여 '내동천주교회'가 오늘날의 본당과 같은 건물임을 확인할 수 있다. '선진동천주교회'가 선진동공소이니 '내동천주교회'는 내동공소였을 것이다. 내동공소의 존재는『옹진군지』에서 확인된다. 이 책에는 고주동공소가 누락된 대신 1959년 선진동공소, 1961년 내동공소와 모래올공소가 설립되었다고 쓰여 있다. 마지막으로 천주교 인천교구 홈페이지의 온라인역사관에는 1958년 고주동공소, 1959년 선진동공소, 1960년 10월 모래올공소, 2004년 1월 26일 대청도(준)본당의 설립 사실이 기록되어 있다. 이를 바탕으로 대청도 천주교회의 내력을 정리하면 다음과 같다.

---

[20] 대청면지편찬위원회, 앞의 책, 207쪽.
[21] 대청도(준)본당의 관할 구역에는 소청도도 포함된다. 소청도에는 예동공소와 노화동공소가 있었으나 현재는 예동공소만 남아 있다.

연	월	일	내용	현재 주소
1958			고주동공소 설립	옹진군 대청면 대청남로86번길 53
1959			선진동공소 설립	옹진군 대청면 대청로7번길 15
1959	11	5	내동공소 설립	
1960	10		모래올공소 설립	옹진군 대청면 대청남로492
2004	1	26	대청도(준)본당으로 승격	옹진군 대청면 대청로 245

여기에서 한 가지 짚고 넘어갈 것은 고주동공소의 설립연도이다. 천주교 인천교구 홈페이지에는 고주동공소가 마펫이 부임하기 전인 1958년에 세워졌다고 명시되어 있다. 이것이 사실이라면 마펫이 백령본당을 설립하고 대대적인 구호 및 재건 사업을 벌이기 전부터 대청도에서 모임을 가진 신자들이 있었다는 의미가 될 것이다.

대청도(준)본당의 초대 주임은 한정수 신부이다. 이후 김미카엘(2005~2008), 제정원(2008~2010), 주현철(2010~2013), 문용길(2013~2015), 연정준(2015~2016, 주임 서리), 나기원(2016~2019)을 거쳐 2019년 1월 14일부터 현재까지 7대 오혁환 신부가 이곳을 담당하고 있다. 필자가 대청도(준)본당을 방문하였을 때 그는 신자들과 함께 성당 건축을 진행하고 있었다. 기회가 된다면 조만간 다시 대청도를 방문하여 그가 직접 설계한 새 성당 건물을 만나 볼 생각이다.

6. 나오며

지금까지 살펴본 내용을 대청도 중심으로 요약하면 다음과 같다. 먼저 개신교의 경우 황해도 장연군 출신으로서 대청도에 정착한 문일선 가족이 백령도 허간 목사의 전도를 받아 1930년 4월 3일 선진교회를 세웠다. 1955년 12월 10일에는 백령도 허응숙 목사의 주도로 김삼촌의 집에서 내동교회가 시작되었으며, 1984년 옥죽포에 살던 내동교회 신자들이 분리되어 새로 옥죽포교회를 창립하였다. 선진교회와 내동교회는 장로교 소속인 백령도 중화동교회 목사들에 의하여 세워졌으므로 모두 장로교 소속이고, 내동교회에서 갈라져 나온 옥죽포교회 역시 장로교회이다. 1990년 5월 30일에 세워진 실로암교회만 성결교에 속한다. 신자 규모는 선진교회가 가장 많고(2010년 120명) 그 다음이 내동교회, 옥죽포교회(2010년 47명), 실로암교회 순인데 전반적으로 감소 추세이다.[22] 탈종교화는 도시에서만 일어나는 현상이 아닌 것이다. 게다가 2020년에는 전 세계를 강타한 감염병 코로나19의 타격으로 출석 인원이 더욱 줄어들었다. 4개 교회를 합하여 100명 안팎이며 선진교회를 제외하면 초중고 학생 신자가 없는 형편이다.

천주교는 정확히 언제 대청도에 전래되었는지는 알 수 없다. 1890년대 말 병오교난을 피하여 조대연 가족이 도장골에 정착하였다는 것이 최초의 기록이다. 첫 번째 영세자는 1936년에 나왔고 1958년 고주동에 첫 번째 공소가 세워졌다. 1959년 백령도에 본당이 설립된 후 많은 사람들이 신자가 되고 선진동, 내동, 모래올에 공소가 설립되었으며, 2004년 1월 26일에는 내동공소가 (준)본당이 되어 3개 공소와 함께 현재에 이르고 있다. 천주교 신자들의 감소는 백령도와 마찬가지로 1970년대에 시작되었으리라 생각되는데, 2010년 신자 수가 464명이었다는 것을 보면 천주교 신자가 개신교 신자보다 훨씬 많았으리라는 점을 짐작할 수 있다.[23] 현재 신자 규모는 100여 명 남짓으로 개신교보다 약간 많은 정도이며 역시 감염병의 타격을 입고 있다. 2004년 이래 지금까지 (준)본당을 유지하고 있으며 현재 성당을 신축하고 있으나, 고령화와 탈종교화로 인하여 10~20년 후면 다시 공소가 될 가능성이 적지 않다고 한다.

---

[22] 옹진군지편찬위원회, 『옹진군지』 5, 2010, 406쪽.
[23] 같은 책, 393쪽.

참고문헌

대청면지편찬위원회, 『대청면지』, 1995.

안치범, 「한국 교회 복음의 관문인 백령도 선교와 교회 설립에 관한 연구」, 『신학과 실천』 36, 2013.

옹진군지편찬위원회, 『옹진군지』, 5~6, 2010.

이영호, 『동학-천도교와 기독교의 갈등과 연대, 1893~1919』, 푸른역사, 2020.

인천교구사편찬위원회·한국교회사연구소, 『인천교구사』, 1991.

장동하, 「황해도 해서 지역의 빌렘(Wilhelm, 홍석구) 신부 선교 정책에 관한 연구」, 『가톨릭 신학과 사상』 55, 2006.

천주교 인천교구 백령도성당, 『백령성당 50년 여정』, 2009.

L. H. Underwood, M. D., *Fifteen Years among the Top-Knots or Life in Korea*, New York: American Tract Society, 1904.

대청도의 민속공간 당집과
민속행사로서의 당제와 풍어제

이재혁
한국연안협회 사무국장; 북극학회 회장

大靑島

1. 대청도의 주민 정착과 민속

대청도에는 이미 선사시대부터 사람이 살았을 것으로 추정되고 통일신라시대와 고려의 유물이 발견되어 있으며, 고려시대에 백령도에 진장鎭將을 배치하고 대청·소청도를 부속도서로 한 기록이[1] 있어 주민 정착 시기는 천 년을 넘는다. 대청도의 본격적인 개발과 주민 생활은 조선 후기에 이루어졌다. 1734년 영조실록에서 훈련판관 윤필은 시폐에 대해 상소하는 가운데 울릉도, 대청도, 소청도에 백성이 들어가 경작하게 하여 관방을 공고히 할 것을 청한 기록이 있고,[2] 이는 18세기에 본격적인 주민 이주와 개발이 다시 이루어진 것으로 볼 수 있다. 1799년에 대청도에 진鎭을 설치하였고[3] 1882년(고종 19) 황해도 관찰사에 임명된 심동신沈東臣은 "황해도 관찰사 재임 시 청나라와 인접한 대청도大靑島에 군대 배치[設陣], 청나라 상인들의 무단 항해 문제 등을 조정에 보고하여 처리하였다"[4]는 기록이 있어 조선의 더욱 확고한 영해도서의 위치를 보여주고 있다.

지역의 문화는 주민 생활에서 발생하고, 주민의 생활문화는 민속으로 나타난다. 민속의 분야에는 설화, 민요, 판소리, 무가, 속담, 방언 등의 구비전승과 점복,

1. 대청도의 주민 정착과 민속
2. 대청도의 당집
3. 대청도의 당제
4. 풍어제

[1] 대청면지편찬위원회, 1996, 대청면지, P.55, '고려현종 9년 1018년'.
[2] 「영조실록」 10년(1734년) 1월 13일 윤필 관련 기록
[3] 대청면지, P.26.
[4] 한국향토문화전자대전(http://www.grandculture.net/ko/Contents/Index, 검색일 2020.10.30.)

숭배, 마을신, 무속 등의 신앙전승, 상장, 제례, 세시풍속 등의 의식·행사전승, 음식, 의복, 주거, 민속유희, 민속음악 등의 기예전승, 가족제도, 사회구조, 생업기술 등의 공동생활구조전승 등으로 분류될 수 있다.[5]

대청도는 서해상의 섬 가운데 서해 5도에 속하는 섬이다. 주민들은 주로 어업에 종사했고, 섬의 중앙에 자리한 삼각산의 자락에 마을들을 형성하고 있다. 마을의 주민들은 마을 단위의 공동체 형성하고 문화양식으로서 기원과 의례를 함께해왔다. 기원과 의례를 위한 공간으로써 당과 당집이 형성되었고, 당제와 풍어제 등의 마을 행사가 이어져 왔다.

2. 대청도의 당집

대청도에는 6개 당집의 위치와 실존이 확인된다. 현재 선진동당집, 내동당집, 사탄동당집과 사탄동의 임경업장군사당 등 4곳의 당집이 남아있고, 고 주동 당집과 옥죽동당집 2개의 당집은 위치만을 확인할 수 있다.

대청도의 주산은 삼각산(343m)이다. 섬의 중심에 있는 삼각산 자락에 선진동당집, 내동당집, 사탄동당집, 고주동당집 등 각 마을의 당집이 위치한다. 사탄동의 해안지역에는 해신당으로서 임경업장군사당이 있다. 가장 일찍 멸실된 용신당(옥주동당집)은 대청도에서 어업의 중심이었던 옥죽포의 해신당의 성격으로 볼 수 있다.

1) 선진동당집

대청도는 본래 황해도 장연군 백령면의 지역으로 옥죽동, 고주동, 내동, 선진동, 사탄동의 5개 동을 이루었다. 1945년 옹진군에 편입되었고, 1962년 백령면 대청출장소를 설치할 때의 5개 행정리로 되었다. 현재는 대청1리부터 대청7리까지 7개 리로 나뉘어 있다.

---

5   한국민족문화대백과사전, '민속' 항목에서 발췌(http://encykorea.aks.ac.kr/Contents/Item/E0020149, 검색일 : 2020. 10. 8.)

선진동(대청2리)의 당집은 선진포선착장 남서쪽의 삼각산 자락에 자리한다. 현재는 선진교회의 남측 담장 아래에 위치한다.

당집의 내부에는 원래 모시던 마을 수호신의 모습인 마지는 없고, 일반적인 당집에서 보이는 마지가 걸려있다. 당집이 자리한 토지는 사유지이다. 현재는 외부에서 오는 무속인들이 부정기적으로 사용하며, 당집의 관리는 선진동 주민에 의해 개인적으로 관리되고 있다.[6]

대청도에는 옥죽포, 선진포, 사탄동에 3개의 어항시설이 있고 선진동의 당집은 마을의 당집이었으면서도 역시 섬의 바닷가에 접하고 있는 해신당의 성격을 갖는 것으로 볼 수 있다.

[그림 1] 선진동당집의 현재 모습 (촬영일 2020.8.21.)

[그림 2] 선진동당집 내부 (촬영일 2020.8.21.)

[그림 3] 1980년대 선진포항
(출처 : 경기도, 촬영일 : 1980-08-12)[7]

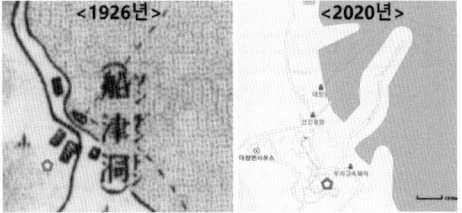
[그림 4] 선진동당집의 해안입지

---

6 김성호(72세, 선진동 주민, 구술자)의 부인이 주로 관리한다(채록일 : 2020. 8. 21.).
7 https://exciting.gg.go.kr/board/inqire.do;jsessionid=3C77A3F4969F560767E75B2E4D078ED1.ajp13?bbsId=BBSMSTR_000000000227&nttId=33814&bbsTyCode=BBST05&bbsAttrbCode=BBSA01&authFlag=Y&pageIndex=119 (검색일 : 2020. 10. 21.)

2) 내동당집

내동은 대청도의 안쪽에 있는 마을이라 하여 안골이라 한다. 지금의 동내동(대청6리), 서내동(대청1리), 양지동(대청7리)을 포함하는 지명이다.

내동당집은 대청도의 6개 당집 중에서 섬의 중심주에 위치하고 삼각산 자락의 가장 높은 고도에 위치한다. 2011년 당집 주변에서 발생한 지뢰에 의한 인명사고로 당집의 통행로가 폐쇄되었고, 위험지역으로 설정되어 이 지역의 출입이 허락되지 않는다. 주민들의 통행이 금지된 당집은 이제는 사용되지 않는다.

[그림 5] 내동당집이 위치한 삼각산 북쪽면
(촬영일 2020.8.21.)

[그림 6] 내동당집 입지
(촬영일 2020.8.21.)

3) 사탄동당집

사탄동당집은 현재의 대청남로510번길 끝부분에 있고 주산인 삼각산 정상부의 서쪽 자락에 자리한다.

당집의 아래쪽으로 샘(당샘)이 있었고, 현재는 작은 저수지가 축조되어 있다. 이 당샘은 평소에 마을주민의 목욕이나 빨래 등의 행위가 금지되어 있었고, 오직 당제를 지내는 사람들의 목욕과 제수 준비 등 당집의 행사에만 사용되었다.[8]

현재 사탄동당집은 이 지역 주민이 아닌 외지의 무속인들이 부정기적으로 개별적인 무속행사를 위해 사용하고 있다.

---

[8] 김호익(1950년생, 사탄동 주민) 구술(채록일 : 2020. 8. 21.)

[그림 7] 사탄동당집 (촬영일 2020.8.21.)

[그림 8] 사탄동 당샘 터 (촬영일 2020.8.21.)

[그림 9] 사탄동당집 내부 (촬영일 2020.8.21.)

[그림 10] 사탄동의 당집 위치도

4) 임경업장군사당

임경업장군사당으로 불리는 사탄동 해안지역의 임장군당집은 사탄동 서쪽 해안 언덕 위 사구지역에 송림 안에 자리하고 있다. 도서지방에서 어부들의 생활 터전은 바다이고, 바다에서의 어업과 항해의 안전을 기원하는 장소로서 해신당의 성격을 나타낸다.

남서해안과 도서지역의 해신설화에 등장하는 해신은 주로 여신으로 할머니신이 많다. 그러나 충남·경기해안에서는 독배장군, 최영장군, 임경업장군 등의 남신이 등장한다.[9] 서해안 당제에 등장하는 인물신 중에는 역사의 실존인물인 장군신將軍神의 면모가 많이 등장한다. 조선시대 반청反淸운동의 기수로 죽임을 당했음에도 '조기의 신'으로 부활하는 임경업은 서해안 어민들에게 강력한 위력을 지닌 장군신의 표상이다.[10]

---

9   송화섭, 2004, "서해안 해신신앙 연구," 도서문화 23, 43-93, 50-51쪽.
10 강성복, 2019, 황금담치, 외연열도의 사람들, 민속원, P.39.

임경업장군사당의 예는 태안의 안면읍 황도리, 연평도 등에서 나타난다. 연평도에는 중부리에 임경업장군사당이 있다.[11]

[그림 11] 임경업장군사당 (촬영일 2020.8.20.)

[그림 12] 임경업장군사당의 해양전망 (촬영일 2020.8.20.)

[그림 13] 임경업장군사당 장군도 (촬영일 2020.8.20.)

[그림 14] 서해안 당제의 임경업장군기 (출처: 강성복)[12]

[11] '전설에 의하면 임경업 장군은 연평도 주민에게 삶의 터전인 조기잡이를 할 수 있도록 안목어장을 개설하여 이 마을 주민에게 은혜를 베풀어 추앙을 받게 되었다고 한다. 그러므로 이 섬에는 임경업 장군의 일화가 많이 전해 오고 있는데 그중에 특기할 것은 그가 풍수지리에 능하여 산자리(산세) 세 곳을 본 후 계란을 각각 묻고 육지로 나간 후 이듬해에 지금 사당이 있는 자리에 왔을 때 계란이 부화되어 크게 자란 닭이 활개를 치며 울었다고 전한다. 그 후 이 자리가 명당이라 소문이 나게 되었고, 사람들은 그 자리에 많은 조기를 잡게 해 준 임경업 장군의 고마우신 은혜를 기리는 마음에서 장군의 넋을 위로하기 위한 사당을 짓고 장군의 시호인 충민공의 이름을 따서 충민사라 이름을 지었다고 하며, 사당이 있는 산을 당산이라 했다 한다.' (옹진군향리지편찬위원회, 1996, 옹진군 향리지, 예일출판사, pp.1275-1276, 조찬석, 1998, "서해 5도서(백령, 대청, 소청, 연평, 소연평) 지역의 땅이름에 관한 조사연구," 기전문화연구, 제25·26집, 571-718, p. 682에서 재인용)

[12] 출처 : 강성복, 전게서, P.39.

해안 도서지방에 있는 신당은 노천당露天堂과 사당祠堂이 있다.[13] 임경업장군사당은 당집이 지어져 있다. 임경업장군은 서해안 도서지역의 여러 곳에서 해신당에 영정을 모시고 있다. 대청도 사탄리에서는 당집의 마지 형태로 게시되어 있다.

5) 고주동당집

고주동은 조선말기에 30가구 광복 후 50세대 규모로 구성된 마을이다. 고주동당집은 현재의 대청남로86번길 북쪽 삼각산 정상부로부터 남동쪽 산자락에 자리하였다고 한다. 현재 당집의 건축물은 멸실되어 존재하지 않는다. 고주동 마을의 동쪽 끝부분에 마을의 장례행사를 위한 상여집이 남아있다. 현재는 이 건축물도 주민들의 장례문화가 변화하면서 비어있는 공간이 되었다.

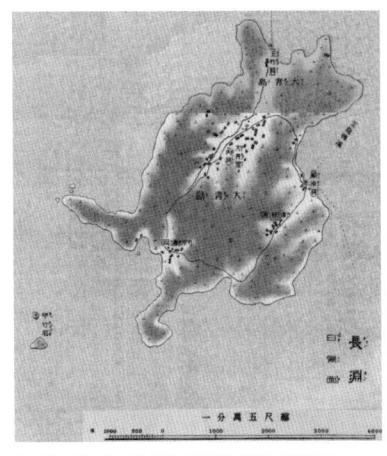
[그림 15] 1920년대 고주동 당집 위치도

[그림 16] 고주동 마을 상여집 (촬영일 2020.8.20.)

6) 옥주포 당집 용신당

옥주동은 옥주포를 중심으로 70여 세대의 대부락을 형성한 곳이다. 옥주동의 당집은 '용신당'이라는 이름으로 전해진다. 구술자의 기억으로는 60년 이전부터 용신당의 건물은 볼 수 없었고 지명으로 전해지는 당집이 있었다고 하며, 현재 옥주동 마을 서

---

13 송화섭, 전게서, 70쪽.

쪽 배후산지의 구릉지에 자리하였다고 한다.[14]

옥주포는 일제강점기 이후 선진포가 확대되기 이전에 대청도의 가장 큰 어업중심지였고 홍어잡이 어업이 번성했던 곳이다. 서해안지역의 어촌에서 용왕신에 대한 숭배는 강하다. 어업을 중심으로 하는 지역에서 풍어와 해상안전을 기원하는 용왕신의 숭배는 보편적인 해신당의 성격이다. 옥주동에 있었던 용신당은 명칭과 입지에 있어, 해신당의 성격을 갖는 당집이었음을 추론할 수 있다. 해신당은 바다의 뱃길이나 어장이 보이는 곳에 세워지므로 선진포당집과 사탄동 임경업장군당은 해신당의 성격을 갖고 있다고 볼 수 있다. 현재 자취가 없는 옥주포 용신당도 바다지향적인 입지를 가졌다. 현재 남아있는 사탄동 임경업사당은 임경업장군을 신격화하여 해신으로 숭배하는 장소이고, 옥죽포의 용신당은 용왕을 통한 풍어와 해상안전을 기원하는 장소라 할 수 있다

용신당이 있었던 산을 달래뿌리산이라고 부르는데 옥주포는 동편의 모래산과 사이에 위치하고 중국의 순제가 유배올 때 입도한 곳이다.

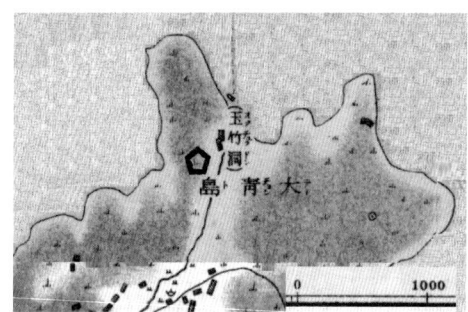 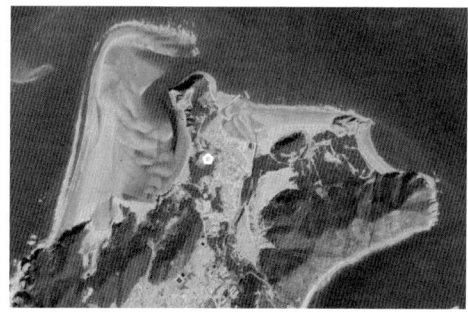

[그림 17] 1920년대 용신당 위치도 [그림 18] 옥죽동 용신당 추정지

7) 전설과 지명으로 남은 당(집)

대청도에는 실제 건축물로서의 존재하거나 존재했던 당집 외에도 '당' '서낭당'으로 불리는 민속의 장소가 있다.

---

[14] 백광모(66세) 구술(채록일: 2020. 10. 8.)

- 신향당골

양지말 북쪽에 있는 마을로 옛날에 신향이가 계모의 학대를 피하여 이곳에 와서 섬을 개척하여 대청도를 발전시켰으므로 사당을 짓고 위하였다 한다.[15] 옥주동에 사는 주민의 구술에 의하면 신향은 옥주골에 들어와서 칡넝쿨 땅을 개간하여 밭으로 만들었다 한다.[16] 현재는 정확한 위치를 알 수 없으나 양지동과 옥주동 사이에 있었다고 전해진다.

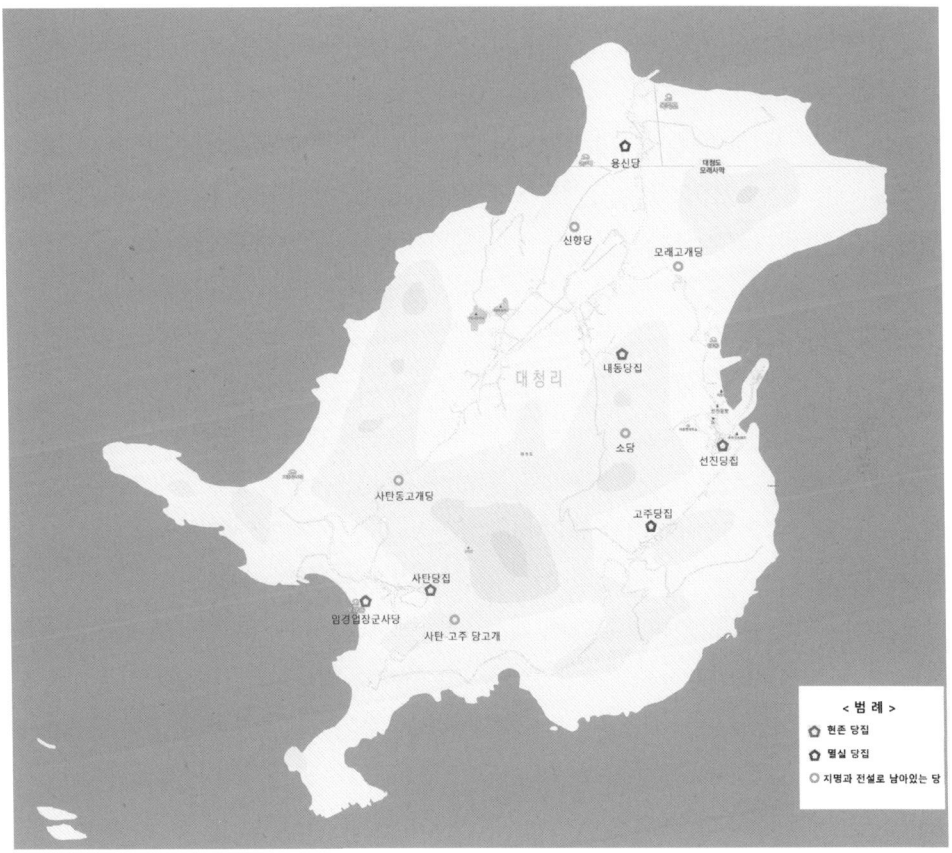

[그림 19] 대청도의 당(집) 분포

---

[15] 한글학회, 한국지명총람(하), 1986
[16] 신씨(서내동에서 출생한 옥주동 주민으로 당년 79세)(채록일 : 2020. 8. 20.)

- 사탄동-고주동 당고개

삼각산 정상의 남서쪽으로 사탄동에서 고주동으로 이어지는 옛길의 고개 정상부에 돌무더기를 쌓아 당으로 숭배하였다.[17]

- 선진동 소당

선진동에는 서낭당이 두세 군데 되는데, 소당고개는 그중 작은 당이 있는 고개 이름으로 선진동에서 내동으로 가는 길 산마루가 된다.[18] 사이의 고갯길에 당이 있었다 한다. 선진동에서 내동으로 가는 선진동 서쪽에 작은 당이 있었고 이를 소당이라 불렀고 이곳을 소당골이라 한다. 현재 선진동당집이 있는 곳을 큰당으로 불렀다.

- 모래고개당

내동과 선진동 사이에 있는 검은낭 산줄기에 놓인 고개를 답동 사이를 모래고개로 부르고 이 고개에 당이 있었기 때문에 당고개라고 한다.[19] 대청도의 고개들에 있던 당의 하나이다.

3. 대청도의 당제

대청도 주민들은 매년 음력 9월9일에 동리마다 당제사를 지내고 정월 보름이면 풍어제(배치기)를 지냈다. 9월9일에 동리마다 있는 당집에서 동민들이 당제를 지냈다. 때와 사정에 따라 무녀巫女를 불러 집 또는 당집(성황당)에서 굿을 하기도 하였다.

동리마다 매년 정초에 동별로 그해 제사에 대한 제물로 송아지를 사서 호별 윤번제로 정성을 다해 기르게 정하고, 9월 1일쯤이면 동마다 제주祭主(도가집)를 선정하고 또는 보조원(제수라고 하였다) 4, 5명을 선출하는데 그날부터 제사에 선정된 사람은 9월 9일 제사가 끝날 때까지 목욕제계沐浴齊戒하고 타인과 접촉을 삼가며 언행과 행동을 엄중히 하였다. 그리고 호당 백미 두 되씩을 거두어 떡을 하고 송아지를 잡고 9월 8일

---

17 심윤상(83세, 사탄동 대청남로 505-10 거주) 구술(채록일 : 2020. 8. 21.)
18 조찬석, 전게서, p. 642.
19 조찬석, 상게서, p. 642.

밤에 제사를 지냈다. 떡과 고기는 호별 균등 분배하여 먹는다.[20]

대청도에서도 우리나라의 다른 지역과 마찬가지로 전통의 민간신앙이나 의례가 사라지게 되었다. 산업화와 개발은 마을 공동체의 생산구조뿐만이 아니라 전통 의례까지 변화시킨다. 일찍이 전파된 기독교의 정착도 부락제를 사라지게 하는 주요 요인의 하나였다. 동제는 미신으로 여겨져 사라지게 되었다.

사탄동의 동제는 정월 대보름 무렵 당굿으로 지내기도 했으나, 1980년 무렵부터 지내지 않았다.[21] 2000년대 초반까지 음력 9월9일에 닭 한 마리라도 삶아서 제례를 갖췄으나 현재는 동제를 지내지 않는다.[22] 내동의 당집에서는 만신이 주관하는 제가 7월 7일과 정월 초에 이어져 왔으나 끊어지고, 서내동의 조충은씨의 조모가 개별적으로 제를 행했다. 조모의 사망 후에도 조충은 부부의 기원의 장소가 되었으나 접근로의 폐쇄로 제를 지내지 않고 있다.[23]

마을공동체에서 전통적으로 행하는 부락제部落祭는 동제洞祭와 당굿으로 나누어 볼 수 있다.[24] 굿은 무당의 주관으로 행해지는데, 대청도에서 나타나는 굿의 사례는 도장골 무당의 사례가 전해온다.

대청도에 서내동에서 서쪽으로 높은 산을 넘으면 도장골이라는 데가 있다. 이곳은 1940년대에만 해도 세 가구가 살고 있었다. 그곳에 백 년 전에 자옥이라는 사람이 살고 있었는데, 그의 아내가 무당이었다. 어느 겨울 눈 내리는 날 굿을 하는데, 이 무당은 자기가 지은 굿소리를 부른다. 뜻인즉 남편인 자옥이가 눈 오는 날 자기를 기다린다는 뜻을 무요로 하는 노래가사이다.

  앞산에도 자옥 뒷산에도 자옥
  우리 자옥 첨지는 나 오나 보려고

---

20 대청면지, P.240.
21 심윤상(83세, 사탄동 거주) 구술(채록일 : 2020. 8. 21.)
22 김호익(1950년생, 사탄동 주민) 구술(채록일 : 2020. 8. 21.)
23 조충은(57세, 서내동 주민) 구술(채록일 : 2020. 8. 21.)
24 이두현, 1978, "洞祭와 堂굿-京離道 楊州郡의 事例를 중심으로-," 서울大學校 師大論驚 제17집, pp.31-62, P.31.

요리 기웃 저리 기웃

이와 같은 노래를 하며 '깽'징을 치며 굿을 하는 풍속이 있었다(김복순 증언).[25]

도장골은 대청중학교 뒷산 너머에 북향한 골짜기를 말하는데,[26] 현재의 미아동해변으로 나가는 곳이었을 것으로 추정할 수 있다.

4. 풍어제

바다를 생활의 공간으로 살아가는 지역에서는 '풍어제'라는 전통적인 의례행위가 나타난다. 대청도에서는 옥죽동에 있었던 용신당과 현재 남아있는 사탄동 임장군사당은 풍어와 해상안전을 기원하는 장소라 할 수 있다.

어촌마을에서는 집단이나 개인으로 풍어를 비는 제를 지냈는데, 사탄동은 임장군사당에서 풍어제豊漁祭를 지냈다. 정월대보름이 되면 집집마다 배마다 임경업장군 또는 상기上旗를 달고 고사를 지내는데 어민들은 징과 북을 울리며 춤과 노래로 풍어를 기원하였다. 이때 부르는 노래는 봉죽타령奉竹打令이라고 한다.

> 봉죽타령 : 돈 실러 가세 돈 실러 가세 연평 앞바다로 돈 실러 가세
>   첫 정월부터 치는 북을 오월 파송까지 내눌너 치잔다
>   배임자 아주머니 정성 덕에 연평칠산에 도장원 할껄세[27]

봉죽은 대나무에 짚으로 만든 고리를 매달아 만든 것으로 배의 이물과 고물에 달아 잡은 고기의 어획량을 표시하는 것으로, 풍어제를 지낼 때 봉죽을 만들어 풍어를 기원하였다.

---

[25] 대청면지, pp.240-241.
[26] 조찬석, 전게서 p.643.
[27] 대청면지, P.240.

대청도에서는 당제의 소멸과 함께 마을의 풍어제도 사라졌다. 공동체 집단의 의식은 이제는 거행되지 않는다. 이미 30여 년 전부터 풍어제는 행해지지 않는다.[28] 그러나, 민간신앙은 사람들의 의식 속에서 존재하고 있었으며 소수의 개별적인 의례행위를 이어 왔었다. 풍어제라는 행사가 아니더라도, 어선을 새로 건조했을 때나 어획철에 또는 보름날에 일부의 사람들은 뱃고사 또는 풍어굿을 하기도 했다.[29] 섬의 주민들에게 바다는 생업의 터전이며 삶의 공간이다. 바다의 용왕과 해신에게 풍어와 안전을 기원하는 굿이 풍어굿이다. 사실상 풍어제와 풍어굿의 개념은 다르게 정리될 수도 있다. 풍어굿이 무당굿 또는 풍물굿 형식이라면 풍어제는 유교식 형식이기 때문이다.[30]

사탄동 바다에서는 까나리, 가오리, 멸치 등을 잡았고, 큰 규모의 홍어잡이 배가 두 척 있었다. 어선들은 계속 풍어제를 지냈으나, 70년대 80년대쯤 교회가 들어오면서 당제와 풍어제를 지내지 않았다.[31] 민속신앙의 변화는 개발과 더불어 기독교의 전파가 쇠퇴에 영향을 미쳤다고 볼 수 있다. 기독교 선교사들은 마을신앙과 민속신앙을 우상숭배로 생각하여 민간신앙 자체를 거부하게 된다.

대청도의 풍어제는 지난 2011년에 선진포항 물양장에서 대청도 전체의 행사로 재개되었고, 2018년에 두 번째 풍어제로 개최되었다. 2020년에 제3회 대청도 풍어제(풍어기원 초청공연)를 준비되었으나, 코로나-19의 전파를 차단하는 조치로 취소되었다. 이 풍어제는 지자체의 지원을 받고, 대청도 지역의 어촌계와 주민단체들이 협력하여 준비하고 개최된다. 과

[그림 20] 2020년 대청도 풍어행사 현수막

---

28 배만복(선진동 이장) 구술(채록일 : 2020. 8. 21.)
29 최광수(선진동 주민자치위원장) 구술(채록일 : 2020. 8. 21.)
30 홍태한, 2017, "서해안 풍어굿의 분포, 양상과 특징," 실천민속학연구(30), 131-154, P. 123.
31 심윤상(83세, 사탄동 거주) 구술(채록일 : 2020. 8. 21.)

거의 풍어제가 단위 마을과 어업관련자들이 주최하고 주관하는 제례였다면. 근래 열리는 새로운 형태의 풍어제는 만신이 주관하는 풍어굿이 포함되며, 국악인들을 초청하여 공연하여 섬 전체의 지역축제 형식으로 재생되었다. 지역행사로 새로이 개최된 풍어제는 지역주민들보다 외부에서 오는 관광객을 고려하기 때문에, 개최날짜가 고정되어 있지 않으며 주로 주말에 개최된다. 과거의 전통민속문화가 축제에 연계된 것이다. 시대적 변화에 따라 섬지역의 관광산업 발전을 위한 사회경제적인 변화가 민속문화를 활용하는 융합성을 보여준다.

참고문헌

강성복, 2019, 황금담치, 외연열도의 사람들, 민속원.
대청면지편찬위원회, 1996, 대청면지.
옹진군향리지편찬위원회, 1996, 옹진군 향리지, 예일출판사. 한글학회, 1986, 한국지명총람(하).
국토지리정보원, 황해도지지조사(1915), 근대측량자료 영인본.

강성복, 2012, "어업환경의 변화와 서해 도서지역의 당제," 한국무속학, 25, 177-205.
강성복, 박종익, 2019, "서해 도서지역의 뱃기 당기 연구 -충남 서해안 당제와 뱃고사를 중심으로-," 한국민속학, 69, 105-141.
강정식, 2011, "제주무가의 연행양상," 민속연구, 22, 259-278.
구혜경, 강현정, 2012, "개발에 의한 생업환경(生業環境)의 변화와 공동체신앙의 적응," 실천민속학연구, 19, 93-124.
김성현, 1996, "택리지의 지역서술에 대한 이해 ?팔도총론? 경기편을 중심으로," 한국학 제42권 제 4호 통 권 157호, 77-10.
김준, 2006, "관광 콘텐츠로서 어촌의 문화자원 연구," 도서문화, 28, 347-378.
박경곤, 1994, "동해안 별신굿의 구성 방법과 그 특징," 구비문학연구 제1집, 1-36.
송기태, 2012, "'어획(漁獲)'과 '어경(漁耕)'의 생태문화적 기반과 어업집단의 신화적 형상화-조기잡이 신화와 영등신화를 중심으로-," 한국고전연구 26집, 277-310.
송화섭, 2004, "서해안 해신신앙 연구," 도서문화 23, 43-93.
이경엽, 2000, "도서지역 당제의 전승환경과 생태학적 적응," 역사민속학, 10, 221-244.
이경엽, 2004, "서남해의 갯제와 용왕신앙," 한국민속학, 39, 205-243.
이근철, 1996, "영흥?대부도의 종교문화 고찰," 기전문화연구 제27집, 1-24.
이두현, 1978, "洞祭와 堂굿-京離道 楊州郡의 事例를 중심 으로-," 서울大學校 師大論驚 제17집, 31-62.

이소라, 2000, "욕지섬 위만제와 들채소리," 한국무속학, 2, 211-225.
이윤선, 2001, "생태적 풍어제(豊漁祭)에서 대안 전략적 풍어제로의 변화 고찰 - 서남해 풍어제를 중심으 로," 남도민속연구 제7집, 137-175.
이윤선, 2007, "해양문화의 프랙탈, 竹幕洞 水聖堂 포지셔닝," 도서문화, 30, 85-129.
이정재, 2006, "경기해안도서 무속의 특징," 동아시아고대학, 14, 119-158.
이창언, 2002, "어촌지역 관광개발의 사회문화적 영향," 비교민속학, 23, 411-441.
임재해, 2008, "공동체 문화로서 마을 민속문화의 공유 가치," 실천민속학연구, 11, 107-163.
조숙정, 2018, "어촌의 민속문화 연구 현황과 과제," 민속연구, 36, 69-102.
조정현, 2015, "마을공동체 제의 관련 유무형 공유자원의 형성과정과 전승양상," 비교민속학, 56, 347-380.
조찬석, 1998, "서해 5도서(백령, 대청, 소청, 연평, 소연평) 지역의 땅이름에 관한 조사연구," 기전문화연구, 제25·26집, 571-718.
최진아, 2018, "서해안지역의 풍어제 무구가 갖는 의의와 특징 ? 현지조사 사례연구를 중심으로 -," 도서문화, 51, 121-165.
한정임, 2012, "조선시대 전통깃발의 특징에 관한 연구," 한국디자인문화학회지, 18(1), 505-515.
홍태한, 2017, "서해안 풍어굿의 분포, 양상과 특징," 실천민속학연구, 30, 131-154.
한국민족문화대백과사전(http://encykorea.aks.ac.kr/Contents/Item/E0020149, 검색일 2020.10.8.)
한국향토문화전자대전(http://www.grandculture.net/ko/Contents/Index, 검색일 2020.10.30.)

대청도大靑島의 마을과 지명 유래

김형진 대청도 주민(모래울)
백광모 목사, 우리들교회

1. 유배지로, 고래와 홍어의 섬 대청도

대청도는 인천에서 서북쪽 바닷길 약 114해리 떨어져 있고, 동쪽으로는 (지금은 이북 땅인) 황해남도 옹진군 옹진반도까지는 약 13해리, 남쪽으로는 소청도와 약 3해리, 북쪽으로는 백령도와 약 5해리 거리에 마주하고 있다. 섬의 남북 거리는 약 6km, 동서 간 거리는 약 4km, 해안선 길이는 약 26km이고 면적은 약 12.8k㎡이다.

섬의 남쪽에 해발 343m 삼각산三角山 세 봉우리가 우뚝 솟아 있고, 송宋나라 휘종徽宗의 사신으로 왔던 서긍徐兢이 1123년에 고려를 방문한 후 기록한 『宣和奉使高麗圖經』(선화봉사고려도경) 중 송宋에서 배를 타고 고려로 오는 노정을 기록한 글에서 "대청서大靑嶼는 멀리서 바라보면 울창한 것이 마치 눈썹을 그리는 검푸른 먹[黛]과 같다"[1]에서 보듯, 감청색 바다 위 검푸른 산이 어우러져 대청도大靑島라 불리게 됐다고 한다.

삼각산을 중심으로 울창한 산림으로 '(불)때고 남는 섬'이라고 했고, 인근 백령도는 논과 밭 등 농토가 넓어 '먹고 남는 섬'이라는 말이 있다. 어업이 주요 생계 수단이다. 홍어는 최근에 많은 어획량을 자랑하고 있고, 그 외 꽃게와 우럭 놀래미 등을 잡고 있다. 일제강점기 시절에는 고래잡이로 유명했던 섬답게 최근에는 밍크고래 등이 그물에 걸린다는 소식이 간혹 뉴스에 등장한다.

---

[1] 옹진군지편찬위원회,『옹진군지』,경기출판사 1990, 380쪽

2. 마을 이름과 지명 유래[2]

고려 충렬왕에서 충혜왕에 이르는 13,14세기 대청도는 죄수들의 유배지流配地였다. 고려인 뿐 아니라, 원제국元帝國 황족, 태자, 충신 등 유배지였다. 대표적으로 원제국元帝國 순제順帝가 태자 시절에 두 차례나 유배 왔었고, 원元 명종明宗도 태자 시절 유배 왔었던 곳으로 전해진다.[3]

이처럼 유배지였던 대청도는 고려 말 이후부터 조선 초기에 와서는 서해에 해적 떼들의 잦은 출몰로 주민들이 살 수 없는 무인도로 오랫동안 방치되어 황폐화 되었다가 정조17년(1793년)에 이르러서야 주민들을 입도시켰고[4], 지금의 동내동東內洞에 진鎭을 설치하고 진장鎭將을 파견하면서 해적 등 외적의 침입을 막아냈다고 한다.

내동內洞(또는 안골)이라고 불렸던 동내동東內洞, 서내동西內洞, 양지동陽地洞 3개 마을은 섬 안쪽 한 가운데 자리 잡은 마을로 대청도에서 유일하게 들판이 형성되어 농경지가 가장 넓은 지역이다. 어업이 성행하기 전에는 주로 내동(안골)에서 농사를 지으며 살았고, 그 외 지역은 10세대 미만의 작은 마을이었다.

섬의 북동쪽 검은낭 산에서부터 모래언덕과 뾰죽산, 삼각산을 지나 서쪽으로 이어진 수리봉 웅골 도장골 서고개 등 높고 낮은 긴 산등성이 동·서·남방으로 포근한 어머니 품처럼 안고 있는 듯하다 하여 내동(안골)이라 불렸다.

내동에서 1㎞ 북쪽에 있는 옥죽포玉竹浦는 대청도에 사람이 처음 입도한 곳으로 전해지며 모래언덕(沙丘)이 생기기 전에는 선진포와 더불어 어항漁港으로 왕성했던 곳이다. 선진포船津浦는 대청도 어업의 전진기지이며 섬 내 제일 큰 마을이며 면소재지가 자리하고 있다. 삼각산 바로 아랫마을 고주동庫柱洞과, 천연기념물 제66호로 지정된 동백나무의 북한지인 사탄동沙灘洞(모래울)마을 등 일곱 개 마을을 중심으로 살펴보기로 하자.

---

[2] 옹진군향리지편찬위원회,『甕津郡鄕里誌』에서 인용 또는 참고하였음을 밝힙니다.
[3] 『옹진군지』, 1990, 132쪽
[4] http://sillok.history.go.kr/id/kva_11704029_003 『조선왕조실록 정조실록』【태백산사고본】37책 37권 30장 385면,【국편영인본】46책 385면. 許 長淵 大·小靑島募民耕居

1) 서내동 西內洞 (대청1리)

내동(안골)의 서쪽에 있는 마을이라서 서내동이라 부르는 이곳의 옛 지명은 매막골 鷹幕谷 또는 매막동이었다. 1914년 일제가 행정구역 통폐합 및 명칭 변경 때 매막골은 서내동으로 바뀌었다. 삼각산 서쪽 줄기를 따라 수리봉, 모래울 고개 그리고 서고개로 이어지는 높고 낮은 봉우리들이 서내동을 품고 있다. 고려시대로부터 조선시대에 이르기까지 응방鷹坊의 매 사냥꾼들이 가을이 되면 이곳에 매막을 짓고 기거하면서 매(鷹응)를 사냥하여 조련시켰다는데서 유래하였다. 내동 3개 마을은 대청1리 하나의 행정동(리)으로 있다가 서내동은 대청1리, 동내동은 대청6리, 양지동은 대청7리로 분리되었다.

건너편(건니짝) : 서내동 대다수 주민들은 마을 서쪽에 살았지만, 10여 세대 정도는 맞은편인 학골 쪽에 살았다. 그래서 건너편 마을을 건너편 또는 건니짝이라 불렀다.

학골(서내동) : 서내동 건너편 마을에서 고주동으로 넘어가는 능선 골짜기를 말한다. 골이 깊다고 하여 골짜기 壑(학)字를 써 학골壑谷이라고 하는 설과, 한편 옛날에 학鶴들이 이곳에 와서 서식하면서 새끼를 쳤다고 하여 학골鶴谷이라는 설이 있다.

응골 : 서내동 뒷산 너머에 도장골 옆 급경사 해안가 응골鷹谷이라는 마을이 있다. 지명에서 알 수 있듯이 매 골짜기이라는 뜻이다. 매는 미아골에서 응골에 이르는 긴 해안가 낭떠러지 절벽에서 (황해도 장산곶을 오가면서) 서식하는데 가을이 되면 매사냥과 훈련하는 매막골은 성업이었다고 한다.

도장골 道長谷 : 응골 바로 좌측 옆으로 뻗어나간 골짜기로 들어가는 고개 길이 협소한 비탈길로 멀고 길다고 하여 붙여졌다고 한다.

신바위 : 도장골에서 북동쪽 해안에 있는 바위인데 바위 색깔이 희다 하여 흰바위를 신바위로 변음하여 부른다.

갈낭골 : 도장골 뿌리에서 이어진 낭(떠러지)으로 파도가 세게 들어 와 부딪치는데 파도가 마치 미친 듯이 때린다 하여 광난골이라고 하다가 갈낭골로 부른다.

서고개 : 서내동 뒷산 서쪽에서부터 막골에 이르기까지 길게 이어진 산등선 고개들을 말하기도 하고, 서내동 묘지들이 있는 뒤편에서 넘기 가장 완만한 고개 길을 일컫는다.

제비아가리 : 두 개 바위형태가 뾰족하게 드러나 보이는 모습이 마치 새끼제비가 어미에게서 먹이를 받아먹는 모습과 흡사하다 하여 붙여진 이름이다.

난추니낭 : 난추니가 서식하는 절벽 낭에서 유래한 지명이다. 난추리는 매의 일종이며 수컷을 난추니라고 하고 암컷은 익더귀라고 한다. 몽골어에서 들어와 우리말로 굳어진 것이라고 한다.

뽕나무골 : 서내동에서 남쪽 모래울(사탄동) 넘어 가는 계곡에 뽕나무가 많아 붙여진 이름이다.

모래울 고개 : 서내동에서 남쪽으로 넘어가는 높은 고개로서 이 고개 너머에 모래울있어서 모래울 고개이다. 모래울에서는 서내동 고개라 한다. 고개 중에 제일 높은 고개마루(등말래)이다. 지금은 토목공사를 통해 고개를 낮추어 자동차가 넘나드는 길이 되었다.

석장골石葬谷 : 서내동 서쪽 비교적 완만한 야산 지대에 위치한 석장石葬 무덤들이 있는 곳으로 고려시대 부터 유배지였던 탓에 돌무덤들이 산재하여 부른 이름이다.

막골幕谷 : 마아골 남쪽에 있으며 예전에 어부들이 지은 어막漁幕과 움막이 여럿 있어 막골이라 했으며, 해안에 홍합과 굴 해초류 등 해산물이 풍부하였다고 한다. 지금은 연안으로 모래가 점점 밀려와 굴이나 홍합 바위들이 많이 묻혔다.

마당여 : 막골에 있는 수중 간출여로 밀물에 잠겨 건널 수 없고 썰물에 넓은 마당처럼 넓게 드러나는 바위라 붙여진 이름이다. 굴과 홍합이 많이 붙어 있어 아는 주민들 사이엔 인기가 많았던 바위라 한다.

미아골 : 현재의 대청초등학교와 중·고등학교 뒷산 너머 해변 마을이다. 미앞[5]이란 배의 뒤에서 보아 왼쪽(좌현)을 미앞이라고 한다. 이곳 지형이 미앞과 닮아 붙여진 지명으로, 미앞골이 미아골로 변음되었다. 지금은 파도와 바람으로 유실되었으나 미아골 끝부리 벼랑 암벽을 따라 선착장이 있었다. 여기는 큰 미아골이다. 한국 전쟁 중에 피난민 10여 세대가 살았으나 지금은 폐촌이다. 봄철에는 까나리를 잡고 가을에 조기와 멸치잡이 등 어막들도 10 여 곳 넘게 있었던 곳이다. 미아골 해안 암벽 등 대청도

---

[5] 배의 뒤에서 보아 왼쪽을 미앞이라 한다. 여기에는 보통 질을 매어둔다. 배의 진행 방향에서 왼쪽 뱃전을 가리키는 말. 좌현(左舷)/韓國民俗綜合調査報告書, 우리말 분류대사전

전체가 환경부에서 지정한 국가지질공원[6]이 되었다.

2) 동내동東內洞 (대청6리)

내동(안골)에서 볼 때 동쪽에 있어 동내동이라고 부르는 마을로, 동쪽 검은낭 산줄기가 뾰족산으로 이어져서 대청2리인 선진포와 접경을 하고, 남쪽 학골고개를 경계로 고주동과 접경하고 있다. 양지동과 마주하고 넓은 논밭이 펼쳐져 있다. 북쪽으로는 약 1㎞ 거리에 대청3리 옥죽포와 연결되어 있다. 원제국元帝國 순제順帝는 태자 시절 이곳 대청도로 유배 와서 옥죽포를 거쳐서 동내동으로 들어와 제일 높은 산을 삼각산이라 하였고 궁궐을 지었던 내동을 장안이라 불렀는데 이는 당나라 때 왕이 거하는 곳을 장안이라 불렀다는 것에 유래를 했다고 한다. 조선조 정조17년(1793년) 대청진을 설치했던 곳이 지금 동내동이다.

강틀江野 : 양지동 남산 줄기와 마주하고 있는 논뜰의 다른 옛 이름이다. 옛적부터 지형이 낮아 삼각산 서내동 쪽에서 흐르는 물과 고주동 쪽의 삼각산 학골에서 흘러 내려오는 물줄기가 합류하여 강과 같다고 하여 강틀(뜰)이라는 이름이 붙여졌다. 이후 배수 시설을 하고 논으로 만들어 수리안전답(문전옥답)이 되었고 강틀 강뜰논이라고 한다.

축동築洞 : 강틀논 아래 옥죽포 내려가는 쪽 현재 노송이 있는 곳의 지명으로 옛날에 방풍방사림防風防沙林으로 소나무를 심고 방죽을 쌓았다고 하여 축동築洞으로 불렀다.

장안 솔밭 : 옥죽포에서 동내동으로 들어오는 축동 길 소나무 숲부터 내동(안골)을 장안이라 불렀다. 유배 온 원元제국 순제順帝는 왕도王都의 지명을 따서 장안 솔밭이라고 부른데서 유래한다.

대청진터 : 1793년(정조17년)부터 대청도에 주민들을 입도시키며 경작이 허락되고 둔屯을 설치하고 임시로 별장別將을 두었다가 후에 진鎭을 설치하고 수원부에서 진장鎭將

---

[6] https://www.yna.co.kr/view/AKR20190705030500065
2019년 환경부 장관이 인증한 백령·대청 국가 지질공원으로 지정되었으며, 지질공원 내 명소로 농여해변· 모래울 서풍바지· 옥죽포 해안사구· 검은낭 등이 선정되었다.

을 파견하였고 대청진청大靑鎭廳은 백촌몰 부근에 있었고, 진鎭을 운영하는데 많은 우여곡절 끝에 1894년 갑오경장 때 폐지되었다고 전해진다.

학골 : 동내동에서 고주동으로 넘어가는 크고 깊은 골짜기를 말한다. 골이 깊다고 하여 산골짜기 壑(학)字를 써 학골壑谷이라고 하고, 한편 옛날에 학鶴들이 이곳에 와서 서식하면서 새끼를 쳤다고 하여 학골鶴谷이라고 한다. 壑谷이든 鶴谷이든 둘 다 학골이다.

장승백이 : 강틀 쪽인 북쪽 옥죽포 쪽에서 들어오는 마을 입구에 장승을 세웠던 곳을 장승백이라 부른다. 장승은 마을의 수호신이라 하여 천하대장군天下大將軍 지하여장군地下女將軍이란 글을 새긴 긴 나무막대기로서 마을의 잡귀를 몰아낸다고 하여 마을의 상징처럼 여겼으며 이정표 구실도 했다.

백촌몰(白村몰) : 백씨들이 자작일촌自作一村하여 살던 마을이다. 옛날 대청도 입주모민入住募民들은 처음 들어 올 때 친척일가를 중심으로 입도하여 집성촌이 되었다. 1890년대 후반 白河龍(백하룡)충훈부도사(종3품)대표적 인물이었다고 한다. 지금 대청천주교회가 있는 주위 마을이다.

심촌몰(沈村몰) : 풍산 심씨들의 집성촌으로 백촌몰과 같이 대청도 입주모민入住募民 때에 들어와 살기 시작한 것으로 알려지고 있다. 백씨몰 위쪽 마을이었던 것으로 전해지고 있다.

옥박골 : 옥박골은 골짜기가 바가지 쪽 같이 생겼다고 하여 부르는 지명인데 옻나무가 많아 옻밭골이라고도 한다. 또한 검은낭 산줄기에서 내려오는 옥같이 맑은 물이 흐른다고 하여 붙여진 지명이다.

뾰족산 : 검은낭 산줄기가 남쪽으로 길게 삼각산으로 뻗어 가는 중간에 우뚝 선 산인데 마을 아래에서 보면 뾰족한 봉우리(해발 228m)같아서 붙인 이름으로 동내동 마을 뒷산이다.

모래고개 : 동내동과 선진포 사이에 있는 검은낭 산줄기에 있는 당고개가 모래고개이다. 옥죽포 방면에서 바람에 불려온 모래는 150m 산줄기를 넘어 선진동 논골 쪽까지 넘어가 쌓이고, 반대쪽에서 바람이 불면 다시 옥죽포 쪽으로 넘어가는 아주 고운 모래이다. 이 고개는 내동과 옥죽포에서 선진포와 연결하는 유일한 고개 길인데 모래고개 길이라 양 발이 푹푹 빠져 걷기 여간 힘든 게 아니고 바람이라도 불면 눈조차 뜨

기 힘든 고통의 모래고개이다. 이 길을 맨몸도 아니고 무거운 짐을 지게에 지고 머리에 이고 넘어 다녔으니 고생길도 이만 저만이 아니었다. 지금은 사방사업과 고개를 낮추고 도로를 개설하여 자동차가 넘나드는 길이 되었다.

3) 양지동陽地洞(대청7리)

서내동 아래마을로 서고개 등 뒷산이 긴 울타리처럼 포근하게 바람을 막아주고 햇볕이 잘 드는 양지바른 지역이라 하여 양지동이라 하였고, 양진말 또는 양지킨 등으로도 불렀다. 동내동과 농경지를 사이에 두고 마주보고 있으며, 1921년 사숙私塾으로 시작하여 개교한 대청초등학교가 있다. 지금의 초등학교 자리는 14세기 고려 충숙왕 때 원제국元帝國의 발랄태자勃剌太子가 순제順帝로 등극하기 전 유배와 살았던 궁궐宮闕터[7]이고, 태자를 따라 온 100여 호 가솔들이 서내동에 살았다고 한다.

대청도가 고려시대 원제국의 태자들을 비롯한 신하들의 유배지가 되어 입도 배 터인 옥죽포에서 동내동을 거쳐 따뜻하고 포근한 마을에 궁궐터를 삼을 정도였으니 살기 좋은 동네라고 인정할만하다 하겠다.

대궐터 논밭 : 원제국 순제가 태자 시절 귀양 와서 살았던 궁궐터 자리인 대청초등학교 주위의 논밭을 통칭하여 대궐터 논 또는 대궐터 밭이라 부른다.

재피골 : 재피골이라고 부르는 것은 '재피나무'가 자생하는 골짜기라는 뜻이다. 산초나무와 비슷한 초피나무의 다른 이름이 재피나무[8]이다. 이곳에 봄, 가을 까나리와 조기 그리고 우럭 멸치잡이 하는 어막이 10 여 곳 있었는데 현재 흔적은 거의 사라지고 없다.

재피골 말래 : 양지동에서 재피골로 넘어 가는 고개 마루로 우측으로는 작은미아골

---

[7] 지금은 작고하신 모래울 김정옥 옹, 동내동 문순곤 옹을 비롯한 여러 원로(1910년대~20년대생)들의 구전에 따르면, 현재 대청초등학교 신축할 당시(1932년) 기와조각들은 물론 노둣돌 같은 큰 돌들이 남아 있어 고려 때 태자의 유배지로서 궁궐터라는 얘기들이 전해 내려오고 있다.

[8] 지방에 따라 재피, 초피, 조피 또는 진피라고도 한다. 초피나무(재피나무)와 산초나무가 많이 나는 골짜기였던 까닭에 붙여진 이름으로 보인다. 대청도 주민들은 산초나무 열매를 '분지'라고 부르며 가을에 열매를 따서 며칠 물에 담가 독성을 제거한 후 겨울에 늙은 호박과 시레기 등 채소와 꺽주기(삼식이)알에 산초열매를 넣어 풍미 가득한 찌개를 끓여 먹는다. 재피나무 잎사귀는 배추김치 열무김치 겉절이 등에 섞어 향신료로 쓰인다.

로하여 농여와 옥죽포로 가고 좌측으로는 재피골 골짜기와 해변으로 내려가는 길이다. 고개 마루를 가리키는 말로 '말래', '말랫등', '등말래'이라고도 한다.

작은미아골 : 양지동에서 북쪽(옥죽포로)가는 언덕 너머 골짜기 지형이 배의 뒤에서 봐 좌측 닮아 붙여진 미아골(꼴)이라 불렸는데 큰 미아골(꼴)이 있어 이곳은 작은 미아골이라고 불렀다. 재피골 작은미아골 농여 그리고 선창도래에 이르는 산과 목초지대는 집집마다 소를 기르므로 초등학생 시절 하교 이후 소 꼴 먹이던 추억이 깃든 장소이다.

농여 : 국어사전에 '물속에 잠겨있는 보이지 않는 수중 바위(암초)'를 '여'라고 부른다고 적혀 있다. 재피골에서 옥죽포 쪽 해수욕장인 농여 앞 바다에 몇 개의 '여'가 있는데, 간조(썰물)에도 드러나지 않는 수중여로 해초가 많이 붙어 있어 검은 빛에 가까운 짙은 감청색이다. 빛깔이 진하거나 짙은 의미로 쓰는 濃(농)자를 써서 농여라고 했다는 설과, 수중 여의 암초 형태가 마치 농짝 같다 하여 농여라고 부르는 설이 있다.

나이테 바위 : 농여 해변에 지층이 가로가 아닌 세로로 뒤집힌 채 우뚝 서있는 바위가 있다. 생긴 모습이 나이테처럼 생겼다 하여 나이테 바위, 또 고목 같다고 하여 고목 바위라고도 한다. 지층이 세로로 선 모습에서 지각 변화의 힘을 느낄 수 있을 정도이니 2019년 국가지질공원으로 지정될만하다. 지구의 나이가 쌓이는 긴 세월 동안 바위에는 다양한 색이 층층이 교차해 새겨지면서 생겼다고 한다.

섬바지 : 재피골과 미아골 사이 사리 썰물에 건너갈 수 있는 작은 섬이 하나 있는데 바지[9]와 같은 모습이라 하여 섬바지라 한다. 섬바짐이라고도 부른다.

너덩여 : 섬바(빠)지 옆에 있는 넓은 바위로 밀물에 잠겼다가 썰물에 드러나는 간출여로 굴과 홍합 그리고 해초류들을 채취하였었는데 지금은 너덩여 대부분이 모래에 묻혀 흔적만 남아 있다.

---

[9] 바지는 바주 혹은 바자의 사투리로 바자의 한자어는 파자⬚子이다. '집 주위 울타리 만드는데 쓰는 대나무나 갈대, 싸리나무, 수수깡 따위를 발처럼 엮어 만든 넓은 사각형 물건'을 말한다. 부치미 쪽 강난두 수직 절벽 낭떠러지도 '서풍바지'가 맞는데 '서풍받이'라고 쓰고 있으니 바로잡아야 할 것이다.

4) 선진포船津浦 (대청2리)

대청도 동쪽 해안에 위치한 포구이다. 선진포의 옛 이름은 배진포船津浦[10] 즉 뱃나루터라는 뜻이다. 인천항 연안부두에서 여객선이 들어오는 대청도의 관문이며 19세기 후기까지도 이름이 없는 해안으로 영감낭재 밑에 4~5개의 어막에서 시작한 마을로 영감낭뿌리 안으로 배들이 피항을 하던 곳이었다. 마을 뒤 소당고개에서 북쪽으로 해안을 끼고 뻗어나간 암벽의 검은낭줄기를 사이로 내동지역과 경계를 하고 있으며 남쪽은 고주동 지역과 남산줄기를 경계로 하고 있다.

한일병탄 후 일제는 강제로 서해 황금어장의 어업권을 모두 빼앗고 1918년에는 선진포에 포경회사捕鯨會社를 설치하고 이곳을 서해어업의 전진기지로 만들었다. 이후 선진포는 나날이 번창하여 1923년에는 어업조합漁業組合까지 설치되어, 백령·대청·소청 3섬 중에 대청도가 제일 먼저 경제, 사회, 문화적으로 발달하였다. 일본인의 포경업은 초창기 1920년대에서 30년대 대청도 연안에서 포경선 5-6척으로 1년에 40두에서 60두의 고래[11]를 잡았으며 패망할 때까지 대청도 근해 고래의 종자를 말릴 정도로 지속되었다고 하니 얼마나 고래를 많이 잡았는지 짐작할 수 있다. 지금 수협이 있는 시장통에 일본 사람들이 살았다고 한다.

한국전쟁을 겪으면서 1.4 후퇴 당시 옹진반도와 장연군 등지에서 피난 나온 많은 실향민들이 정착하여 살고 있다. 2009년 11월 선진포 앞 약 5해리 해상에서 남북의 해군 함정 간에 실제 교전을 벌여 위험하고 긴장이 고조된 접경 지역이기도 하다.

영감낭(靈感낭) : 선진포 마을 동쪽 끝 산부리로 김씨 문중의 종산에서 뻗어 바다 쪽으로 내려 온 것인데 종산부리이기 때문에 영혼이 깃들어 있다고 믿어 영감靈感낭이라 한다.

소당골 : 옛 선진포초등학교(현재 면사무소 자리)가 있었던 뒷 골짜기로 삼각산으로 이어지는 골이 긴 골짜기이다. 소당골이란 성황당(서낭당)골을 말하는 것으로 소당小堂과

---

10 배진포는 선진포와 뜻은 같지만 기록하는 한자 선 '船' 대신 쉬운 우리말 '배'자를 사용하였다. 판안구미(板案仇味)에서도 기록할 때는 널 '판'(板)자 한자(漢字)를 썼지만, 부를 때에는 한자어 '판'(板) 대신 뜻이 쉬운 우리말 '널'를 붙여 널안구미라고 불렀다.
11 『옹진군지』,1990, 850쪽

대당大堂이 있어 소당골은 지금의 면사무소 뒤편이다. 대당이 있었던 곳은 지금 선진포교회 뒤편이다.

소당고개 : 마을에 서낭당이 두서너 군데 되는데 이 중에 가장 큰 서낭당이 도당이며 마을 공동으로 당제를 지낸다. 소당고개는 작은 당이 있는 고개의 지명이다.

자작나무골 : 자작나무가 많다고 해 붙여진 이름이다. 선진포 마을 뒤쪽 소당골에 서삼각산 가는 방면 산 중턱 양지 바른 쪽에 자작나무 군락지가 있었다.

내려바지 : 모래고개에서 동남쪽으로 경사진 모래고개 아래쪽 지형이 넓은 바지처럼 생겼다하여 내려바지라고 한다. (내려바지, 섬바지, 서풍바지 등에서 바지는 바자, 바주의 사투리이다.)

논골畓洞 : 선진포에서 북쪽 모래고개 쪽 지금의 종합운동장 옆에 논이 좀 있어서 붙여진 이름인데 논배미라고도 한다. 여기에 대청보통학교가 있었으나 옥죽포 쪽에서 넘어 오는 모래가 쌓이는 바람에 서내동으로 옮겼다가 현재는 이웃인 양지동으로 이전하였다.

첫산골짜기 : 검은낭산 남동쪽에 위치한 골짜기로 검은낭 큰 산에서 선진동 쪽으로 첫 번째 골짜기라 하여 첫산골짜기라고 한다.

검은낭 : 선진포에서 북쪽으로 해안을 끼고 뻗은 검은낭 끝부리까지의 암벽을 검은낭이라 한다. 암벽(낭)의 색깔이 검다 하여 검은낭이다.

검은낭큰산 : 검은낭부리 못 미쳐 해발 206m 봉우리를 검은낭 산이라 부른다. 그 너머에 두리장술이 있다.

검은낭(끝)뿌리 : 검은낭 북쪽 맨 끝부분 뿌리를 일컫는데 이 뿌리를 넘어가면 조수방여라는 바위가 나온다.

5) 옥죽포玉竹浦 (대청3리)

대청3리 옥죽포는 내동에서 1km 북쪽 해안에 있는 전형적인 포구이다. 다른 마을들은 대체로 산들을 배경으로 형성되었으나 옥죽포는 대청도 최북단 맨 끝에 따로 떨어져 산이라 부르기도 어색한 해발 78m 나지막한 달래부리(달래구미)산을 울타리 삼고 있다.

본래 옥죽포의 옛 지명은 옥자포玉子浦[12]이다. 옥자포는 원 순제(태자 때)나 원 명종(태자 때)이 고려 땅에 귀양 와서 처음 발을 디딘 곳이라는 뜻이다. 옥자玉子 즉 태자로서 옥자포에 첫발을 내려 지금의 대청초등학교 자리인 궁궐터까지 걸어갔다는 것이다. 1914년 일제강점기 행정구역 통폐합과 명칭변경 때 옥자포를 옥죽포로 개칭하였다.

지금의 옥죽포는 포구나 해수욕장으로서 역할을 하지 못하고 있다. 다름 아닌 용치龍齒[13]와 곰솔(방사림) 때문이다. 용치는 옥죽포 해변 약 1.3km 전체를 3열 횡대로 점령하여 사람의 접근을 허용치 않을 뿐 아니라 해수의 흐름을 막아 모래가 연안에 쌓이도록 했고, 해안 위쪽으로는 곰솔을 심어 모래가 더 이상 모래언덕으로 넘어가는 것을 방해하고 있다.

모래산 : 옥죽포 하면 뭐니 뭐니 해도 모래산 모래언덕(사구)을 빼놓을 수 없다. 모래는 밀물에 해류 따라 들어 와 해안에 쌓였다가 북동풍을 타고 눈 날리듯 동쪽 검은낭산 줄기 모래산을 넘어 답동 해안까지 넘나들기를 반복하며 모래언덕과 모래산을 만들고 있다. 곰솔을 심고 용치를 설치하면서 모래산도 모래언덕도 예전만큼 규모에 미치지 못하고 있다. 이 모래 언덕과 모래산은 2019년 백령·대청 국가지질공원 내 명소로 선정되었다.[14]

선창도래 : 옥죽포구 앞 선착장에서부터 달래부리까지를 선청도래라고 하였는데, 선착장까지 돌아온다는 뜻으로 선창도래라고 부른다. 여기에 어막漁幕이 4-5채 있어서 봄 가을 까나리잡이와 멸치잡이를 하였다.

달래부리 : '달래부리'라는 말은 '도래 끝(즉 선창도래)'이란 뜻으로, 선창 끝까지 돌아오는 끝부리라는 의미이다. "산끝부리 돌아온다" 의미를 '달래 끝부리'라고도 부른다. 줄여서 '달래끔'이라고도 한다.

두리장술 : 대진동 앞 모래장술 또는 모래장수리로서 길게 울타리처럼 둘려진 장술

---

12 『조선왕조실록 정조실록』, 앞의 책, "內洞, 北邊高峰之前, 有零碎瓦礫, 俗傳元帝舊址云。其下, 卽玉子浦" (국역) 내동은 북쪽의 높은 산봉우리 아래 부스러진 기와 조각들이 있는데, 세속에 전해오는 말로는 원(元)나라 황제가 살았던 옛터라고 하였다. 그 아래는 바로 옥자포(玉子浦)이다.
13 콘크리트 구조물(가로 세로 높이 각각 약 2m 내지 3m로 구조물 한가운데 쇠막대기 길이 약 2m)로 적의 함정 상륙을 저지하는 군사 방어시설로 용의 이빨 같다고 하여 '용치(龍齒)'라 부른다.
14 https://bdgeopark.kr/bbs/page.php?hid=m02_03

이라 하여 두리장수리라 부르는데 옥죽포와 마찬가지로 군사 방어시설인 용치를 해안에 설치하였다.

대진동 : 두리장술 안쪽에 있는 산봉우리 밑의 지명이다. 한국전쟁 1. 4후퇴 당시 옹진반도와 장연군 등에서 온 피난민들이 집결하여 집을 짓고 주로 어업을 생계로 하였고 70년대 후반에 옥죽포와 선진포로 모두 이주하여 사람이 살지 않는 마을이 되었다.

조수방여 : 검은낭부리 앞에 있는 바위로 조수를 막는 바위라 하여 조수방여라 한다. 조씨라는 사내가 조수방여에 잘 올라 다녔다고 하여 조서방여라고 부르기도 한다.

가마귀여 : 간출여로 간조 때 바위 모양이 가마귀(가마우지)와 흡사하다고 하여 부르는 데 두리장술 앞 바깥 쪽에 있다.

선대바위 : 바위 상단이 평평하여 선녀가 내려와 놀다갔다는 바위라 하여 붙여진 이름이다.

물골 : 검은낭 큰 산줄기 아래 선대 쪽으로 흐르는 물의 수원지로 물이 많이 난다 하여 물골이라고 한다. 삼각산이나 모래울에도 물골이라는 같은 지명이 있다.

딴동산 : 선대 서쪽 편에 홀로 떨어져 있는 작은 동산이다. 옥죽포 사람들과 대진동 사람들의 공동묘지로 사용되고 있다.

6) 모래울(옛 사탄동, 대청4리)

대청도 남쪽 해안에 있는 어촌 마을로 모래울의 전 지명은 사탄동沙灘洞이었으나 사탄이라는 말이 악마의 우두머리를 뜻하므로 모래울로 개명하였으며, 조선왕조실록 정조실록에 사언동沙堰洞[15]으로 기록되어 있다. 말구리 삿갓봉과 오지낭 사이로 강한 물살(조류)이 모래를 몰고 들어와 마을 앞에 큰 모래 둑이 생기게 되면서, 모래 사(沙)자와 둑 언(堰)자의 사언동으로 부르게 되었다. 1914년 일제강점기 행정구역 통폐합과 명칭 변경 때 사탄동(모래沙, 여울灘)으로 개칭하였다. '사언동'이란 '모래언덕 마을'이고, '사탄

---

[15] 『조선왕조실록, 정조실록』, 앞의 책, 至是, 黃海道水軍節度使李禹鉉馳啓言: "大靑島東西三十里, 南北二十里.... 重巒疊⊠, 峙立海中, 有內洞、庫舍洞、沙堰洞、板案仇味四大谷."

동'이란 '모래여울' 마을이어서 모래와 관련이 깊은 모래울이다. 이곳에 마을이 형성되면서 큰 모래 둑[沙堰]에다 자연적으로 언제 적부터 형성되었는지 명확히 알 수 없지만 방사방풍림防沙防風林이 조성되었다. 현재는 노송老松지대가 되어 울창한 거목巨木들이 아름다운 풍치를 이루고 있다.

  가장 오지로 여겨지던 모래울 마을은 바람 거세기로 유명한 대청도에서 고즈넉하고 풍수학상으로 명당마을로 꼽힌다. 서내동 넘어가는 골짜기에 동백나무 군락지는 자생북한지自生北限地로서 천연기념물 66호로 지정되었다. 마을 앞 바다에 무인도인 갑죽섬이 있고, 해변 1km 가량 고운 모래 백사장은 완만한 경사의 아름다운 해수욕장이 펼쳐 있다. 마을 북쪽으로는 수리봉이 있고 수리봉 줄기 따라 동으로 오르면 삼각산 세 봉우리가 우뚝 솟아 있다. 마을 동쪽 너머 고주동과 선진포 가는 길에 강난두 서풍바지 기르마가리 부치미 오지낭 등 빼어난 절경을 자랑하는 명승지가 있다.

매바위 : 모래울과 매막골 경계를 이루는 산등말래(고개마루 정상)에서 동쪽으로는 삼각산 등산로인데, 모래울 쪽 정면 좌측 사지미기부리, 서풍바지, 오지낭 절벽 등을 자세히 보면 매(鷹)의 형상을 하고 있다하여 붙여진 바위이다.

갑죽도 : 모래울(사탄동) 앞 1.5해리 해상에 있는 무인도로 섬 전체가 암석으로 되어있는데 갑옷을 입힌 것 같은 모양을 하고 있어 갑죽도甲竹島라는 지명이 붙여졌고, 품질이 우수한 자연산 미역과 홍합, 해삼, 전복은 물론 우럭, 놀래미 등 해산물이 풍부한 바위섬이다. 옆에 작은 바위섬을 작은 갑죽이라고 부른다.

지두리끝부리 : 모래울에서 서내동 고개 넘어가는 고개에서부터 서쪽으로 길게 뻗은 좁은 산줄기(끝부리)로, 지두리 어원은 문짝을 고정시키는 경첩의 사투리로 문지두리라고 하는데서 지두리가 유래되었다.

시루여 : 지두리 끝부리 밖에 있는 여(바위)가 떡시루와 비슷하여 붙여진 지명이다.

검은여(마당여) : 시루여 남쪽을 마주보는 넙적한 모양의 바위로 빛깔이 검다 하여 검은여라고 하며, 마당처럼 넓어 마당여라고도 부른다.

끊어진 목 : 시루여와 지두리끝 사이 물목이 약간 깊어 끊어진 것처럼 보이는 물목이라 끊어진 목이라고 부른다.

큰고여(에) : 바위가 크고 높다고 붙여진 큰고여인데 큰고예로 변음이 되었다.

지리루미 : 해안의 지형이 작은 만처럼 움푹하고 잘룩하게 들어가 지리루미라 부른다.

말구리 : 옛날 목마장이었던 곳으로 삿갓봉 남쪽 아래로 말이 자주 굴러 떨어져 붙여진 이름인데 위쪽 삿갓봉에 경사가 심해 자칫 실수하여 미끄러져 말이 구른다고 하여 말구리 또는 말굴리라는 지명이 붙었다.

물개바위 : 물개가 자주 드나들며 짝짓기 하는 바위로 물개바위 혹은 일본식 이름인 움푸기 바위라고도 한다.

삿갓봉 : 말구리 위에 있는 산으로 해발 144m인데 산의 모양이 삿갓과 비슷하여 붙여진 지명이다. 남쪽 해안과 가까운 곳은 경사가 심하여 위험하니 말이든 사람이든 안전에 조심해야 할 봉우리이다.

물골 : 삿갓봉 동쪽 아래 지형으로 물이 마르지 않는 곳이라서 물골이라 부르는데 1.4 후퇴 당시 실향민들이 피난 와서 살다가 모래울 마을로 혹은 다른 곳으로 이주하여 지금은 폐촌이 되었고 그 앞에 어릿골 선착장이 남아 있다.

대후리막 골창 : 모래울 선착장 가기 전 약 300미터 지점 길옆에 집 지을만한 넓은 터 옆으로 골짜기가 있는데 이 골짜기를 대후리막(麓어막) 골창이라 부른다. 1950년 후반부터 70년대 후반까지 대청도는 봄철 까나리잡이가 성행하였고, 인천이나 서울에서 까나리 어부로 들어온 사람들 일명 후리꾼들이 많았는데 그 사람들이 모여 살던 곳이다. 까나리를 잡던 방법은 바다 해안에 후리 그물을 두르고 양쪽에서 여러 사람이 그물을 당겨 고기를 잡는 방법으로 대후리라 불렀다. 그래서 그 골짜기를 대후리막 골창이라 부른다.

수리봉 : 뽕나무골 위쪽 246m 높은 봉우리로 여기에서 (독)수리가 새끼를 치고 기른다고 하여 붙여진 이름이다.

사지미기 : 모래울 장술 해수욕장 남쪽 끝 산부리 구석진 곳 모래 물목[16]을 가리켜 부르는 말이다.

사미지기부리 : 삼각산 줄기가 모래울 동남쪽 사지미기 쪽으로 뻗어 내려와 큰 산부리를 만들어 사지미기부리라고 하며, 철분 함유량이 많은 큰 암벽이다.

---

[16] 물목 : 물이 흘러 들어오거나 나가는 어귀.

모래울 장수리 : 마을 앞 모래 둑 너머 해변 모래사장 일대를 모래울 장술 혹은 장수리라고 하는데 지두리 해수욕장과 모래울 백사장은 물이 맑고 모래가 곱고 경사도 완만하여 해수욕장으로는 전국적으로 으뜸이다.

서풍바지 : 부치미 쪽 사지미기 부리와 작은 오지낭 사이에 고도 100여m에 이르는 백색 규암의 웅장한 수직 절벽(벼랑)을 형성하고 있다. 거센 서풍을 온 몸으로 막아내며 버티고 서있는 장수와 같은 위용을 나타내는 절경이다. 빼어난 서풍바지 일대 절경은 백령·대청국가지질공원 내 명승지 중의 하나로 꼽힌다.

돌쇳낭 : 철분 함유량이 많은 암석 낭떠러지(절벽)를 말하는데, 대청진이 설치된 이후 이 돌쇳낭에서 철을 분리해 내어 정철正鐵을 만들어 수원부水原府에 매년 500근씩 상납하였다고 한다. 돌쇳낭을 돌쎌낭 될쎌낭이라고도 한다.

작은오지낭 큰오(烏)지낭 : 가마우지(바다가마귀)가 서식하는 벼랑(낭)이라 하여 오지낭이라고 부르며 큰오지낭 작은오지낭이다. 서풍바지 장수리와 부치미끝부리 사이에 있다.

신작시 : 부치미산뿌리, 작은오지낭과 큰오지낭 사이 해안의 작시[17](자갈, 작은 돌맹이)를 말하는데 흰작시에서 변음하여 신작시라고 부른다.

부치미 : 사지기미 쪽에서 남쪽 방향으로 뻗어 나간 끝에 해발 111m 산봉을 이루는데 이 산 이름이 부채 같다고 하여 부채메(山)가 부치미로 변음되었다.

부치미 끝부리 : 부치미(부치메山) 동쪽 끝부리를 부치미끝 또는 부치미부리 라고 한다. 삼각산에서 내려 온 산줄기 한 가지는 서북쪽(바다) 지두리산[18]으로 길게 뻗어 나가고, 한 가지는 마을 남동쪽으로 길게 뻗어 나가 부치미끝부리 동북쪽 외곽 방파제 역할을 하며 모래울 마을을 감싸주며 품고 있다.[19] 부치미 마당바위 큰 오지낭에서 부치미 끝부리 해안에 널직한 마당바위는 마치 멍석 여러 장을 넓게 깔아 놓은 듯하

---

[17] 작시는 황해도 평안도 사투리로, 풍화된 돌 층에서 깨져 나오는 작은 돌부스러기. 해안에 자갈마당 또는 자갈해변을 작시라 부른다.

[18] 서북쪽 지두리산으로 뻗어 나간 것은 마치 물개 왼쪽 발끝 같고, 동북쪽 부치미 끝부리로 뻗어 나간 것은 물개 오른쪽 발끝으로 연상이 된다.

[19] 대청도 제1명당은 모래울(사탄동)이고, 제2는 고주동이라는 말이 있다. 공통점은 거센 바람을 막아주는 삼각산이 평온한 울타리가 되어 준다는데 있다.

다. 삼서트레킹 코스의 종착점이자 백미로 꼽힌다. 오전에 삼각산 등정을 시작하여 정상에서 남서쪽 강난두 정자 있는 곳으로 하산하여 서풍바지 데크를 거쳐 약 15분-20분의 거리에 있다. 바닷물이 손에 닿을 듯 널다란 부치미 끝부리 마당바위가 길게 펼쳐 있다.(이 마당바위에서 도시락 오찬을 한번 즐겨보시기 바란다.)

오烏닭이 새끼치는 낭아래 : 오지낭 끝부리에 가면 가마우지(오닭이)를 늘 볼 수가 있다. 옛날부터 모래울 사람들이 그곳으로 홍합을 따러 다녔는데 오닭이가 새끼를 낳아 기르는 번식지가 그곳에 있어 지어진 지명이다.

강난두 : 강난두 정자에서 부치미 남동쪽 해안 안쪽으로 굴곡이 들어 간 곳으로 전에는 모래장술이었으나 지금은 작시(자갈해변)으로 변하였다. 거센 풍랑이 치고 들어와 미친 듯이 날뛰는 곳이라 하여 광랑두(狂浪頭)라 하다 강난두로 변음이 되었다.

참빗바위 : 강난두 해변과 부치미 사이에 정육면체 모양의 큰 바위가 사선으로 물속에 서 있는데 그 모양이 여인들 참빗 같아 참빗바위 또는 참바위라 부른다. 이곳은 파도가 조용하고 해안선이 넓은 바위들로 이루어져 갯바위 구멍치기 낚싯터로 유명하다.

창구멍 : 강난두와 기르마가리 사이에 있는 커다란 암석에 창을 내기 위해 구멍을 깊이 뚫어 놓은 것 같다하여 창구멍이라 한다. 고주동 해안에도 창구멍 바위가 있다.

기르마가리 : 큰 기르마가리 작은 기르마가리가 있다. 기르마는 '길마'의 황해도 사투리로, 짐을 싣거나 수레를 끌기 위하여 소나 말 따위의 등받이로 좌우에 얹는 안장을 일컫는 말인데 기르마가리라는 지명이 여기서 왔다. 지역에 따라 가르마, 지르마, 기르마, 질마, 지르매 등으로 부른다.

큰골 : 삼각산 정상에서 남쪽 독바위 골짜기와 긴골 사이로 사람의 발길이 거의 없는 원시림에 가까운 깊은 계곡이다. 어름 다래 머루 등 열매가 열리는 심산유곡深山幽谷이다.

삼치골 : 삼각산 남쪽 계곡으로 독바위 쪽으로 내려오면서 삼태기 모양 같은 생긴 골짜기를 삼치골이라 한다.

문가지산文家之山 : 강난두에서 올라오다 보면 남평 문씨 문중의 오래된 묘지들이 있는 선산이 있는데 관리 상태가 다소 미흡하다고 붙여진 이름이다.

독바위 : 모래울에서 고주동으로 넘어가는 고개 남쪽에 있는 바위 이름으로 벼랑

에 깊은 굴이 뚫렸는데 깊고 모양이 장독 같이 생겼다하여 붙여진 이름이다. 갯바위 낚시터로 유명한 곳이 이곳 독바위이다.

7) 고주동庫柱洞 (대청5리)

고주동은 선진포 영감낭부리 너머 논아래에서 남쪽 약1㎞ 정도 떨어진 삼각산 자락으로 들어 온 마을로 옛 이름은 고사동庫舍洞이다. 창고(庫), (집이나) 건물(舍)을 뜻하는 고사동庫舍洞으로 전해 내려오다 일제 강점기 1914년 일제의 행정구역 통폐합 및 개편 때에 고주동庫柱洞으로 개칭되었다.

고려 말기 원제국 순제가 태자시절 내동에 유배 왔을 때 태자를 따라 온 신하들 그리고 100여 호 600여 명 가솔들의 식량 곳간과 여러 가지 물자와 생활 용품을 보관할 창고가 있었던 것에서 유래한 지명이다. 당시 고주동에 식량 곳간과 창고를 지은 것은 포구와 멀리 떨어진 곳으로 해적들의 침범과 약탈을 피해 궁궐인 내동과도 멀리 떨어진 외진 곳에 곳간과 창고를 지은 것으로 보인다.

모래울(옛 사탄동)과 더불어 삼각산 바로 아래 마을로 삼각산이 마을을 포근히 감싸 안는 병풍처럼 느껴진다. 고주동 역시 고즈넉한 마을로 풍수학상으로 명당마을로 꼽힌다. 삼각산 높은 봉우리에서 발원한 산줄기들이 마을 뒤와 앞으로 지나면서 동쪽으로 뻗어 나간 긴 골짜기 해안이 논아래와 널안구미板案仇味[20] 평지들과 연결되어 있다.

삼각산 : 원제국 순제가 태자 시절 유배 와서 내동을 '장안'이라 불렀고, 봉우리 세 개가 우뚝 솟은 산을 보고 '삼각산'(해발 343m)이라고 불렀다고 한다. 당나라 때에도 장안長安이나 삼각산三角山은 황제나 왕의 도읍지都邑地에 붙여진 지명이라고 한다. 삼각산 정상에 오르면 백령도 소청도는 물론 북녘 땅인 옹진반도 섬들이 한 눈에 들어온다. 최근에는 '삼서트래킹' 코스라는 별칭으로, '삼'각산에서 강난두 정자각 지나 '서' 풍바지 그리고 부치미 끝부리(마당바위)에 이르는 산과 바다의 절경을 보며 걷는 트래킹 코스로 알려지면서 각광을 받기 시작하였다.

논아래 : 고주동 동쪽 해안으로 선진동 영감낭 등성 넘어 지역을 말한다. 옛날에는

---

[20] 『조선왕조실록, 정조실록』, 앞의 책, 板案仇味則廣狹與沙堰洞略同, 而至谷盡處, 地勢平衍, 可種穀百餘斗. 국역, 판안구미는 너비가 사언동과 대략 서로 같은데, 골짜기 막바지에 땅이 평평하여 백여 말[斗]의 곡식을 부릴 만하다.

논 아래 쪽에 바닷물이 들어오던 갈대 지역이었고 논의 맨 아래 쪽이라 하여 논아래라고 불렀다.

널안구미板案仇味 : 논아래 남쪽 등성 너머에 있는 너른 논밭이 있는 지역을 일컫는 말이다. 이곳 지명을 넓다는 뜻의 널 판(板)자와 책상 안(案)자로 써서 판안구미인데 변음하여 널안구미 또는 늘안구미, 느랑구미라고도 부른다.

논아래부리 : 논아래 남쪽으로 뻗은 널안구미 산부리를 줄여 논아래 부리하고 부른다. 널안구미 북쪽부리이다.

널부리 : 널안구미 논틀 남쪽 산부리 지명이다. 본래 널안구미부리를 줄여서 널부리라고 한다.

골계 : 널부리와 서적금 사이 양쪽 산줄기 긴 계곡을 골계라 부른다.

마당여 : 골계와 서적금 사이 해안에 있는 간출여인데 넓고 평평하다하여 마당여라 부른다.

서적금 : 마당여 아래 서쪽 산골짜기가 오목하게 들어간 곳으로 마당여 서쪽에 있다하여 서적구미 또는 서쪽구미라고도 한다.

배감치기 : 서적금 서쪽으로 돌아가면 좁은 갯골이 있어 배 한척을 감출만한 곳이라 하여 배감치기(배감추기)라 부른다. 이곳에 감추었던 배도 해적들이 약탈해 갔다고 한다.

탱나무쟁이 : 배감치기 서쪽 편에 있는 산등성이로 탱나무들이 있는 잿등말래(고개마루)라 하여 탱나무쟁이라 한다.

물내린골 : 삼각산 골짜기에서 내리는 작은 개울로 물이 마르지 않고 늘 흐른다 하여 물내리는 골 또는 물맛이 좋은 골짜기라 하여 청수골(淸水谷)이라고도 한다.

남쪽현장 : 근자에 생긴 지명으로 고주동 앞산 줄기 너머 물내린골과 창바위 사이 해안에 규석광산이 개발되었던 곳으로 남쪽현장이라 부른다.

창구명 : 규석광산과 말구리 사이에 있는 커다란 암석에 구멍 뚫려 있는 모양이 마치 창을 내기 위해 뚫어 놓은 구멍과 같다하여 창구멍이라 한다.

가는골 : 양쪽 산등성이 골짜기가 좁고 가늘게 이어졌다하여 가는골라 한다.

말구리 : 대청도는 옛적에 말목장이 있었는데 창바위에서 독바위 쪽 산세가 험하고 경사가 가파른 벼랑이 곳곳에 있어 말이 흔히 떨어져 죽는 경우가 있었다고 한다. 이

경우 상당수는 백령도 목장에서 대청도로 옮겨 온 말들이었다고 하며 사탄동에도 말구리와 고주동에 말구리가 그래서 생기게 되었다.

줄낭 : 고주동 공동묘지 서북쪽에 있는 산비탈이 길게 연결된 벼랑이므로 줄낭이라고 부른다.

숯골 : 줄낭 남쪽 골짜기에 옛날 숯을 굽던 골짜기라 하여 숯골이라는 지명이 붙여졌다. 옛날에는 동내동에 있던 진청(鎭廳) 외에도 백령도 첨사에게도 숯을 납품하였다고 한다.

깡동말래 : 어려서 소아마비를 앓아 걸음걸이가 깡동깡동하였던 아들이 어려서 병으로 그만 죽고 말았다고 한다. 아들이 하나였던 어머니는 비록 장애인 아들이었지만 죽은 것을 원통히 여겨 공동묘지에 묻고 매일 아들 무덤을 찾았다고 한다. 이 묘지에 가는 도중에 있는 고개가 있었는데 그 이름을 깡동말래 또는 깡동마루라고 한다.

꼴밭 : 고주동 공동묘지에서 널안구미로 이어지는 들녘에 나무는 거의 없고 우마초 牛馬草 꼴 즉 소 말 먹이용 풀만 무성하게 자라는 목초지를 꼴밭이라고 불렀다.

세배낭 : 바위가 마치 지나가는 사람에게 세배하는 모습과 비슷하여 세배낭이라 불렀고, 위치는 고주동 마을 남동쪽 산중턱의 바위이다.

학골(동내동, 고주동, 서내동) **그리고 큰골** : 학골이라는 지명이 서내동, 동내동, 고주동 모두 공히 있다. 학골은 모두 삼각산 정상에서 발원한 계곡이나 줄기 따라 내려 왔다. 이 세 학골은 동서 또는 남북으로 서로 접경하고 있다. 큰골은 삼각산 정상으로부터 남쪽 아래로 기르마가리와 긴골 사이로 사람의 발길이 거의 없는 원시림에 가까운 깊은 계곡에 여름 다래 머루가 열리는 심산유곡 큰골이 흐르고 있다.

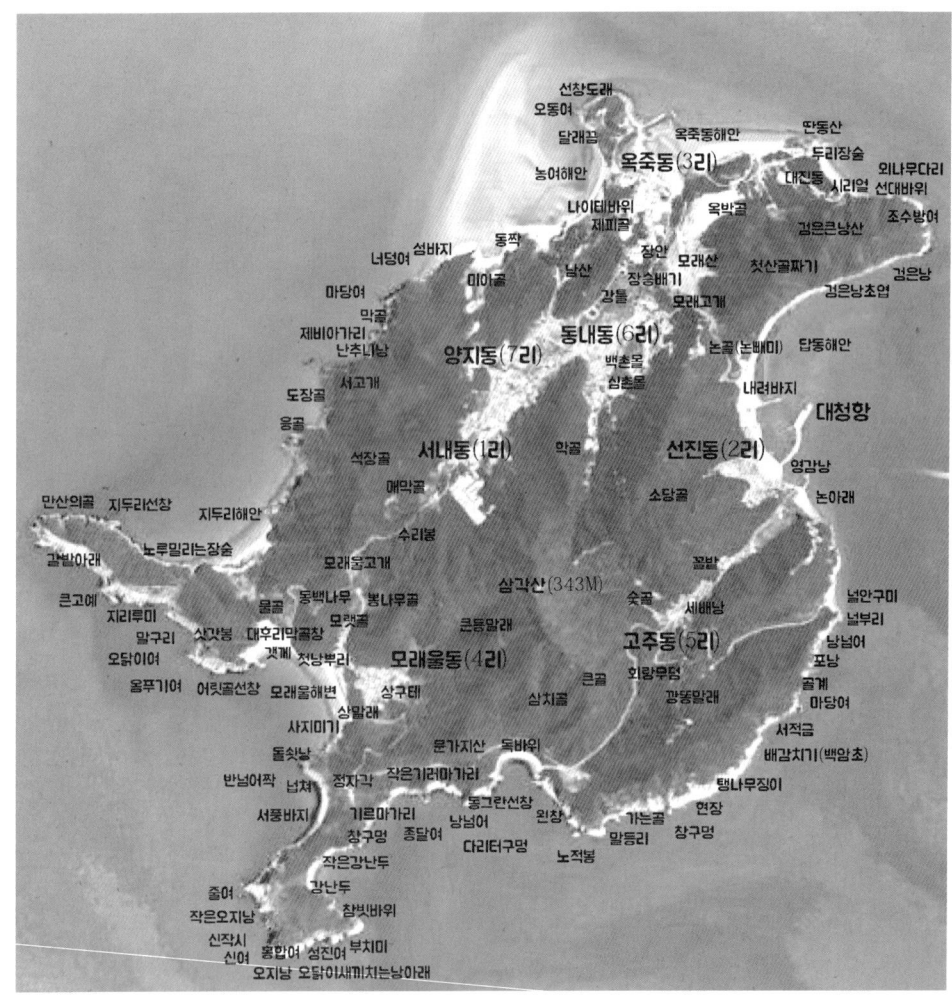

참고문헌

國史編纂委員會(국사편찬위원회), 『朝鮮王朝實錄 正祖實錄』(조선왕조실록 정조실록).
인터넷판
甕津郡誌編纂委員會(옹진군지편찬위원회), 『甕津郡誌』(옹진군지), 甕津郡, 1990.
甕津郡鄕里誌編纂委員會옹진군지편찬위원회, 『甕津郡鄕里誌』(옹진군향리지),
仁川廣域市甕津郡(인천광역시옹진군), 1996.
大靑面誌編纂委員會(대청면지편찬위원회), 『大靑面誌』(대청면지), 대청면, 1995.

아래 글은 대청도 관련 기록된 『조선왕조실록』이다.
http://sillok.history.go.kr/id/kva_11704029_003

『조선왕조실록, 정조실록』

【태백산사고본】 37책 37권 30장 385면,
【국편영인본】 46책 385면

○許長淵 大·小靑島募民耕居。先是, 左參贊鄭民始啓言: "西北廢四郡, 厚州西南之海島, 初因野人之入居, 海賊之來侵, 空棄其地。今則無野人海賊之患, 已過數百年, 而猶不許民人耕居。古稱曰關百里。今以我有用之地, 便作閒田者, 祗爲無義。高麗 趙云仡以爲: '大靑、小靑等島, 皆有沃壤魚鹽之利。' 故相臣柳成龍云: '身彌等島, 地勢曠闊, 可堪舞龍浦一百三十里屯田人居。' 臣意則長淵之大靑、小靑島, 使黃海水使, 遣親裨看審狀聞, 宣川之身彌島、鐵山之大加次里島、椵島, 宣川府使親爲看審狀聞後, 議處似宜。" 上可其奏。至是, 黃海道水軍節度使李禹鉉馳啓言: "大靑島東西三十里, 南北二十里。東距所江行營, 水路二百里, 北距白翎鎭三十里, 東北距長淵。重巒疊嶂, 峙立海中, 有內洞、庫舍洞、沙堰洞、板案仇味四大谷。內洞, 北邊高峰之前, 有零碎瓦礫, 俗傳元帝舊址云。其下, 卽玉子浦, 長可十里, 廣可數里, 狹處亦爲二百餘步, 而上邊土品磽确, 只可間間爲田, 下邊則沙土細膩, 足可開墾。庫舍洞則長可三里, 廣可二百餘步, 而上面層巖亂石, 或隱或露, 無地可耕, 下面地勢稍平, 土色黎黑, 庶可起墾, 而谷口連浦處, 有一橫堤, 盡是石堆, 每當潮上, 醎水漏入。沙堰洞則不過一長谷, 而兩崖皆是石壁, 中有一小澗, 屈曲通海, 無一可墾處。板案仇味則廣狹與沙堰洞略同, 而至谷盡處, 地勢平衍, 可種穀百餘斗。大抵四洞之中, 內洞最宜耕墾, 其餘三洞, 非嶺則谷, 非谷則崖。松、楡、桑、櫟、榛、桐、槲、樻, 在在蒙密。四面海岸陡絶, 無可施防, 箭處亦乏, 斥鹵煮鹽之地。小靑島在大靑島南水路三十里許, 與大靑島對峙。南北十餘里, 東西五里, 北距白翎鎭六十里, 東距所江行營一百八十里, 東北距長淵 舞袖龍浦一百五十里。四峰列峙, 東北有寺岱仇味、鯨生洞、茅田仇味、塔洞等四谷, 而石壁垂地, 無一片可耕之地。南有能洞、倭津洞, 皆逼海邊, 西有牛毛津、竹田峴、內津等三處, 而亦皆高峻, 不可耕種。島之西南則厥土沃衍, 可墾爲田。

樹木則多是槲樹, 而多栢, 春栢, 十居七八。" 備邊司啓言: "見今生齒日繁之時, 凡係利用厚生之道, 不容少緩。兩島幅員旣廣, 許民耕食, 實合事宜。且以海防言之, 荒唐船之出沒漁探, 無歲無之。若自今闢土, 聚民追捕瞭望, 如沿海諸處, 則亦不害爲固邊之政。請令帥臣, 募民許耕, 農牛種資, 從便顧助, 島中樹木, 先令斫伐斥賣, 俾助經紀物力。" 從之。

국역

장연의 대·소청도에 백성들을 모집하여 농사짓고 살게 하도록 허락하였다.

앞서 좌참찬 정민시가 아뢰기를, "서북의 폐사군 지역인 후주厚州의 서남쪽 섬들은 처음에 야인들이 들어와 살고 해적들이 침략해옴으로 인해서 그 땅을 버려두었지만, 지금은 야인이나 해적의 걱정이 없어진 지 이미 수백 년이 지났는데도 아직 백성들이 농사짓고 사는 것을 허락하지 않고 있습니다.

옛말에 날로 백리의 땅을 넓힌다 하였는데, 지금 우리는 유용하게 쓸 땅을 노는 땅으로 두고 있으니 극히 무의미한 일입니다. 고려 때 조운흘은 '대청과 소청 등의 섬은 모두 비옥한 땅과 고기 잡고 소금 굽는 이익이 있다.' 하였고, 고 상신 유성룡은 '신미도 등은 땅이 넓어 둔전屯田을 설치하여 사람이 살 수 있다.'고 하였습니다.

신의 생각에는 장연의 대청도와 소청도를 황해 수사로 하여금 자신의 비장裨將을 보내 둘러보아 장문하게 하고, 선천宣川의 신미도와 철산鐵山의 대가차리도·가도는 선천 부사가 직접 둘러보아 장문하게 한 뒤에 의논하여 조처하는 것이 타당할 듯합니다."

하니, 상이 그가 아뢴 말을 합당하게 여겼었다.

그런데 이때에 이르러 황해도 수군 절도사 이우현이 치계馳啓하기를: "대청도는 동서의 거리는 30리이고, 남북의 거리는 20리입니다. 동쪽으로 소강 행영所江行營과의 거리는 뱃길로 2백 리이고, 북쪽으로 백령진과의 거리는 30리이며, 동북쪽으로 장연長淵 무룡포舞龍浦와의 거리는 1백 30리입니다. 겹겹의 산과 봉우리가 바다 가운데 우뚝 솟아 있고, 내동內洞·고사동庫舍洞·사언동沙堰洞·판안구미板案仇昧 등 네 개의 큰 골짜기가 있습니다.

내동은 북쪽의 높은 산봉우리 아래 부스러진 기와 조각들이 있는데, 세속에 전해 오는 말로는 원元나라 황제가 살았던 옛터라고 하였습니다. 그 아래는 바로 옥자포玉子浦로 길이는 10리쯤 되고 너비는 수리數里쯤 되는데 좁은 곳도 2백여 보步는 되었습니다. 그런데 윗쪽은 토질이 척박하여 다만 사이 사이로 밭을 만들 수 있었고, 아랫쪽은 모래땅이 기름져서 개간할 만하였습니다.

고사동은 길이가 3리쯤 되고 너비는 2백여 보쯤 되는데, 윗쪽은 층을 이루는 바위와 널려진 돌들이 묻혀 있기도 하고 드러나기도 하여 경작할 만한 땅이 없고 아래쪽은 지형이 조금 평평하면서 흙빛이 거무스레하여 개간할 만하였습니다. 그런데 골짜기 어귀의 포구와 잇닿는 곳에 가로막은 뚝 하나가 있었는데 모두가 돌무더기라서 매양 밀물이 들 때이면 짠물이 스며들어 왔습니다.

사언동은 하나의 긴 골짜기에 불과합니다. 양쪽의 벼랑은 모두 암벽이고 가운데 작은 개울 하나가 구불구불 바다로 흘러들어가고 있어 전혀 개간할 만한 곳이 없습니다.

판안구미는 너비가 사언동과 대략 서로 같은데, 골짜기 막바지에 땅이 평평하여 백여 말[斗]의 곡식을 부릴 만하였습니다.

대체로 네 골짜기 중 내동이 가장 개간하기에 적합하고 그밖의 세 골짜기는 산이 아니면 골짜기이고 골짜기가 아니면 벼랑이며, 솔·느릅·뽕·상수리·개암·오동·떡갈·노나무松·楡·桑·櫟·榛·桐·槲·櫃 등이 곳곳마다 빽빽하게 들어차 있습니다. 그리고 사면의 바다 기슭은 가파른 벼랑이라서 방어 시설을 할 수 없고 어살을 칠 곳도 없으며 소금이나 굽기에 적합한 곳입니다.

소청도는 대청도 남쪽 뱃길로 30리쯤에 대청도와 마주하여 있습니다. 남북이 10여 리이고 동서가 5리인데 북쪽으로 백령진과의 거리는 60리이고, 동쪽으로 소강 행영과의 거리는 1백 80리이며, 동북쪽으로 장연의 무수룡포舞袖龍浦와의 거리는 1백 50리입니다.

네 개의 산봉우리가 늘어서 솟아 있는데, 동북쪽으로는 사대구미(寺岱仇味)·경생동鯨生洞·모전구미茅田仇味·탑동塔洞 등 네 개의 골짜기가 있으나 밑바닥까지 다 석벽石壁이어서 한뙈기도 경작할 만한 땅이 없고, 남쪽으로는 능동能洞과 왜진동倭津洞이 있으나 모두 바닷가에 바짝 붙어 있으며, 서쪽으로는 우모진牛毛津·죽전현竹田峴·내진內津 등 세 곳이 있으나 또한 모두 높고 험준하여 씨를 뿌려 가꿀 수가 없습니다. 그리고 섬의 서남쪽은 땅이 비옥하므로 개간해서 전답을 만들만합니다. 나무들은 대체로 떡갈나무가 많고 동백冬栢과 춘백春栢이 십중칠팔이었습니다."

하니, 비변사가 아뢰기를: "지금 백성의 수효가 날로 늘어가는 때에 모든 이용 후생에 관계되는 도리를 조금도 늦출 수가 없습니다. 두 섬의 면적이 이미 광활하니, 백성들에게 경작을 허락하는 것이 실로 사리에 합당하겠습니다. 또 해상의 방어를 가지고 말하더라도 정체를 알 수 없는 배들이 출몰하여 고기를 잡아가지 않는 해가 없습니다.

만일 지금부터 땅을 개간하고 백성을 모아들여 그들을 추격하여 잡고 감시하게 하기를 마치 연해의 여러 곳과 같이 한다면 또한 변경을 굳건히 하는 정사에 해롭지 않을 것입니다. 수신帥臣으로 하여금 백성을 모아 경작하는 것을 허락하고, 농우소와 종자 곡식을 편리할 대로 도와주게 하되, 우선은 나무를 베어 팔아서 개간하는 데에 드는 물력物力에 보탬이 되도록 하게 하소서."

하므로, 그대로 따른 것이다.

제3부

대청도의 자연

大青島

대청도의 해양 생태 환경과 수산 특성
대청도의 지형과 지질
대청도 해안사구
대청도의 조류
대청도 관속식물상
대청도의 사구 식물상

대청도의 해양 생태 환경과 수산 특성

최중기
인하대학교 해양학과 명예교수

大靑島

1. 서론

대청도는 인천광역시에서 서북쪽으로 200km 떨어진 황해상의 한 섬으로 백령도 남쪽 12km에 위치한 서해 5도서 중 하나이다. 인접한 육지로는 황해도 옹진반도가 40km 떨어져 있다. 북방한계선(NLL)과 10여 km 떨어져 있으며, 유인도인 소청도, 무인도인 갑죽도와 함께 인천광역시 옹진군 대청면에 속한다. 대청도는 위도 37°51'- 37°47'30", 경도 124°44'- 124°40'에 위치하며, 남북거리 약 51km, 폭은 약 3km이고, 면적은 12.76km²에 이른다. 전체적으로 북동-남서 방향으로 산지가 발달하여 있으며, 섬 둘레로 암반해안과 모래해안 해식지형 등 해안지형이 발달하여 해안길이가 총 26.4km에 달한다. 대청도의 육지부는 삼각산(343m)을 비롯한 산지가 많아 전답이 전체 면적의 11%에 불과한 데 반해, 해안부는 해안선이 발달하고 서쪽과 남쪽에 너른 바다를 가지고 있어 일찍부터 홍어잡이, 고래잡이 등 수산업이 발달하였다(대청면, 1995).

대청도 주변이 접경지역이고, 군 관할 수역이 많아 해양환경에 대한 조사된 바가 극히 적으며, 조사의 한계성으로 해양환경과 해양생태계에 대하여 밝혀진 것이 상당히 제한적이다. 1950년대에 일부 학자에 의한 해양생물조사(김훈수, 1958)가 있었고, 1980년대에 자연보호 활동의 일환으로 백령도 및 대청도, 소청도 등 대청군도에 대한 종합학술조사 보고서(자연보호중앙협의회, 1987)가 있었으며, 옹진군이 지역자료를 바탕으로 정리한 옹진군지(1989)에 대청면에 관한 인문, 사회, 경제, 역사, 자연 등 종합적인 내용이 일부 포함되어 있

1. 서론
2. 해양환경
3. 해양생태 특성
4. 수산업
5. 대청도의 참홍어
대청도의 포경업과 고래 출현 기록

다. 다시 1995년에 대청면의 지역인사들이 중심이 되어 편찬한 대청면지가 있다. 학술조사 결과로는 2006년 발간된 해양생태계 기본조사(해양수산부, 2006)가 있고, 사업보고서로는 인천광역시 연안어장 실태조사(인천광역시, 2006)와 인천연안 해양환경 조사 및 보전관리 계획(2007), 국립수산과학원 서해수산연구소의 서해5도 수산자원 정밀조사 평가보고서(2015) 등이 있다. 연구논문으로는 대청도의 참홍어의 난각 특징과 자어 형태에 대한 연구(조현수 등, 2010), 참홍어 식성 연구(정경숙 등, 2018) 등이 있으며 대청도의 과거 대형 고래 출현의 원인에 대한 연구가 있다(최중기 등, 2019). 연구서로는 인천 섬지역의 어업문화(정연학, 2008)에 대청도의 어업문화에 대한 일부 내용이 포함되어 있을 뿐이다.

이 장에서는 그동안 조사된 자료를 근거로 대청도 주변 해역의 대략적인 해양환경과 해양생태계 특성을 소개하고, 수산자원과 수산업에 대한 자료와 주민구술을 통하여 정리된 내용을 중심으로 대청도의 과거 대형 고래잡이와 참홍어 어업 등 주요 수산 내력을 소개하고자 한다.

2. 해양환경

대청도의 해저 지형은 남쪽으로 수심 30-40m를 유지하며 소청도와 접하고, 동쪽으로는 수심 20-30m의 수로를 유지하며 옹진반도와 접한다(그림1). 그 중간에 중주, 기린주 등의 사주가 남북방향으로 크게 발달하여 좁은 수로를 형성한다. 북쪽으로는 백령도 방향으로 사주가 발달하여 백령도와 수심 10-30m의 얕은 바다를 이루고 있다. 특히 북쪽의 농여해변 앞바다는 수심 1m 미만으로 얕은 바다를 이루면서 3-4km 북쪽으로 뺨 모래풀등을 이루고 있어 농여해변과 옥죽포 해변의 배후에 사구를 형성하게 하는 모래 공급의 원천 역할을 한다. 대청도의 서쪽과 남서쪽 해역은 수심이 깊어져 60m 이상의 황해 중앙수역으로 연장된다. 대청해역의 저질분포는 그림과 같이 사질과 조개껍질 지역이 주로 분포하고 일부 지역은 가는 모래 해저로 되어 있다(인천광역시, 2006).(그림2)

대청도의 평균 고조 간격은 5시간 27분이며, 기본수준면(약최저저조면)과의 평균대조

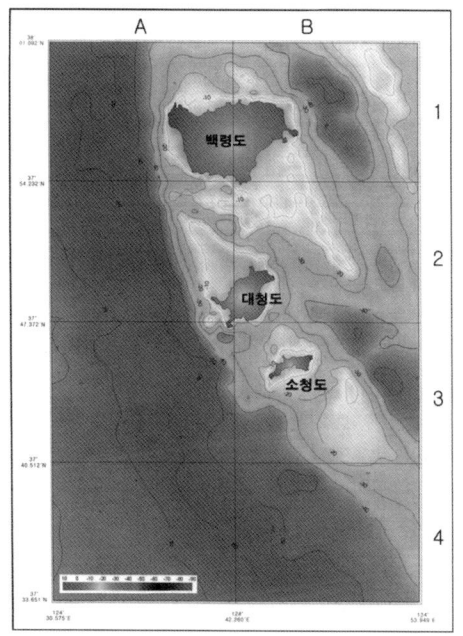
[그림1] 대청해역 수심 분포도.(인천광역시, 2006)

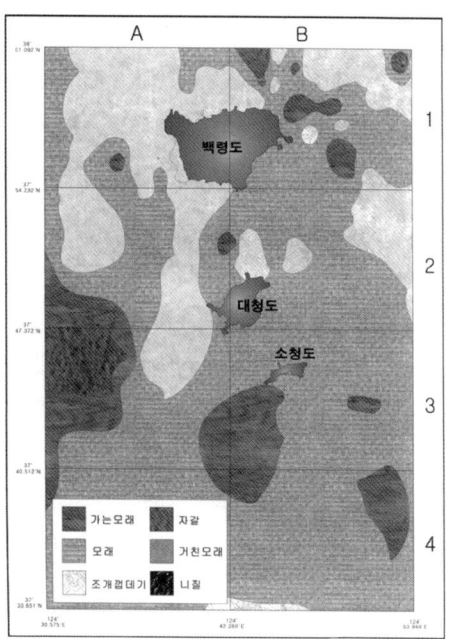
[그림2] 대청해역 저질 분포도.(인천광역시, 2006)

차는 3.5m, 소조차는 2.7m로 인천 연안에 비하여 조차가 현저히 작다. 평균해면 높이도 2.06m로 낮다. 조류 방향은 소청도와의 사이에서는 남서-북동 방향으로 흐르며 유속은 3m/s로 빠른 편이다. 북쪽 백령도와의 사이에 넓게 형성된 사주로 인하여 조류의 방향이 남동-북서 방향으로 1~2m/s 속도로 흘러, 조류 방향과 유속이 섬의 북쪽과 남쪽이 다르다. 대청도의 수온분포는 연중 2.8~23.0℃ 분포로 여름에는 높은 수온을 유지하나 외해 황해중앙 수역 쪽으로는 수온 10℃이하의 황해 저층 냉수가 존재하여 영향을 준다. 염분 분포는 계절평균 32.5psu로 여름에 일부 담수의 영향을 받고, 겨울에 증가된 염분 농도를 보인다(인천광역시, 2006). 수중의 부유 입자(SPM) 농도는 3~8mg/L 분포(해양수산부, 2006)로 인천 연안수에 비해 10~100분지 1 정도로 낮은 농도를 보여 맑고 투명한 해역 특성을 보인다.

 대청도 주변해역의 수질에 대한 자료는 극히 드물어 인천광역시 자료(2006)와 해양수산부 자료(2006)를 참고할 수밖에 없다. 인천광역시 자료(2006)에 의하면, 대청도 연안 동서남북 4개 지점에서 2005년 여름에 조사 결과, COD는 0.56~1.64 ㎎/L(평균 0.92㎎/L)분포로 평균 수질등급 1등급을 보이나 선진포항 앞 수역은 2등급의 수질을 보였다. 총질소 분포는 0.204~0.714㎎/L(평균0.389㎎/L)분포로 서쪽 연안을 제외하고는 2등급 및 3등급(선진포 앞) 수질을 보였다. 총인 분포는 0.016~0.069㎎/L(평균 0.034㎎/L) 분포로 남쪽 연안은 2등급, 선진포 앞 연안은 3등급 수질을 보였다. 2005년 가을 조사에서는 COD는 0.46~1.22㎎/L(평균 0.73㎎/L) 분포로 선진포 연안을 제외하고는 1 등급 수질이었다. 총질소 분포는 0.209~0.276㎎/L(평균 0.248㎎/L) 분포로 모두 1 등급을 보였고, 총인은 0.024~ 0.028㎎/L(평균 0.026㎎/L) 분포 또한 모두 1 등급 분포였다. 2006년 봄 조사에서 COD는 0.37~0.86㎎/L(평균 0.61㎎/L) 분포로 모두 1 등급이었다. 총질소는 0.255~0.279㎎/L(평균 0.265㎎/L) 분포로 모두 1 등급이었고, 총인은 0.013~0.026㎎/L(평균 0.019㎎/L) 분포로 모두 1 등급을 보였다. 이상과 같이 대청도 연안의 수질 등급은 선진포 연안의 여름과 가을을 제외하고는 모두 1 등급 청정 수질을 보였으나, 선진포 연안은 계절적으로 여름과 가을 인구 밀집과 항에서 배출되는 유기물로 수질이 다소 악화되고 있어 이에 대한 대책을 세우는 것이 바람직하다.

　해수 중의 중금속 농도는 해양수산부(2006) 자료에 의하면 구리(cu)농도가 0.584~0.797 ug/kg, 카드뮴(cd) 농도가 0.036~ 0.057ug/kg, 납(pb)이 0.007~ 0.425ug/kg, 아연(zn)이 0.198~0.725ug/kg 분포를 보여 모두 해역수질 기준보다 낮은 농도를 보였다. 해수 중금속 농도는 인천연안수보다 전반적으로 낮은 농도를 보였으나, 충청남도 연안수와 황해 외해역 중금속 농도 보다는 다소 높은 분포를 보였다. 구리, 카드뮴은 계절적인 차이가 거의 없었으나, 납과 아연은 여름철에 최소를 보이고, 동계에 비교적 높게 나타났다. 이 수역의 중금속 농도는 담수 영향 보다는 해역 자체의 상하 혼합에 의한 영향이 큰 것으로 보인다. 전반적으로 대청도 주변의 연근해 해수 수질은 한강하구, 금강하구, 인천 연안수에 비해 양호한 수질(1, 2 등급)을 보였으나 태안반도 연안수와 황해 외해수에 비해 농도가 조금 높았다.

3. 해양생태 특성

1) 부유생물 분포

대청도 주변 해역 수층에 부유하여 출현하는 식물플랑크톤 종수는 계절마다 차이가 있다. 해양생태계 기본조사 보고서(해양수산부, 2006)에 의하면 월별 조사 시에 38~59 종 출현하였다. 해수의 수직 혼합이 잘 되는 늦가을과 겨울에 저서성 규조류가 부유되어 많은 종이 출현하였고, 수층이 수직적으로 안정된 늦봄과 여름에 저서성 규조류가 적게 출현하였다. 수층에 출현하는 식물플랑크톤의 75% 이상이 규조류로, 특히 중심 규조류가 많이 출현하였다. 식물플랑크톤 중 와편모류는 계절별로 6~12 종 출현하였고, 5월에 12종이 출현하여, 여름에 다양하게 출현하는 인천 앞바다와는 다른 양상이었다. 대청도 해역의 식물플랑크톤 출현 종수는 연평해역이나 덕적도 해역보다 적은 종수가 출현하여 다소 근해 특성과 유사하였다.

식물플랑크톤에 의한 엽록소 농도는 0.75~1.45 ug/L 분포로 겨울과 여름에 다소 높고 늦가을에 낮은 농도를 보였다. 대청도 해역의 엽록소 농도는 겨울과 봄에는 백령도, 덕적도 주변해역 보다 다소 높고, 연평도와 시화 앞보다는 낮게 나타났다. 여름에는 연평도와 덕적도 해역보다 높은 농도를 보였으나 백령도와 팔미도 해역보다 낮게 나타났다. 가을에는 전반적으로 다른 해역에 비해 낮게 나타났다. 식물플랑크톤의 개체수 분포는 93~172 cells/㎖ 분포로 엽록소 분포와 유사하게 봄과 여름에 많이 출현하고 가을에 적은 량이 출현하였다. 전 계절에 걸쳐 *Skeletonema* 종류가 가장 많이 출현하였고, 저서성 규조류인 갯둠말 *Paralia sulcata*와 중심형규조류인 *Melosira arctica*가 여름을 제외한 다른 계절에 그다음으로 우점하였다. 그 외에 중심형규조류인 *Thalassiosira allenii*가 겨울부터 여름까지 많이 출현하였고, *Aulacoseira distans*는 봄과 가을에 많이 출현하였다. 와편모류인 *Gymnodinium helveticum*과 *Prorocentrum minimum*은 봄에 많이 출현하였다. 전반적으로 식물플랑크톤의 개체수는 부영양화된 인천연안의 1/3~1/2 수준으로 부영양화 영향을 받지 않은 양호한 수역 분포를 보였다.

동물플랑크톤은 건중량이 22.69~82.43㎎/㎥ 분포로 겨울과 봄에 많이 출현하고 여름과 겨울에 적게 출현하였다. 전반적으로 요각류가 우점하였고, 겨울에는 요각류 *Acartia hongii*, *Paracalanus* sp., *Oithona similis*, *Corycaeus affinis*가 우점하고, 봄에는 *A.hongii*, *Calanus sinicus*, 여름에는 *Paracalanus* sp.와 와편모류인 야광충 *Noctiluca scinillans* 및 모악류인 *Sagitta crassa*가 우점하였다. 황해 우점종인 요각류 *Calanus sinicus*는 여름과 겨울에 많이 출현하였고, 연안성 우점종인 요각류 *Paracalanus crassirostris*는 여름에, *Oithona similis*는 봄과 가을에 많이 출현하여 (해양수산부, 2006) 황해 연안의 일반적인 분포와 유사하였다. 그 외에 대청도 주변 해역에서 잡은 어류의 위속에서 난바다곤쟁이류(크릴새우류)가 나오고 있어 대청도 근해에 태평양크릴새우*Euphausia superba*가 출현하는 것으로 추정된다.

2) 어류 및 유영생물

대청도 주변해역의 2006년 해양생태계기본조사에서 조사된 자치어는 겨울에는 흰베도라치와 까나리가 많이 출현하였고(그림3), 그 외의 자치어는 소량 출현하였다. 봄에는 흰베도라치와 까나리자치어가 소량 출현하였고, 여름에는 멸치 자치어가 많이 출현하였다. 그 외에 망둑어류나 참서대류, 민어류의 자치어가 여름에 소량 출현하

[그림 3] 대청도 까나리

였다. 자치어는 전반적으로 연평해역이나 인천연안에 비해 적은 양이 출현하였다. 겨울철에 최우점하는 흰베도라치 자치어는 주로 대청도와 연평도 주변해역과 아산만 외해역에 많이 출현하나 봄이 되면서 급격히 감소하는 양상을 보였다. 까나리 자치어는 겨울에 대청도 주변에 다수 출현하다가 봄이 되면서 백령도 쪽으로 이동하는 양상을 보였다.

주로 연안 연승 및 채낚기 업으로 어획한 성체 어류는 참홍어(홍어), 홍어(간재미, 팔랭이), 멸치, 웅어, 전어, 밴댕이, 아귀, 숭어, 붕장어, 황해볼락, 조피볼락(우럭), 양태, 쥐노래미(놀래미), 삼세기, 농어, 점농어, 감성돔, 참돔, 황강달이, 민태, 부세, 참조기, 등가시치, 피도라치, 까나리, 갈치, 고등어, 삼치, 풀망둑, 쉬쉬망둑, 참돛양태, 흰베도라치, 병어, 넙치, 돌가자미, 문치가자미, 노랑각시서대, 참서대, 말쥐치 등 40여종이 출현하여 매우 다양한 어종이 서식하는 것으로 나타났다(인천광역시, 2007). 이외에도 100여년 전

에는 청어가 대규모로 나타났다고 하나 현재는 발견되지 않고 있다(대청면, 1995). 어류 외에 유영생물로 출현하는 꽃게, 갑오징어, 쭈꾸미, 대하, 보리새우 등의 연체동물과 갑각류가 다수 출현한다.

3) 저서동물

대청도의 저서동물에 대한 조사는 김(1958)에 의해 비교적 일찍 시작하였다. 그는 "백령, 대청, 소청, 연평 제도서 학술조사 보고서" 중 "생물반 조사보고 동물편"에서 긴집게발게를 포함한 게종류 5종, 집게류 3종, 연체동물 4종, 해면동물 1종 등 총 14종을 보고하였고, 그후에도 대청도의 게 종류 5종(1962)과 집게류 3종(1973)을 추가 보고하였다. 그 후 단각류 Caprella 1종을 추가 보고 하였다(Kim and Lee, 1975). 김과 최(1987)는 대청군도 자연실태 종합보고서에서 대청도에 출현한 태형동물 Crisia sp., 비단가리비에 부착한 완족동물 세로줄조개사돈 Coptothyris grayi, 연체동물 좀털군부 Acanthochitona achates, 복족류 둥근전복, 애기삿갓조개, 애기배말, 애기두드럭배말, 꼬마흰삿갓조개, 둥근배무래기, 흰삿갓조개, 울타리고둥, 밤고둥, 명주고둥, 보말고둥, 총알고둥, 좁쌀무늬총알고둥, 계란고둥, 대수리, 어깨뿔고둥, 보리무륵, 좁쌀무늬고둥, 이매패인 진주담치, 왜홍합, 털담치, 비단가리비, 가시굴, 개량조개, 새조개 등과 갑각류인 따개비과 1종 Chelonibia patula, 갯강구, 집게류인 털다리참집게, 빗참집게, 납작게, 무늬발게, 뿔물맞이게와 극피동물인 예쁜거미불가사리, 별불가사리, 불가사리, 보라성게 등 40종을 보고하였다.

2006년도 시행된 인천연안도서환경조사(인천광역시, 2007)에서는 옥죽포 모래갯벌에서 털보모래무지옆새우, 모래무지벌레, 긴털모래옆새우, 달랑게 등 32종의 저서동물이 채집되었고, 모래에 사는 옆새우류가 가장 우점하였다. 이때 출현한 저서동물의 평균밀도는 1071개체/㎡, 평균생물량은 8.9g/㎡으로 다른 도서에 비해 생물량이 적은 편이었다. 2006년도 인근에서 행해진 해양생태계 기본조사(해양수산부, 2006)에서 대청도 주변해역의 저서동물 생물량은 극피동물 모래무지염통성게의 대량출현으로 추계(313.474g/㎡)와 동계(824.426 g/㎡)에 경기만 전체수역에서 가장 많은 습중량을 보였다. 동계에는 모래무지염통성게와 실타래갯지렁이류가 우점하였고, 춘계에는 모래무지옆새우류가 많이 출현하였으며, 하계에는 Moerella sp. 등이 크게 우점하였다. 추계에는 버들갯지렁이류와 실타래갯지렁이류가 대량 출현하여 총개체수(1580개체/0.3㎡)가 추계에 가장 많이 출현하였다. 대청도 주변해역은 인천연안에 비해 총 출현 개체수는 적은 편이나 모래무지염통성게의 대량 출현으로 경기만의 다른 지역에 비해 총 생물량의 출현이 가장 높았다.

4) 저서 해조류

대청도 주변의 해저에 서식하는 해조류에 대한 연구는 접근성의 어려움으로 백령도 보다 늦은 1980년대 후반 처음 이루어 졌다(이인규 등, 1987). 그 후 Lee(1991)에 의한 대청군도 해조류의 수직분포에 대한 연구가 일부 있었으며, 인천연안도서 해양환경조사 및 보전관리 계획 수립시 일부 조간대에서 조사되었다.(인천광역시,2007)

이인규 등(1987)에 의해 1987년 10월에 옥죽포, 사탄동, 선진동에서 조사된 저서해조류는 다음과 같다. 대청도 동쪽 선진동 항구내에서는 구멍갈파래가 번무하였고, 조수웅덩이 상부에는 솜대마디말과 염주말속이 띠를 이루고 있었다. 그 아래에는 애기가시덤불과 우뭇가사리 등이 주로 출현하였다. 암반조간대 상부에는 참지누아리, 빈지누아리 및 지누아리사촌*Halymenia acuminata* 등이 많이 발견되었다. 조간대 중하부에는 모로우붉은실, 새빨간검둥이 등과 가시파래, 잎파래가 많이 관찰되었다. 해안선에서는 해조류는 아니지만 바다풀(해초류)인 거머리말*Zostera marina*의 온전한 개체들이 많이 발견되어 인근 조하대에 잘피 숲이 있는 것으로 추정되었다. 실제 이상용 등(2012)의 조사에 의하면 대청도 모래해안 지역 조하대에는 거머리말이 많이 분포하는 것으로 보고되었다. 옥죽포해안은 대부분 조간대가 모래사장을 이루고, 배후에 대규모의 사구지역을 형성하여 전반적으로 저서조류가 빈약하나 일부 암반 해안 조간대 상부에 작은구슬산호말과 참산호말이 층을 이루고 중하부에 지충이, 새우말, 진두발, 개서실 등이 다양하게 출현하였다. 조하대 상부의 평평한 암반위에는 솜대마디말이 자라고, 수직면에서는 개서실이 15㎝ 이상으로 크게 자라면서 지충이와 새우말 등과 어울려 군락을 이루었다. 조하대 저층으로 내려가면 해조상이 빈약해지면서 애기마디잘록이, 우뭇가사리, 누은분홍잎 등이 일부 관찰되었다(이인규 등,1987).

대청도 서쪽의 사탄동 암반지대 조사에서는 조간대 상부에 불등풀가사리가 소수 발견되었고, 지충이와 *Pelvetia siliquosa* 혼생군락과 작은구슬산호말과 참산호말의 군락이 상하로 띠 분포를 하였다. 조간대 중하부에 걸쳐 지충이가 넓게 분포하고 이들과 혼생하여 *Symphyocladia latiuscula*가 무성하게 암반을 덮고 있었다. 조하대 수직 암벽에 새빨간검둥이와 *Dictyopteis divaricata*가 무성하였고, 이따금 돌출된 암반위에 새우말이 많이 발견되었다. 조하대 아래 쪽에 참보라색우무와 새빨간검둥이가 빈약하게 발견되었다. 기저층 평평한 암반위에는 미끌지누아리와 미끈뼈대그물말, 참보라색우무 등이 드물게 생육하였고 단조로웠다. Lee(1991)는 대청도 해조류 분포를 상부에는 불등풀가사리, 중부에는 지충이와 바위수염, *Pelvetia siliquosa* 등이 하부에는 참보라색우무와 가는새빨간검둥이가 주로 분포하는 것으로 구분하였다.

그 후 대청도에서 조사된 조간대 해조류 자료(인천광역시, 2007)에 의하면 지두리와 독바위 주변 해안에서 해조류의 생육밀도가 높게 나타나고 해조상이 풍부한 것으로 보고되었다. 주로 구멍갈파래, 잎파래, 참풀가사리, 우뭇가사리, 지누아리류가 우점하고, 산호말류와 서실류가 그 다음으로 많이 나타나는 것으로 보고되었다.

4. 대청도의 수산업

대청도는 연안수와 근해수가 만나는 지점에 위치하여 연안성 어류와 근해성 어류가 동시에 출현하여 예전부터 수산물이 풍부하고, 대청도 근해에 대형수염고래가 많이 출현하여 포경업이 왕성하였던 지역이었다. 지금도 중국어선이 대청도 주변해역에서 불법어업을 하여 수산자원을 고갈시키는 원인이 되고 있지만, 조선조 숙종, 영조 시대에도 청나라의 황당선(荒唐船)이 백령도, 대청도 연근해에서 불법어로와 약탈행위를 자행하여 정조 때 대청도에 진을 설치하여 그에 대처하게 하였다. 일제 강점기에는 일본인 다나베가 주도한 대청도 어업조합과 일본 포경회사의 대청도 사업장이 수산물을 거의 독점매매하고, 대형고래의 씨를 말리게 하였다.

대청도는 이와같이 수산물이 풍부한 대신에 전답은 전체 면적의 11%에 불과하여, 일찍부터 주민들의 대부분이 수산업에 종사하여 왔다. 과거 조기 연승어업이 활발하였고, 까나리 지인망 어업이 성황을 이루었으나 조기자원의 감소와 기선저인망 어업의 남획으로 이들 어종의 자원이 고갈되고 어로한계선(그림4)의 설정으로 어획량은 급감하였다. 그래도 대청도 연근해는 현재 다른 해역에 비해 꽃게, 참홍어, 까나리, 농어, 우럭, 고등어, 삼치 등이 풍부하여 인천의 다른 해역에 비해 수산업이 활발한 지역 중 하나이다.

조선시대 대청도의 주요 포구는 옥죽동과 사탄동 이었고, 선진포는 한촌이었으나 일제강점기에 일본인이 들어 와 자리 잡고, 1918년 동양포경주식회사가 선진포에 포경기지를 건설함에 따라 선진포가 대청도의 어업 중심지가 되었다. 1909년경 대청도의 136가구 중 56가구가 어업을 하였고(이현창, 1997), 일부 가구는 어업과 농업을 겸하였다. 일제가 어업법과 조선어업령을 통하여 어업

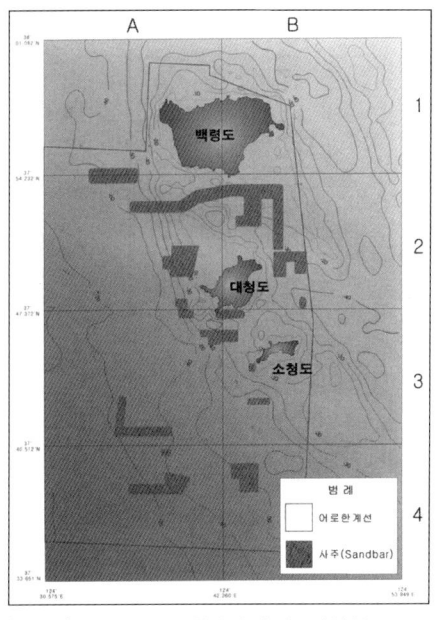

[그림 4] 대청해역 어로한계선 및 사주지역 분포도

을 면허 및 허가 어업으로 단속하고 어업조합을 통하여 어민을 통제하면서 일본인들에게 유리하게 어업권을 주어 원주민들이 반발하기도 하였으나, 김학선(1864년생)은 대청도와 소청도의 조개채취 전용어업권을 취득하여 도민들에게 개방하고, 1923년 어업조합을 창설하여 초대어업장을 지내며 학교를 세우는 등 대청도를 위하여 헌신하였다(인하대박물관, 2013).

선진포항은 1999년 1월1일 국가어항으로 지정되어 선착장 217.5m, 물양장 345m, 방파제 642m로 확장되고, 어선 60여척, 어민540여명이 이용하고 있다. 옥죽포항은 지방어항으로 지정되어 물양장 150m, 방파제 564m를 건설하였으나 지속적인 모래 유입으로 수심이 낮아져 제 기능을 못하고 있다. 이외에 사탄동항이 소규모 어항으로 유지되고 있다. 대청면에 등록된 어선은 75척으로 2014년 연안복합어업 61건, 연안자망어업21건, 연안통발어업 1건, 연안안강망어업 3건, 낚시어업 20건 등을 허가 받아 운영하고 있다.

대청도의 어촌계는 선진포 어촌계와 옥죽포 어촌계로 나뉘어져 있으며, 선진포 어촌계는 선진동, 고죽동, 사탄동 마을로 구성된 어촌계로 대청도에서 규모가 가장 큰

어촌계이다. 어촌계원은 2008년 115명으로 2005년 수산물 생산량은 157톤, 어획고는 8억3천여만원이었다. 주 어획물은 쥐노래미(놀래미), 까나리, 조피볼락(우럭), 참홍어였으며, 이중 쥐노래미를 63톤 잡아 4억4천만원의 수익을 올렸으며, 조피볼락 9천6백만원, 홍어 5천2백만원, 넙치 4천만원, 까나리 1500만원, 멸치 256만원, 농어 75만원의 실적을 올린바 있다(인천광역시, 2006). 그 외 꽃게 어획고는 1400만원, 전복 7500만원, 해삼 4천만원 등의 소득을 올렸다. 옥죽어촌계는 선화동, 옥죽동, 동래동, 양지동 마을로 구성되어 2005년 수산물 생산량은 71톤 정도 이었고, 어획고는 3억8천8백만원이었다. 주 어획물은 선진어촌계와 유사하였고, 전반적으로 선진어촌계에 비하여 적은 어획고를 올렸다. 대청면의 수산물 생산량은 2000년에 875톤의 최대어획량을 보인 후 2005년 374톤 등 계속 감소추세이다. 이는 중국 어선의 불법 어업에 의한 영향으로 주민들은 보고 있다. 서해수산연구소의 어업자원조사보고서(2015)에 의하면 2008-2012년 대청면의 연평균 어획고는 놀래미 75톤, 우럭 50톤, 꽃게 34톤, 까나리 24톤, 참홍어 21톤, 전복 등 패류 10톤 해조류 6톤 이었다. 이시기 참홍어 어획고는 최저를 기록하였다. 어업별로는 연안안강망으로는 주로 꽃게(83%)와 홍어(11%), 연안통발로는 꽃게(68%)와 놀래미(17%), 채낚기로는 우럭(74%)과 놀래미(17%), 주낙으로는 홍어(99%), 연안자망으로는 꽃게(85%)와 팔랭이(9%)가 주요 어획물이었다.

대청도에는 현재 73척의 어선선주들로 구성된 어업인 협회(회장 배복봉)가 있다. 김유성 총무에 의하면 이들은 연승어업, 자망어업, 낚시어업, 통발어업 등을 하여 꽃게, 조피볼락, 참홍어 쥐노래미 등을 주로 어획하고 있다. 대청도의 꽃게잡이는 연평도 보다 한달 빠른 4월초부터 시작하여 금어기인 7,8월을 빼고 12월까지 조업한다. 대청도 꽃게 군은 연평도 꽃게 군과 다른 군으로 추정된다. 연평도 꽃게는 남쪽에서 올라오느라 5월 중순경부터 어획하기 시작하나, 대청도 꽃게는 황해 북부 깊은 바다에서 월동하고 대청도 연안으로 초봄에 올라 온다. 가을 꽃게는 겨울이 시작하기 직전에 황해 북부해역으로 이동해 전체적으로 조업 기간이 긴 편이다.

대청도의 양식어업은 패류양식업 9건, 복합양식어업 4건, 마을어업 25건이 허가되었다. 현재 패류양식은 전복양식이 99,000평에 7건이 이루어지고 있고, 피조개 양식 2건이 9만평에서 이루어지고 있다. 복합양식은 전복, 해삼 양식 1건이 6천평에서 이루어지고, 미역, 다시마 양식 3건이 5만5천평에서 이루어진다. 마을 어업은 77만평에서

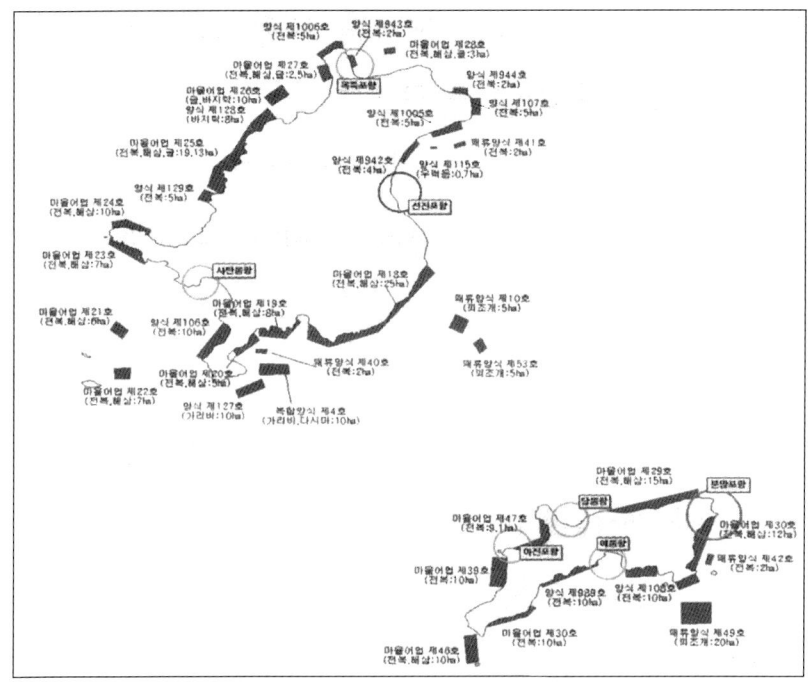

[그림5] 대청도 마을 어업 어장도 (자료: 옹진군청내부자, 2006)

전복, 해삼, 굴, 미역 등의 채취가 이루어지고 있다(그림5).

5. 대청도의 참홍어

대청도의 대표적인 수산물 생산품인 홍어는 원래 참홍어 Beringraja pulchara로 간재미인 홍어 Okameijei kenojei와 속이 다르다. 참홍어는 홍어, 눈가오리(동해안), 흑산홍어, 홍애(목포, 신안) 등으로 불리우고, 간재미 홍어는 백령도와 대청도에서는 팔랭이로 불리운다(인천광역시, 2006). 참홍어는 황해, 동해, 오츠크해 및 동중국해의 수심 40-100m 사이에 서식하는 난생으로 알려져 있다(정경숙 등, 2018). 국제자연보전연맹(IUCN)의 적색목록에 취약종 vulnerable species으로 등록되어 있어 자원이 감소되지 않게 보호 관리되어야 할 중요어종이지만 우리나라에서는 기호 수산어종으로 중요한 경제성 어종이다. 참홍어는 분류학적으로 홍어목Rajiformes 홍어과Rajidae에 속하는 어류로 과거 눈가오리에서 참홍어Raja pulchara로 국명이 변경되었으며(정충훈, 1999), 최근 난각의 형태 비교를 통하여 Raja 속에서 Beringraja 속으로 변경되었다(Ishihara et al., 2012). 흔히 참홍어와 간재미 홍어(팔랭이)를 구분하기 쉽지 않으나, 참홍어는 몸이 마름모꼴

[그림6] 대청도 참홍어

로 폭이 넓으며, 머리는 작고 주둥이는 짧으나 간재미 홍어 보다 주둥이가 더 돌출되어 있다(그림6). 참홍어 꼬리의 등쪽 중앙 부분에 수컷은 1줄, 암컷은 3줄의 날카로운 가시줄이 있다. 간재미 홍어는 꼬리 등쪽 가시줄이 수컷은 3줄, 암컷은 5줄로 줄지어 있다. 배지느러미 뒤쪽에 막대기 모양의 교미기가 2개 있다. 참홍어는 3-8월이 주 산란기이다. 참홍어는 알집이 2개로 계란알 같은 노란알 4~6개를 탄창모양의 알집에 낳으면 그 알집을 자갈이나 돌 사이에 붙여 놓으면 두 달 후 그 알집에서 길이 5-6cm의 새끼 4~6마리가 나온다(인천광역시, 2006). 참홍어가 주로 잡히는 곳은 바닥이 자갈이나 모래인 것으로 보면 간재미 홍어와 같이 참홍어도 모래에 알집을 놀 수도 있을 것으로 추정한다. 인천연안 참홍어는 먹이로 어릴때는 마루자주새우Crangon hakodatei를 가장 선호하고 그 외 산모양깔깔새우,꽃새우 등 새우류를 선호하고 클수록 까나리,반지, 멸치, 대구 등 어류를 선호한다(정경숙 등, 2018). 그 외에 게류, 오징어류, 황세기 등 다양한 먹이를 잡식하며, 1년생은 체폭이 12~16㎝, 5년생은 체폭이 37㎝이며 전체 길이는 1.5m까지 자란다. 간재미 홍어는 성체가 60㎝미만으로 참홍어에 비해 작다. 참홍어는 여름보다 겨울과 봄에 큰 것이 주로 잡히고, 겨울철에 잡힌 것이 살도 많고 맛도 좋은 것으로 평가하고 있다. 대청도에서는 참홍어를 삭히지 않고 찬물에 담거다가 회를 치거나 탕을 끌이거나 무침을 한다. 남도에서는 흔히 삭혀서 암모니아 냄새가 날 때 회와 삼합, 찜, 탕, 무침 등 다양한 요리를 만들어 기호식품으로 이용한다.

우리나라 참홍어는 1990년대 초반까지 기선저인망 어선 등에 남획되어 연간 2,000톤 이상의 어획고를 올려, 1992년에는 최대 어획량인 3,387톤의 어획고를 보였다. 그러나 1994년부터 급격히 감소하여 2001년에는 211톤이 어획되어 최저치를 기록한 후, 최근에는 어획량이 조금씩 증가하고 있다(조현수 등, 2011). 정부는 참홍어 자원관리를

위하여 참홍어를 2008년부터 총허용어획량(TAC)제도의 대상 어종으로 지정하여 연간 총어획량을 할당하고, 흑산도 근해 연승어선 7척, 대청도 근해 연승어선 및 연안 복합어선 13척 등 총 20척에만 참홍어 어획을 허용하고 다른 어업 및 지역에는 허용하지 않고 있다(조현수 등, 2011). 2009년-2010년 총허용어획량은 437톤~540톤 규모로, 최근에 흑산도에는 300톤(TAC 281톤), 대청도에는 200톤 정도 잡을 수 있게 적용하고 있다. 조업금지 기간은 2007년-2009년 동안은 4월1일부터 6월 30일까지 였으나, 2010년부터 6월 1일부터 7월 15일까지로 변경하여 시행하고 있다. 시기별 참홍어 어획량을 보면 흑산도의 경우 1월 14.5%, 2-5월 11.2%-12.9%, 6-8월 1.6%-2.1%, 9-11월 5.7%-6.8%, 12월 11.4%로 주어기는 12월부터 5월까지 인 것을 알 수 있다(조현수 등, 2011). 대청도에서 참홍어가 가장 많이 잡히는 시기는 가을에서 겨울로 흑산도 보다 조금 빠른 것으로 보인다. 서해에서 수심 60m 내외에 서식하는 냉수성 어종인 참홍어가 서식하는 수역의 수온은 15℃가 넘지 않는 3.8-14.5℃ 범위에서 서식하며 염분은 31.2-34.2psu에서 서식하였다(장명훈 등,2014).

대청도 해역(인천)에서 어획한 참홍어는 1991-1994년 사이에 1,735톤-3,298톤으로 당시 우리나라 전체 참홍어 어획량의 92.6%-97.4%에 달할 만큼 남획이 심각하였다. 특히 바닥까지 긁는 기선저인망에 의한 자원 훼손이 심각하였다. 그 결과 2003년경에는 69톤까지 감소하였다가 점차 회복되어, 2010년에는 395톤까지 어획되고, 2012-2013년에는 128톤-188톤으로 다소 감소되었다(장명훈 등, 2014). 최근에는 대청도 해역에서 150톤 정도 어획되는 것으로 보고 있다.

대청도에서 참홍어를 잡는 연승어선의 선장을 지낸 옥죽포 전 어촌계장 김성호씨에 의하면, 70년대 초까지 안강망어선이 조기를 많이 잡았고, 4월초부터 5월말까지 까나리를 많이 잡아 말려서 양미리로 팔다가 1985년 경부터 까나리 액젓을 만들어 팔기 시작했다고 한다. 80년대에 대청도와 소청도에 참홍어잡이 어선이 100여척 있어서 금어기도 없이 주낙으로 365일 잡았다. 거기다 기선저인망까지 몰려와 바닥까지 긁는 저인망 어업으로 참홍어가 남획되어 자원이 급감하였다. 그 후 기선저인망어선이 거의 없어지고 2009년경 참홍어 금어기를 6월 1일부터 7월 14일까지 설정하고 45㎝이하는 잡지 못하게 하면서 참홍어 자원이 많이 회복하였다. 대청도에서는 예전에 참홍어를 잡을 때 장주낚 미끼로 쥐노래미나 까나리를 쓰는데 반해 흑산도에서는 주로 황세기를 미끼로 썼다. 대청도 참홍어잡이 어선은 70년대와 90년대에 대청도에 참홍어가 거의 없을 때는 흑산도와 중국 근해에 가까이 가서 참홍어를 잡았다. 보통 한 배에 4명이 타고 나가 많이 잡을 때는 하루에 100마리까지 잡았다.

    대청도에서 선주협회장과 어민회장을 한 배복봉 회장에 의하면 대청도는 농경지가 적어 어업이 주업일 수밖에 없는데, 근처에 중국 어선들이 와서 많이 잡아가는 바람에 자원이 감소해 육지에서 치어를 가져와 방류하는데 80% 정도 폐사된다. 그래서 대청도에 꽃게, 우럭, 농어 등의 치어를 대청도에서 직접 키워 주변 환경에 맞는 치어를 방류할 수 있게 어패류 종묘배양장 설치가 시급하다고 한다. 옹진군과 함께 양묘배양장 건설을 추진하고 있는데 국가에서 도와주어야 한다고 한다. 그는 또한 참홍어를 잡는 기선저인망 어선 두 척이 있는데 비용이 많이 들더라도 폐선시키는 것이 바람직하다고 한다. 과거에 기선저인망 어선들이 참홍어를 쌍끌이로 남획을 하여 자원이 많이 감소하였다가 대부분 폐선 시키면서 최근에 참홍어 잡이 어선이 4척에서 8척으로 증가하였음에도 참홍어 자원이 계속 증가하고 있다며 남은 두 척도 폐선해야 한다고 한다. 과거에는 폐선시 15억원을 보상했는데 이제는 35억원이 든다며 빨리 폐선하는 것이 자원 보호에 좋다고 한다. 대청도는 어류 자원 보호를 위해 어망 구멍 크기도 옛날 방식대로 육지보다 큰 것을 쓴다고 한다. 정부에 바라는 것은 참홍어 어장 가까이 있는 폐어망 해양쓰레기를 치어주길 바라고 있다. 중국어선들이 들어와 폐어망을 마구 버리는 바람에 해저에 폐어망들이 깔려 있어 홍어가 산란하러 들어왔다가 폐어망에 걸려 폐사가 많이 된다고 한다. 예전엔 그 지역이 참홍어가 가장 많은 어장이었는데, 이제는 참홍어가 이쪽으로 넘어 오지를 못한다고 한다. 배복봉 회장에 의하면 대청도 참홍어 어장은 바닥이 자갈과 모래로 되어 있어 참홍어의 산란장으로 최적이고, 원래 참홍어 자원이 많아 흑산도 배들도 대청어장에 올라와 잡아 간다고 한다. 대청도 참홍어는 바깥쪽에서 알을 배어 들어와 알집을 대청어장에 낳고 일시 남쪽으로 내려 갔다 다시 올라 온다고 한다. 대청도에서 잡은 참홍어를 대청 배와 흑산 배가 나주 영산포까지 열흘 걸려 가면 참홍어가 발효되어 삭힌 홍어가 된다고 한다. 대청도에는 날로 먹거나 말리는데 말리는 거는 인천이나 서울, 경상도에 가서 팔기도 하였다고 한다(그림7). 그래서 대청도 어민들이 영산포에 갔다가 흑산도로 들어가 어업하다가 다시 대청도로 귀향한 사람도 있고, 거기서 대청도 어업기술 가르켜 주고 아예 흑

[그림7] 대청도 참홍어 건조장

산도에 정착한 사람도 있다고 한다. 아마 대청도에서 여름과 가을에 참홍어를 잡아 영산포나 목포에 가서 팔고, 겨울부터 봄에는 다소 따뜻한 흑산도에서 참홍어를 잡은 것으로 보인다. 대청도 참홍어가 흑산도까지, 또는 흑산도 참홍어가 대청도까지 계절적 회유를 하는지는 좀 더 연구해봐야 될 것 같다.

대청도 주변 해역은 해양환경이 참홍어가 서식하기 양호한 수심과 수온 조건에 먹이인 마루자주새우와 까나리가 풍부하여 참홍어 자원이 풍부하였다. 그런 연유로 대청도는 흑산도만큼 참홍어의 본고장으로 90년대 초까지 흑산도 보다 참홍어를 더 많이 잡아 나주 영산포나 목포에 가서 팔고 올 정도 였다. 지금도 대청도 참홍어 일부는 목포로 간다고 한다. 현재는 일반화된 참홍어 잡이 연승어업 걸낙(미끼없는 주낙, 대청도에서는 건주낙이라 함)도 70년대 대청도에서 먼저 일본 민낚시 형태를 개발해 흑산도로 전해졌다고 흑산도 어민들은 말하고 있다. 건주낙(걸낙)은 미끼가 참홍어 뱃속에서 썩지 않고, 미끼 구입 비용과 미끼를 낚시에 끼우는 노동력을 함께 덜 수 있는 장점이 있어 이 방법을 많이 이용한다. 줄에 묶은 수백개의 건주낙을 이용한 홍어잡이는 홍어가 많이 지나는 길목에 설치해 한번 투척을 하면 최소 5일에서 1주일 정도 지나서 건진다.

그동안 대청도는 과거 남획으로 참홍어 자원이 줄어들고, 참홍어 맛을 다양하게 개발하지 못하여 흑산도만큼 전국에 알려지지 않고 있다. 대청도의 참홍어를 특산화 하기 위하여는 현재 남아 있는 기선저인망 어선을 폐선시켜 자원을 더 증가 시키고 자원관리를 철저히 하는 한편, 어획된 참홍어의 맛을 다양하게 개발하여 기호식품으로 대청도 참홍어를 찾을 수 있게 브랜드화 하는 전략이 필요하다. 흑산도 참홍어와 연계하여 전통적인 홍어잡이 수산유산으로 등록하는 것도 바람직하다.

6. 대청도의 포경업과 대청도 고래 출현 기록

대청도는 해방 전 일제에 의한 주요 포경기지 중의 하나였다. 일제는 1889년 경부터 우리나라 연근해에서 포경을 시작하여 러일전쟁 이후에는 거의 독점적 권한을 갖고 1907년까지 1600여마리에 달하는 많은 고래를 포획하였다. 1909년 설립된 일본의 동양포경주식회사는 1910년 거제도에 포경지 허가를 받은 이래, 1913년에는 울산, 1914년에는 강원도 통천, 함경북도 북청, 1916년에는 대흑산도 근해까지 포경조업 영역을 확대시켜 나갔다(이주빈, 2017). 대청면지에 동양포경 주식회사가 1915년에 대청도에 사업장을 설치한 것으로 기록(대청면, 1995)되었으나, 인하대학교 박물관과 옹진군(2013)의 역사발굴 고증연구 보고서에 의하면 2018년에 선진포항에 포경장을 설치한 것으로 나와 있다(대흑산도 포경장이 1916년에 설치된 바 있어 1915년 설치기록은 1918년으로 수정 필요). 이후 동양포경주식회사는 1934년 일본수산주식회사에 합병되어 해산되고, 포경은 일본수산주식회사의 자회사인 일본포경주식회사에 의해 이루어지다가 1938년부터는 일본수산주식회사가 직접 포경업을 하였고, 1943년 이후는 일본해양어업통제주식회사가 한반도 연근해에서 포경업을 독점하였다(대청면지, 1995, 박구병 저 한반도 연해 포경업사 재인용). 일본 수산주식회사의 지부사업장이 있었던 대청도에서 포경업은 대단히 활발하여, 포경선 3척내지 5,6척이 출어하여 매년 30마리에서 50마리까지 포획하였다. 1933년 11월 25일자 수산경제신문에 의하면 두당 가격이 20만원 내지 30만원에 달했다고 하니 당시로서는 대단히 큰 사업이었다(대청면, 1995). 포경장에는 인양장, 해부장, 재해장裁解場, 제유장製油場, 냉동 냉장시설, 염장장, 간유제조장, 오물처리시설, 윈치장, 기관실, 수리공장 등 설비와 사무실, 숙서, 창고 등 부속시설이 완비되어 있었다(인하대학교 박물관, 2013). 대규모 포획과 완비된 시설 등으로 매년 고래가 올라오는 겨울이 되면 120~130명의 일본인과 조선인들이 들어와 선진포항은 크게 붐비었고, 선원과 상인을 따라 들어오는 게이샤들도 있었다고 한다(인하대학교 박물관, 2013).

대청도 연근해에서 포획된 고래는 대부분 대형 수염고래류인 참고래였고, 지상최대의 포유류인 대왕고래도 1929년 1마리, 1930년 3마리가 포획되었다. 일본농림대신 관방통계과 농업통계와 일본 포경협회 포경통계 자료에 의하면, 1926년부터 1944년까지 포획한 참고래는 모두 431마리였고, 대왕고래 4마리, 혹등고래 1마리, 돌고래 12마

[그림 8] 대청도 과거 포경사업장 구 건물 사진

리였다(대청면, 1995). 대형 수염고래가 가장 많이 잡힌 시기는 1928년부터 1930년 사이로 1930년에 참고래 79마리와 대왕고래 3마리, 돌고래 3마리가 포획되었다. 1934년 이후에는 포획수가 급감하여 3-21마리에 그치었다. 1944년 이후 대청도에서의 포경업은 일제의 패망과 더불어 사라져 버렸고, 다만 사업장 구건물이 1990년대까지 선진포항 수협 쪽에 남아있었다(그림8). 해방 후 대청도에서 포경업은 없어졌으나 혼획에 의한 밍크고래의 포획이 가끔 있었고, 참고래로 추정되는 대형 수염고래가 대청도에 죽어서 떠밀려온 사실이 있다. 대청도 어업인협회 김유성 총무에 의하면, 1966년경 30m가 넘는 대형 수염고래 사체가 조류에 밀려와 고래 해체 경험이 있는 김광일 노인이 사다리를 타고 올라가 해체하여 고기를 나눈 적이 있다고 한다. 지금도 여름에 어업하러 먼 바다로 나가면 밍크고래를 가끔 볼 수 있다고 한다. 대청도 주민들에 의하면 2년에 한번쯤은 밍크고래가 어망에 잡혀 부두로 들어 온다고 한다. 국립수산과학원 고래연구센터에 의하면 황해에서 참고래와 대왕고래는 거의 멸종상태이나, 밍크고래는 1000마리 정도가 서식하는 것으로 추정하고 있어, 참고래 같은 대형 고래류도 다시 나타 날 가능성이 있다. 대청도를 비롯한 서해상에 대형 고래류가 대량 출현하였던 것은 대형 고래류의 먹이인 태평양크릴새우 *Euphusia pacifica*가 풍부하였기 때문이다(최중기 등, 2019). 특히 겨울철과 봄에 이 크릴새우가 표층에 많이 분포하기 때문에 대형고래류가 겨울과 봄에 많이 출현하였다.

참고문헌

김훈수, 1958. 생물반 조사보고 (동물편), 백령, 연평, 대청, 소청 제도서 학술조사보고 64-77
김훈수, 1973. 한국동식물 도감 제 14권 동물편 (집게, 게류). 문교부
김훈수, 최병래, 1987. 백령도 및 대청도, 소청도의 해양저서동물상. 자연보호중앙협의회. 자연실태 종합보고서, 제 7집 백령도 및 인근도서, 357-396
대청면, 1995. 대청면지. 대청면지편찬위원회
박구병, 1987. 한국포경사. 수협중앙회
서해수산연구소, 2015. 서해5도 수산자원 정밀조사 평가보고서. 정부간행물번호 11-1192293-000002-01
옹진군, 1989. 옹진군지. 옹진군편찬위원회
옹진군, 2010. 건강망 등 자원량 조사 및 한시적 어업허가 대비 조사. 서해연안환경연구센터.225쪽
이상용, 공용근,하동숙, 황미숙, 황은경, 박은정, 황일기, 2012. 해초류 표본도록. 국립수산과학원
이인규, 오윤식, 정호성, 1987. 대청군도의 해조상. 자연보호중앙협의회, 자연실태종합보고서 제7집 백령도 및 인근도서
이주빈, 2017. 일제강점기 '대흑산도 포경근거지' 연구. 목포대학교 대학원 도서해양문화학 협동과정 석사학위 논문
이헌창, 1997. 민적통계표의 해설과 이용 방법. 고려대학교 민족문화연구소. (인하대학교 박물관, 2013 재인용)
인천광역시, 2006. 인천광역시 연안어장 실태조사 (I) 서해 5도 연안. 서해수산연구소, 383쪽
인천광역시, 2007. 인천 연안도서 해양환경 조사 및 보전관리 계획. 인하대학교 서해연안환경연구센터, 728쪽
인하대학교박물관, 2013. 백령,대청도 대중국 등 관광객 유치 역사 발굴 고증 연구. 옹진군.183쪽
자연보호중앙협의회, 1987. 자연실태 종합조사보고서 제 7집 백령도 및 인근도서. 교학사, 396쪽
정경숙, 박준, 손명호, 이형빈, 한송현, 조현수, 김맹진, 2018. 인천연안에 출현하는 참홍어의 식성. 한국어류학회지, 30(4):232-237
정연학, 2008. 인천 섬 지역의 어업문화. 인천대학교 인천학연구원, 380쪽
정충훈, 1999. 한국산 홍어류(판새아강 홍어과) 어류의 분류학적 연구현황과 국명 검토, 한국어류학회지 11:198-210
조현수,강언종, 조영록, 서형철, 임양재, 황학진, 2010 한국산 참홍어의 다배성 난각 특징과 자어의 형태. 한국어류학회지,22(4):217-224
조현수, 황학진, 권대현, 정경숙, 최광호, 차병열, 임양재, 2011. 흑산도 근해 연승어업의 참홍어획 특성.

한국어업기술학회지 47(4):403-410

장명훈, 조현수, 권대현, 차병열, 황지혜, 한경남, 임양재, 2014. 황해 동부해역 참홍어의 지리적 분포 특성과 어획량 변동. 한국어류학회지, 26(4):295-302

최중기, 서지호, 윤원득, 2019. 일제 강점기 대형수염고래류 포경실태 및 출현 계절에 대한 고찰. 한국해양학회지,24(3):475-482

해양수산부, 2006. 해양생태계 기본조사, 37o 아산만~ 38o 최북단. 국립수산과학원, 685쪽

Ishihara,H,.M. Treloar, H.F. For, H. Senou, C.H. Jeong, 2012. The comparative morphology of skates egg capsule(Chondrichi:Ragiformes). Bull. Kanagawa Prefect. Mus.(Nat.Sci),41:9-25

Lee, I. K., 1991. A survey of Taxonomic and ecological studies on benthic marine algae in the western coast of Korea. Yellow Sea Res.. 4:57-68

대청도의 지형과 지질

김기룡
사)인천섬유산연구소 이사장

대청도는 면적 15.56㎢, 해안선 길이 24.7㎞를 갖는 인천광역시 옹진군 대청면에 속하는 섬으로 북한 황해도 장산곶에서 불과 19km 떨어진 국가안보상 전략적 요충지이다. 푸른 소나무가 풍성해서 대청도라 불렸다는 대청도는 침식에 상대적으로 강한 백령도의 지질과 동일한 원생대 상원계의 규암층으로 이루어져 섬 전체가 전반적으로 경사가 급한 산지가 많다. 이러한 선캡브리아 시대의 규암으로 이루어진 대청도는 지구내부의 운동으로 인해 습곡구조를 갖는 지층과 지형이 산재하여 발달하고 있다. 또한, 섬의 동쪽과 남쪽 해안은 해식애, 시스택, 해식동굴 등 다양한 해안지형이 발달한 해안절벽이 장관을 이루며, 사이사이 고운 모래 해빈이 발달하고 있다. 이렇게 선캠브리아 시대에 발달한 지질구조에 기초한 다양한 지형이 존재하는 대청도에는 자연유산이 잘 보존되어 있어서 옥죽동 해안사구, 농여해변, 서풍받이와 검은낭이 2019년 7월에 백령도 두무진 및 소청도 분바위 등과 함께 백령·대청 국가지질공원으로 지정되었다. 본고는 대청도의 지질구조를 개괄하고 이 지질구조 상에서 발달한 다양한 지형을 개괄한다.

1. 대청도의 지질

우리나라는 국토의 반 이상이 선캡브리아 시대의 퇴적암이 변성된 화강편마암과 중생대에 관입한 화강암으로 구성되어 있다. 이외에도 고생대 및 중생대에 발달한 퇴적암과 화성암류, 제3기에 발달한 퇴적암류와 화산암류, 그리고 제4기에 발달한 현무암류와 평야지대의 충적층에 이르기까지 다양한 지질로 구성되어 있다(대한지질학회, 1999).

여러 개의 섬으로 이루어진 인천지역은 호상편마암과 편암류로 구성된 경기변성암복합체가 약 16.7%이며 강화도 동부일대와 석모도 일부지역에 걸쳐 분포하는 호상편마암과 강화도 남동부와 북서부 그리고 교동도 일대에 걸쳐 분포하는 편암류로 이루어져 있다. 약 15% 정도의 중생대 쥐라기 화강암류는 강화일대와 덕적도, 볼음도 지역에 걸쳐 분포하며, 나머지는 제4기 충적층으로 구성되어 있다. 이러한 지질구조는 서울·경기지역의 지질과 유사하다. 반면, 지질학적으로 대청도는 지체구조상 북한에 분포하는 평남분지의 서남쪽에 위치하는 옹진분지에 속하는 지역으로 백령도와 비슷한 원생대 상원계에 속한다(대한지질학회, 1999). 대청도의 암석은 백령도와 마찬가지로 선캠브리아대 상원계 백령층군에 속하는 규암이 주로 분포하며, 점판암과 천매암이 일부 나타난다(김, 1988). 북쪽의 옥죽포 해안으로는 4기에 퇴적한 미고결 퇴적층이 출현한다. 규암은 석영질 사암이 변성작용을 받은 것으로 주로 백색 또는 담갈색을 띠고 있다. 김 등(2021)은 대청도 규질 사암의 쇄설성 저어콘 U-Pb연령분석을 통해 규질 사암이 주로 고원생대 후기에서 중원생대 말기(18~11억년전)의 연대를 갖는다고 밝혔다.

대청도의 지질이 백령도와 비슷하지만, 백령도와는 달리 제3기 또는 제4기의 화산활동 증거는 발견되지 않았다. 다만, 대청도의 답동 지역을 포함한 여러 노출된 기반암에서 습곡의 증거가 나타난다. 이러한 습곡구조는 원생대 백령층군이 동아시아 일대에 광범위하게 일어났던 고생대말~중생대초의 거대한 지각변동으로 형성된 것이다(대한지질학회, 1999). 지하 깊은 곳에서 받은 높은 횡압력으로 연성 변형작용인 습곡이 형성되고, 이후 상부의 지표면이 삭박되어 하부 습곡지형이 융기하여 형성되는 거대한 지질구조라고 할 수 있다.

이후 신생대 플레이스토세의 빙기에 황해도 옹진반도와 연결되었던 분지성 평원에 잔구상 지형

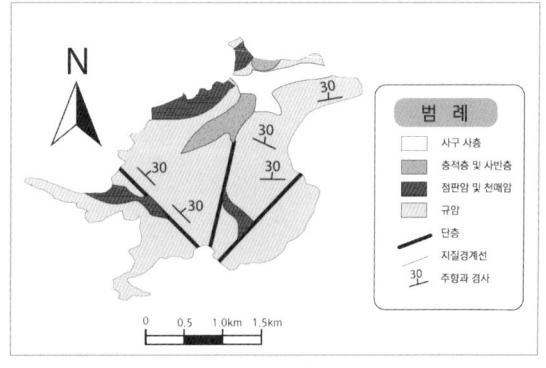

그림 1. 대청도의 지질도(김, 1988 지질도 수정)

이었던 대청도는 후빙기 해수면 상승으로 옹진반도와 분리되어 현재의 섬으로 존재하게 되었다(문, 2005). 이 시기, 즉 제4기에 만들어진 해빈과 해안사구가 옥죽동을 중심으로 넓게 분포하고 있으며, 해안을 따라 산재하고 있다.

2. 대청도의 지형

대청도는 4기 해수면 상승에 따라 옹진반도와 분리되어 현재의 섬으로 존재하게 되었다. 대청도는 대부분 지역이 풍화에 강한 규암으로 구성되어 있으므로, 대청도가 백령도에 비해 작은 섬이지만 전반적으로 높은 산지를 이룬다. 남쪽에는 대청도에서 가장 높은 삼각산(343m)이 위치하고 북동쪽에 검은낭산(206m)이 능선으로 연결되며, 서쪽 해안에는 200m 정도의 고지들이 삼각산과 연결되어 전체적으로 U자형의 산세를 이룬다(그림 2).

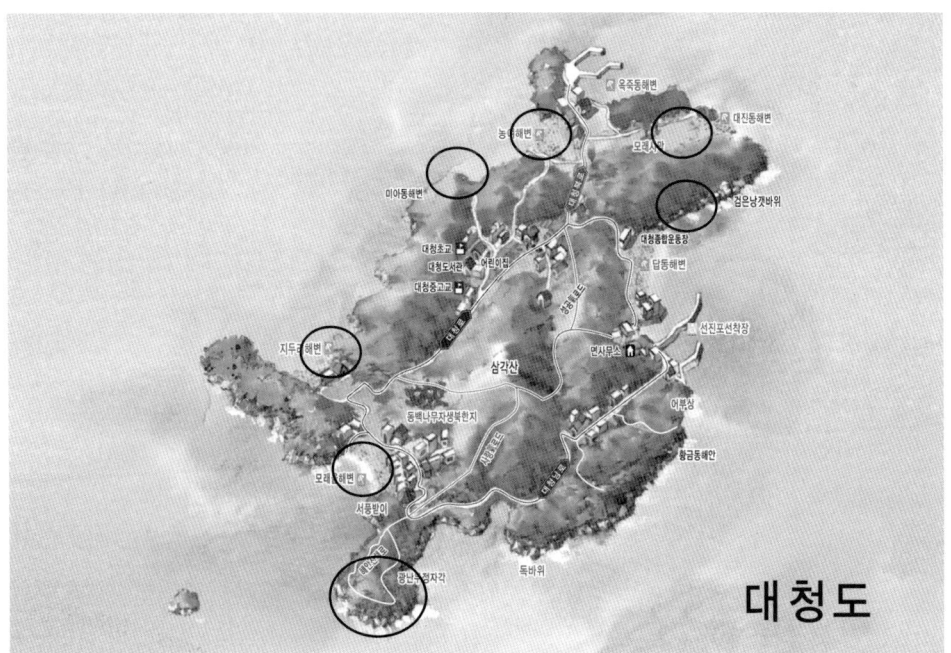

그림2. 대청도의 주요 자연유산 분포

대청도의 수계는 남쪽의 삼각산에서 발원하여 북쪽 방향의 서내동과 동내동으로 흘러내린 물이 양지동 앞에서 합류하여 옥죽동을 지나 바다로 유입하는 Y자 형태를 이룬다. 다른 지역에서는 수계의 발달이 거의 없는 상태이며 단지 우기에만 간헐적으로 흐르면서 바다로 유입된다.

대청도에는 침식에 강한 규암이 섬의 대부분 지역에 분포하여 나타나는 서풍받이와 같은 암석해안, 중생대 조륙운동의 결과로 나타나는 습곡지형 및 제4기 해빈 및 해안 사구지형이 다양하게 존재한다. 그 가운데, 농여해안에는 약 800m의 모래해안과 해안절벽이 형성되는 등 특이한 경관을 이룬다. 섬의 동쪽해안은 경사가 급하고 외관상 만곡해안을 이루면서 소규모 모래사장이 발달되어 있고 섬의 남쪽은 경사가 급한 해안절벽으로 기암괴석에 의한 수려한 경관이 곳곳에 보인다. 또한, 대청도 서남쪽에 위치한 모래울 마을 앞에는 길이 약 700m, 폭 200m, 높이 20m의 전형적인 해안 사구가 형성되어 있는데 그 위에는 적송이 울창하게 자라고 있어 방풍림의 역할을 톡톡히 한다. 본 장에서는 대청도의 독특한 지형을 개괄하였다.

가. 지층이 뒤집힐 만큼의 거대한 지각변동을 받은 답동해변

대청도 선진포구 맞은편 북쪽 해안가에 마련된 답동 산책로는 대청면 종합운동장을 조금 지나 해안가에 설치되어 있는데 초입의 해식대지에는 원마도가 매우 양호한 호박돌과 조약돌 크기의 규암역이 많이 흩어져 아름다운 풍경을 자아내고 있다. 대청도의 답동해안은 수석을 좋아하는 사람들에게 널리 알려진 대청 태양석의 주요 산지로 알려진 곳이다.

호박돌과 작은 자갈이 흩어져 있는 몽돌 해안을 따라 동쪽으로 약 200m 정도 가면 처음으로 암석 노두를 발견할 수 있다. 이 노두는 퇴적기원의 변성암이지만, 퇴적암의 특징인 층리를 잘 보여주고 있다. 층리는 거의 수직으로 서 있으며 차별침식을 받아 울퉁불퉁하고 미세한 습곡이 발달되어 있다. 이 지점의 암석은 세일과 규암이 호층으로 발달 되어 있어서 풍화에 강한 규암은 덜 깎이고 석회성분이 포함되어 있는 세일 부분은 많이 깎여서 울퉁불퉁한 표면의 모양을 보이고 있다.

답동 해안가를 따라 더 이동하다 보면 검은 색을 띤 세일은 거의 없어지고 대부분 규암으로 구성된 암석 노두가 나타난다. 이 규암의 층리면을 자세히 살펴보면 볼록볼

록한 모양을 이루며 거의 수직으로 서 있다. 이러한 특이한 지층면의 형태는 바로 퇴적당시 형성된 물결무늬(연흔) 구조인데, 지각변동으로 큰 횡압력을 받아 지층이 휘어져 형성된 것으로 지층 자체가 완전히 뒤집힌 특이한 모양을 하고 있다. 이 지역의 지층이 뒤집혀져(역전) 있음을 알려주는 단서로는 연흔의 모양, 사층리, 곡사층리 등이 있다.

그림 3. 답동산책로 원경

그림 4. 차별침식과 습곡

그림 5. 답동해안 산책로 주변 노두

그림 6. 규암에서 발견된 사층리   그림 7. 규암에서 발견되는 곡사층리

나. 해안사구를 대표하는 대청도 옥죽동 사구

대청도 동북부에 위치한 옥죽동 사구는 현지 주민들이 '대청도 모래사막'이라고 부를 만큼 크고 경이로운 경관을 자랑하고 있으며, 계절에 따라 모래의 이동이 달라지는 활동성 사구로 알려져 있다. 사구 전체 면적은 약 660,000㎡(축구장의 약 70배 크기)로 해안에서부터 해발 40m에 걸쳐서 분포하고 있다.

그림 8. 옥죽동 사구

그림 9. 사구의 모래 유입을 차단하기 위해 심은 소나무 방풍림

옥죽동 사구는 약 0.22mm의 세립 모래로 구성되어 있다. 옥죽동 사구에 퇴적된 약 2m 깊이의 모래에 대한 광자극루미네슨스(OSL: Optically Stimulated Luminescence) 연대측정 결과, 퇴적연대는 수십 년에 불과하다(김, 2018). 옥죽동 사구표면에는 연흔이 관찰되고 침식에 의해 드러난 단면에서는 사층리가 발달되어 있다. 따라서 옥죽동 사구는 매우 활발한 사구 지형으로 변화가 계속 일어나는 활동성 사구unstable dune에 속한다.

옥죽동 사구는 대부분 초본이나 나지로 드러나 있으나 1990년대 시행된 조림사업의 결과, 옥죽동 사구도 특유의 옛 모습이 점점 사라지고 있다. 옥죽동 사구에서는 조류 90종, 포유류 6종, 곤충 74종 등 총 174종의 야생동물이 서식하거나 도래하고 있음이 확인되었으며, 사구 고유의 초본식물들이 넓은 군락을 형성하고 있었다. 특히 한국과 중국을 오가는 흰날개해오라기, 왕새매, 붉은배새매 등 희귀한 철새들의 중간기착지로 이용되고, 멸종위기 I급인 노랑부리백로를 비롯하여 다수의 조류가 관찰되었으며, 멸종위기 II급 곤충인 애기뿔소똥구리도 서식하는 것으로 확인되는 등 종 다양성이 높은 곳으로 평가되었다.

다. 자연의 조각 작품 농여해안의 나이테바위

대청도 북동쪽에 있는 농여해안에는 대청도를 상징하는 나이테바위(고목바위, 구멍바위)가 있다. 이는 암석이 파도의 작용에 의한 해식이나 염풍화에 의해 발달한 타포니의 성장으로 암체가 붕괴되면서 해식애의 후퇴가 진행될 때 암석의 강도가 큰 부분만 남아 형성된 시스택이다. 농여 해안의 나이테바위는 지층이 거의 90°로 서 있어 어느 쪽이 먼저 퇴적된 것인지 의문이 생긴다. 그런데 다행히도 나이테바위 오른쪽 중하단부를 자세히 살펴보면 퇴적당시 퇴적물의 공급방향과 상하판단을 지시해주는 사층리가 있다. 이를 분석해보면 바다 쪽의 암석이 먼저 퇴적되었음을 알 수 있다. 또한, 점토로 구성된 적색 이암층이 모래로 구성된 백색 사암층보다 기계적 풍화에 약해 구멍이 뚫어져 있음을 알 수 있다. 나이테바위 바로 옆에 있는 노두를 살펴보면 연흔, 사층리, 둔덕사층리 등의 퇴적구조가 선명하게 나타나는데, 이는 이 지층이 조간대 환경에서 퇴적되었음을 지시해 준다.

그림 10. 지각변동과 차별침식으로 형성된 대청도의 상징 나이테 바위

그림 11. 나이테 바위의 규암에 보존된 사층리(지층의 선후관계 규명)

라. 현생연흔과 10억년 형성된 연흔이 공존하는 미아동 해안

미아동 해안에 노출된 암석 노두를 살펴보면 밭고랑 모양의 연흔이 발달되어 있다. 연흔은 파도, 유수, 바람에 의해 만들어진 줄무늬 모양의 규칙적인 작은 기복을 이루고 있는 퇴적구조로 일반적으로 비대칭적인 모양의 봉우리와 골짜기가 연속되어 있다. 유수가 흘러가는 쪽의 사면은 완만하고 반대쪽은 약간 급한 사면으로 되어 있는 경우가 많고 봉우리의 배열은 유수의 흐름에 직교한다. 이와 같은 특성을 이용하여 퇴적물을 운반하는 바람이나 물의 흐름을 판정할 수 있다.

그림 12. 현생 연흔과 화석화된 연흔이 공존하는 미아도 해변 노두

그림 13. 미아동 해안 암석의 연흔

1) 연흔과 사층리 구조

미아동 해안의 노출된 암석(노두)에 발달된 연흔은 그 규모가 크고 형태가 선명하여 천연기념물 제475호로 지정된 경남 고성 계승사의 연흔 구조와 비등할 정도이다. 또 연흔이 발견된 노두에는 지각변동을 받아 깨어진 절리도 관찰된다.

연흔의 수직 단면에서는 사층리를 관찰할 수 있다. 사층리는 편평하게 형성된 판상사층리와 둥글게 형성된 곡형사층리로 구분된다. 판상사층리는 대개 사암체가 이동하면서 퇴적된 것들로서 두꺼운 판상의 셋set은 하도에서 사주가 하류쪽으로 이동하면서 형성될 수도 있고 소규모의 삼각주가 성장하면서 형성될 수도 있다. 곡형사층리는 주로 구불구불한 사구의 계속적인 축적과 성장에 의해서 형성된다. 대칭연흔은 물이 흐르지 않고 정체하여 있을 때 제자리에서 원운동을 하는 파랑에 의하여 만들어지며, 비대칭연흔은 한 방향으로 이동하는 바람이나 물에 의하여 만들어진다. 대칭연흔은 정부가 뾰족하고 곡부가 넓고 완만한 곡을 이루고 있는데 이 형태를 이용하여 지층의 상하를 구분할 수 있다. 비대칭연흔은 비대칭성을 이용하여 바람이나 물이 흐른 방향을 알 수 있다. 사층리는 그림과 같이 유속의 변화로 퇴적과 침식이 반복되어 형성된다.

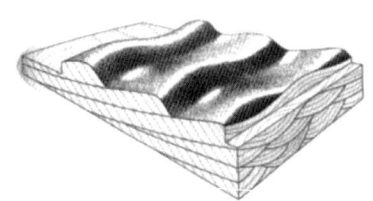 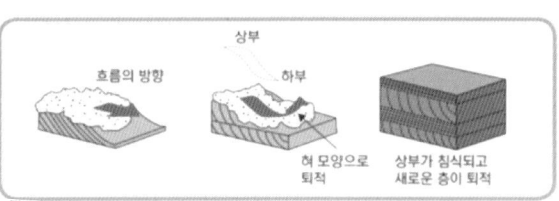

그림 14. 연흔과 사층리의 입체적인 관계(좌)와 사층리 형성과정(우)

2) 시기를 달리하여 형성된 다양한 간섭 연흔

미아동 해안에서 농여 해안 쪽으로 이동하면서 미아동 해수욕장 모래사장을 살펴보면 그림과 같은 특이한 형태의 현생 연흔을 관찰할 수 있다. 이는 직각으로 교차하는 파도에 의해 형성된 두 세트의 연흔으로, 바다에서

그림 15. 대청도 농여해안의 현생 연흔과 간섭연흔

해안가로 치는 파도에 의해 1차적으로 정상적인 연흔의 마루와 골이 형성된 후에 골과 나란하게 흐르는 연안류에 의해 2차적인 소규모 연흔이 생성되는 것으로 해석된다.

마. 습곡, 부정합, 지층의 역전을 볼 수 있는 지두리 북쪽해안

대청도의 지두리 해안의 지두리 명칭은 함경도 사투리에서 기인한다. 지두리는 함경도 사투리로 문자락을 연결하는 '경첩'이라는 뜻이라고 한다. 지두리 해안의 모습이 마치 경첩처럼 'ㄷ' 자 모양을 하고 있어서 붙여진 이름이라는 것이다.

1) 습곡, 부정합, 지층의 역전을 관찰할 수 있는 지두리 북쪽 해안

지두리 해안가 노두에서 볼 수 있는 대표적인 지질구조는 습곡, 부정합, 지지층이다. 습곡은 퇴적물이 고화되어 퇴적암이 된 후에 지하 깊은 곳에 들어가면 열을 받은 엿과 같은 물성을 띤다. 이때 지각변동의 횡압력을 받으면 휘어지는 지질구조이다. 지두리 해수욕장에 북쪽에 노출된 해식절벽을 전체적으로 살펴보면 해식절벽의 중간부터 상부까지는 암석이 휘어진 습곡구조가 확실히 관찰되는데 하단부의 암석은 휘어지지 않고 거의 수평방향의 층리는 보인다. 이와 같은 현상은 아래층의 퇴적물이 고화

그림 16. 지두리 북쪽해안 노두 원경

되어 암석으로 변한 후에 위에 쌓인 퇴적물이 고화되지 않은 상태에 있을 때 큰 지진 등에 퇴적물들이 교란되어 형성될 수 있다. 이런 과정으로 생긴 습곡을 층간 습곡이라고 한다. 층간습곡의 대표적인 예는 전북 부안 채석강과 적벽강 퇴적층에서 관찰할 수 있다. 이곳의 층간습곡의 규모는 매우 작은데 지두리의 습곡은 층간습곡이라고 하기에 규모가 너무 크다. 이는 위의 있는 암석이 먼저 형성된 것으로 지각변동을 받아 습곡이 형성된 후에 아래에 있는 암석이 형성되었다고 생각하면 지두리 북쪽 해식절벽에 나타난 지질현상을 잘 설명할 수 있다. 그렇다면 습곡이 있는 부분과 없는 부분에는 분명 시간 차이가 있어야 하므로 여기에 부정합이 있다고 할 수 있다. 또한 지층이 뒤집혀졌다는 증거를 찾아야 한다. 습곡을 받지 않은 아래에 존재하는 암석은 사암이 변해서 생긴 규암층인데 다행이도 이 층에서 지층의 상하판단에 유용한 사층리가 발달되어 있다. 그래서 지두리 북쪽 해식절벽은 습곡, 부정합, 역전이라는 지질학적 사건을 간직하고 있다.

그림 17. 지두리 해수욕장 북쪽 암석의 사층리

바. 모래울 사구

모래울 사구가 위치한 곳은 대청도의 남서쪽 해안에 속한다. 따라서 북서사면에 위치한 옥죽동 사구에 비해 북서풍의 영향을 덜 받기 때문에 규모가 작은 편이다. 지금의 모래울 사구가 있는 이곳은 과거 사탄동이라고 불렸다. 모래가 여울처럼 흐르는 곳이라 하여 모래울이라 했으나 과거 일제강점기 토지조사사업에 의해 한자로 옮기다 보니 모래여울이란 뜻에서서 사탄동沙灘洞이라 하였다. 그러나 이후 사탄동이란 이름

그림 18. 모래울 사구 원경

이 부정적인 뜻을 내포하고 있어 본래의 뜻대로 모래울이란 이름으로 다시 붙이게 되었다.

옥죽동 사구에 비해 규모는 작지만, 해변에서부터의 높이가 20m에 이르는 전형적인 해안사구에 속한다. 모래울 사구는 평균 0.31mm의 모래로 옥죽동 사구(0.22mm)에 비해 입자가 더 굵은 편에 속한다. 비활동 사구stable dune로 사구를 덮고 있는 식생으로 판단할 때, 이 사구의 안정된 시기는 대략 수십 년에서 100여 년 이전으로 추정된다(국립환경과학원, 2008).

옥죽동 사구와 모래울 사구를 구성하고 있는 모래 입자의 차이는 옥죽동의 경우 해안에서 600m까지 넓게 펼쳐져 있는 반면 모래울 사구가 해안과 인접하였기 때문인 것으로 생각된다. 그리고 현재 두 개의 해안사구는 상당히 다른 모습을 보이고 있다. 옥죽동 사구가 탁월풍을 정면으로 맞이하는 대청도의 북사면과 북서사면에 위치한 반면, 모래울 사구는 남서쪽으로 열려 있다. 또한 옥죽동 사구의 규모는 매우 크고 넓게 발달한 반면, 모래울 사구는 해안에 연접하여 좁고 길게 발달해 있다. 피복에 있어서도 큰 차이가 보이는데 모래울 사구는 산림유전자원보호림으로 지정될 만큼 상당

그림 19. 모래울 사구의 적송군락

히 오래된 소나무가 정상을 차지하고 있어 사구지형이 안정기에 접어들었음을 보이지만, 옥죽동 사구는 소나무를 식재하기 이전보다는 적지만 지속적으로 모래가 공급되고 있는 활성사구로 볼 수 있다.

모래울 사구는 모래울 마을을 보호하고 있는 등 경관적 보전 가치가 큰 것으로 나타났다. 또한 사구주변에는 멸종위기 II급 식물인 대청부채가 자생하고 있어 생태적 보전가치도 높은 것으로 조사되었다. 해안사구는 그동안 갯벌과 함께 쓸모없는 땅으로 여겨져 크게 주목받지 못했다. 그러나 해안의 모래 저장고, 담수생태계를 보호하는 물탱크, 해안과 내륙 생태계의 교량 역할을 하는 환경생태적 가치가 인정되어 최근 보호하고 있다.

사. 대청도의 황금 산책로 알려진 서풍받이

대청도 서쪽에 위치한 광난두 정자각에서 출발하여 서풍받이 부근에 위치한 바람의 언덕 전망대를 거처 소청도가 한눈에 들어오는 마당바위를 지나 기름아가리 해안을 따라 광난두 정자각까지 돌아오는 약 1시간 코스의 산책로가 마련되어 있다. 이 산책로를 걷다보면 마치 신선되어 바다 위를 걷는 것 같은 기분이 든다. 산책로는 해식절벽에 인접하여 바다가 보이며, 요소요소마다 비경을 감상할 수 있는 전망대와 벤치가 마련되어 있다. 산책로 주변은 소나무와 소사나무로 구성된 산림이 우거져 여름

그림20. 매봉전망대에서 바라 본 서풍받이 원경

에도 시원한 그늘을 만들어주고 특히 많은 야생화들이 식생하고 있어 묘미를 더해주고 있다.

　서풍받이 산책로에 마련된 바람의 언덕 전망대에서 해안가의 암석을 바라보면 거의 수평방향의 층리를 간직한 퇴적기원의 규암이 70여m 해식절벽을 이루고 있다.

　바람의 언덕 전망대를 지나 나지막한 산을 넘어 300여m 이동하면 마당처럼 넓은 바위로 구성된 해안가에 도착하게 되는데 이곳이 바로 마당바위이다. 마당 바위는 퇴적당시의 층리면 노출된 것으로 암석표면을 잘 살펴보면 파도를 보는 것 같은 물결무늬가 발달되어 있음을 알 수 있다.

　마당바위에서 기름아가리 해안을 따라 걸으면서 오른쪽에 바닷가를 바라보면 암석들과 소나무가 만들어낸 비경은 마치 동양화와 같다. 기름아가리의 바다가에는 마치 삼각 김밥 모양을 하고 있는 시 스택이 있는데 이 바위를 독바위라고 한다. 독바위도 역시 퇴적암의 특징인 층리구조가 선명한 규암으로 구성되어 있다.

그림 21. 광난두 정자각에서 바라본 서풍받이 원경

그림 22. 하늘전망대에서 바라본 갑죽도

그림 23. 조각바위 언덕에서 바라본 해식절벽

그림 24. 마당 바위와 연흔

그림 35. 조각바위의 언덕에서 바라본 기름아가리 원경

그림 26. 독바위 원경

참고문헌

국립환경과학원, '전국 해안사구 정밀조사 대청도(옥죽동/ 사탄동, 고성(동호))', 환경부 2008.

대한지질학회, '한국의 지질', 시그마프레스, 1999.

김명정, 하영지, 박정웅, 박계현, '백령도와 대청도의 쇄설성 저어콘 U-Pb연령과 Hf동위원소 조성: 북한 및 북중국과의 대비', 지질학회지, 제57권 제1호, 17-33, 2021.

김수진 외 서울대학교 기초과학연구원 지질환경연구소 '백령일원(백령도, 대청도, 소청도) 국가지정문화재 신청에 따른 학술조사' 인천광역시 옹진군, 1988.

김종연, '대청도 지두리 해안의 모래 퇴적층의 특성과 매몰연대에 대한 연구', 한국지형학회지, 제25권 제1호, 1-17, 2018.

최광희 외,' 대청도 사구의 형성과정', 환경부국립환경과학원, 2008.

한국지질연구소 '분지별 시스템연구(I) 원생대 백령층군 태안층' 과학기술부, 1999.

대청도 해안사구

최광희
가톨릭관동대학교 지리교육과

1. 서론

대청도는 모래가 많은 곳이다. 북동쪽의 대진동부터 서쪽으로 옥죽포, 농여, 미아, 지두리, 모래울에 이르기까지 섬을 둘러 가며 고운 모래사장이 곳곳에 있다. 모래 해안이 아니라면 높고 단단한 바위 절벽이 나타난다. 층층이 쌓인 퇴적암 기원의 변성암들이 정교하게 깎여 '서풍받이' 같은 해식애海蝕崖(sea cliff)를 이루고 있다. 하지만, 이 섬에서 가장 먼저 방문자의 발길을 이끄는 것은 이러한 아름다운 백사장이나 수려한 절벽이 아니다. 바로 '대청도 모래사막'으로 알려진 옥죽동 사구이다. 수십 미터 모래 언덕에 바람이 방금 지나간 듯한 경관은 이국적인 것을 좋아하는 탐방객의 발길을 저절로 끌어당긴다.

대청도 해안사구는 인근 백령도나 소청도에 비해 다양하고 특이하다. 옥죽동 사구, 농여 사구, 지두리 사구, 모래울 사구 등 북쪽 해안에서부터 남쪽 해안에 이르기까지 서쪽을 향해 조금이라도 열려 있는 곳이라면, 바람에 날린 모래가 사구를 이룬다(그림 1). 그중에서도 백미는 옥죽동 사구이다. 바람이 만든 물결무늬가 이리저리 움직이고 모래바람이 지면을 스치듯 불어온다. 사막에 가본 사람이든 가보지 않은 사람이든 사막을 연상한다. 남쪽에 있는 모래울 사구는 마을을 지키는 방파제이다. 마을 앞에 우뚝 솟은 사구가 바닷물의 침입과 바람 피해를 막아준다. 이처럼 대청도 해안사구는 여러 가지 면에서 독특한 가치를 지닌다.

남한지역에 분포하는 사구는 약 200개소에 이르지만, 옥죽동 사구 같은 활동사구活動沙丘(active dune)는

1. 서론
2. 사구 분포
3. 지형적 특징
4. 사구의 가치
5. 문제점
6. 결론

이들 중 2%에 지나지 않는다(최광희·김윤미, 2015). 나머지는 곰솔 Pinus Thunbergii이나 아까시나무 Robinia pseudoacacia 같은 나무로 지면이 덮여 있다. 바람이 불어도 사구 안쪽으로는 모래가 날리지 않아, 움직이는 사구 경관을 기대하기는 어렵다(Choi et al., 2013,; 최광희·공학양, 2017). 모래가 날리거나 사구가 움직이지 않도록 나무를 심은 까닭이다. 계절마다 다른 경관을 자아내는 사구가 매우 귀하다. 대청도에 있는 사구들은 이처럼 독특한 경관을 형성할 뿐 아니라, 환경·생태적으로, 그리고 학술적으로 우수한 가치가 있다. 이 글은 대청도에 분포하는 사구에 대한 이해를 돕기 위해, 사구의 분포현황, 지형적 특징, 생태적 가치, 그리고 관리상의 문제점에 관해 기술하고자 한다.

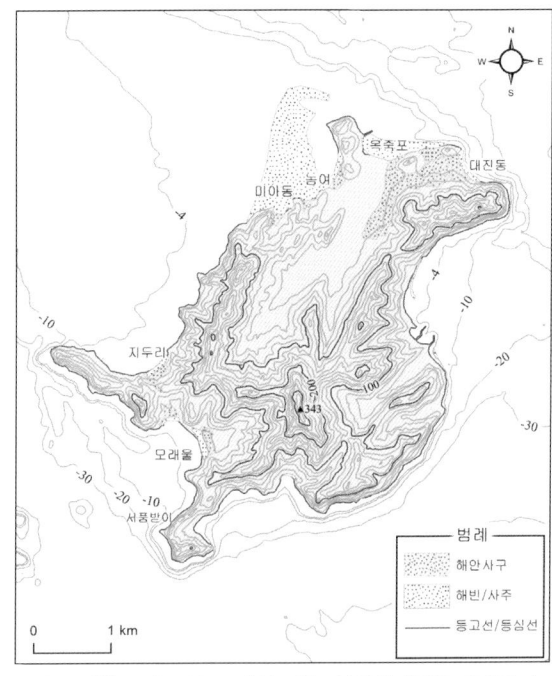

그림 1. 대청도 사구 분포. 대청도에는 북쪽의 대진동, 옥죽포, 농여, 미아동에, 그리고 남서쪽의 지두리와 모래울에 사빈해안이 발달해 있으며, 그 뒤편으로 해안사구가 나타난다.

2. 사구 분포

대청도에 분포하는 사구지대dunefield는 위치에 따라 북부 해안과 남서부 해안으로 나눌 수 있다(그림 1, 표 1). 북부 사구지대는 옥죽포를 중심으로 대진동, 농여, 미아동 해변이 포함된다. 약 2.5㎞ 범위에 걸쳐 크고 작은 암석 돌출지headland 사이에 포켓비치pocket beach 형태로 사빈이 나타나고 이들 후면에 전사구가 형성되어 있다. 전사구 뒤쪽에는 '모래사막'으로 알려진 옥죽동 사구가 나타난다. 옥죽동 사구는 대청도에서 가장 많은 관심을 받아온 등반사구登攀沙丘(climbing dune)로 가장 많은 연구성과가 존재한다(최광희, 2009; 박천영 등, 2009; 최광희·공학양, 2017; 신원정 등, 2018; 최광희 등, 2019).

남서부 사구지대에는 모래울 사구와 지두리 사구가 포함된다. 옥죽동 사구에 비해 관심은 덜하지만, 각각 독특한 지형적·생태적 특징이 있으며, 최근에 연구가 활발하다(김종연, 2018; 최광희, 2020). 모래울 사구는 마을의 자연방파제라는 점에서, 지두리사구는 옥죽동사구와 비슷한 또 다른 등반사구라는 점이 눈길을 끈다. 이들 두 사구는 수백 미터 정도의 포켓비치 배후에 비교적 작은 규모로 발달해 있으나, 약 20~30m 높이의 언덕을 이룰 정도로 고도가 높다.

표 1. 대청도 사구의 지형적 특징 비교

명칭	옥죽동	농여-미아	지두리	모래울
길이(m)	1600	400	300	370
면적ha)	60	5	3	4
사구마루	약 33	약 10	약 25	약 25
비고(m)				
입도(∅)	2.1~2.2		1.6-1.8	1.5~1.8
형성연대 (ka)	0.03-0.06; 0.2-0.5; 0.7; 5.1	-	0.1; 0.7	0.5, 0.7
형태	등반사구 활동사구	전사구	등반사구	단일성장 전사구
참고문헌	최광희 등(2019) 최광희, 공학양(2017) 신원정 등(2018) 박천영 등(2009) 최광희, 박천영(2008)		김종연(2018)	최광희(2020)

3. 지형적 특징

가. 옥죽동 사구

옥죽동 사구는 전체적으로 산사면을 타고 오르며 형성된 등반사구이지만, 식생의 피복 정도, 해안과의 이격거리에 따라 다양한 사구 지형이 나타난다. 농여, 옥죽포, 대진동 해안에서 모래를 공급받아왔으나, 곰솔 식재로 인해 사구지대가 축소되고 있는 상황이다(그림 2). 현재 옥죽동 사구의 분포면적은 약 60ha로 추산되며, 약 1.6㎞의 길이에 걸쳐 있다. 해발 약 30~34m에 사구능선이 위치한다.

이 사구의 경관에서 가장 큰 특징은 식생으로 피복되지 않은 '미피복unvegetated' 구간이 상당히 넓다는 것이다(그림 2의 a). 바람이 불어가는 방향으로 모래가 집단으로 이동하면서 물결무늬를 만든다(그림 2의 b). 물결 능선부는 바람 방향과 직각을 이루며 길어지고 일정 간격으로 평행하게 늘어선다. 이러한 미세 지형을 가리켜 '풍성연흔風成連痕(wind ripple)'이라고 한다. 또한 풍성연흔이 더욱 커져서 메가리플mega ripple이 발달할 때도 있다. 미피복 구간에서는 이와 같이 다양한 풍성연흔을 만날 수 있다.

초본피복 지역은 나지보다 경관적 역동성이 낮다. 하지만 비사飛砂의 퇴적과정과 함께 사구식생의 경쟁을 지켜볼 수 있다. 침식으로 깎인 부분에서는 바람의 취식작용吹蝕作用에 의해 움푹패인 지형이 발달하기도 한다. 이를 가리켜 취식와지blowout라고 한다. 취식와지에서 깎여 나간 모래는 와지의 후면에 퇴적되어 새로운 언덕을 형성한다. 옥죽동 미피복 구간에서는 취식에 의한 모래 이동이 자주 일어난다.

농여, 옥죽포, 대진동 해변은 옥죽동 사구지대의 주요 모래 공급처로서 전사구foredune가 발달해 있다. 그 중 농여 사구가 대표적인 전사구이다(그림 2의 d). 사빈 모래가 건조해져 바람에 날리면 먼저 농여 사구에 쌓이고, 다시 여기에서부터 모래가 옥죽동 사구로 이동했을 것이다. 전사구는 그 위치상 산사면에 있는 배후 사구보다 해안의 영향을 더 많이 받는다. 퇴적된 모래가 바닷물의 침식에 의해 깎여 다시 바다로 되돌아가기도 하는 지역이다. 하지만 옥죽포와 농여 해안에는 건물과 경작지가 많아서 지금은 모래의 통로가 되기 어렵다. 골솔과 울타리에 의해 모래 이동이 차단된다.

옥죽포 사구에서는 담황색 퇴적층 사이로 종종 검은 모래가 발견된다. 이 검은 모래의 주성분은 철분이며 대진동 해변에 많다. 따라서 대진동 모래도 상당 부분 옥죽동 사구 성장에 이바지했을 것으로 추정된다. 하지만, 옥죽동 사구 대부분의 모래는 석영질로 옥죽포와 농여 해안에서 공급되었을 것으로 추정된다. 입자의 평균 직경은 약 2.1~2.2 Φ로 세사細沙(fine sand)에 속하는데, 이러한 크기는 바람에 쉽게 날린다.

그림 2. 옥죽동 사구와 그 주변 지역. (a) 옥죽동 사구 전경, (b) 풍성연흔이 나타나는 미피복사구, (c) 옥죽포 해변의 전사구, (d) 농여 해변의 전사구, (e) 대진동 해변의 전사구, (f) 옥죽동 사구지대 곰솔식재 직후의 모습(인천광역시)

사구 모래는 OSL(Optically Stimulated Luminescence)이라는 절대연대측정기법에 의해 퇴적 시기를 알아낼 수 있다. 대부분의 연구에서, 옥죽동 사구의 퇴적 시기는 지난 200년 전부터 최근 수십 년 전까지 매우 '어리게' 나타났다(박천영 등, 2009; 최광희·공학양, 2017; 신원정 등, 2018). 이에 대한 해석은 사구가 만들어진 지 얼마 되지 않았다는 의미보다는 사구 모래가 쉴 새 없이 재이동하고 있다는 것이 바람직하다. 실제로 몇몇 지점은 수백 년 전에 퇴적되었고(신원정 등, 2018), 가장 오래된 연대는 5100년 전까지 거슬러 올라간다(최광희·공학양, 2017). 수천 년 전에 퇴적된 적황색 모래층이 담황색 사구모래 아래에서 발견되었다.

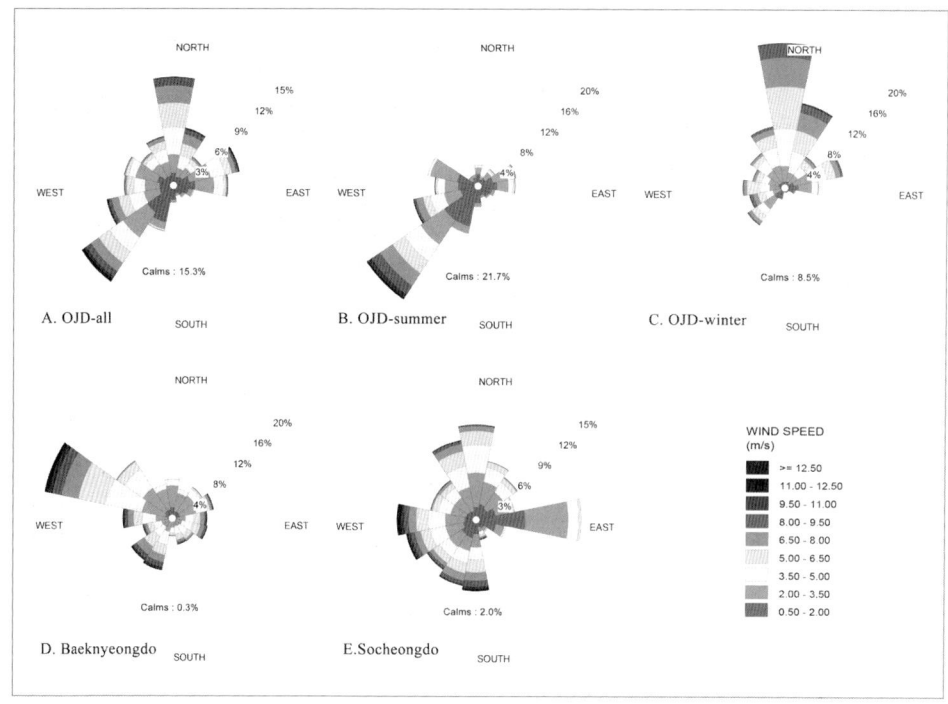

그림 3. 옥죽동 사구(A~C)와 백령도(D), 소청도(E)의 바람장미(최광희·공학양, 2017). 옥죽동사구 정상부에서 관찰된 바람은 백령도나 소청도와 달리 북풍과 남서풍이 탁월하다.

사구마루에서 관찰된 바람은 백령도나 대청도의 패턴과 다르다. 약 3년간의 풍향 및 풍속 측정 결과, 겨울철에는 주로 북쪽에서 남쪽으로 바람이 불고, 여름에는 남서쪽에서 북동(최광희·공학양, 2017)쪽으로 바람이 부는 것으로 나타났다(그림 3). 이러한 관측자료는 모래의 이동방향을 예측할 수 있게 해준다. 즉, 모래가 미피복 사구지대에서 겨울철에는 남쪽으로, 여름철에는 북쪽으로 이동할 것으로 예측된다.

옥죽동 사구에는 곰솔 숲이 널리 분포한다. 1990년대 후반에 사방사업으로 식재한 곰솔이(그림 2의 f) 성장하여 사구 면적의 절반 정도를 차지하고 있다. 이로 인해, 옥죽포와 대진동의 모래공급이 차단되었다. 또한, 농여 해빈은 곰솔과 건물, 경작지로 옥죽동 사구와 분리된 상태다. 사빈의 모래 공급이 차단된 것과 달리, 사구 모래는 사빈으로 계속 내려가고 있다. 모래가 유수에 씻겨 내려가기 때문이다(최광희 등, 2019). 사구 고도가 점점 낮아지고 면적이 축소되는 실정이다. 반면, 농여와 옥죽포에서는 모래톱이 성장이 관찰된다(최광희·공학양, 2017).

나. 모래울 사구

대청도 남서부는 서풍받이와 말머리암벽 등의 해식애가 돌출지를 중심으로 탁월하게 나타난다. 이 두 헤드랜드 사이에는 길이는 짧지만 비고는 모래울 사구가 발달해 있다(그림 4의 a). 이 사구는 바람과 파도를 막아 배후지역을 보호한다. 자연방파제로서의 기능을 잘 보여준다. 또한, 일반적으로 해안사구에 곰솔이 식재된 것과 달리, 오래된 소나무 100여 그루가 분포하는 것도 이채롭다(그림 4의 b).

모래울 사구는 길이 370m, 폭 100~120m 정도의 작은 규모이지만, 사구마루의 고도가 25m 정도로 상당히 높다. 형태적으로 '단일성장형 전사구singe accreted foredune'로 분류된다(최광희, 2020). 단일성장형 전사구란 모래의 공급량이 많고 식생의 밀도가 높을 때 발달하는 사구로, 사빈에서 공급된 모래가 식생에 의해 포집되면서 사구 정상부가 계속 높아지는 특징이 있다(Arens, 1996; Woodroffe, 2002). 식생이 없다면 바람에 의해 이동된 사구 모래가 정상부를 넘어 후면으로 공급되면서 정상부가 계속 성장하지는 않는다. 따라서 모래울 사구의 식생밀도가 예전부터 높았을 것으로 추정된다.

사구모래에 대한 OSL 연대측정 결과와 소나무들의 수령으로 볼 때, 현재와 같은 사구 형태는 약 500년 전부터 약 100여 년 전 사이에 만들어진 것으로 보인다(최광희, 2020). 하지만 연대측정 지점이 사구 상단부에 해당하기 때문에, 사구가 퇴적되기 시작한 시점은 훨씬 더 이전일 것이다. 입자크기는 1.5~1.7Φ로서, 옥죽동사구에 비해서는 조금 더 조립질이고, 지두리 사구와는 비슷하다. 한편, 모래울 사구 서쪽에는 같은 해변에 연결된, 소규모 등반사구가 나타나며(그림 4의 c), 이 사구의 북쪽 편에 지두리 사구가 위치한다.

다. 지두리 사구

모래울 해안의 북쪽, 지두리에도 작은 규모의 포켓비치가 있다. 북쪽 내지 북서 방향으로 열린 해안을 따라 소규모 전사구가 형성되어 있다. 그 뒤편에는 남쪽 방향으로 사면을 타고 오르는 등반사구 나타난다(그림 4의 d). 전사구의 연대는 100여 년 정도, 등반사구의 정상부는 약 700년 전에 퇴적된 것으로 알려졌다(김종연, 2018). 모래 입자의 크기는 남측의 모래울사구와 비슷하지만 약간 더 세립하다.

그림 4. 대청도 남쪽의 해안사구들. (a) 모래울 사구 전경, (b) 모래울 사구 정상부의 소나무들, (c) 모래울 사구 서쪽의 등반사구, (d) 지두리 사구.

4. 사구의 가치

해안사구는 해안에서 발생하는 재해로부터 배후지역을 보호하고 깨끗한 담수를 공급하며 사구성 동·식물의 서식지가 되는 등 다양한 생태적 가치를 지닌다. 사빈과의 모래 교환을 통해 사빈 침식의 피해를 줄이고 경관을 안정시키며 관광자원으로서의 활용 가치도 높다. 또한, 사구 퇴적층에 포함된 과거의 흔적을 통해, 또는 퇴적과정 연구를 통해 기후나 해수면 변동을 밝힐 수 있는 고환경 연구자료가 된다. 대청도에 분포하는 사구도 생태적·학술적 가치가 크다.

지형의 다양성으로 인해 여러 가지 동식물이 분포하고 있다. 옥죽동 사구의 경우, 곰솔로 피복된 구간이 넓지만, 갯그령, 통보리사초, 갯쇠보리, 순비기나무 등 사구식생

그림 5. 대청도 사구의 식생. (a) 갯그령, (b) 모래지치, (c) 통보리사초, (d) 순비기나무, (e) 옥죽동사구의 습지, (f) 모래울 절벽에 있는 대청부채.

이 군락을 이루는 구간도 상당한 비중을 차지한다(그림 5). 미피복 사구의 하단부에는 습지가 있어서 산조풀과 갈대가 군락을 이루고 있다(그림 5의 e). 노랑부리백로, 새홀리기, 벌매, 큰말똥가리, 애기뿔소똥구리 등 멸종위기종을 비롯한 다양한 동물이 옥죽동사구를 중심으로 서식하고 있다(국립환경과학원, 2008). 사탄동 사구에는 소나무들 사이에서 통보리사초, 순비기나무, 모래지치 등 사구식생을 볼 수 있다. 지두리 사구의 식생 경관도 유사하다. 또한 구렁이, 새홀리기, 황조롱이 등 보호 가치가 높은 동물이 서식하고 있다. 인근 절벽에는 멸종위기종인 대청부채가 자생한다. 사구 모래 속에서는 왕명주잠자리의 유충, 모래방울벌레, 모래거저리 등 10여 종의 사구성 곤충이 서식하고 있으며, 뿔벌레과의 미기록종이 발견되기도 하였다(국립환경과학원, 2008).

학술 가치도 높다. 옥죽동 사구, 모래울 사구, 지두리 사구 등의 OSL 연대측정 결과 중 최근 100여 년 전 외에도 450~500년 전, 그리고 700년 전에도 모래가 쌓이는 등, 여러 시기에 걸쳐 모래가 쌓인 것으로 보인다. 이것은 해당 시기에 모래 퇴적이 활발하게 발생하고 이후 수백 년 정도의 휴지기休止期가 있었을 가능성을 의미한다. 즉 모래가 더 활발하게 퇴적된 시기와 그렇지 않았던 시기를, 대청도의 사구 모래층에서 연구할 수 있으며 나아가 과거 기후변화와 연계해볼 수 있다. 특히, 옥죽동 사구의 경우, 지난 5000년 전에 퇴적된 적황색 모래층 분포가 확인되어 오래 전 환경변화 연구에 중요한 자료가 될 수 있다.

모래울 사구는 사구의 자연방파제 기능을 잘 보여준다. 삼각산 서사면을 따라 뻗은 산줄기 사이의 열린 틈을 모래울 사구가 막으면서 천연의 대피처가 만들어졌다. 약 25m 높이의 사구마루에 15m 이상의 소나무 숲이 있어서 강풍과 모래날림이 발생하지 않는다. 이론적으로 울타리 높이의 20배 거리까지 풍속이 낮아지기 때문이다(Vigiak et al., 2003). 언제부터 마을이 형성되었는지는 알려지지 않았지만, 사구가 방파제를 이룬 덕에 마을이 형성되었음은 분명하다.

5. 문제점

대청도에 있는 옥죽동, 모래울, 지리두 사구는 지형적으로, 생태적으로 독특한 경관을 이룬다. 하지만 그 가치가 제대로 알려지기도 전에, 여러 가지 훼손이 발생하였다. 사구면적이 축소되고 고정되었으며, 연결되어 있던 사구가 도로나 경작지, 건물에 의해 단절되는 현상이 발생하였다. 더 큰 문제는 사구에 가해진 여러 가지 조치가 자연순환을 거의 고려하지 않고 시행되었다는 점이다. 옥죽동 사구의 사방사업이나, 모래울 사구의 석축 공사가 대표적이다.

옥죽동 사구의 경우, 1990년대 조림사업이 시작되기 전까지는 사구지대의 풍식과 재퇴적이 활발했던 것으로 추정된다. 하지만 조림사업으로 바닷가 모래가 사구로 이동하지 않으며 사구지대가 고정되면서, 과거의 모습과 크게 달라졌다. 사구 상단부의 모래양은 줄어든 반면 사구 하단부의 모래는 증가되어 평탄하게 바뀌고 있다. 모래가 하부로 이동되어 곰솔숲 경계부에 30°에 달하는 경사면이 형성되었으며, 유수에 의해 모래가 씻겨 내려가 사구체적이 크게 줄어들었다(최광희 등, 2019). 곰솔숲 조성이 사빈-사구 사이의 순환과정을 무시한 정책이었음을 보여준다. 옥죽동 사구의 경관 보전을 위해서는 곰솔림의 단계적 제거와 사구지대에 모래를 공급할 보완이 필요하다.

모래울 사구 앞에 조성된 석축도 순기능보다 역기능이 크다. 사구 하단부의 침식을 방지하기 위해 만든 석축은 사구보다 효율적이지 않기 때문이다. 파랑에너지를 흡수하지 못하고 반사하기 때문에 석축 앞에서 굴식掘蝕(plucking)이 발생하는 경우가 많다. 그 결과, 사빈 고도가 낮아지게 되고 사구로의 모래 이동은 더욱 제한된다. 태풍과 같은 큰 침식사건에 석축이 무너지면 더 큰 석축이나 방파제를 찾게 될 것이다. 이런 식으로 해안경관이 파괴된 예는 수도 없이 많다. 사빈-사구 상호작용을 유도할 수 있는 방안에 대해 더 고민할 필요가 있다.

6. 결론

이 글은 대청도에 분포하는 사구에 대한 이해를 위해, 지형적 특징과 가치, 그리고 문제점을 정리하였다. 대청도에는 북부와 남서부 해안에 옥죽동 사구, 농여 사구, 지두리 사구, 모래울 사구 등 크고 작은 사구가 발달해 있다. 옥죽동 사구와 지두리 사구는 등반사구의 특징이, 모래울 사구는 단일성장형 사구로서의 특징이 잘 나타나며,

다양한 사구성 동식물이 분포한다. 특히, 옥죽동 사구는 우리나라에서 보기 힘든 미피복 사구로서 대청도 제일의 지형명소이다. 수천 년 전에 퇴적된 사구모래층이 있어서 학술적 가치도 크다. 자연방파제 역할을 하는 모래울 사구는 해안사구의 기능적 가치와 보전필요성을 잘 보여준다. 이처럼 대청도 해안사구는 여러 가지 면에서 독특하다. 하지만, 사빈과 사구 사이의 순환과정을 고려하지 않은 곰솔 숲 조성이나 석축 및 방파제 축조는 결국 사구 고유의 특성을 약화시키고 자연경관의 훼손 및 관리상의 문제가 될 수 있다. 사구의 기능을 이해하고 지속가능성을 염두에 둔, 지혜로운 사구 관리를 기대해 본다.

참고문헌

국립환경과학원, 2008, 『전국 해안사구 정밀조사(대청도 옥죽동·사탄동, 고성 동호사구)』, 환경부.
김종연, 2018, 「대청도 지두리 해안의 모래 퇴적층의 특성과 매몰연대에 대한 연구」, 한국지형학회지, 25(1), 1-17.
박천영, 최광희, 김종욱, 2009, 「대청도 옥죽동 해안사구의 지형특징 및 발달과정에 관한 고찰」, 한국지형학회지, 16(1), pp.101-111.
신원정, 김종욱, 김종연, 2018, 「대청도 옥죽동·대진동 사구의 물리·화학적 특성 및 퇴적시기 고찰」, 한국지형학회지, 25(2), 63-80.
최광희, 2009, 『홀로세의 해안사구 형성과 해수면 변화』, 서울대학교 대학원 박사학위 논문.
최광희, 2020, 「대청도 모래울 사구의 지형 특성과 형성시기」, 한국지형학회지, 투고중.
최광희, 공학양, 박성민, 2019, 「지난 10년간 대청도 옥죽동 사구의 지형 변화」, 한국지형학회지, 26(3), 31-42.
최광희, 김윤미, 2015, 「우리나라 해안사구의 분포와 보전현황」, 한국지형학회지, 22(3), 123-137.
최광희, 공학양, 2017, 「대청도 옥죽동 사구의 형성과 최근의 변화」, 한국지형학회지, 24(4), 91-101.
Arens, S. M., 1996, Patterns of sand transport on vegetated foredunes, *Geomorphology*, 17(4), 339-350.
Choi, K. H., Kim, Y. and Jung, P.M., 2013, Adverse Effect of Planting pine on coastal dunes, Korea. *Journal of Coastal Research*, SI65, 909-914.
Vigiak, O., Sterk, G., Warren, A., and Hagen, L.J., 2003. Spatial modeling of wind speed around windbreaks. Catena, 52, 273-288.
Woodroffe, C. D., 2002, *Coasts: form, process and evolution*. Cambridge University Press.

대청도의 조류

박진영
국립생물자원관 국가철새연구센터

1. 서론

행정구역 상 인천광역시 옹진군 대청면에 속하는 대청도는 북한 황해도와 인접한 북방한계선에 위치하고 있으며, 백령도, 소청도, 연평도, 소연평도와 함께 국가안보차원에서 중요성이 크다(옹진군, 2020). 하지만 접경지역에 위치한 군사적 요충지로서 중요성에 비해 자연환경에 대한 연구는 아직까지 활발하지 않은 편이다. 1998년 멸종위기 야생동식물 및 보호야생동식물로 지정하여 보호하고 있는 멸종위기식물 '대청부채'의 생육지로 알려져 있고, 1962년에 대청리 43-1에 위치한 동백나무 자생북한지가 학술적인 가치를 인정받아 천연기념물 제66호로 지정되어 보호받고 있다(옹진군, 2020). 대청도의 북쪽에 위치한 옥죽동사구는 식생피복이 덮이지 않은 미피복사구의 면적이 넓고 경관이 뛰어나 생태적 보전가치가 높은 것으로 평가되고 있다(최 등, 2019). 대청도의 옥중동 해안사구, 농여해변, 서풍받이, 검은낭은 2019년 7월에 백령도 두무진 해안, 소청도 분바위와 함께 국가지질공원으로 지정되었다.

대청도지역 조류에 대한 연구는 내륙의 철새도래지에 비해 활발하지 않은 편이지만 환경부와 국립환경과학원에서 진행한 전국자연환경조사와 전국해안사구정밀조사에서 조류상에 대한 조사가 진행되었다. 부정기적인 조사를 통해 대청도가 장거리 이동을 하는 다양한 철새의 중간기착지로서 중요한 지역이란 사실을 확인할 수 있다. 또한 최근에는 환경부 국립생물자원관에서 소청도에 국가철새연구센터를 만들고 서해5도에 대한 본격적인 조사를 진행하고 있다. 앞으로 대

1. 서론
2. 대청도의 조류상
3. 고찰

청도 지역에 대한 주기적이고 장기적인 모니터링을 통해 조류의 계절별 변화에 대한 자료를 축적하는 것은 물론 대청도 조류에 대한 체계적인 연구가 이어질 것으로 기대된다.

본 보고서는 대청도 조류상의 특성을 파악하기 위해 그동안 대청도에서 진행된 조류조사 결과를 정리하였다.

2. 대청도의 조류상

(1) 전국자연환경조사(환경부, 국립환경과학원, 국립생태원)

대청도에 대한 전국자연환경조사는 총 4년(1997년 1회, 2007년 4회, 2014년 3회 조사, 2019년 4회)에 걸쳐 진행되었다. 1997년 7월 1회 조사결과는 24종, 2007년 4회 조사(4, 5, 7, 12월) 결과는 101종, 2014년 3회 조사(4, 5, 9월) 결과는 138종, 2019년 4회 조사(4, 6, 10, 11월) 결과는 127종의 서식이 확인되었으며, 4년 동안의 조사결과를 종합하면 총 190종 또는 아종이 확인되었다. 대청도는 위치상 봄과 가을에 장거리 이동을 하는 철새들의 중간기착지로서 이용되므로 봄과 가을에 가장 다양한 종을 관찰할 수 있다. 자연환경조사의 결과도 봄(4~5월)과 가을(9~10월)을 모두 조사한 2014년과 2019년에 각각 138종과 127종이 관찰되어 가장 많은 종이 기록되었다.

멸종위기종도 총 21종이 확인되어 다양한 멸종위기종의 서식지로서 중요한 역할을 한다는 사실이 확인되었다. 이 중 매는 4년의 조사에서 모두 관찰되어 가장 빈번하게 관찰되는 종이며, 이 지역에서 번식할 것으로 판단되는 종이다. 나머지 멸종위기종의 경우 번식 여부에 대해 확인되지 않았으며, 이 지역에서 봄과 가을에 주로 관찰되는 통과철새로서 기록된 것으로 판단된다. 또한 멸종위기종 중 맹금류 12종이 관찰되어 멸종위기종 중 가장 많은 종을 차지하였으며, 다양한 맹금류가 이 지역을 통과한다는 사실이 확인되었다.

표 1. 전국자연환경조사 대청도 조사시기와 관찰종수

조사시기	관찰종수
1997년 7월	24
2007년 4월, 5월, 7월, 12월	101
2014년 4월, 5월, 9월	138
2019년 4월, 6월, 10월, 11월	127
총 종수	190

표 2. 전국자연환경조사 대청도 조류조사결과

번호	학명	국명	1997년	2007년	2014년	2019년	법정 보호종*
1	Anser fabalis	큰기러기				○	○
2	Cygnus cygnus	큰고니				○	
3	Aix galericulata	원앙			○	○	
4	Anas platyrhynchos	청둥오리			○	○	
5	Anas poecilorhyncha	흰뺨검둥오리		○	○	○	
6	Anas crecca	쇠오리			○	○	
7	Melanitta deglandi	검둥오리사촌		○			
8	Mergus serrator	바다비오리				○	
9	Tachybaptus ruficollis	논병아리			○	○	
10	Podiceps cristatus	뿔논병아리			○		
11	Ixobrychus sinensis	덤불해오라기			○		
12	Ixobrychus eurhythmus	큰덤불해오라기			○		○
13	Nycticorax nycticorax	해오라기				○	
14	Butorides striata	검은댕기해오라기		○	○		
15	Ardeola bacchus	흰날개해오라기			○	○	
16	Bubulcus ibis	황로			○	○	
17	Ardea cinerea	왜가리	○	○	○	○	
18	Ardea alba modesta	중대백로			○	○	
19	Ardea alba alba	대백로			○		
20	Egretta intermedia	중백로			○	○	
21	Egretta garzetta	쇠백로		○	○	○	
22	Egretta eulophotes	노랑부리백로			○		○
23	Phalacrocorax carbo	민물가마우지	○				
24	Phalacrocorax capillatus	가마우지			○	○	
25	Phalacrocorax pelagicus	쇠가마우지	○		○	○	
26	Falco tinnunculus	황조롱이		○	○	○	○
27	Falco amurensis	비둘기조롱이			○	○	

번호	학 명	국 명	1997년	2007년	2014년	2019년	법정 보호종*
28	*Falco subbuteo*	새호리기		○	○	○	○
29	*Falco peregrinus*	매	○	○	○	○	○
30	*Pandion haliaetus*	물수리			○	○	○
31	*Pernis ptilorhynchus*	벌매		○	○	○	○
32	*Milvus migrans*	솔개		○	○	○	○
33	*Circus spilonotus*	개구리매		○			○
34	*Circus cyaneus*	잿빛개구리매			○		○
35	*Accipiter soloensis*	붉은배새매		○	○	○	○
36	*Accipiter gularis*	조롱이		○	○		○
37	*Accipiter nisus*	새매		○	○		○
38	*Accipiter gentilis*	참매		○	○	○	○
39	*Butastur indicus*	왕새매		○	○		
40	*Buteo buteo*	말똥가리		○			
41	*Amaurornis phoenicurus*	흰배뜸부기				○	
42	*Porzana fusca*	쇠뜸부기사촌			○		
43	*Gallicrex cinerea*	뜸부기		○			○
44	*Gallinula chloropus*	쇠물닭		○	○		
45	*Haematopus ostralegus*	검은머리물떼새			○	○	○
46	*Himantopus himantopus*	장다리물떼새		○			
47	*Pluvialis fulva*	검은가슴물떼새		○			
48	*Charadrius dubius*	꼬마물떼새		○	○		
49	*Charadrius alexandrinus*	흰물떼새	○	○	○		
50	*Scolopax rusticola*	멧도요		○			
51	*Gallinago gallinago*	깍도요		○	○		
52	*Tringa nebularia*	청다리도요			○		
53	*Tringa ochropus*	삑삑도요			○	○	
54	*Tringa glareola*	알락도요				○	
55	*Xenus cinereus*	뒷부리도요		○			
56	*Actitis hypoleucos*	깝작도요			○		
57	*Heteroscelus brevipes*	노랑발도요			○	○	
58	*Calidris acuminata*	메추라기도요			○		
59	*Larus crassirostris*	괭이갈매기	○	○	○	○	
60	*Larus hyperboreus*	흰갈매기				○	
61	*Larus argentatus*	재갈매기		○	○		
62	*Larus cachinnans*	한국재갈매기			○		
63	*Rissa tridactyla*	세가락갈매기		○			
64	*Stercorarius parasiticus*	북극도둑갈매기		○			
65	*Streptopelia orietalis*	멧비둘기	○	○	○	○	

번호	학 명	국 명	1997년	2007년	2014년	2019년	법정 보호종*
66	Streptopelia decaocto	염주비둘기		○			
67	Cuculus hyperythrus	매사촌			○		
68	Cuculus canorus	뻐꾸기	○		○		
69	Cuculus saturatus	벙어리뻐꾸기		○	○	○	
70	Cuculus poliocephalus	두견	○				○
71	Otus sunia	소쩍새			○		○
72	Athene noctua	금눈쇠올빼미			○		
73	Ninox scutulata	솔부엉이			○		○
74	Apus pacificus	칼새			○	○	
75	Eurystomus orientalis	파랑새		○	○	○	
76	Halcyon pileata	청호반새		○	○		
77	Alcedo atthis	물총새			○	○	
78	Upupa epops	후투티	○		○		
79	Jynx torquilla	개미잡이			○	○	
80	Hypopicus hyperythrus	붉은배오색딱다구리			○		
81	Dendrocopos kizuki	쇠딱다구리	○				
82	Dendrocopos major	오색딱다구리		○	○		
83	Pericrocotus divaricatus	할미새사촌			○	○	
84	Lanius tigrinus	칡때까치			○		
85	Lanius bucephalus	때까치			○	○	
86	Lanius cristatus	노랑때까치			○	○	
87	Dicrurus macrocercus	검은바람까마귀			○	○	
88	Oriolus chinensis	꾀꼬리				○	
89	Garrulus glandarius	어치			○	○	
90	Cyanopica cyanus	물까치	○	○	○		
91	Pica pica	까치	○				
92	Corvus dauricus	갈까마귀				○	
93	Corvus frugilegus	떼까마귀		○		○	
94	Corvus macrorhynchos	큰부리까마귀			○	○	
95	Parus major	박새	○	○	○		
96	Parus venustulus	노랑배진박새			○	○	
97	Parus ater	진박새		○	○		
98	Parus palustris	쇠박새			○		
99	Remiz consobrinus	스윈호오목눈이				○	
100	Riparia riparia	갈색제비		○			
101	Hirundo rustica	제비	○	○	○	○	
102	Cecropis daurica	귀제비			○	○	
103	Aegithalos caudatus	오목눈이		○	○	○	

번호	학 명	국 명	1997년	2007년	2014년	2019년	법정 보호종*
104	Alauda arvensis	종다리				○	
105	Cicticola juncidis	개개비사촌				○	
106	Pycnonotus sinensis	검은이마직박구리			○	○	
107	Microscelis amaurotis	직박구리	○	○	○	○	
108	Urosphena squameiceps	숲새			○		
109	Cettia canturians	휘파람새	○	○	○	○	
110	Cettia diphone	섬휘파람새				○	
111	Locustella lanceolata	쥐발귀개개비			○		
112	Locustella fasciolata	붉은허리개개비			○		
113	Acrocephalus orientalis	개개비	○		○	○	
114	Acrocephalus bistrigiceps	쇠개개비			○	○	
115	Phylloscopus fuscatus	솔새사촌		○	○		
116	Phylloscopus schwarzi	긴다리솔새사촌			○		
117	Phylloscopus proregulus	노랑허리솔새		○	○	○	
118	Phylloscopus inornatus	노랑눈썹솔새		○	○	○	
119	Phylloscopus borealis	쇠솔새			○		
120	Phylloscopus tenellipes	되솔새			○		
121	Phylloscopus coronatus	산솔새			○	○	
122	Zosterops erythropleurus	한국동박새		○			
123	Regulus regulus	상모솔새		○		○	
124	Troglodytes troglodytes	굴뚝새		○	○		
125	Sturnus sturninus	북방쇠찌르레기		○			
126	Sturnus philippensis	쇠찌르레기			○	○	
127	Sturnus sinensis	잿빛쇠찌르레기		○			
128	Sturnus sericeus	붉은부리찌르레기		○			
129	Sturnus cineraceus	찌르레기		○		○	
130	Sturnus vulgaris	흰점찌르레기				○	
131	Zoothera sibirica	흰눈썹지빠귀			○		
132	Zoothera dauma	호랑지빠귀				○	
133	Turdus hortulorum	되지빠귀			○	○	
134	Turdus merula	대륙검은지빠귀		○		○	
135	Turdus obscurus	흰눈썹붉은배지빠귀		○	○	○	
136	Turdus pallidus	흰배지빠귀			○	○	
137	Turdus chrysolaus	붉은배지빠귀			○	○	
138	Turdus atrogularis	검은목지빠귀		○			
139	Turdus eunomus	개똥지빠귀		○	○	○	
140	Luscinia svecica	흰눈썹울새				○	
141	Luscinia calliope	진홍가슴		○	○	○	

번호	학 명	국 명	1997년	2007년	2014년	2019년	법정 보호종*
142	Luscinia cyane	쇠유리새			○	○	
143	Luscinia cyanura	유리딱새		○	○	○	
144	Luscinia sibilans	울새		○	○	○	
145	Phoenicurus auroreus	딱새		○	○	○	
146	Saxicola torquatus	검은딱새		○	○	○	
147	Monticola solitarius	바다직박구리	○	○	○	○	
148	Monticola gularis	꼬까직박구리			○		
149	Muscicapa griseisticta	제비딱새		○			
150	Muscicapa sibirica	솔딱새			○		
151	Muscicapa dauurica	쇠솔딱새		○	○	○	
152	Ficedula zanthopygia	흰눈썹황금새		○	○	○	
153	Ficedula narcissina	황금새			○	○	
154	Ficedula mugimaki	노랑딱새			○	○	
155	Ficedula albicilla	흰꼬리딱새		○		○	
156	Cyanoptila cyanomelana	큰유리새			○	○	
157	Passer montanus	참새	○		○	○	
158	Dendronanthus indicus	물레새		○	○	○	
159	Motacilla flava	긴발톱할미새		○			
160	Motacilla flava plexa	흰눈썹북방긴발톱할미새			○		
161	Motacilla citreola	노랑머리할미새			○		
162	Motacilla cinerea	노랑할미새		○	○	○	
163	Motacilla alba leucopsis	알락할미새			○	○	
164	Motacilla alba ocularis	검은턱할미새			○		
165	Motacilla alba lugens	백할미새				○	
166	Anthus hodgsoni	힝둥새		○	○	○	
167	Anthus gustavi	흰등밭종다리			○		
168	Anthus cervinus	붉은가슴밭종다리			○	○	
169	Anthus rubescens	밭종다리				○	
170	Fringilla montifringilla	되새			○	○	
171	Carduelis sinica	방울새		○	○	○	
172	Carduelis spinus	검은머리방울새		○	○	○	
173	Uragus sibiricus	긴꼬리홍양진이			○		
174	Carpodacus erythrinus	붉은양진이			○	○	
175	Carpodacus roseus	양진이			○		
176	Coccothraustes coccothraustes	콩새			○	○	
177	Eophona migratoria	밀화부리		○	○	○	
178	Emberiza cioides	멧새			○	○	
179	Emberiza tristrami	흰배멧새		○	○	○	

번호	학 명	국 명	1997년	2007년	2014년	2019년	법정 보호종*
180	Emberiza fucata	붉은뺨멧새		○	○	○	
181	Emberiza pusilla	쇠붉은뺨멧새			○	○	
182	Emberiza chrysophrys	노랑눈썹멧새			○	○	
183	Emberiza rustica	쑥새			○		
184	Emberiza elegans	노랑턱멧새	○	○	○	○	
185	Emberiza aureola	검은머리촉새			○	○	○
186	Emberiza rutila	꼬까참새			○	○	
187	Emberiza spodocephala	촉새			○	○	○
188	Emberiza pallasi	북방검은머리쑥새				○	
189	Emberiza yessoensis	쇠검은머리쑥새				○	
190	Columba livia var. domestica	집비둘기			○		
	종 수		24	101	138	127	21

* 멸종위기종(환경부), 천연기념물(문화재청)

(2) 전국해안사구 정밀조사(국립환경과학원, 국립생태원)

대청도의 옥죽동-농여사구와 지두리-모래울사구(사탄동사구)를 중심으로 사구의 특성과 생물상에 대한 조사를 위해 전국해안사구 정밀조사가 수행되었다. 조류에 대한 조사는 2008년 5월(9-10일)과 8월(25-27일) 2회와 2017년 4~5월(4월 27~5월 2일), 7월(13~15일), 10월(20~24일), 12월(18~20일) 4회에 걸쳐 조사하였다(박, 2008; 남과 최, 2017a; 남과 최, 2017b).

2008년 조사에서 5월에는 총 85종(옥죽동사구 84종, 사탄동사구 25종), 8월에는 총 31종(옥죽동사구 31종, 사탄동사구 10종)이 기록되었다. 총 91종이 확인되었으며, 통과철새가 많은 5월 조사에서 8월 조사에 비해 조류의 종다양성이 높아 다양한 종이 관찰되었으며, 개체수에서도 8월에 비해 2배 이상 많았다. 멸종위기종은 환경부 지정 멸종위기종 I급인 노랑부리백로, 멸종위기종 II급인 벌매, 붉은배새매, 새매, 큰말똥가리, 새홀리기, 검은머리물떼새, 검은머리촉새가 관찰되었다.

2017년 조사에서 옥죽동-농여사구는 사계절조사에서 총 109종 4,548개체가 관찰되었다(남과 최, 2017a). 번식지로 북상하는 철새들이 도래하는 봄에 총 77종 1,632개체가 관찰되어 종수가 가장 많았으며, 여름에는 23종 325개체, 가을에는 52종 1,871개체, 겨울에는 31종 720개체가 관찰되었다. 지두리-모래울사구는 사계절조사에서 총

63종 855개체가 관찰되어 옥죽동 사구에 비해 종수와 개체수가 적었으며, 이것은 사구의 규모가 작은 것이 원인으로 판단된다(남과 최, 2017b). 봄에 총 41종 236개체, 여름에는 18종 52개체, 가을에는 29종 424개체, 겨울에는 15종 148개체가 관찰되었다. 멸종위기종은 환경부 지정 멸종위기종 I급인 저어새, 매, 흰꼬리수리, 멸종위기종 II급인 물수리, 벌매, 잿빛개구리매, 새호리기, 솔개, 새매, 참매, 흰죽지수리, 항라머리검독수리, 검은머리물떼새, 검은머리촉새가 관찰되어 자연환경조사결과와 함께 대청도가 멸종위기종 서식지로서 중요하며, 특히 다양한 맹금류의 중간기착지로서도 중요성이 확인되었다.

표 3. 전국해안사구 정밀조사 대청도 조류조사결과(박, 2008; 남과 최, 2017a; 남과 최, 2017b)

No.	학 명	국 명	2008년	2017년	법정 보호종*
1	Coturnix japonica	메추라기		○	
2	Aix galericulata	원앙		○	
3	Anas platyrhynchos	청둥오리		○	
4	Anas poecilorhyncha	흰뺨검둥오리	○	○	
5	Anas crecca	쇠오리		○	
6	Calonectris leucomelas	슴새		○	
7	Podiceps cristatus	뿔논병아리		○	
8	Platalea minor	저어새		○	○
9	Nycticorax nycticorax	해오라기	○	○	
10	Butorides striata	검은댕기해오라기	○	○	
11	Ardeola bacchus	흰날개해오라기	○	○	
12	Bubulcus ibis	황로	○	○	
13	Ardea cinerea	왜가리	○	○	
14	Ardea purpurea	붉은왜가리		○	
15	Ardea alba	중대백로	○	○	
16	Egretta intermedia	중백로	○	○	
17	Egretta garzetta	쇠백로	○	○	
18	Egretta eulophotes	노랑부리백로	○		○
19	Phalacrocorax capillatus	가마우지	○	○	
20	Phalacrocorax pelagicus	쇠가마우지	○	○	
21	Falco tinnunculus	황조롱이	○	○	
22	Falco columbarius	쇠황조롱이		○	
23	Falco subbuteo	새호리기	○	○	○
24	Falco peregrinus	매		○	○

No.	학 명	국 명	2008년	2017년	법정 보호종*
25	*Pandion haliaetus*	물수리		○	○
26	*Pernis ptilorhynchus*	벌매	○	○	○
27	*Milvus migrans*	솔개		○	○
28	*Haliaeetus albicilla*	흰꼬리수리		○	○
29	*Circus cyaneus*	잿빛개구리매		○	○
30	*Accipiter soloensis*	붉은배새매	○		○
31	*Accipiter nisus*	새매		○	○
32	*Accipiter gentilis*	참매		○	○
33	*Butastur indicus*	왕새매	○	○	
34	*Buteo buteo*	말똥가리		○	
35	*Buteo hemilasius*	큰말똥가리	○		○
36	*Aquila clanga*	항라머리검독수리		○	○
37	*Aquila heliaca*	흰죽지수리		○	○
38	*Amaurornis phoenicurus*	흰배뜸부기		○	
39	*Haematopus ostralegus*	검은머리물떼새	○	○	○
40	*Himantopus himantopus*	장다리물떼새		○	
41	*Charadrius dubius*	꼬마물떼새	○	○	
42	*Charadrius alexandrinus*	흰물떼새	○	○	
43	*Gallinago stenura*	바늘꼬리도요	○		
44	*Gallinago gallinago*	꺅도요		○	
45	*Numenius phaeopus*	중부리도요	○		
46	*Tringa nebularia*	청다리도요	○	○	
47	*Tringa ochropus*	삑삑도요	○		
48	*Tringa glareola*	알락도요	○	○	
49	*Actitis hypoleucos*	깝작도요	○	○	
50	*Calidris subminuta*	종달도요	○		
51	*Glareola maldivarum*	제비물떼새		○	
52	*Larus crassirostris*	괭이갈매기	○	○	
53	*Larus argentatus*	재갈매기		○	
54	*Larus cachinnans*	한국재갈매기	○	○	
55	*Larus heuglini*	줄무늬노랑발갈매기		○	
56	*Streptopelia orietalis*	멧비둘기	○	○	
57	*Cuculus hyperythrus*	매사촌	○		
58	*Cuculus micropterus*	검은등뻐꾸기	○		
59	*Cuculus canorus*	뻐꾸기	○		
60	*Cuculus saturatus*	벙어리뻐꾸기	○	○	
61	*Otus sunia*	소쩍새	○		
62	*Ninox scutulata*	솔부엉이	○		

No.	학 명	국 명	2008년	2017년	법정 보호종*
63	Caprimulgus indicus	쏙독새	○		
64	Apus pacificus	칼새	○		
65	Eurystomus orientalis	파랑새	○		
66	Alcedo atthis	물총새	○	○	
67	Dendrocopos major	오색딱다구리	○	○	
68	Pericrocotus divaricatus	할미새사촌	○	○	
69	Lanius bucephalus	때까치	○	○	
70	Lanius cristatus	노랑때까치	○	○	
71	Oriolus chinensis	꾀꼬리	○	○	
72	Dicrurus macrocercus	검은바람까마귀		○	
73	Garrulus glandarius	어치	○	○	
74	Cyanopica cyanus	물까치	○		
75	Corvus macrorhynchos	큰부리까마귀	○	○	
76	Parus major	박새	○	○	
77	Parus ater	진박새		○	
78	Hirundo rustica	제비	○	○	
79	Cecropis daurica	귀제비	○		
80	Pycnonotus sinensis	검은이마직박구리		○	
81	Microscelis amaurotis	직박구리	○	○	
82	Urosphena squameiceps	숲새		○	
83	Cettia diphone	휘파람새	○	○	
84	Acrocephalus orientalis	개개비	○	○	
85	Phylloscopus collybita	검은다리솔새		○	
86	Phylloscopus fuscatus	솔새사촌		○	
87	Phylloscopus schwarzi	긴다리솔새사촌	○	○	
88	Phylloscopus proregulus	노랑허리솔새		○	
89	Phylloscopus inornatus	노랑눈썹솔새	○	○	
90	Phylloscopus borealis	쇠솔새		○	
91	Phylloscopus tenellipes	되솔새	○	○	
92	Phylloscopus coronatus	산솔새	○	○	
93	Regulus regulus	상모솔새		○	
94	Troglodytes troglodytes	굴뚝새		○	
95	Sturnus sturninus	북방쇠찌르레기		○	
96	Sturnus sinensis	잿빛쇠찌르레기		○	
97	Sturnus sericeus	붉은부리찌르레기		○	
98	Sturnus cineraceus	찌르레기	○	○	
99	Zoothera aurea	호랑지빠귀	○	○	
100	Turdus hortulorum	되지빠귀	○	○	

No.	학 명	국 명	2008년	2017년	법정 보호종*
101	*Turdus obscurus*	흰눈썹붉은배지빠귀	○	○	
102	*Turdus pallidus*	흰배지빠귀	○	○	
103	*Turdus naumanni*	노랑지빠귀		○	
104	*Turdus eunomus*	개똥지빠귀		○	
105	*Luscinia calliope*	진홍가슴		○	
106	*Luscinia cyane*	쇠유리새	○	○	
107	*Luscinia sibilans*	울새		○	
108	*Phoenicurus auroreus*	딱새	○	○	
109	*Saxicola torquatus*	검은딱새	○	○	
110	*Monticola solitarius*	바다직박구리	○	○	
111	*Muscicapa griseisticta*	제비딱새	○	○	
112	*Muscicapa dauurica*	쇠솔딱새	○	○	
113	*Ficedula zanthopygia*	흰눈썹황금새	○	○	
114	*Ficedula mugimaki*	노랑딱새	○	○	
115	*Ficedula albicilla*	흰꼬리딱새		○	
116	*Cyanoptila cyanomelana*	큰유리새	○	○	
117	*Passer montanus*	참새		○	
118	*Motacilla flava*	긴발톱할미새	○	○	
119	*Motacilla cinerea*	노랑할미새	○	○	
120	*Motacilla alba*	알락할미새	○	○	
121	*Anthus richardi*	큰밭종다리		○	
122	*Anthus hodgsoni*	힝둥새	○	○	
123	*Anthus gustavi*	흰등밭종다리		○	
124	*Anthus cervinus*	붉은가슴밭종다리		○	
125	*Fringilla montifringilla*	되새		○	
126	*Carduelis sinica*	방울새	○	○	
127	*Carduelis spinus*	검은머리방울새		○	
128	*Loxia curvirostra*	솔잣새		○	
129	*Coccothraustes coccothraustes*	콩새		○	
130	*Eophona migratoria*	밀화부리	○	○	
131	*Emberiza cioides*	멧새	○	○	
132	*Emberiza tristrami*	흰배멧새	○	○	
133	*Emberiza fucata*	붉은뺨멧새	○	○	
134	*Emberiza pusilla*	쇠붉은뺨멧새	○	○	
135	*Emberiza chrysophrys*	노랑눈썹멧새	○	○	
136	*Emberiza rustica*	쑥새		○	
137	*Emberiza elegans*	노랑턱멧새	○	○	
138	*Emberiza aureola*	검은머리촉새	○	○	○

No.	학 명	국 명	2008년	2017년	법정 보호종*
139	*Emberiza rutila*	꼬까참새	○		
140	*Emberiza spodocephala*	촉새		○	
	종 수		91	121	17

* 멸종위기종(환경부), 천연기념물(문화재청)

(3) 서해5도 철새 생태 연구(국립생물자원관)

국립생물자원관 국가철새연구센터는 2018년부터 '서해5도 철새생태연구'를 통해 대청도 지역에 대한 조류조사를 지속적으로 진행하고 있다(최 등, 2018; 최 등, 2019). 조사시기는 2018년에 2월, 4월, 5월, 8월, 9월, 10월, 11월에 각 1회를 조사하여 총 7회를 조사하였고, 2019년에는 매월 1회를 조사하여 총 12회를 조사하였다.

2018~19년에 걸쳐 조사한 결과 2018년에는 152종, 2019년에는 147종이 기록되었으며, 2년간 총 182종이 확인되었다. 2018년에는 물새류 37종, 산새류 97종, 맹금류 18종이 기록되었고, 2019년에는 물새류 35종, 산새류 100종, 맹금류 12종이 기록되었다. 대청도에서 가장 많이 관찰된 종은 괭이갈매기이며, 주요 우점종은 귀제비, 제비, 떼까마귀, 큰부리까마귀, 검은이마직박구리, 한국동박새, 박새, 한국재갈매기, 청둥오리, 흰뺨검둥오리, 촉새, 노랑턱멧새, 되새, 진박새, 벌매 등 종이다. 괭이갈매기는 겨울에 적은 수가 관찰되다가 3월부터 개체수가 증가하였으며, 6월 이후 번식이 끝난 성조나 새롭게 태어난 어린 새들이 늘어나며 개체수가 증가하였다. 대청도에 번식집단은 없으나 인접한 백령도에서 대집단이 번식하기 때문에 대청도를 찾는 괭이갈매기가 많은 것으로 판단된다. 우점종 중에 이 지역에서 텃새로 서식하는 큰부리까마귀, 박새, 검은이마직박구리를 제외하면 모두 대청도를 봄과 가을 통과하거나 겨울에 찾아오는 겨울철새이다. 한국재갈매기도 백령도에서 번식집단이 확인되었지만 대청도에선 번식하지 않고 있다. 진박새도 육지에선 산림에서 번식하는 텃새로 알려져 있으나 대청도에서 번식은 아직까지 확인되지 않았다. 가을과 겨울에 많은 수가 도래하였으며, 대부분 육지에서 번식한 집단이 이동 중 중간기착한 것으로 판단된다. 내륙에 여름철새로 도래하여 번식하는 제비와 귀제비도 대청도에선 봄과 가을에 통과하는 철새로 관찰된다. 멸종위기종 맹금류인 벌매는 주로 9~10월에 관찰되어, 가을에 많은 수가 규칙

적으로 대청도 지역을 통과하였다.

표 4. 서해5도 철새연구 대청도 조류조사 결과(최 등, 2018; 최 등, 2019)

No.	학 명	국 명	2008년	2017년	법정 보호종*
1	Anser albifrons	쇠기러기	○	○	
2	Anas falcata	청머리오리		○	
3	Anas platyrhynchos	청둥오리	○	○	
4	Anas poecilorhyncha	흰뺨검둥오리	○	○	
5	Anas crecca	쇠오리	○	○	
6	Mergus serrator	바다비오리	○	○	
7	Gavia pacifica	회색머리아비	○		
8	Calonectris leucomelas	슴새	○	○	
9	Podiceps cristatus	뿔논병아리	○	○	
10	Podiceps nigricollis	검은목논병아리		○	
11	Gorsachius goisagi	붉은해오라기	○		○
12	Butorides striata	검은댕기해오라기	○	○	
13	Ardeola bacchus	흰날개해오라기	○	○	
14	Bubulcus ibis	황로	○		
15	Ardea cinerea	왜가리	○	○	
16	Ardea alba	중대백로	○	○	
17	Egretta intermedia	중백로	○	○	
18	Egretta garzetta	쇠백로	○	○	
19	Egretta eulophotes	노랑부리백로	○	○	○
20	Phalacrocorax carbo	민물가마우지	○		
21	Phalacrocorax capillatus	가마우지	○	○	
22	Phalacrocorax pelagicus	쇠가마우지	○	○	
23	Falco tinnunculus	황조롱이	○	○	○
24	Falco amurensis	비둘기조롱이	○		
25	Falco columbarius	쇠황조롱이	○		
26	Falco subbuteo	새호리기	○	○	○
27	Falco peregrinus	매	○	○	○
28	Pandion haliaetus	물수리	○	○	○
29	Pernis ptilorhynchus	벌매	○	○	○
30	Milvus migrans	솔개	○		
31	Haliaeetus albicilla	흰꼬리수리	○	○	○
32	Circus cyaneus	잿빛개구리매	○		○
33	Accipiter soloensis	붉은배새매	○		○
34	Accipiter gularis	조롱이	○		○

No.	학 명	국 명	2008년	2017년	법정 보호종*
35	*Accipiter nisus*	새매	○	○	○
36	*Accipiter gentilis*	참매	○	○	○
37	*Butastur indicus*	왕새매	○	○	
38	*Buteo buteo*	말똥가리	○	○	
39	*Buteo hemilasius*	큰말똥가리		○	○
40	*Amaurornis phoenicurus*	흰배뜸부기	○		
41	*Gallinula chloropus*	쇠물닭	○	○	
42	*Haematopus ostralegus*	검은머리물떼새	○	○	○
43	*Vanellus vanellus*	댕기물떼새		○	
44	*Charadrius placidus*	흰목물떼새		○	○
45	*Charadrius dubius*	꼬마물떼새		○	
46	*Scolopax rusticola*	멧도요		○	
47	*Gallinago stenura*	바늘꼬리도요	○		
48	*Gallinago gallinago*	꺅도요		○	
49	*Tringa totanus*	붉은발도요	○		
50	*Tringa nebularia*	청다리도요	○	○	
51	*Tringa ochropus*	삑삑도요	○	○	
52	*Tringa glareola*	알락도요	○	○	
53	*Xenus cinereus*	뒷부리도요	○		
54	*Actitis hypoleucos*	깝작도요	○	○	
55	*Heteroscelus brevipes*	노랑발도요	○		
56	*Calidris ruficollis*	좀도요	○		
57	*Larus crassirostris*	괭이갈매기	○	○	
58	*Larus argentatus*	재갈매기	○	○	
59	*Larus cachinnans*	한국재갈매기	○	○	
60	*Larus heuglini*	줄무늬노랑발갈매기	○	○	
61	*Larus schistisagus*	큰재갈매기	○	○	
62	*Streptopelia orietalis*	멧비둘기	○	○	
63	*Cuculus micropterus*	검은등뻐꾸기	○		
64	*Cuculus canorus*	뻐꾸기	○		
65	*Cuculus saturatus*	벙어리뻐꾸기	○	○	
66	*Cuculus poliocephalus*	두견		○	○
67	*Otus sunia*	소쩍새	○	○	○
68	*Ninox scutulata*	솔부엉이	○		○
69	*Hirundapus caudacutus*	바늘꼬리칼새	○		
70	*Apus pacificus*	칼새	○	○	
71	*Eurystomus orientalis*	파랑새	○	○	
72	*Alcedo atthis*	물총새	○	○	

No.	학 명	국 명	2008년	2017년	법정 보호종*
73	Upupa epops	후투티		○	
74	Jynx torquilla	개미잡이		○	
75	Dendrocopos major	오색딱다구리	○	○	
76	Pericrocotus divaricatus	할미새사촌	○	○	
77	Lanius bucephalus	때까치	○	○	
78	Lanius cristatus	노랑때까치	○	○	
79	Lanius sphenocercus	물때까치	○		
80	Oriolus chinensis	꾀꼬리	○	○	
81	Pica pica	까치		○	
82	Corvus dauuricus	갈까마귀		○	
83	Corvus frugilegus	떼까마귀	○	○	
84	Corvus macrorhynchos	큰부리까마귀	○	○	
85	Bombycilla garrulus	황여새	○		
86	Bombycilla japonica	홍여새	○	○	
87	Parus major	박새	○	○	
88	Parus venustulus	노랑배진박새		○	
89	Parus ater	진박새	○	○	
90	Parus varius	곤줄박이	○		
91	Parus palustris	쇠박새		○	
92	Riparia riparia	갈색제비	○		
93	Hirundo rustica	제비	○	○	
94	Delichon dasypus	흰털발제비	○		
95	Cecropis daurica	귀제비	○	○	
96	Aegithalos caudatus	오목눈이		○	
97	Alauda arvensis	종다리		○	
98	Cisticola juncidis	개개비사촌		○	
99	Pycnonotus sinensis	검은이마직박구리	○	○	
100	Microscelis amaurotis	직박구리	○	○	
101	Urosphena squameiceps	숲새		○	
102	Cettia diphone	휘파람새	○	○	
103	Acrocephalus orientalis	개개비	○		
104	Acrocephalus bistrigiceps	쇠개개비	○	○	
105	Phylloscopus fuscatus	솔새사촌	○	○	
106	Phylloscopus schwarzi	긴다리솔새사촌	○	○	
107	Phylloscopus proregulus	노랑허리솔새	○	○	
108	Phylloscopus inornatus	노랑눈썹솔새	○	○	
109	Phylloscopus borealis	쇠솔새	○	○	
110	Phylloscopus tenellipes	되솔새	○	○	

No.	학명	국명	2008년	2017년	법정 보호종*
111	Phylloscopus coronatus	산솔새	○	○	
112	Zosterops erythropleurus	한국동박새	○	○	
113	Zosterops japonicus	동박새	○		
114	Regulus regulus	상모솔새	○	○	
115	Troglodytes troglodytes	굴뚝새	○	○	
116	Certhia familiaris	나무발발이		○	
117	Sturnus sturninus	북방쇠찌르레기	○	○	
118	Sturnus philippensis	쇠찌르레기	○		
119	Sturnus sericeus	붉은부리찌르레기	○	○	
120	Sturnus cineraceus	찌르레기	○	○	
121	Sturnus vulgaris	흰점찌르레기	○		
122	Zoothera sibirica	흰눈썹지빠귀		○	
123	Zoothera aurea	호랑지빠귀	○	○	
124	Turdus hortulorum	되지빠귀	○		
125	Turdus merula	대륙검은지빠귀		○	
126	Turdus obscurus	흰눈썹붉은배지빠귀	○	○	
127	Turdus pallidus	흰배지빠귀	○	○	
128	Turdus chrysolaus	붉은배지빠귀	○	○	
129	Turdus naumanni	노랑지빠귀	○	○	
130	Turdus eunomus	개똥지빠귀	○	○	
131	Luscinia calliope	진홍가슴	○	○	
132	Luscinia cyane	쇠유리새	○	○	
133	Luscinia cyanura	유리딱새		○	
134	Luscinia sibilans	울새	○	○	
135	Phoenicurus auroreus	딱새	○	○	
136	Saxicola torquatus	검은딱새	○	○	
137	Monticola solitarius	바다직박구리	○		
138	Monticola gularis	꼬까직박구리		○	
139	Muscicapa griseisticta	제비딱새	○	○	
140	Muscicapa sibirica	솔딱새	○	○	
141	Muscicapa dauurica	쇠솔딱새	○	○	
142	Ficedula zanthopygia	흰눈썹황금새	○	○	
143	Ficedula narcissina	황금새	○	○	
144	Ficedula mugimaki	노랑딱새		○	
145	Ficedula albicilla	흰꼬리딱새	○	○	
146	Ficedula parva	붉은가슴흰꼬리딱새	○		
147	Cyanoptila cyanomelana	큰유리새	○	○	
148	Passer rutilans	섬참새	○	○	

No.	학 명	국 명	2008년	2017년	법정 보호종*
149	*Passer montanus*	참새		○	
150	*Prunella montanella*	멧종다리	○	○	
151	*Dendronanthus indicus*	물레새		○	
152	*Motacilla flava*	긴발톱할미새	○	○	
153	*Motacilla citreola*	노랑머리할미새	○		
154	*Motacilla cinerea*	노랑할미새	○	○	
155	*Motacilla alba*	알락할미새	○	○	
156	*Anthus richardi*	큰밭종다리	○	○	
157	*Anthus godlewskii*	쇠밭종다리	○	○	
158	*Anthus hodgsoni*	힝둥새	○	○	
159	*Anthus cervinus*	붉은가슴밭종다리	○	○	
160	*Anthus rubescens*	밭종다리	○	○	
161	*Fringilla montifringilla*	되새	○	○	
162	*Carduelis sinica*	방울새	○	○	
163	*Carduelis spinus*	검은머리방울새	○	○	
164	*Uragus sibiricus*	긴꼬리홍양진이	○	○	
165	*Carpodacus erythrinus*	붉은양진이	○		
166	*Carpodacus roseus*	양진이	○		
167	*Loxia curvirostra*	솔잣새		○	
168	*Pyrrhula pyrrhula*	멋쟁이		○	
169	*Coccothraustes coccothraustes*	콩새	○	○	
170	*Eophona migratoria*	밀화부리	○	○	
171	*Emberiza cioides*	멧새	○	○	
172	*Emberiza tristrami*	흰배멧새	○	○	
173	*Emberiza fucata*	붉은뺨멧새		○	
174	*Emberiza pusilla*	쇠붉은뺨멧새	○	○	
175	*Emberiza chrysophrys*	노랑눈썹멧새	○	○	
176	*Emberiza rustica*	쑥새	○	○	
177	*Emberiza elegans*	노랑턱멧새	○	○	
178	*Emberiza aureola*	검은머리촉새	○		○
179	*Emberiza rutila*	꼬까참새	○	○	
180	*Emberiza sulphurata*	무당새	○		○
181	*Emberiza spodocephala*	촉새	○	○	
182	*Emberiza pallasi*	북방검은머리쑥새	○	○	
	종 수		152	147	22

* 멸종위기종(환경부), 천연기념물(문화재청)

대청도에서 매월 1회씩 조사를 진행한 2019년에 기록된 종수 월별변동을 살펴보면 종수는 봄(4월 76종, 5월 84종)에 많았고, 2월(27종)과 7~8월(30종)에 가장 적은 종수가 기록되었다(최 등, 2019). 개체수는 가을(10월 2,017개체, 11월 2,726개체)에 많았으며, 여름(7월 600개체, 7월 678개체)에 가장 적었다. 철새들이 번식을 위한 이동이 활발한 봄에는 짧은 기간에 집중적으로 이동하면서 종수가 많았으며, 가을에는 번식 후 이동해온 괭이갈매기의 대집단(10월 853개체, 11월 1,451개체)이 관찰되면서 개체수가 증가하였다. 통과철새가 크게 감소한 6월에 종수는 감소했지만 개체수가 4~5월에 비해 증가한 것은 괭이갈매기 집단(1,082개체)의 일시적인 증가 때문이다. 통과철새가 감소하는 여름과 겨울에는 종수와 개체수에서 모두 봄과 가을에 비해 적은 것으로 나타났다. 이러한 종수의 연중 변동은 통과철새 중간기착지로서 중요성이 높은 서해5도 지역의 연중 변동과 비슷한 양상을 보여주고 있다.

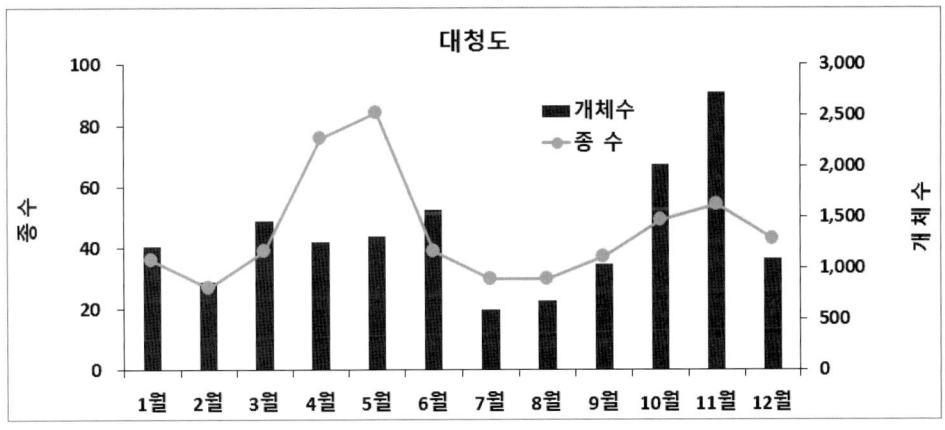

그림 1. 2019년 대청도의 조류 종수와 개체수 변동(최 등, 2019)

3. 고찰

대청도에서 지금까지 조사한 결과를 종합하면 총 230종이 기록되었으며, 환경부 지정 멸종위기종과 천연기념물은 총 32종이 기록되었다. 대청도를 비롯한 서해5도 지역은 중국과 한반도를 잇는 철새이동의 길목에 위치하고 있어 봄과 가을에 황해를 건너 이동하는 철새들에게 휴식장소로서 중요한 역할을 한다. 북한 황해도와 중국 산둥반도는 철새가 최단거리로 황해를 건널 수 있는 곳이다. 철새가 바다를 건너 이동할 때 이동하는 거리가 줄어들면 적은 에너지를 사용해서 이동할 수 있고, 따라서 사망률도 함께 낮아질 수 있다. 이런 이유로 황해도와 산둥반도를 이어주는 철새이동경로는 많은 수의 철새가 규칙적으로 이동하는 한반도 서해안의 핵심적인 철새이동경로이다. 또한 많은 수의 다양한 멸종위기종이 이 지역에 도래하고 있으며, 특히 다양한 맹금류의 이동이 확인되었다. 이런 조사결과를 통해 대청도가 인접한 백령도나 소청도와 함께 황해를 건너 이동하는 다양한 맹금류의 중요한 이동경로에 위치하고 있음을 확인할 수 있다.

　1997년부터 2019년까지 기간 중 총 7년동안 조사한 결과를 종합한 결과 흥미로운 조류상의 변화가 확인되었다. 1997년, 2007년, 2008년 조사에서 한 개체도 관찰되지 않았던 검은이마직박구리는 2014년 조사에서 서식이 확인된 이후 현재까지 지속적으로 관찰되고 있다. 특히 사계절 이 지역에서 관찰되고 있어 텃새로서 자리를 잡았으며, 이러한 현상은 이웃한 백령도와 소청도에서도 나타나고 있다. 검은이마직박구리는 중국남부, 대만, 일본 오키나와 등지에 분포하는 아열대성 조류이지만 한국은 2002년에 처음 기록된 이후 국내 분포권이 넓어지고 있고 텃새로 정착하고 있다. 또한 1997년부터 2014년 조사까지 텃새집단이 꾸준히 관찰되었던 물까치는 2017년부터 서식이 확인되지 않고 있다. 국내의 다양한 환경에 서식하는 비교적 흔한 텃새인 물까치의 대청도 집단이 완전히 사라진 것으로 판단된다. 지난 10년 사이 대청도에서 대표적인 텃새 한 종이 사라지고, 아열대성 조류 한 종이 새롭게 텃새가 되었다. 이런 조류상의 변화는 환경의 변화와 관련되었을 가능성이 높지만 정확한 원인을 파악하기는 어렵다. 검은이마직박구리는 서해안을 중심으로 국내 전역에서 텃새화가 진행되고 있어 기후온난화나 종의 분포확산 경향과 관련이 있을 것으로 추정된다. 그러나, 환경에 대한 적응력이 비교적 높은 것으로 알려진 물까치가 사라진 원인은 대청도만의 서식지 환경변화와 연관되었을 가능성이 크며, 향후 추가적인 연구가 필요하다.

　그동안 조사한 자료를 종합해보면 봄과 가을에 대청도를 찾는 철새가 매우 많고 다양하다는 것을 알 수 있다. 기상조건이 양호할 때 철새들이 대청도에 내려앉지 않고 상공으로 통과하는 경우도 많지만 휴식을 위해 섬에 내려앉는 경우도 많다. 대청도는 해안 갯벌지역과 함께 사구지역의 초지와 숲, 배후습지에 위치한 하천과 논 등 다양한 서식지가 있어 다양한 철새에게 서식공간을 제공해준다. 그러나, 옥죽동 사구를 중심으로 개발압력이 높아지고 있고, 서식지에 대한 다양한 방해와 교란이 발생하고 있다. 생태경관적으로 가치가 매우 높은 대청도의 사구와 갯벌 지역을 중심으로 해안가 환경이 원형을 유지할 수 있도록 대책이 필요하다. 지속적인 개발과 이용으로 서식지의 원형이 훼손되는 것은 동식물의 서식지 훼손은 물론 대청도의 생태관광을 위한 핵심적인 자원이 사라지는 것을 의미한다. 대청도의 면적이나 관광인프라, 육지로부터 쾌속선을 타고 4시간 거리에 있고 1년 중 여객선 휴항율이 30%를 넘는다는 점 등을 고려할 때 많은 관광객이 찾기는 쉽지 않은 여건이다. 따라서, 국가지질공원으로 지정되어 국가적으로 중요성을 인정받고 있으며, 다른 지역에서 보기 어려운 사구를 중심으로 한 대청도의 자연환경을 잘 보전관리하고 생태관관자원으로 활용할 필요가 있다. 자연경관을 잘 관리하게 되면 관광활성화를 통한 지역경제 활성화에도 기여하겠지만 이 지역에 살아가는 다양한 동식물과 철새에게도 서식지를 제공해줄 수 있다.

인천광역시(2016)의 '자연환경조사 및 자연환경보전 실천계획(2016~2025)'에 따르면 생태계 서비스 기능 강화를 위해 생태관광 프로그램 개발이 필요하며, 세부 실천과제로서 '외곽 섬지역 탐조 지원체계 구축'을 제시하였다. 이것을 위해 서해5도(대청도, 백령도, 소청도 등)와 덕적군도(백아도, 굴업도, 문갑도 등)에 대한 모니터링과 생태관광 방안을 마련하고, 홈페이지와 안내인 양성을 통해 안내체계를 구축하며, 장기적으로 봄과 가을에 덕적군도에 인천시 철새연구센터를 운영하는 중장기 추진계획을 제시하였다. 최근 탐조를 취미로 하는 인구가 빠르게 증가하고 있으며, 생태관광에 대한 관심과 참여도 크게 늘어나고 있다. 이런 사회적인 관심과 참여를 대청도를 중심으로 한 서해5도 지역으로 유도하기 위해서 철새와 생태관광에 대한 다양한 정보의 제공이 필요하고, 현장에서 안내해 줄 수 있는 인력 양성이 중요하며, 생태관광의 가장 중요한 자산인 자연환경이 잘 보전되어야 한다. 탐조나 생태관광을 위해 많은 시간과 비용을 투자하고 찾은 섬에서 난개발과 훼손의 현장을 목격하고 싶은 사람은 없을 것이다. 그렇다고 보전이란 이유로 지역주민이 기본적인 생활의 어려움을 감내하라고 강요할 수도 없다. 따라서, 개발과 보전이 조화를 이룬 중장기적인 계획을 지자체, 전문가, 지역주민이 함께 만들어나가는 과정이 중요하고, 이렇게 만들어진 계획을 장기간에 걸쳐 꾸준히 실천해나가는 노력이 필요하다.

인용문헌

남현영, 최창용. 2017a. 옥죽동-농여사구의 조류. 2017년 전국 해안사구 정밀조사보고서 p. 292-322. 국립생태원.

남현영, 최창용. 2017b. 지두리-모래울사구의 조류. 2017년 전국 해안사구 정밀조사보고서 p. 608-631. 국립생태원.

박진영. 2008. 대청도 사구의 조류. 2008년 전국 해안사구 정밀조사보고서 p.105-120. 국립환경과학원.

옹진군. 2020. 2020 군정백서. 옹진군.

인천광역시. 2016. 자연환경조사 및 자연환경보전 실천계획(2016~2025). 인천광역시.

최광희, 공학양, 박성민. 2019. 지난 10년간 대청도 옥죽동 사구의 지형 변화. 한국지형학회지 26(3):31-42.

최유성, 김동원, 손종성, 백승운, 이현정, 황재웅, 이지연, 허위행, 김화정, 박진영. 2019. 서해5도 철새 생태 연구. 국립생물자원관. 72pp.

최유성, 김동원, 황재웅, 이지연, 허위행, 강승구, 손종성, 백승운, 김화정, 박진영. 2018. 서해5도 철새 생태 연구. 국립생물자원관. 50pp.

환경부. 1999. 제2차 전국자연환경조사. 환경부.

환경부, 국립생태원. 2019. 제5차 전국자연환경조사. 국립생태원.

환경부, 국립환경과학원. 2012. 제3차 전국자연환경조사. 국립환경과학원.

환경부, 국립환경과학원. 2014. 제4차 전국자연환경조사. 국립환경과학원.

대청도 관속식물상

현진오
동북아생물다양성연구소

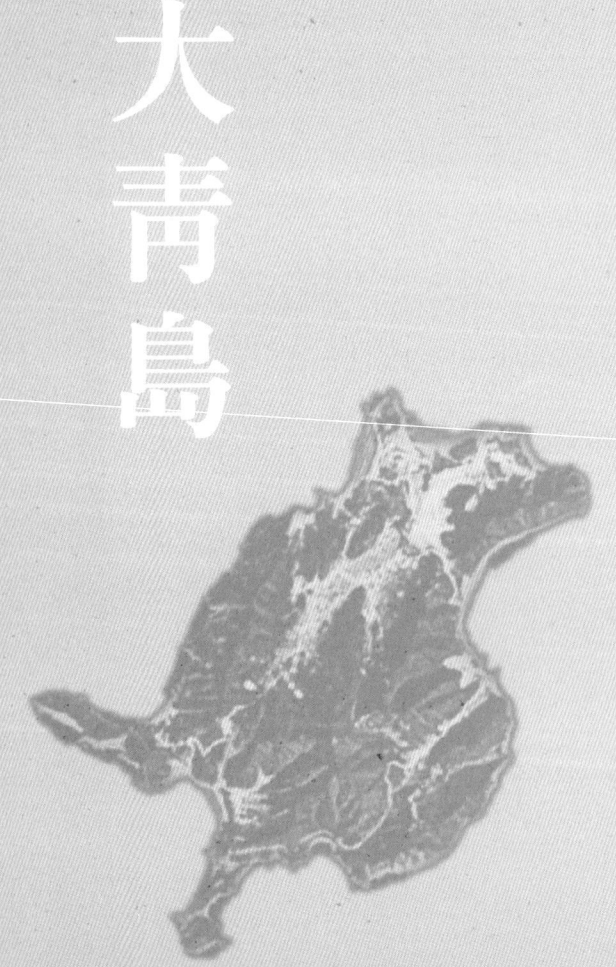

大靑島

1. 서론

대청도는 백령도, 소청도, 연평도, 소연평도 등과 함께 서해 5도 중의 한 섬이다. 인천광역시로부터 서북쪽으로 211㎞, 북한의 옹진반도에서 서남쪽으로 약 40㎞ 떨어진 곳에 위치하고 있다. 경위도상으로는 동경 124°53′, 북위 37°53′에 위치하며, 면적 15.56㎢, 해안선 길이 26㎞이다. 행정구역상으로는 인천광역시 옹진군 대청면에 속한다.

최고봉은 섬 남쪽에 자리 잡은 삼각산(343m)이며, 이를 기점으로 산지가 북쪽으로 U자 형태를 이루며 형성되어 있다. 섬 북쪽인 동내동과 옥죽동 일대에 평지가 조금 형성되어 있다. 해안선을 따라 해식애로 둘러싸인 곳이 많으며, 옥죽동 일대에는 해안사구가 발달해 있다. 기후는 한서의 차가 심한 편이며, 겨울에는 북서계절풍의 영향을 많이 받는다.

대청도의 식물상 연구는 이와 이(1982), 최와 이(2008), 양 등(2012) 등에 의해 이루어진 바 있다. 이와 이(1982)는 87과 198속에 속하는 215종, 29변종, 3품종 등 247분류군에 대한 생태학적 연구를 수행하였고, 최와 이(2008)는 해안사구를 중심으로 식물상을 조사하여 32과 63속에 속하는 63종, 1아종, 8변종 등 72분류군을 보고하였다. 양 등(2012)의 조사에서는 90과 269속에 속하는 351종, 3아종, 43변종, 6품종 등 403분류군이 보고되었다.

한편, 환경부의 전국 해안사구 정밀조사의 일환으로 이루어진 2017년 본인 등(현과 김, 2018)의 조사에서는 옥죽동사구에서 67과 149속에 속하는 160종 4아

1. 서론
2. 연구 방법
3. 결과 및 고찰

종 20변종 등 184분류군, 농여사구에서 70과 163속에 속하는 179종 4아종 25변종 1품종 등 209분류군, 지두리사구에서 62과 124속에 속하는 132종 4아종 16변종 1품종 등 153분류군, 모래울사구에서 60과 154속에 속하는 173종 4아종 19변종 2품종 등 198분류군이 보고되었다.

2. 연구 방법

대청도의 관속식물상을 파악하기 위해 2017년 본인 등(현과 김, 2018)에 의해 수행된 대청도 해안사구 중심의 조사 결과와 함께, 산지를 포함하여 대청도 전 지역을 대상으로 하여 이루어진 최신 조사 결과(양 등, 2012)를 종합, 분석하여 대청도 관속식물 목록을 작성하였다. 본인 등의 조사 결과는 2017년 보고 내용(현과 김, 2018)에 대해 재분석 및 재동정 과정을 거쳐 그 결과를 식물 목록 작성에 이용하였다. 그밖에 본인이 2002년부터 수차례에 걸쳐 실시한 단편적인 대청도 식물 조사의 결과들도 반영하였다.

식물의 동정은 박(1995, 2001), 이(2006), 이(1996), 이 등(2010), 이(2003), 김 등(2000), 현(2003a, 2003b, 2004) 등을 참고하였다. 목록에 사용된 학명은 국가표준식물목록(산림청 국립수목원), 국가생물종목록(환경부 국립생물자원관) 등을 참고하였고, 일부는 본인 견해를 반영하였다.

대청도 관속식물 목록의 작성과 식물상 분석에 이용한 식물구계학적 특정식물은 〈제4차 전국자연환경조사지침〉(현 등, 2012)의 목록을 따랐고, 귀화식물은 사전귀화식물 및 구귀화식물(김 등, 2000)을 모두 포함하였다. 식물 목록 작성은 과까지는 〈The Genera of Vascular Plants of Korea〉(Park, 2007)의 분류체계를 따라 배열한 후 속과 종은 알파벳순을 따랐다. 멸종위기야생식물, 식물구계학적 특정식물의 등급, 생태계교란야생식물, 귀화식물 및 식재종은 관속식물 목록에서 별도로 표시하였다.

3. 결과 및 고찰

　대청도의 관속식물은 2017년 현과 김(현과 김, 2018)이 4개 해안사구에서 조사한 결과를 재동정, 재분석하여 종합한 결과 82과 262속에 속하는 351종 5아종 42변종 4품종 등 402분류군이 확인되었다. 그리고 2012년 양 등은 60과 269속에 속하는 403분류군을 보고한 바 있다. 이 두 결과를 종합하면, 대청도에 생육하고 있는 관속식물은 89과 314속에 속하는 452종 5아종 56변종 8품종 등 총 521분류군이다(부록 참조).

　대청도에서 기록된 식물 중에 환경부 멸종위기야생식물은 대청부채(*Iris dichotoma* Pall.)와 정향풀(*Amsonia elliptica* (Thunb.) Roem. & Schult.) 등 2분류군이었다. 대청부채는 백령도와 대청도 일대에서만 자라는 희귀식물로서 대청도에서는 농여사구, 지두리사구 등지의 바닷가 바위지대에 자라고 있다. 정향풀은 2017년부터 멸종위기종으로 지정된 식물로서 백령도, 대청도, 연평도 등 서해 5도 지역과 전라남도 완도군의 한 섬에서만 발견되고 있다. 꽃이 아름다워 관상가치가 매우 높고 증식과 재배도 쉽기 때문에 서해 5도의 자생식물들 가운데 경제적 가치가 높은 종이라 할 수 있다.

　환경부가 전국자연환경 조사 등에 활용하고 있는 식물구계학적 특정식물은 총 51분류군이 확인되었는데, 5등급은 금방망이(*Senecio nemorensis* L.), 대청부채, 대청지치(*Thyrocarpus glochidiatus* Maxim.), 정향풀 등 4분류군, 4등급은 낙지다리(*Penthorum chinense* Pursh), 산꽃고사리삼(*Botrychium japonicum* (Prantl) Underw.) 등 2분류군, 3등급은 갯방풍(*Glehnia littoralis* F. Schmidt ex Miq.), 멱쇠채(*Scorzonera austriaca* Willd. ssp. *glabra* (Rupr.) Lipsch. & Krasch. ex Lipsch.), 방울비짜루(*Asparagus oligoclonos* Maxim.), 큰여우콩(*Rhynchosia acuminatifolia* Makino) 등 12분류군, 2등급은 닭의난초(*Epipactis thunbergii* A. Gray), 두루미천남성(*Arisaema heterophyllum* Blume), 실거리나무(*Caesalpinia decapetala* (Roth) Alston) 등 7분류군, 1등급은 모래지치(*Argusia sibirica* (L.) Dandy), 쇠털이슬(*Circaea cordata* Royle), 해국(*Asters pathulifolius* Maxim.) 등 26분류군이었다(표 1).

　식물구계학적 특정식물 5등급 종인 대청지치는 2010년에 미기록 종으로 처음 보고된 자생식물로서 우리나라에서는 유일하게 대청도에만 자란다(양 등, 2010). 대청도에도 단 한 곳의 자생지만이 있는데, 보호조치가 전혀 이루어지고 있지 않은 상황이다.

표 1. 대청도의 식물구계학적 특정식물

구분	과명	국명	학명
V등급 (4분류군)	협죽도과	정향풀	*Amsonia elliptica* (Thunb.) Roem. & Schult.
	지치과	대청지치	*Thyrocarpus glochidiatus* Maxim.
	국화과	금방망이	*Senecio nemorensis* L.
	붓꽃과	대청부채	*Iris dichotoma* Pall.
IV등급 (2분류군)	고사리삼과	산꽃고사리삼	*Botrychium japonicum* (Prantl) Underw.
	돌나물과	낙지다리	*Penthorum chinense* Pursh
III등급 (12분류군)	느릅나무과	당느릅나무	*Ulmus davidiana* Planch.
	박과	노랑하늘타리	*Trichosanthes kirilowii* Maxim. var. *japonica* (Miq.) Kitam.
	돌나물과	큰꿩의비름	*Hylotelephium spectabile* (Boreau) H. Ohba
	장미과	병아리꽃나무	*Rhodotypos scandens* (Thunb.) Makino
	콩과	큰여우콩	*Rhynchosia acuminatifolia* Makino
	산형과	갯방풍	*Glehnia littoralis* F. Schmidt ex Miq.
	국화과	쇠채	*Scorzonera austriaca* Willd. ssp. *glabra* (Rupr.) Lipsch. & Krasch. ex Lipsch.
	택사과	질경이택사	*Alisma orientale* (Sam.) Juz.
	화본과	갯그령	*Elymus mollis* Trin.
		갯쇠돌피	*Polypogon monspeliensis* (L.) Desf.
	물옥잠과	물옥잠	*Monochoria korsakowii* Regel & Maack
	백합과	방울비짜루	*Asparagus oligoclonos* Maxim.
II등급 (7분류군)	콩과	실거리나무	*Caesalpinia decapetala* (Roth) Alston
	질경이과	개질경이	*Plantago camtschatica* Cham. ex Link
	병꽃나무과	붉은병꽃나무	*Weigela florida* (Bunge) A. DC.
	병꽃나무과	소영도리나무	*Weigela praecox* (Lemoine) L. H. Bailey
	국화과	톱풀	*Achillea alpina* L.
	천남성과	두루미천남성	*Arisaema heterophyllum* Blume
	난초과	닭의난초	*Epipactis thunbergii* A. Gray
I등급 (26분류군)	녹나무과	후박나무	*Machilus thunbergii* Siebold & Zucc.
	나도밤나무과	나도밤나무	*Meliosma myriantha* Siebold & Zucc.
	석죽과	갯장구채	*Silene aprica* Turcz. ex Fisch. & C. A. Mey. var. *oldhamiana* (Miq.) C. Y. Wu
	차나무과	동백나무	*Camellia japonica* L.
	피나무과	장구밥나무	*Grewia parviflora* Bunge

구분	과명	국명	학명
Ⅰ등급 (26분류군)	장미과	야광나무	*Malus baccata* (L.) Borkh.
		장딸기	*Rubus hirsutus* Thunb.
	보리수나무과	보리밥나무	*Elaeagnus macrophylla* Thunb.
	바늘꽃과	쇠털이슬	*Circaea cordata* Royle
	노박덩굴과	사철나무	*Euonymus japonicus* Thunb.
	포도과	거지덩굴	*Cayratia japonica* (Thunb.) Gagnep.
	고추나무과	말오줌때	*Euscaphis japonica* (Thunb.) Kanitz
	두릅나무과	오갈피나무	*Eleutherococcus sessiliflorus* (Rupr. & Maxim.) S. Y. Hu
	메꽃과	갯메꽃	*Calystegia soldanella* (L.) Roem. & Schult.
		갯실새삼	*Cuscuta chinensis* Lam.
	지치과	모래지치	*Argusia sibirica* (L.) Dandy
		반디지치	*Lithospermum zollingeri* A. DC.
	꿀풀과	순비기나무	*Vitex rotundifolia* L. f.
		참골무꽃	*Scutellaria strigillosa* Hemsl.
	국화과	해국	*Asters pathulifolius* Maxim.
		갯씀바귀	*Ixeris repens* (L.) A. Gray
	천남성과	큰천남성	*Arisaema ringens* (Thunb.) Schott
	화본과	통보리사초	*Carex kobomugi* Ohwi
		우산잔디	*Cynodon dactylon* (L.) Pers.
		갯쇠보리	*Ischaemum anthephoroides* (Steud.) Miq.
	백합과	부추	*Allium tuberosum* Rottler ex Spreng.

 한편, 남방계열 식물이 대거 확인되었는데 해양성기후 영향으로 남쪽 식물들이 이곳까지 북상하여 자라고 있는 것이다. 여기에 속하는 식물로는 감태나무(*Lindera glauca* (Siebold & Zucc.) Blume), 거지덩굴(*Cayratia japonica* (Thunb.) Gagnep.), 길마가지나무(*Lonicera harae* Makino), 나도밤나무(*Meliosma myriantha* Siebold & Zucc.), 동백나무(*Camellia japonica* L.), 두루미천남성(*Arisaema heterophyllum* Blume), 말오줌때(*Euscaphis japonica* (Thunb.) Kanitz), 병아리꽃나무(*Rhodotypos scandens* (Thunb.) Makino), 보리밥나무(*Elaeagnus macrophylla* Thunb.), 보춘화(*Cymbidium goeringii* (Rchb. f.) Rchb. f.), 사람주나무(*Neoshirakia japonica* (Siebold & Zucc.) Esser), 실거리나무(*Caesalpinia decapetala* (Roth) Alston), 장딸기(*Rubus hirsutus* Thunb.), 초피나무(*Zanthoxylum piperitum* (L.) DC.), 큰여우

콩(*Rhynchosia acuminatifolia* Makino), 큰천남성(*Arisaema ringens* (Thunb.) Schott), 후박나무(*Machilus thunbergii* Siebold & Zucc.) 등을 꼽을 수 있다. 동백나무는 대청리에 군락을 이루어 자라고 있는데, 자생 북방한계지로서 1962년 천연기념물 제66호로 지정되었다. 이 군락에는 2014년 기준 평균수고 5m, 평균 흉고직경 10cm의 동백나무 127그루가 밀집하여 자라고 있다(현 등, 2014). 군락을 이루어 자라는 점과 주민들이 증언 등을 종합하여 볼 때 이곳 동백나무는 오래 전에 사람들에 의해 도입된 것으로 추정된다.

이들 남방계 식물과 함께 중요한 북방계 식물들도 자라고 있는데, 대표적인 것으로 금방망이, 대청부채, 멱쇠채, 실부추(*Allium anisopodium* Ledeb.) 등이 있다. 금방망이는 한라산 고지대와 내륙에서는 덕유산 등의 고산지대에만 자라는 희귀식물로 대청도에는 전 지역에서 비교적 흔하게 볼 수 있다. 한라산과 덕유산 등지에 자라는 개체들과는 분포 이동경로가 다를 것으로 예상되는 만큼 앞으로 학술연구의 좋은 재료가 될 것이다. 실부추는 근래에 분포 실태가 밝혀지고 있는 식물로 백령도와 함께 대청도 바닷가 양지에 많은 개체가 자라고 있다. 북방계 식물이지만 남해안 섬과 추자도 무인도 등지에서도 분포가 확인되고 있는 반면에 내륙에서는 고산지역에서도 발견되지 않고 있다.

대청도의 귀화식물은 심각한 수준이었다. 역사 시대 이전에 농작물과 함께 들어와 귀화한 강아지풀, 개여뀌, 골풀, 까마중, 깨풀, 냉이, 닭의장풀, 돌피, 띠, 마디풀, 며느리배꼽, 물달개비, 바랭이, 비노리, 사마귀풀, 쑥, 우산잔디, 참방동산이, 환삼덩굴, 흰명아주 등의 사전귀화식물史前歸化植物, 개항 이전의 역사 시대에 농작물과 함께 유입되어 귀화한 개구리자리, 광대나물, 괭이밥, 꽃마리, 괭이밥, 냉이, 다닥냉이, 뚝새풀, 벼룩이자리, 별꽃, 새포아풀, 수영, 쇠별꽃, 점나도나물, 질경이, 참새귀리, 황새냉이 등의 구귀화식물舊歸化植物 등을 포함하여 분석한 결과, 대청도에는 침입하여 토착화한 귀화식물은 127분류군이었다(표. 2). 대청도 전체식물의 24.4%로서, 대청도 식물의 1/4 정도가 자생식물이 아니라 귀화식물인 셈이고, 이는 대청도 생태계가 외래종으로 이미 심각한 몸살을 앓고 있다는 증거이다. 사전귀화식물이나 구귀화식물은 귀화한 지 오래되어 자생식물처럼 오인되기도 하지만, 대청도 생태계의 자연성을 떨어뜨리는 요소인 것은 분명하다는 점에서 매우 심각한 상태라 진단할 수 있다.

귀화식물 중에 환경부가 관리하고 있는 생태계교란식물은 돼지풀(*Ambrosia*

artemisiifolia L.)과 애기수영(*Rumex acetosella* L.)이 포함되어 있다.

표 2. 대청도의 귀화식물(사전귀화식물 및 구귀화식물 포함)

과명	국명	학명
소나무과	일본잎갈나무	*Larix kaempferi* (Lamb.) Carriére
미나리아재비과	개구리자리	*Ranunculus sceleratus* L.
버즘나무과	양버즘나무	*Platanus occidentalis* L.
삼과	환삼덩굴	*Humulus japonicus* Siebold & Zucc.
뽕나무과	뽕나무	*Morus alba* L.
자작나무과	사방오리	*Alnus firma* Siebold & Zucc.
명아주과	창명아주	*Atriplex hastata* L.
	흰명아주	*Chenopodium album* L.
비름과	가는털비름	*Amaranthus patulus* Bertol.
	털비름	*Amaranthus retroflexus* L.
	쇠비름	*Portulaca oleracea* L.
석죽과	벼룩이자리	*Arenaria serpyllifolia* L.
	유럽점나도나물	*Cerastium glomeratum* Thuill.
	점나도나물	*Cerastium holosteoides* Fries var. *hallaisanense* (Nakai) Mizush.
	끈끈이대나물	*Silene armeria* L.
	벼룩나물	*Stellaria alsine* Grimm var. *undulata* (Thunb.) Ohwi
	쇠별꽃	*Stellaria aquatica* (L.) Scop.
	별꽃	*Stellaria media* (L.) Vill.
마디풀과	메밀	*Fagopyrum esculentum* Moench
	나도닭의덩굴	*Fallopia convolvulus* (L.) A.Löve
	개여뀌	*Polygonum longisetum* Bruijn
	며느리배꼽	*Polygonum perfoliatum* L.
	마디풀	*Polygonum aviculare* L.
	수영	*Rumex acetosa* L.
	애기수영	*Rumex acetosella* L.
	소리쟁이	*Rumex crispus* L.
아욱과	어저귀	*Abutilon theophrasti* Medicus
	수박풀	*Hibiscus trionum* L.
제비꽃과	종지나물	*Viola papilionacea* Pursh

과명	국명	학명
십자화과	갓	*Brassica juncea* (L.) Czern.
	냉이	*Capsella bursa-pastoris* (L.) Medik.
	황새냉이	*Cardamine flexuosa* With.
	다닥냉이	*Lepidium apetalum* Willd.
	말냉이	*Thlaspi arvense* L.
	개소시랑개비	*Potentilla supina* L.
콩과	자귀풀	*Aeschynomene indica* L.
	족제비싸리	*Amorpha fruticosa* L.
	큰낭아초	*Indigofera amblyantha* Craib.
	비수리	*Lespedeza cuneata* (Dum. Cours.) G. Don.
	자주개자리	*Medicago sativa* L.
	아까시나무	*Robinia pseudoacacia* L.
	토끼풀	*Trifolium repens* L.
바늘꽃과	여뀌바늘	*Ludwigia epilobioides* Maxim.
	달맞이꽃	*Oenothera odorata* Jacq.
대극과	깨풀	*Acalypha australis* L.
괭이밥과	괭이밥	*Oxalis corniculata* L.
	선괭이밥	*Oxalis stricta* L.
봉선화과	봉선화	*Impatiens balsamina* L.
가지과	독말풀	*Datura tatula* L.
	까마중	*Solanum nigrum* L.
메꽃과	애기메꽃	*Calystegia hederacea* Wall.
	미국나팔꽃	*Ipomoea hederacea* Jacq.
	둥근잎미국나팔꽃	*Ipomoea hederacea* Jacq. var. *integriuscula* A. Gray
지치과	꽃마리	*Trigonotis peduncularis* (Trevir.) Benth. ex Hemsl.
꿀풀과	광대나물	*Lamium amplexicaule* L.
질경이과	질경이	*Plantago asiatica* L.
	창질경이	*Plantago lanceolata* L.
현삼과	선개불알풀	*Veronica arvensis* L.
	개불알풀	*Veronica didyma* Ten. var. *lilacina* (H. Hara) T. Yamaz.
	큰개불알풀	*Veronica persica* Poir.
꼭두선이과	백령풀	*Diodia teres* Walter
	갈퀴덩굴	*Galium spurium* L. var. *echinospermum* (Wallr.) Hayek

과명	국명	학명
국화과	돼지풀	*Ambrosia artemisiifolia* L.
	쑥	*Artemisia princeps* Pamp.
	미국가막사리	*Bidens frondosa* L.
	지느러미엉겅퀴	*Carduus crispus* L.
	망초	*Conyza canadensis* (L.) Cronquist
	큰망초	*Conyza sumatrensis* E. Walker
	큰금계국	*Coreopsis lanceolata* L.
	노랑코스모스	*Cosmos sulphureus* Cav.
	한련초	*Eclipta prostrata* (L.) L.
	개망초	*Erigeron annuus* (L.) Pers.
	지칭개	*Hemistepta lyrata* Bunge
	왕고들빼기	*Lactuca indica* L. var. *laciniata* H. Hara
	가는잎왕고들빼기	*Lactuca indica* L. for. *indivisa* (Makino) H. Hara
	머위	*Petasites japonicus* (Siebold & Zucc.) Maxim.
	개쑥갓	*Senecio vulgaris* L.
	큰방가지똥	*Sonchus asper* (L.) Hill
	방가지똥	*Sonchus oleraceus* L.
	만수국	*Tagetes patula* L.
	서양민들레	*Taraxacum officinale* F. H. Wigg.
	큰도꼬마리	*Xanthium canadense* Mill.
닭의장풀과	닭의장풀	*Commelina communis* L.
	사마귀풀	*Murdannia keisak* (Hassk.) Hand.-Mazz.
골풀과	골풀	*Juncus effusus* L. var. *decipiens* Buchenau
사초과	모기골	*Bulbostylis barbata* (Rottb.) C. B. Clarke
	청사초	*Carex breviculmis* R. Br.
	알방동사니	*Cyperus difformis* L.
	참방동산이	*Cyperus iria* L.
	방동산이대가리	*Cyperus sanguinolentus* Vahl
	하늘지기	*Fimbristylis dichotoma* (L.) Vahl
	파대가리	*Kyllinga brevifolia* Rottb.
화본과	구주개밀	*Agropyron repens* (L.) P. Beauv.
	까락구주개밀	*Agropyron repens* (L.) P. Beauv. for. *aristatum* Holmb.
	뚝새풀	*Alopecurus aequalis* Sobol. var. *amurensis* (Kom.) Ohwi
	참새귀리	*Bromus japonicus* Thunb.

과명	국명	학명
화본과	긴까락빕새귀리	*Bromus rigidus* Roth
	털빕새귀리	*Bromus tectorum* L.
	대청가시풀	*Cenchrus longispinus* (Hack.) Fernald
	오리새	*Dactylis glomerata* L.
	바랭이	*Digitaria sanguinalis* (L.) Scop.
	돌피	*Echinochloa crus-galli* (L.) P. Beauv.
	물피	*Echinochloa crus-galli* (L.) P. Beauv. var. *echinatum* (Willd.) Honda
	왕바랭이	*Eleusine indica* (L.) Gaertn.
	능수참새그령	*Eragrostis curvula* (Schrad.) Nees
	그령	*Eragrostis ferruginea* (Thunb.) P. Beauv.
	비노리	*Eragrostis multicaulis* Steud.
	나도개피	*Eriochloa villosa* (Thunb.) Kunth
	큰김의털	*Festuca arundinacea* Schreb.
	들묵새	*Festuca myuros* L.
	띠	*Imperata cylindrica* (L.) Raeusch. var. *koenigii* (Retz.) Benth. ex Pilg.
	쥐보리	*Lolium multiflorum* Lam.
	수크령	*Pennisetum alopecuroides* (L.) Spreng.
	큰조아재비	*Phleum pratense* L.
	새포아풀	*Poa annua* L.
	좀포아풀	*Poa compressa* L.
	왕포아풀	*Poa pratensis* L.
	포아풀	*Poa sphondylodes* Trin.
	가을강아지풀	*Setaria faberi* R. A. W. Herrm.
	금강아지풀	*Setaria glauca* (L.) P. Beauv.
	가는금강아지풀	*Setaria pallidefusca* (Schumach.) Stapf & C. E. Hubb.
	수강아지풀	*Setaria pycnocoma* (Steud.) Henrard ex Nakai
	강아지풀	*Setaria viridis* (L.) P. Beauv.
	무망시리아수수새	*Sorghum halepense* (L.) Pers. for. *muticum* (Hack.) C. E. Hubb.
	쥐꼬리새풀	*Sporobolus elongatus* R. Br.
물옥잠과	물달개비	*Monochoria vaginalis* (Burm. f.) C. Presl ex Kunth var. *plantaginea* (Roxb.) Solms

대청도의 특기할 만한 식물은 다음과 같다.

◇ 금방망이(국화과)
- 학명 : *Senecio nemorensis* L.
- 특징 : 여러해살이풀로 높이 45~100cm이다. 뿌리잎과 줄기잎은 꽃이 필 때 없어지고 중앙부의 잎은 잎자루가 짧으며 가장자리에 불규칙한 잔 톱니가 있다. 꽃은 7~8월에 피며 밝은 황색이고 두화는 산방상으로 달린다. 총포의 포편은 9~12개가 1줄로 배열되며 뒷면에 털이 다소 있다. 열매는 수과로 관모는 백색이다. 해외는 중국, 몽골, 일본, 러시아에 분포한다.
- 주해 : 식물구계학적 특정식물 Ⅴ등급이다. 북방계 식물로 내륙에서는 덕유산 등 몇 곳에 매우 드물게 분포한다. 한라산에서는 고지대에 분포한다. 전라북도 이북의 서해안 섬들에는 비교적 흔하게 분포한다.

◇ 낙지다리(돌나물과)
- 학명 : *Penthorum chinense* Pursh
- 특징 : 습지에서 자라는 여러해살이풀로 높이 30~70cm이며 땅속으로 기는 가지가 길게 뻗는다. 잎은 어긋나며 좁은 피침형으로 잎자루가 거의 없다. 꽃은 6~7월에 피며, 황백색으로 줄기 끝에서 가지가 사방으로 갈라져 생긴 총상화서에 위쪽으로 치우쳐서 달린다. 열매는 삭과이다. 국내에는 전역에 나며, 세계적으로 만주, 우수리, 일본, 중국에 분포한다.
- 주해 : 식물구계학적 특정식물 Ⅳ등급이다. 옥죽동 습지에 소수의 개체가 생육하는 것을 확인하였다.

◇ 대청부채(붓꽃과)
- 학명 : *Iris dichotoma* Pall.
- 특징 : 산과 들에 자라는 여러해살이풀로 줄기는 높이 50~100cm로 곧추서며 위에서 가지가 갈라진다. 잎은 납작한 칼 모양으로, 길이 20~30cm, 너비 2.0~2.5cm이며, 줄기 아래쪽에 6~8장이 2줄로 나서 부챗살처럼 된다. 꽃

은 분홍색을 띤 보라색이고 8~9월에 가지 끝에서 나온 취산꽃차례에 핀다. 남한에는 대청도, 백령도에 나며, 세계적으로 러시아, 몽골, 중국에 분포한다.
- 주해 : 멸종위기야생식물 Ⅱ급, 식물구계학적 특정식물 Ⅴ등급이다. 북방계 식물로 대청도 해안의 바위지대에 생육하고 있다.

◇ 멱쇠채(국화과)
- 학명 : *Scorzonera austriaca* Willd. ssp. *glabra* (Rupr.) Lipsch. & Krasch. ex Lipsch.
- 특징 : 서해안 양지바른 풀밭에서 드물게 자라는 여러해살이풀이다. 줄기는 곧추서며 높이 20~40cm, 어릴 때 거미줄 같은 흰 털이 있으나 크면서 없어진다. 뿌리잎은 모여나고 오랫동안 남아 있으며, 선형 또는 도피침형, 길이 14~18cm, 너비 10~18mm, 끝은 뾰족하고 밑은 좁아지면서 잎자루처럼 되며 가장자리는 밋밋하다. 줄기잎은 거의 없거나 비늘 모양으로 어긋나며 끝은 뾰족하고 밑은 넓어져서 줄기를 감싸고 털이 없다. 꽃은 5~6월에 피는데 지름 2.5cm의 머리모양꽃이 줄기 끝에서 1개씩 달린다. 머리모양꽃은 혀 모양의 양성꽃으로 되며, 꽃부리는 노란색이고 끝은 5갈래로 깊게 갈라진다. 열매는 수과, 선형, 능선이 있다. 우산털은 깃털 모양이다. 평안남·북도, 황해도, 경기도 등에 자생하며, 세계적으로 중국, 몽골, 러시아, 유럽 등에 분포한다.
- 주해 : 식물구계학적 특정식물 Ⅲ등급이다. 국내 분포범위가 좁은 북방계 희귀식물로서 보호할 가치가 있다. 대청도에는 양지바른 산지, 바닷가 바위 등지에 비교적 흔하게 생육한다.

◇ 실부추(백합과)
- 학명 : *Allium anisopodium* Ledeb.
- 특징 : 바닷가 바위틈, 산지 능선의 바위틈에 드물게 자라는 여러해살이풀이다. 비늘줄기는 원통형에 가깝고 갈색 또는 검은색이 도는 갈색의 껍질 같은

비늘잎에 싸인다. 잎은 꽃차례의 줄기 아랫부분에만 달리고 너비 1~2mm이며 표면이 매끄럽다. 꽃은 7~9월에 피는데 비늘줄기에서 나온 줄기 끝에 큰 산형꽃차례를 이룬다. 꽃차례의 줄기는 길이 30~50cm, 표면은 매끄럽고 단면은 각이 진다. 모인꽃싸개는 1개, 길고 부리 모양이다. 꽃은 빽빽하지 않게 달리며, 작은꽃자루는 각기 길이가 다르고 1.5~3.5cm이다. 꽃은 연한 보라색 또는 자주색, 화피 열편은 6장이다. 외화피편은 난형, 끝이 둔하고, 내화피편은 도란형, 끝이 편평하다. 외화피편과 내화피편의 크기는 서로 비슷하다. 수술은 6개, 아랫부분이 융합되어 있고, 안쪽 3개가 바깥쪽 3개보다 길이가 약간 짧다. 열매는 삭과이며, 7~9월에 익는다. 백령도, 강화도, 남해안 섬, 제주도 등에 나며, 세계적으로 중국, 몽골, 카자흐스탄, 러시아 동부 등에 분포한다.
- 주해 : 근래에 실체가 밝혀진 북방계 식물로 백령도 두무진 등의 바닷가 바위지대에 자란다. 남해안 섬과 추자도 등지에서도 발견되었다. 대청도 바닷가 바위지대에 많은 개체가 자라고 있다.

◇ 대청가시풀(화본과)
- 학명 : *Cenchrus longispinus* (Hack.) Fernald
- 특징 : 바닷가 모래땅, 길가, 빈터 등에 자라는 한해살이풀이다. 줄기는 길이 20~90cm로 곧게 서거나 땅 위를 기며, 밑부분에서 많은 가지가 갈라진다. 잎집은 편평하고, 잎혀는 길이 0.6~1.8mm의 털로 된다. 잎몸은 길이 4~27cm, 너비 1.5~5.0mm이며, 앞면은 거칠고 털이 드문드문 있다. 꽃은 7~9월에 피며, 이삭꽃차례는 길이 1.5~8.0cm이다. 작은이삭은 지름 8mm쯤이고 1개의 총포 속에 2~3개가 들어 있다. 총포는 흰색 털과 길이 7mm 정도의 가시로 덮여 있다. 열매에 날카로운 가시가 많아서 옷이나 신발에 잘 붙는다. 북아메리카 및 중앙아메리카 원산의 귀화식물이며, 우리나라에는 대청도와 백령도에 분포한다.
- 주해 : 옥죽동 사구, 작은모래울 사구에 생육하고 있다.

◇ 대청지치(지치과)
- 학명 : *Thyrocarpus glochidiatus* Maxim.
- 특징 : 양지바른 숲 가장자리에 자라는 한해살이풀이다. 줄기는 밑에서 여러 개로 갈라져 사방으로 뻗으며, 높이 10~50cm, 전체에 털이 있다. 뿌리잎은 주걱 모양으로 길이 4~6cm, 너비 5~9mm, 밑부분은 좁아져 잎자루처럼 된다. 줄기잎은 긴 타원형, 잎자루는 없다. 꽃은 4-6월에 줄기 끝과 잎겨드랑이에서 총상꽃차례로 달린다. 포엽은 꽃자루 밑에 달리며, 난형 또는 긴 타원형으로 길이 1.5~2.0cm다. 꽃받침은 5개, 난형으로 길이 2~3mm, 꽃이 진 후에 계속 자란다. 꽃부리는 하늘색 또는 흰색, 꽃받침에 비해 길다. 열매는 견과, 가장자리에 2열하는 돌기가 있고 갈라진다. 중국에 분포한다.
- 주해 : 2010년 대청도에서 자생이 확인된 식물로 국내 다른 곳에서는 발견된 바 없다. 세계적으로 안후이성, 허난성, 광둥성, 저장성 등 중국 동남부 지역에만 생육하는 것으로 알려져 온 식물이다.

◇ 정향풀(협죽도과)
- 학명 : *Amsonia elliptica* (Thunb.) Roem. & Schult.
- 특징 : 해안가 모래땅이나 풀밭에서 자라는 여러해살이풀이다. 뿌리줄기는 옆으로 뻗는다. 줄기는 곧게 서며 윗부분에서 가지가 다소 갈라지고, 높이 40~80cm이다. 잎은 어긋나지만 가지에서는 마주나고, 피침형으로 길이 6~10cm, 너비 1~2cm이며, 끝이 뾰족하고 짙은 녹색이다. 잎자루는 거의 없다. 꽃은 5월에 줄기 끝에 취산꽃차례로 달리며, 지름 13mm, 하늘색이다. 꽃받침은 5개, 수술 5개이다. 열매는 골돌, 둥글고 길이 5~6cm이며, 털이 없다. 종자는 긴 타원형, 흑갈색, 겉에 주름이 있다. 일본과 중국에 분포한다.
- 주해 : 멸종위기야생식물 II급, 식물구계학적 특정식물 V등급이다. 대청도, 백령도, 연평도와 전라남도 완도에서만 자생지가 알려져 있다. 대청도에는 한 곳의 자생지가 있다.

4. 요약

2017년 본인 등(현과 김, 2018)의 조사를 통해 밝혀진 82과 262속에 속하는 351종 5아종 42변종 4품종 등 402분류군, 그리고 2012년 양 등(양 등, 2012)의 조사 결과인 60과 269속에 속하는 403분류군을 종합하여 볼 때, 대청도에 생육하고 있는 관속식물은 89과 314속에 속하는 452종 5아종 56변종 8품종 등 총 521분류군이다. 이 중에는 멸종위기야생식물은 2분류군, 식물구계학적 특정식물은 51분류군이 포함되어 있다. 또한, 귀화식물은 생태계교란식물 2분류군을 포함하여 127분류군, 식재종은 12분류군이다.

환경부가 지정한 멸종위기식물 2급인 대청부채(*Iris dichotoma* Pall.)와 정향풀(*Amsonia elliptica* (Thunb.) Roem. & Schult.)은 법에 따라 보호되어야 하며, 그밖에 대청지치(*Thyrocarpus glochidiatus* Maxim.), 멱쇠채(*Scorzonera austriaca* Willd. ssp. *glabra* (Rupr.) Lipsch. & Krasch. ex Lipsch.), 실부추(*Allium anisopodium* Ledeb.) 등은 인천광역시 차원에서 지자체 보호식물 추가 지정 등을 통해 특별한 보호대책을 시급히 세워야 한다.

원예적 가치가 높은 금방망이(*Senecio nemorensis* L.), 대청부채, 정향풀, 멱쇠채, 범부채(*Belamcanda chinensis* (L.) DC.), 조선현호색(*Corydalis turtschaninovii* Besser) 등은 지역 특산품으로 증식, 판매할 수 있는 방안을 마련하는 것도 좋을 것이다. 희귀 또는 멸종위기식물이지만 원예자원으로서 가치가 높은 이런 식물의 대량 증식 및 자원화는 지역의 경제적 이익이 됨은 물론이고 자생지 개체들을 보호할 수 있는 방안이 될 수 있기 때문에 적극적으로 검토할 필요가 있다.

한편, 귀화식물이 전체 식물의 24.4%에 이르는 것으로 볼 때, 대청도의 식물 자연성은 현저하게 낮은 상태라 할 수 있다. 귀화식물들이 세력을 넓힐 가능성이 여전히 높기 때문에 자연성이 높은 산지 지역으로 더 이상 귀화식물들이 유입되지 않도록 해야 한다. 이를 위해서는 자연성 높은 산지 지역에 대한 개발을 지양함으로써 귀화식물의 세력 확장을 방지하고, 토종 자생식물들의 터전인 이들 지역이 온전하게 보전될 수 있도록 해야 한다.

생태계교란식물로 지정하여 법으로 관리하는 돼지풀(*Ambrosia artemisiifolia* L.)과 애기수영(*Rumex acetosella* L.)은 더 이상 세력을 넓히지 못하도록 주기적인 제거와 모니터링이 필요하다. 또한, 대청도에서 처음 발견되어 우리말 이름을 얻은 대청가시풀 (*Cenchrus longispinus* (Hack.) Fernald)은 귀화식물로서 사구 생태계에 영향을 줄 뿐만 아니라, 열매에 달린 날카로운 가시가 사람들에게 해를 주기 때문에 시급히 퇴치되어야 한다.

참고문헌

김준민, 임양재, 전의식. 2000. 한국의 귀화식물. 사이언스북스.
박수현. 1995. 한국 귀화식물 원색도감. 일조각.
박수현. 2001. 한국 귀화식물 원색도감(보유편). 일조각.
양종철, 박수현, 하상교, 이유미. 2012. 대청도(옹진군)의 관속식물상. Korean J. Plant Res. 25(1): 31-47.
양종철, 이유미, 박수현, 하상교. 2010. 한반도 미기록 식물: 대청지치(지치과). Korean J. Pl. Taxon. 40(1): 71-73.
이영노. 2006. 새로운 한국 식물도감(I, II). 교학사.
이우철. 1996. 원색 한국 기준 식물도감. 아카데미서적.
이일구, 이호준. 1982. 대청도 식물상의 생태학적 연구. 건국대학교 기초과학연구소 이학논집 7: 31-43.
이창복. 2003. 원색 대한 식물도감(상, 하권). 향문사.
최병희, 이정현. 2008. 전국 해안사구 정밀조사. 대청도(옥죽동, 사탄동), 고성(동호). 식물상. 환경부 국립환경과학원. pp.93-103.
현진오. 2003a. 봄에 피는 우리꽃 386. 신구문화사.
현진오. 2003b. 여름에 피는 우리꽃 386. 신구문화사.
현진오. 2004. 가을에 피는 우리꽃 336. 신구문화사.
현진오, 나혜련, 박경, 김종원, 임형탁, 황정미, 조영복, 송호복, 이상철, 정옥식, 오홍식. 2012. 제4차 전국 자연환경조사 지침서. 환경부 국립환경과학원.
현진오, 나혜련, 한병우, 임용석, 서원복, 서안나, 함초혜, 유광필, 이병철. 2014. 천연기념물 식물 자생북한지 조사 및 보존관리방안 연구. 국립문화재연구소.
현진오, 김연수. 2018. 2017 전국 해안사구 정밀조사. 옥죽동-농여사구, 지두리-모래울사구, 하모사구. 식물상. pp.188-235. pp.517-560. 환경부 국립생태원.
Park C. W. 2007. The Genera of Vascular Plants of Korea. Flora of Korea Editorial Committee. Academy Publishing Co.
http://100.daum.net/encyclopedia/view/14XXE0014839
http://100.daum.net/encyclopedia/view/b04d3224a

부록. 대청도 관속식물 목록

(멸II: 멸종위기야생생물 II급, 특V-I: 식물구계학적 특정식물 등급, 귀화: 귀화식물, 교란: 생태계교란야생식물, 식재: 식재종)

연번	과명	학명	국명	구분	현과 김(2017) 옥죽동 사구	농여 사구	지두리 사구	모래울 사구	양 등 (2012)
1	속새과	Equisetum arvense L.	쇠뜨기		○	○	○	○	○
2	고사리삼과	Botrychium japonicum (Prantl) Underw.	산꽃고사리삼	특IV	○	○			
3		Sceptridium ternatum (Thunb.) Lyon	고사리삼						○
4	고비과	Osmunda japonica Thunb.	고비						○
5	잔고사리과	Pteridium aquilinum (L.) Kuhn var. latiusculum (Desv.) Underw. ex A. Heller	고사리			○	○	○	○
6	꼬리고사리과	Asplenium incisum Thunb.	꼬리고사리			○	○		
7	야산고비과	Onoclea sensibilis L. var. interrupta Maxim.	야산고비		○				○
8	개고사리과	Athyrium niponicum (Mett.) Hance	개고사리				○		○
9		Athyrium yokoscense (Franch. & Sav.) Christ.	뱀고사리		○		○		○
10		Deparia japonica (Thunb.) M. Kato	진고사리						○
11	처녀고사리과	Thelypteris palustris (Salisb.) Schott	처녀고사리				○		○
12	관중과	Cyrtomium falcatum (L. f.) C. Presl	도깨비고비		○	○			
13		Dryopteris bissetiana (Bak.) C. Chr.	산족제비고사리		○				
14		Dryopteris chinensis (Bak.) Koidz.	가는잎족제비고사리						○
15		Dryopteris lacera (Thunb.) Kuntze	비늘고사리		○				○
16		Polystichum tripteron (Kunze) C. Presl	십자고사리						○
17	고란초과	Lepisorus ussuriensis (Regel & Maack) Ching	산일엽초		○				
18	소나무과	Larix kaempferi (Lamb.) Carriére	일본잎갈나무	귀화					○
19		Pinus densiflora Siebold & Zucc.	소나무		○	○	○	○	○
20		Pinus thunbergii Parl.	곰솔			○	○	○	○
21	측백나무과	Juniperus rigida Siebold & Zucc.	노간주나무		○	○			
22	녹나무과	Lindera erythrocarpa Makino	비목나무		○				○
23		Lindera glauca (Siebold & Zucc.) Blume	감태나무						○
24		Lindera obtusiloba Blume	생강나무		○	○			○
25		Machilus thunbergii Siebold & Zucc.	후박나무	특I	○				○
26	미나리아재비과	Clematis heracleifolia DC.	병조희풀		○				○
27		Clematis terniflora DC.	참으아리			○	○	○	
28		Clematis terniflora DC. var. mandshurica (Rupr.) Ohwi	으아리						○
29		Ranunculus cantoniensis DC.	털개구리미나리		○				
30		Ranunculus chinensis Bunge	젓가락나물						
31		Ranunculus sceleratus L.	개구리자리	귀화	○				
32		Thalictrum kemense Fr. var. hypoleucum (Siebold & Zucc.) Kitag.	좀꿩의다리						○
33		Thalictrum uchiyamai Nakai	자주꿩의다리		○				
34	으름덩굴과	Akebia quinata (Thunb.) Decne.	으름덩굴			○	○	○	○
35	새모래덩굴과	Cocculus trilobus (Thunb.) DC.	댕댕이덩굴		○	○	○	○	
36		Menispermum dauricum DC.	새모래덩굴		○	○			
37	나도밤나무과	Meliosma myriantha Siebold & Zucc.	나도밤나무	특I					○
38	현호색과	Corydalis turtschaninovii Besser	조선현호색			○	○	○	
39	버즘나무과	Platanus occidentalis L.	양버즘나무	귀화	○				○
40	느릅나무과	Celtis sinensis Pers.	팽나무			○	○	○	
41		Ulmus davidiana Planch.	당느릅나무	특III	○			○	

연번	과명	학명	국명	구분	현과 김(2017)				양 등 (2012)
					옥죽동 사구	농여 사구	지두리 사구	모래울 사구	
42	느릅나무과	Ulmus davidiana Planch. var. japonica (Rehder) Nakai	느릅나무		○	○	○	○	○
43		Ulmus davidiana Planch. for. suberosa Nakai	혹느릅나무			○	○		
44		Zelkovaserrata (Thunb.) Makino	느티나무		○	○			
45	삼과	Humulus japonicus Siebold & Zucc.	환삼덩굴	귀화	○	○	○	○	○
46	뽕나무과	Morus alba L.	뽕나무	귀화	○				
47		Morus bombycis Koidz.	산뽕나무		○		○	○	
48	쐐기풀과	Boehmeria longispica Steud.	왜모시풀						○
49		Boehmeria sieboldiana Blume	긴잎모시풀						○
50	참나무과	Quercus acutissima Carruth.	상수리나무		○	○	○		
51		Quercus aliena Blume	갈참나무						○
52		Quercus dentata Thunb.	떡갈나무		○	○	○	○	○
53		Quercus mongolica Fisch. ex Ledeb.	신갈나무		○				○
54		Quercu sserrata Murray	졸참나무			○		○	○
55		Quercus variabilis Blume	굴참나무			○			○
56	자작나무과	Alnus firma Siebold & Zucc.	사방오리	귀화	○				
57		Alnus hirsuta Turcz. ex Rupr.	물오리나무		○				
58		Carpinus cordata Blume	까치박달						○
59		Carpinus turczaninowii Hance	소사나무			○		○	○
60		Corylus heterophylla Fisch. ex Trautv.	개암나무						○
61	명아주과	Atriplex gmelinii C. A. Mey.	가는갯는쟁이						○
62		Atriplex hastata L.	창명아주	귀화		○			
63		Chenopodium album L.	흰명아주	귀화	○				
64		Chenopodium album L. var. centrorubrum Makino	명아주		○	○	○	○	
65		Corispermum stauntonii Moq.	호모초			○		○	
66		Kochia scoparia (L.) Schrad.	댑싸리		○				○
67		Salsola komarovii Iljin	수송나물		○	○	○	○	
68		Suaeda glauca (Bunge) Bunge	나문재						○
69	비름과	Achyranthes fauriei H. Lév. & Vaniot	털쇠무릎						○
70		Achyranthes japonica (Miq.) Nakai	쇠무릎		○	○		○	
71		Amaranthus patulus Bertol.	가는털비름	귀화				○	
72		Amaranthus retroflexus L.	털비름	귀화					○
73	쇠비름과	Portulaca oleracea L.	쇠비름	귀화	○				○
74	석죽과	Arenaria serpyllifolia L.	벼룩이자리	귀화	○				
75		Cerastium glomeratum Thuil L.	유럽점나도나물	귀화					
76		Cerastium holosteoides Fries var. hallaisanense (Nakai) Mizush.	점나도나물	귀화					○
77		Cucubalus baccifer L. var. japonicus Miq.	덩굴별꽃		○	○	○	○	
78		Gypsophila oldhamiana Miq.	대나물		○	○	○	○	
79		Pseudostellaria heterophylla (Miq.) Pax ex Pax & Hoffm.	개별꽃						○
80		Sagina japonica (Sw.) Ohwi	개미자리				○		
81		Sagina maxima A. Gray	큰개미자리						○
82		Silene aprica Turcz. ex Fisch. & C. A. Mey. var. oldhamiana (Miq.) C. Y. Wu	갯장구채	특I	○	○	○	○	○
83		Silene armeria L.	끈끈이대나물	귀화					○
84		Silene firma Siebold & Zucc.	장구채				○	○	○

연번	과명	학명	국명	구분	현과 김(2017) 옥죽동사구	농여사구	지두리사구	모래울사구	양등 (2012)
85	석죽과	Stellaria alsine Grimm var. undulata (Thunb.) Ohwi	벼룩나물	귀화	○		○	○	○
86		Stellaria aquatica (L.) Scop.	쇠별꽃	귀화	○				○
87		Stellaria media (L.) Vill.	별꽃	귀화	○	○			
88		Stellaria neglecta Weihe ex Bluff & Fingerh.	초록별꽃						○
89	마디풀과	Fagopyrum esculentum Moench	메밀	귀화	○	○			
90		Fallopia convolvulus (L.) A. Löve	나도닭의덩굴	귀화		○	○	○	○
91		Polygonum perfoliatum L.	며느리배꼽	귀화	○	○			○
92		Polygonum senticosum (Meisn.) Franch. & Sav.	며느리밑씻개			○	○		○
93		Polygonum aviculare L.	마디풀	귀화	○	○		○	
94		Polygonum filiforme Thunb.	이삭여뀌				○		○
95		Polygonum hydropiper L.	여뀌		○				
96		Polygonum japonicum Meisn.	흰꽃여뀌		○				○
97		Polygonum lapathifolium L.	흰여뀌		○	○	○		
98		Polygonum lapathifolium L. var. salicifolium Sibth.	솜흰여뀌		○				
99		Polygonum longisetum Bruijn	개여뀌	귀화		○		○	
100		Polygonum nodosum Person	큰개여뀌						○
101		Polygonum thunbergii Siebold & Zucc.	고마리		○				
102		Rumex acetosa L.	수영	귀화	○				
103		Rumex acetosella L.	애기수영	귀화, 교란	○	○			
104		Rumex crispus L.	소리쟁이	귀화	○	○		○	○
105		Rumex japonicus Houtt.	참소리쟁이						○
106	차나무과	Camellia japonica L.	동백나무	특I	○				○
107	다래나무과	Actinidia arguta (Siebold & Zucc.) Planch. ex Miq.	다래		○	○	○		○
108		Grewia parviflora Bunge	장구밥나무	특I	○	○	○		
109	피나무과	Tilia amurensis Rupr.	피나무			○	○	○	
110		Tilia mandshurica Rupr. & Maxim.	찰피나무			○	○	○	
111	아욱과	Abutilon theophrasti Medicus	어저귀	귀화	○				○
112		Hibiscus syriacus L.	무궁화	식재	○		○		
113		Hibiscus trionum L.	수박풀	귀화	○	○			
114	제비꽃과	Viola acuminata Ledeb.	졸방제비꽃						
115		Viola albida Palib. var. chaerophylloides (Regel) F. Maek.	남산제비꽃						○
116		Viola collina Besser	둥근털제비꽃		○				○
117		Viola keiskei Miq.	잔털제비꽃						○
118		Viola lactiflora Nakai	흰젖제비꽃		○				○
119		Viola mandshurica W. Becker	제비꽃				○	○	○
120		Viola papilionacea Pursh	종지나물	귀화					○
121		Viola rossii Hems L.	고깔제비꽃						○
122		Viola selkirkii Pursh ex Goldie	뫼제비꽃						○
123		Viola seoulensis Nakai	서울제비꽃				○		○
124		Viola yedoensis Makino	호제비꽃						○
125	박과	Citrullus battich Forssk	수박	식재	○			○	
126		Cucumis melo L. var. makuwa Makino	참외	식재		○		○	
127		Cucurbita moschata Duchesne ex Poir	호박	식재				○	

연번	과명	학명	국명	구분	현과 김(2017)				양 등 (2012)
					옥죽동 사구	농여 사구	지두리 사구	모래울 사구	
128	박과	Trichosanthes kirilowii Maxim.	하늘타리			○			○
129		Trichosanthes kirilowii Maxim. var. japonica (Miq.) Kitam.	노랑하늘타리	특Ⅲ	○	○	○	○	
130	버드나무과	Salix babylonica L.	수양버들			○			○
131		Salix koreensis Andersson	버드나무			○	○		○
132	십자화과	Arabis glabra (L.) Bernh.	장대나물			○			○
133		Barbarea orthoceras Ledeb.	나도냉이						○
134		Brassica juncea (L.) Czern.	갓	귀화					○
135		Capsella bursa-pastoris (L.) Medik.	냉이	귀화				○	○
136		Cardamine fallax L.	좁쌀냉이						○
137		Cardamine flexuosa With.	황새냉이	귀화	○				○
138		Cardamine impatiens L.	싸리냉이		○				○
139		Draba nemorosa L.	꽃다지						○
140		Lepidium apetalum Willd.	다닥냉이	귀화	○				○
141		Rorippa palustris (L.) Besser	속속이풀		○				○
142		Thlaspi arvense L.	말냉이	귀화	○				
143	진달래과	Rhododendron mucronulatum Turcz.	진달래					○	
144		Rhododendron yedoense Maxim. ex Regel for. poukhanense (H. Lév.) M. Sugim.	산철쭉		○		○		
145	때죽나무과	Styrax japonicus Siebold & Zucc.	때죽나무		○	○		○	○
146		Styrax obassia Siebold & Zucc.	쪽동백나무			○			
147	노린재나무과	Symplocos sawafutagi Nagam.	노린재나무		○	○	○		○
148	앵초과	Androsace umbellata (Lour.) Merr.	봄맞이		○				○
149		Lysimachia clethroides Duby	큰까치수염			○	○		○
150	까치밥나무과	Ribes fasciculatum Siebold & Zucc. var. chinense Maxim.	까마귀밥나무			○			○
151	돌나물과	Hylotelephium erythrostictum (Miq.) H. Ohba	꿩의비름						○
152		Hylotelephium spectabile (Boreau) H. Ohba	큰꿩의비름	특Ⅲ		○	○	○	
153		Orostachys japonicus (Maxim.) A. Berger	바위솔		○				
154		Penthorum chinense Pursh	낙지다리	특Ⅳ					○
155		Sedum kamtschaticum Fisch. & Mey.	기린초						○
156	장미과	Agrimonia pilosa Ledeb.	짚신나물			○	○	○	○
157		Aria alnifolia (Siebold & Zucc.) Decne.	팥배나무			○			○
158		Duchesnea chrysantha (Zoll. & Moritzi) Miq.	뱀딸기		○			○	○
159		Malus baccata (L.) Borkh.	야광나무	특Ⅰ	○	○			○
160		Potentilla chinensis Ser.	딱지꽃		○				○
161		Potentilla freyniana Bornm.	세잎양지꽃		○				○
162		Potentilla supina L.	개소시랑개비	귀화	○				
163		Pourthiaea villosa (Thunb.) Decne.	윤노리나무			○		○	
164		Prunus persica (L.) Batsch	복사나무	식재	○	○		○	○
165		Prunus serrulata Lindl. var. pubescens (Makino) Nakai	잔털벚나무			○	○	○	
166		Prunus serrulata Lindl. var. spontanea (Maxim.) E. H. Wilson	벚나무		○				○
167		Pyrus calleryana Decne. var. fauriei (C. K. Schneid.) Rehder	콩배나무			○			

연번	과명	학명	국명	구분	현과 김(2017)				양 등 (2012)
					옥죽동 사구	농여 사구	지두리 사구	모래울 사구	
168	장미과	*Pyrus pyrifolia (Burm. f.) Nakai var. culta (Makino) Nakai*	배나무	식재	○				
169		*Rhodotypos scandens (Thunb.) Makino*	병아리꽃나무	특Ⅲ	○	○		○	○
170		*Rosa multiflora Thunb.*	찔레나무			○	○	○	○
171		*Rosa rugosa Thunb.*	해당화			○		○	○
172		*Rubus coreanus Miq.*	복분자딸기			○	○		○
173		*Rubus crataegifolius Bunge*	산딸기			○	○	○	○
174		*Rubus hirsutus Thunb.*	장딸기	특Ⅰ				○	○
175		*Rubus parvifolius L.*	멍석딸기		○	○		○	○
176		*Rubus phoenicolasius Maxim.*	곰딸기						
177		*Sanguisorba officinalis L.*	오이풀				○	○	○
178		*Stephanandra incisa (Thunb.)Zabel*	국수나무				○		○
179	콩과	*Aeschynomene indica L.*	자귀풀	귀화					○
180		*Albizia julibrissin Durazz.*	자귀나무			○	○	○	○
181		*Amorpha fruticosa L.*	족제비싸리	귀화	○				
182		*Caesalpinia decapetala (Roth) Alston*	실거리나무	특Ⅱ	○				○
183		*Chamaecrista nomame (Siebold) H. Ohashi*	차풀				○	○	
184		*Gleditsia japonica Miq.*	주엽나무			○			
185		*Glycine max (L.) Merr.*	콩	식재					○
186		*Glycine soja Siebold & Zucc.*	돌콩		○		○		
187		*Indigofera amblyantha Craib.*	큰낭아초	귀화		○		○	
188		*Indigofera kirilowii Maxim. ex Palib.*	땅비싸리			○	○	○	○
189		*Kummerowia stipulacea (Maxim.) Makino*	둥근매듭풀			○		○	○
190		*Kummerowia striata (Thunb.) Schindl.*	매듭풀			○		○	
191		*Lathyrus japonicus Willd.*	갯완두				○	○	○
192		*Lespedeza bicolor Turcz.*	싸리			○	○	○	○
193		*Lespedeza cuneata (Dum. Cours.) G. Don.*	비수리	귀화		○	○	○	○
194		*Lespedeza cyrtobotrya Miq.*	참싸리				○		
195		*Medicago sativa L.*	자주개자리	귀화		○	○		
196		*Pueraria lobata (Willd.) Ohwi*	칡				○	○	○
197		*Rhynchosia acuminatifolia Makino*	큰여우콩	특Ⅲ			○	○	
198		*Robinia pseudoacacia L.*	아까시나무	귀화	○		○	○	
199		*Trifolium repens L.*	토끼풀	귀화					○
200		*Vicia angustifolia L. ex Reichard*	가는살갈퀴				○		
201		*Vicia angustifolia L. ex Reichard var. segetilis (Thuill) K. Koch.*	살갈퀴		○				○
202		*Vicia unijuga A. Braun*	나비나물				○	○	○
203		*Vigna angularis (Willd.) Ohwi & H. Ohashi var. nipponensis (Ohwi) Ohwi & H. Ohashi*	새팥		○		○		○
204		*Vigna minima (Roxb.) Ohwi & H. Ohashi*	좀돌팥				○	○	
205	보리수나무과	*Elaeagnus macrophylla Thunb.*	보리밥나무	특Ⅰ	○	○	○	○	○
206		*Elaeagnus umbellata Thunb.*	보리수나무			○	○	○	○
207	부처꽃과	*Lythrum anceps (Koehne) Makino*	부처꽃		○				
208		*Lythrum salicaria L.*	털부처꽃				○		
209	마름과	*Trapa japonica Flerow*	마름		○				○
210	바늘꽃과	*Circaea cordata Royle*	쇠털이슬	특Ⅰ		○			
211		*Ludwigia epilobioides Maxim.*	여뀌바늘	귀화	○				
212		*Oenothera odorata Jacq.*	달맞이꽃	귀화	○	○	○	○	○

연번	과명	학명	국명	구분	현과 김(2017) 옥죽동 사구	현과 김(2017) 농여 사구	현과 김(2017) 지두리 사구	현과 김(2017) 모래울 사구	양 등 (2012)
213	단향과	Thesium chinense Turcz.	제비꿀						○
214	노박덩굴과	Celastrus orbiculatus Thunb.	노박덩굴		○	○	○	○	○
215		Euonymus alatus (Thunb.) Siebold	화살나무		○				○
216		Euonymus hamiltonianus Wall.	참빗살나무				○		○
217		Euonymus japonicus Thunb.	사철나무	특Ⅰ	○	○		○	
218		Euonymus sachalinensis (F. Schmidt) Maxim.	회나무		○				○
219	대극과	Acalypha australis L.	깨풀	귀화	○				○
220		Euphorbia ebracteolata Hayata	붉은대극		○				○
221		Euphorbia sieboldiana Morren & Decne.	개감수						○
222		Neoshirakia japonica (Siebold & Zucc.) Esser	사람주나무		○	○	○	○	
223		Securinega suffruticosa (Pall.) Rehder	광대싸리			○	○		
224	포도과	Ampelopsis brevipedunculata (Maxim.) Trautv.	개머루			○			
225		Cayratia japonica (Thunb.) Gagnep.	거지덩굴	특Ⅰ					
226		Parthenocissus tricuspidata (Siebold & Zucc.) Planch.	담쟁이덩굴		○	○	○	○	
227		Vitis ficifolia Bunge for. glabrata (Nakai) W. T. Lee	청까마귀머루						○
228		Vitis flexuosa Thunb.	새머루		○	○	○	○	
229	고추나무과	Euscaphis japonica (Thunb.) Kanitz	말오줌때	특Ⅰ	○				
230		Staphylea bumalda DC.	고추나무						○
231	단풍나무과	Acer pictum Thunb. var. mono (Maxim.) Franch.	고로쇠나무			○	○	○	○
232		Acer tataricum L. ssp. ginnala (Maxim.) Wesm.	신나무			○	○		
233	옻나무과	Rhus javanica L.	붉나무		○	○	○	○	
234	소태나무과	Picrasma quassioides (D. Don) Benn.	소태나무		○	○			
235	운향과	Zanthoxylum piperitum (L.) DC.	초피나무					○	
236		Zanthoxylum schinifolium Siebold & Zucc.	산초나무		○	○	○		
237	괭이밥과	Oxalis corniculata L.	괭이밥	귀화		○	○		
238		Oxalis stricta L.	선괭이밥	귀화		○	○		
239	쥐손이풀과	Geranium sibiricum L.	쥐손이풀						○
240		Geranium thunbergii Siebold & Zucc.	이질풀						○
241		Geranium wilfordii Maxim.	세잎쥐손이		○				○
242	봉선화과	Impatiens balsamina L.	봉선화	귀화	○				
243	두릅나무과	Aralia elata (Miq.) Seem.	두릅나무		○	○	○	○	
244		Eleutherococcus sessiliflorus (Rupr. & Maxim.) S. Y. Hu	오갈피나무	특Ⅰ	○				○
245		Kalopanax septemlobus (Thunb.) Koidz.	음나무			○		○	
246	미나리과	Angelica cartilaginomarginata (Makino) Nakai	처녀바디						○
247		Cnidium japonicum Miq.	갯사상자				○		○
248		Glehnia littoralis F. Schmidt ex Miq.	갯방풍	특Ⅲ	○				
249		Oenanthe javanica (Blume) DC.	미나리		○				
250		Ostericum grosseserratum (Maxim.) Kitag.	신감채		○				
251		Peucedanum terebinthaceum (Fisch.) Fisch. ex DC.	기름나물						○
252		Torilis japonica (Houtt.) DC.	사상자		○	○			○
253	용담과	Gentiana zollingeri Faw.	큰구슬붕이						○

연번	과명	학명	국명	구분	현과 김(2017)				양 등 (2012)
					옥죽동 사구	농여 사구	지두리 사구	모래울 사구	
254	협죽도과	Amsonia elliptica (Thunb.) Roem. & Schult.	정향풀	멸II, 특V					○
255	박주가리과	Cynanchum wilfordii (Maxim.) Maxim. ex Hook. f.	큰조롱			○		○	
256		Metaplexis japonica (Thunb.) Makino	박주가리		○			○	○
257	가지과	Datura tatula L.	독말풀	귀화	○		○	○	○
258		Solanum lycopersicum L.	토마토	식재		○			
259		Solanum lyratum Thunb.	배풍등			○		○	
260		Solanum nigrum L.	까마중	귀화		○		○	○
261	메꽃과	Calystegia hederacea Wal L.	애기메꽃	귀화	○				○
262		Calystegia sepium (L.) R. Br. var. japonica Makino	메꽃		○	○			
263		Calystegia soldanella (L.) Roem. & Schult.	갯메꽃	특I		○	○	○	
264		Cuscuta chinensis Lam.	갯실새삼	특I		○			
265		Ipomoea hederacea Jacq.	미국나팔꽃	귀화	○				
266		Ipomoea hederacea Jacq. var. integriuscula A. Gray	둥근잎미국나팔꽃	귀화	○		○		○
267		Argusia sibirica (L.) Dandy	모래지치	특I	○	○	○	○	
268	지치과	Bothriospermum tenellum (Hornem.) Fisch. & C. A. Mey.	꽃받이						○
269		Lithospermum arvense L.	개지치						○
270		Lithospermum zollingeri A. DC.	반디지치	특I	○	○			
271		Thyrocarpus glochidiatus Maxim.	대청지치	특V					
272		Trigonotis peduncularis (Trevir.) Benth. ex Hems L.	꽃마리	귀화					○
273	마편초과	Callicarpa japonica Thunb.	작살나무					○	
274		Clerodendrum trichotomum Thunb.	누리장나무		○				
275		Vitex rotundifolia L. f.	순비기나무	특I		○		○	
276	파리풀과	Phryma leptostachya L. var. oblongifolia (Koidz.) Honda	파리풀			○	○		○
277	꿀풀과	Agastache rugosa (Fisch. & Mey.) Kuntze	배초향		○				○
278		Clinopodium chinense (Benth.) Kuntze var. parviflorum (Kudô) Hara	층층이꽃						○
279		Clinopodium gracile (Benth.) Kuntze var. multicaule (Maxim.) Ohwi	탑꽃						○
280		Isodon inflexus (Thunb.) Kudô	산박하		○		○		○
281		Lamium amplexicaule L.	광대나물	귀화	○				○
282		Leonurus japonicus Houtt.	익모초			○		○	○
283		Lycopus lucidus Turcz.	쉽싸리		○				
284		Mosla dianthera (Buch.-Ham. ex Roxb.) Maxim.	쥐깨풀			○			
285		Prunella vulgaris L. var. lilacina Nakai	꿀풀						○
286		Scutellaria pekinensis (Makino) H. Hara var. transitra (Makino) H. Hara	산골무꽃		○				
287		Scutellaria strigillosa Hems L.	참골무꽃	특I	○	○	○	○	
288		Teucrium viscidum Blume var. miquelianum (Maxim.) H. Hara	덩굴곽향		○				
289	질경이과	Plantago asiatica L.	질경이	귀화		○	○	○	
290		Plantago camtschatica Cham. ex Link	개질경이	특II	○			○	

연번	과명	학명	국명	구분	현과 김(2017)				양 등 (2012)
					옥죽동 사구	농여 사구	지두리 사구	모래울 사구	
291	질경이과	Plantago lanceolata L.	창질경이	귀화		○			
292		Forsythia koreana (Rehder) Nakai	개나리	식재					○
293	물푸레나무과	Fraxinus rhynchophylla Hance	물푸레나무		○		○	○	
294		Ligustrum obtusifolium Siebold & Zucc.	쥐똥나무			○	○	○	○
295		Mazus pumilus (Burm. f.) Steenis	주름잎						○
296		Melampyrum roseum Maxim.	꽃며느리밥풀						○
297		Siphonostegia chinensis Benth.	절국대						○
298	현삼과	Veronica arvensis L.	선개불알풀	귀화	○				
299		Veronica didyma Ten. var. lilacina (H. Hara) T. Yamaz.	개불알풀	귀화					○
300		Veronica linariifolia Pal L. ex Link	꼬리풀						○
301		Veronica persica Poir.	큰개불알풀	귀화					○
302		Adenophora polyantha Nakai	수원잔대		○				
303	초롱꽃과	Adenophora stricta Miq.	당잔대		○		○	○	
304		Codonopsis lanceolata (Siebold & Zucc.) Trautv.	더덕		○				○
305		Diodia teres Walter	백령풀	귀화	○		○	○	
306		Galium pogonanthum Franch. & Sav.	산갈퀴		○				
307	꼭두선이과	Galium spurium L. var. echinospermum (Wallr.) Hayek	갈퀴덩굴	귀화		○			○
308		Paederia scandens (Lour.) Merr.	계요등					○	
309		Rubia cordifolia L. var. pratensis Maxim.	갈퀴꼭두선이			○	○	○	○
311		Weigela florida (Bunge) A. DC.	붉은병꽃나무	특II		○	○	○	
312	병꽃나무과	Weigela praecox (Lemoine) L. H. Bailey	소영도리나무	특II					○
313		Weigela subsessilis (Nakai) L. H. Bailey	병꽃나무			○			○
314		Lonicera harae Makino	길마가지나무			○			
315	인동과	Lonicera japonica Thunb.	인동			○	○	○	
316		Lonicera japonica Thunb. var. repens (Siebold) Rehder	털인동						○
317	산분꽃나무과	Viburnum carlesii Hems L.	분꽃나무			○			○
318		Viburnum erosum Thunb.	덜꿩나무			○			○
319	마타리과	Patrinia scabiosaefolia Fisch. ex Trevir.	마타리			○			○
320		Patrinia villosa (Thunb.) Juss.	뚝갈			○			
321		Achillea alpina L.	톱풀	특II					○
322		Ambrosia artemisiifolia L.	돼지풀	귀화, 교란		○	○	○	
323		Artemisia capillaris Thunb.	사철쑥			○	○	○	○
324		Artemisia feddei H. Lév. & Vaniot	뺑쑥			○			○
325		Artemisia japonica Thunb.	제비쑥				○	○	○
326	국화과	Artemisia princeps Pamp.	쑥	귀화		○	○	○	○
327		Artemisia stolonifera (Maxim.) Kom.	넓은잎외잎쑥					○	
328		Aster ageratoides Turcz.	까실쑥부쟁이			○			
329		Aster ciliosus Kitam.	개쑥부쟁이						○
330		Aster hispidus Thunb.	갯쑥부쟁이			○		○	○
331		Aster koraiensis Nakai	벌개미취	식재	○				
332		Aster scaber Thunb.	참취						○
333		Aster spathulifolius Maxim.	해국	특I	○		○	○	○
334		Aster yomena (Kitam.) Honda	쑥부쟁이		○				

연번	과명	학명	국명	구분	현과 김(2017)					양 등 (2012)
					옥죽동 사구	농여 사구	지두리 사구	모래울 사구	
335		*Bidens bipinnata* L.	도깨비바늘		○	○	○	○	○
336		*Bidens frondosa* L.	미국가막사리	귀화	○				
337		*Breea segeta* (Bunge) Kitam.	조뱅이					○	○
338		*Carduus crispus* L.	지느러미엉퀴	귀화					○
339		*Carpesium abrotanoides* L.	담배풀			○		○	
340		*Carpesium cernuum* L.	좀담배풀						○
341		*Cirsium japonicum* (Thunb.) Fisch. ex DC.	엉겅퀴			○	○	○	○
342		*Conyza canadensis* (L.) Cronquist	망초	귀화		○			○
343		*Conyza sumatrensis* E. Walker	큰망초	귀화					○
344		*Coreopsis lanceolata* L.	큰금계국	귀화					○
345		*Cosmos sulphureus* Cav.	노랑코스모스	귀화					○
346		*Crepidiastrum denticulatum* (Houtt.) J. H. Pak & Kawano	이고들빼기			○	○	○	
347		*Crepidiastrum sonchifolium* (Bunge) J. H. Pak & Kawano	고들빼기						○
348		*Dendranthema boreale* (Makino) Ling ex Kitam.	산국		○	○			○
349		*Dendranthema indicum* (L.) Des Mou L.	감국			○	○	○	
350		*Eclipta prostrata* (L.) L.	한련초	귀화	○				
351		*Erigeron annuus* (L.) Pers.	개망초	귀화		○	○	○	○
352		*Eupatorium japonicum* Thunb.	등골나물			○	○	○	
353		*Eupatorium lindleyanum* DC.	골등골나물					○	○
354		*Eupatorium makinoi* T. Kawahara & T. Yahara var. *oppositifolium* (Koidz.) T. Kawahara & T. Yahara	벌등골나물			○			○
355	국화과	*Hemistepta lyrata* Bunge	지칭개	귀화					○
356		*Hieracium umbellatum* L.	조밥나물				○	○	
357		*Inula britannica* L. var. *japonica* (Thunb.) Franch. & Sav.	금불초						○
358		*Inula salicina* L. var. *asiatica* Kitam.	버들금불초		○		○		
359		*Ixeris chinensis* (Thunb. ex Thunb.) Nakai	노랑선씀바귀						○
360		*Ixeris chinensis* (Thunb. ex Thunb.) Nakai ssp. *strigosa* (H. Lév. & Vaniot) Kitam.	선씀바귀		○		○		
361		*Ixeris repens* (L.) A. Gray	갯씀바귀	특I		○	○	○	
362		*Lactuca indica* L. var. *laciniata* H. Hara	왕고들빼기	귀화		○		○	○
363		*Lactuca indica* L. for. *indivisa* (Makino) H. Hara	가는잎왕고들 빼기	귀화					○
364		*Lactuca raddeana* Maxim.	산씀바귀			○			○
365		*Leibnitzia anandria* (L.) Turcz.	솜나물			○			○
366		*Petasites japonicus* (Siebold & Zucc.) Maxim.	머위	귀화		○			○
367		*Picris hieracioides* L. var. *koreana* (Kitam.) Kitam.	쇠서나물			○		○	○
368		*Scorzonera austriaca* Willd. ssp. *glabra* (Rupr.) Lipsch. & Krasch. ex Lipsch.	멱쇠채	특Ⅲ		○	○	○	○
369		*Senecio nemorensis* L.	금방망이	특Ⅴ		○	○	○	○
370		*Senecio vulgaris* L.	개쑥갓	귀화					○
371		*Sonchus asper* (L.) Hill	큰방가지똥	귀화					○
372		*Sonchus brachyotus* DC.	사데풀			○		○	○
373		*Sonchus oleraceus* L.	방가지똥	귀화	○	○			○

연번	과명	학명	국명	구분	현과 김(2017)				양 등 (2012)
					옥죽동 사구	농여 사구	지두리 사구	모래울 사구	
374		*Syneilesis palmata (Thunb.) Maxim.*	우산나물						○
375		*Tagetes patula L.*	만수국	귀화	○				○
376		*Taraxacum coreanum Nakai*	흰민들레		○				○
377		*Taraxacum mongolicum Hand.-Mazz.*	털민들레						○
378		*Taraxacum officinale F. H. Wigg.*	서양민들레	귀화	○	○	○	○	○
379		*Taraxacum platycarpum Dahlst.*	민들레		○	○	○	○	
380		*Tephroseris kirilowii (Turcz. ex DC.) Holub*	솜방망이		○				
381		*Xanthium canadense Mill.*	큰도꼬마리	귀화		○		○	
382		*Youngia japonica (L.) DC.*	뽀리뱅이		○				○
383	택사과	*Alisma orientale (Sam.) Juz.*	질경이택사	특Ⅲ	○				
384	가래과	*Potamogeton distinctus A. Benn.*	가래						○
385		*Arisaema amurense Maxim.*	둥근잎천남성		○		○	○	
386	천남성과	*Arisaema amurense Maxim. for. serratum (Nakai) Kitagausa*	천남성						○
387		*Arisaema heterophyllum Blume*	두루미천남성	특Ⅱ	○		○	○	
388		*Arisaema ringens (Thunb.) Schott*	큰천남성	특Ⅰ		○	○	○	
389		*Pinellia ternata (Thunb.) Breitenb.*	반하		○			○	
390	개구리밥과	*Spirodela polyrhiza (L.) Schleid.*	개구리밥		○				
391	닭의장풀과	*Commelina communis L.*	닭의장풀	귀화	○	○	○	○	○
392		*Murdannia keisak (Hassk.) Hand.-Mazz.*	사마귀풀	귀화	○				
393		*Juncus diastrophanthus Buchenau*	별날개골풀		○				
394		*Juncus effusus L. var. decipiens Buchenau*	골풀	귀화		○			
395	골풀과	*Juncus papillosus Franch. & Sav.*	청비녀골풀		○				
396		*Juncus setchuensis Buchenau var. effusoides Buchenau*	푸른갯골풀						○
397		*Luzula capitata (Miq.) Miq.*	꿩의밥			○	○	○	
398		*Bulbostylis barbata (Rottb.) C. B. Clarke*	모기골	귀화	○	○	○		
399		*Bulbostylis densa (Wall.) Hand.-Mazz.*	꽃하늘지기						○
400		*Carex bostrychostigma Maxim.*	길뚝사초						○
401		*Carex breviculmis R. Br.*	청사초	귀화					○
402		*Carex breviculmis R. Br. var. fibrillosa Kük.*	갯청사초						○
403		*Carex drymophila Turcz. var. pilifera Kük.*	좀보리사초			○			○
404		*Carex forficula Franch. & Sav.*	산뚝사초		○				
405		*Carex gibba Wahlenb.*	나도별사초				○		
406		*Carex humilis Willd. ex Kunth var. nana (H. Lév. & Vaniot) Ohwi*	가는잎그늘사초						○
407	사초과	*Carex japonica Thunb.*	개찌버리사초						○
408		*Carex kobomugi Ohwi*	통보리사초	특Ⅰ	○	○	○	○	
409		*Carex laevissima Nakai*	애괭이사초		○				○
410		*Carex lanceolata Boott*	그늘사초						○
411		*Carex neurocarpa Maxim.*	괭이사초						○
412		*Carex polyschoena H. Lév. & Vaniot*	가지청사초				○	○	
413		*Carex sabynensis Less. ex Kunth*	실청사초		○				○
414		*Carexs cabrifolia Steud.*	천일사초			○	○	○	
415		*Carex siderosticta Hance*	대사초		○				○
416		*Cyperus difformis L.*	알방동사니	귀화	○				○
417		*Cyperus glomeratus L.*	물방동산이		○				
418		*Cyperus iria L.*	참방동산이	귀화	○				

연번	과명	학명	국명	구분	현과 김(2017)				양 등 (2012)
					옥죽동 사구	농여 사구	지두리 사구	모래울 사구	
419	사초과	Cyperus microiria Steud.	금방동산이			○		○	○
420		Cyperus sanguinolentus Vahl	방동산이대가리	귀화	○				
421		Eleocharis mamillata H. Lindb. var. cyclocarpa Kitag.	물꼬챙이골		○				
422		Fimbristylis complanata (Retz.) Link for. exalata T. Koyama	들하늘지기			○			○
423		Fimbristylis dichotoma (L.) Vahl	하늘지기	귀화					○
424		Fimbristylis tristachya R. Br. var. subbispicata (Nees & Meyen) T. Koyama	꼴하늘지기						
425		Kyllinga brevifolia Rottb.	파대가리	귀화					○
426		Scirpus planiculmis F. Schmidt	새섬매자기		○				
427	화본과	Agropyron repens (L.) P. Beauv.	구주개밀	귀화					○
428		Agropyron repens (L.) P. Beauv. for. aristatum Holmb.	까락구주개밀	귀화					○
429		Alopecurus aequalis Sobo L. var. amurensis (Kom.) Ohwi	뚝새풀	귀화	○				○
430		Arundinella hirta (Thunb.) Tanaka var. ciliata (Thunb.) Koidz.	털새			○	○	○	○
431		Bromus japonicus Thunb.	참새귀리	귀화	○			○	○
432		Bromus pauciflorus (Thunb.) Hack.	꼬리새						
433		Bromus rigidus Roth	긴까락빕새귀리	귀화		○	○	○	○
434		Bromus tectorum L.	털빕새귀리	귀화		○		○	○
435		Calamagrostis arundinacea (L.) Roth	실새풀			○	○	○	
436		Calamagrostis epigeios (L.) Roth	산조풀			○	○	○	○
437		Cenchrus longispinus (Hack.) Fernald	대청가시풀	귀화	○			○	
438		Cymbopogon tortilis (J. Presl) A. Camus ssp. goeringii (Steud.) T. Koyama	개솔새			○	○	○	○
439		Cynodon dactylon (L.) Pers.	우산잔디	귀화, 특I		○	○	○	○
440	화본과	Dactylis glomerata L.	오리새	귀화	○		○		○
441		Digitaria sanguinalis (L.) Scop.	바랭이	귀화	○				○
442		Echinochloa crus-galli (L.) P. Beauv.	돌피	귀화	○		○	○	○
443		Echinochloa crus-galli (L.) P. Beauv. var. echinatum (Willd.) Honda	물피	귀화	○				
444		Eleusine indica (L.) Gaertn.	왕바랭이	귀화				○	○
445		Elymus dahuricus Turcz. ex Griseb.	갯보리			○			○
446		Elymus mollis Trin.	갯그령	특III		○	○		○
447		Eragrostis curvula (Schrad.) Nees	능수참새그령	귀화	○			○	
448		Eragrostis ferruginea (Thunb.) P. Beauv.	그령	귀화				○	
449		Eragrostis multicaulis Steud.	비노리	귀화	○	○			
450		Eriochloa villosa (Thunb.) Kunth	나도개피	귀화					○
451		Festuca arundinacea Schreb.	큰김의털	귀화			○		○
452		Festuca myuros L.	들묵새	귀화	○				○
453		Festuca parvigluma Steud.	김의털아재비						○
454		Hierochloe odorata (L.) P. Beauv.	향모						○
455		Imperata cylindrica (L.) Raeusch. var. koenigii (Retz.) Benth. ex Pilg.	띠	귀화	○	○	○	○	
456		Ischaemum anthephoroides (Steud.) Miq.	갯쇠보리	특I		○	○	○	○
457		Ischaemum crassipes (Steud.) Thel L.	쇠보리		○				○

연번	과명	학명	국명	구분	현과 김(2017)				양 등 (2012)
					옥죽동사구	농여사구	지두리사구	모래울사구	
458		Lolium multiflorum Lam.	쥐보리	귀화		○			
459		Melica onoei Franch. & Sav.	쌀새				○	○	○
460		Miscanthus sacchariflorus (Maxim.) Hack.	물억새			○		○	
461		Miscanthus sinensis Andersson	억새			○	○	○	
462		Oplismenus undulatifolius (Ard.) Roem. & Schult.	주름조개풀			○		○	
463		Oplismenus undulatifolius (Ard.) Roem. & Schult. var. japonicus (Steud.) Koidz.	민주름조개풀			○			○
464		Paspalum thunbergii Kunth ex Steud.	참새피						○
465		Pennisetum alopecuroides (L.) Spreng.	수크령	귀화		○		○	○
466		Phleum pratense L.	큰조아재비	귀화					○
467		Phragmites communis Trin.	갈대			○			○
468		Poa acroleuca Steud.	실포아풀		○				○
469		Poa annua L.	새포아풀	귀화	○				
470		Poa compressa L.	좀포아풀	귀화					○
471		Poa pratensis L.	왕포아풀	귀화					○
472		Poa sphondylodes Trin.	포아풀	귀화					○
473		Polypogon monspeliensis (L.) Desf.	갯쇠돌피	특III	○				
474		Pseudosasa japonica (Siebold & Zucc. ex Steud.) Makino	이대	식재					○
475	화본과	Sasa borealis (Hack.) Makino	조릿대						○
476		Setaria faberi R. A. W. Herrm.	가을강아지풀	귀화		○			○
477		Setaria glauca (L.) P. Beauv.	금강아지풀	귀화		○			○
478		Setaria pallidefusca (Schumach.) Stapf & C. E. Hubb.	가는금강아지풀	귀화					○
479		Setaria pycnocoma (Steud.) Henrard ex Nakai	수강아지풀	귀화	○		○		
480		Setaria viridis (L.) P. Beauv.	강아지풀	귀화				○	○
481		Setaria viridis (L.) P. Beauv. var. pachystachys (Franch. & Sav.) Makino & Nemoto	갯강아지풀			○		○	
482		Sorghum halepense (L.) Pers. for. muticum (Hack.) C. E. Hubb.	무망시리아수수새	귀화		○		○	
483		Spodiopogon cotulifer (Thunb.) Hack.	기름새				○		
484		Spodiopogon sibiricus Trin.	큰기름새				○	○	○
485		Sporobolus elongatus R. Br.	쥐꼬리새풀	귀화				○	
486		Sporobolus japonicus (Steud.) Maxim. ex Rendle	나도잔디						○
487		Stipa pekinensis Hance	나래새				○		○
488		Themeda triandra Forssk. ssp. japonica (Willd.) T. Koyama	솔새			○	○	○	○
489		Zizania latifolia (Griseb.) Turcz. ex Stapf	줄						○
490		Zoysia japonica Steud.	잔디				○	○	○
491	부들과	Typha angustifolia L.	애기부들		○				
492		Monochoria korsakowii Regel & Maack	물옥잠	특III	○				
493	물옥잠과	Monochoria vaginalis (Burm. f.) C. Presl ex Kunth var. plantaginea (Roxb.) Solms	물달개비	귀화	○				○
494	백합과	Allium anisopodium Ledeb.	실부추			○	○	○	○
495		Allium macrostemon Bunge	산달래			○	○		○

연번	과명	학명	국명	구분	현과 김(2017)				양 등 (2012)
					옥죽동 사구	농여 사구	지두리 사구	모래울 사구	
496	백합과	Allium tuberosum Rottler ex Spreng.	부추	특 I	○			○	
497		Asparagus davuricus Link	망적천문동		○	○	○	○	
498		Asparagus oligoclonos Maxim.	방울비짜루	특 III	○				○
499		Asparagus schoberioides Kunth	비짜루		○	○	○	○	○
500		Disporum smilacinum A. Gray	애기나리		○	○			○
501		Hemerocallis fulva L. var. longituba (Miq.) Maxim.	홑왕원추리	식재		○			
502		Lilium lancifolium Thunb.	참나리			○	○	○	○
503		Liriope spicata (Thunb.) Lour.	개맥문동			○	○	○	○
504		Polygonatum humile Fisher. ex Maxim.	각시둥굴레						○
505		Polygonatum odoratum (Mill.) Druce var. pluriflorum (Miq.) Ohwi	둥굴레		○	○			○
506		Scilla scilloides (Lindl.) Druce	무릇		○				○
507		Smilacina japonica A. Gray	풀솜대						○
508		Tulipa edulis (Miq.) Baker	산자고		○				
509	붓꽃과	Belamcanda chinensis (L.) DC.	범부채		○				○
510		Iris dichotoma Pall.	대청부채	멸 II, 특 V		○	○		○
511	청미래덩굴과	Smilax china L.	청미래덩굴			○	○	○	○
512		Smilax nipponica Miq.	선밀나물		○	○	○	○	
513		Smilax riparia A. DC.	밀나물		○	○	○	○	
514		Smilax sieboldii Miq.	청가시덩굴			○	○	○	○
515	마과	Dioscorea oppositifolia L.	마		○	○	○		○
516		Cymbidium goeringii (Rchb. f.) Rchb. f.	보춘화		○				○
517		Epipactis thunbergii A. Gray	닭의난초	특 II	○				○
518	난초과	Liparis kumokiri F. Maek.	옥잠난초		○				
519		Platanthera freynii Kraenz L.	제비난초						○
520		Platanthera mandarinorum Rchb. F. var. brachycentron (Franch. & Sav.) Koidz. ex Ohwi	산제비난		○				○
521		Spiranthes sinensis (Pers.) Ames	타래난초						○

그림 1. 대청도의 주요 식물 1.

(a) 금방망이(*Senecio nemorensis* L.)

(b) 대청부채(*Iris dichotoma* Pall)

(c) 대청지치(*Thyrocarpus glochidiatus* Maxim.)

(d) 동백나무(*Camellia japonica* L.)

(e) 망적천문동(*Asparagus davuricus* Link)

(f) 멱쇠채(*Scorzonera austriaca* Willd. ssp. *glabra* (Rupr.) Lipsch. & Krasch. ex Lipsch.)

그림 2. 대청도의 주요 식물 2.

(a) 실부추(*Allium anisopodium* Ledeb.)

(b) 장딸기(*Rubus hirsutus* Thunb.)

(c) 정향풀(*Amsonia elliptica* (Thunb.) Roem. & Schult)

(d) 조밥나물

(e) 큰여우콩(*Rhynchosia acuminatifolia* Makino)

(f) 큰천남성(*Arisaema ringens* (Thunb.) Schott).

대청도의 사구 식물상

심현보
인천과학예술영재학교 교장, 식물분류학

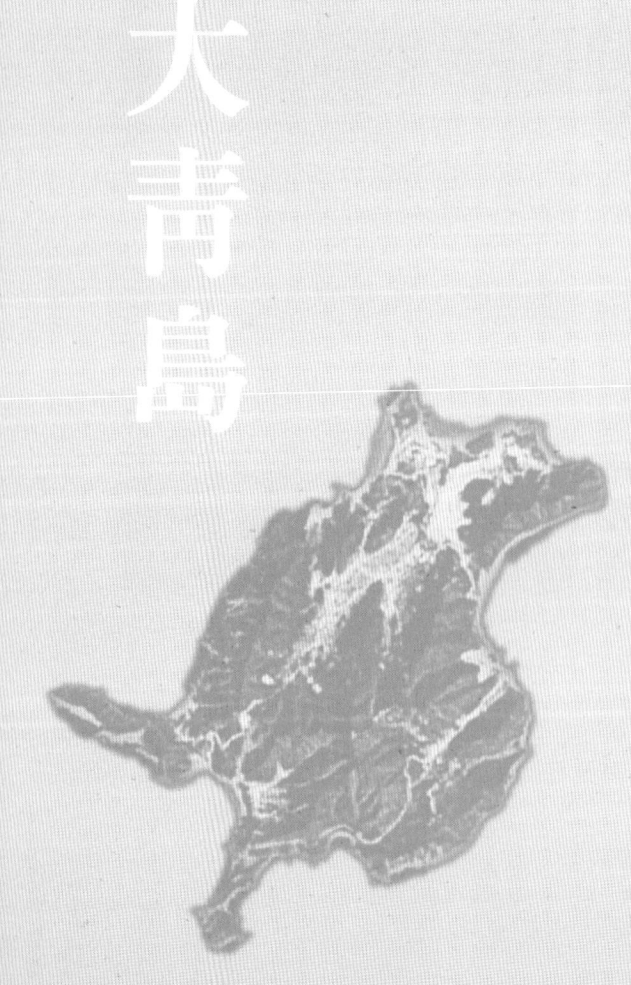

大靑島

1. 서론

한반도는 삼면이 바다로 둘러싸인 관계로 면적에 비해 해안선이 매우 길다. 특히 남서해안은 해안선의 출입이 매우 심하고 경사가 완만하기 때문에 넓은 규모의 간석지tidal flat가 분포한다.

해안을 식물이 분포하는 환경 조건에 따라 구분하면 다음과 같은데, 주기적으로 해수의 영향을 받으면서 식물이 분포하는 곳을 해안 염습지salt marsh, 육지의 경사면에서 토양의 간극수가 유출되어 지표면을 흐르는 곳에 식물이 분포하는 곳을 염소택지salt swamp, 해안에 모래가 쌓인 곳에 식물이 분포하는 곳을 사구sand dune로 구분하기도 한다(임, 1989; 고,2002). 특히 사구는 강수량에 의해 수분이 공급되는데 사질 토양의 보수능이 낮기 때문에 수분 함량이 적으나 밤에 지표면에서 이슬을 흡수하고, 하부로부터 상승하는 수증기를 보유하기 때문에 수분이 공급될 수 있다(임, 1989). 이와 같은 해수의 영향과 입지의 불안정성에 의하여 해안사구 식생은 해안선으로부터 내륙으로 대상 분포를 나타내고 있는 것이 특징이다(정과 김, 1998).

해안사구는 육상생태계와 해양생태계의 완충지역으로 생태적으로 매우 중요한 역할을 한다. 식물의 분포는 그 지역의 환경 상태를 반영하며, 따라서 현재 환경 상태를 나타내는 중요한 지표이다. 따라서 최근까지 조사된 대청도의 해안사구 식물상을 정리하여 현재의 상태를 파악하고 미래의 환경변화를 파악하는 기초자료로 인천섬연구총서에 남기고자 한다.

특히 전국 해안사구 정밀조사에 의하면 대청도는

1. 서론
2. 대상 지역 및 방법
3. 사구식물 분포 결과
4. 고찰 및 제언

인천의 연안 도서 중 상대적으로 북쪽에 위치함에도 불구하고 식물구계학적으로 남해안 아구계에 속하는 특징을 가지고 있다(최와 이, 2008). 따라서 대청도의 해안에 분포하는 사구 식물상의 분포는 남해안에 서식하는 식물의 분포자료를 뒷받침할 수 있는 기초자료가 될 수 있다.

2. 대상 지역 및 방법

대청도 사구 식물상 조사는 인천 섬연구총서의 기본 계획을 바탕으로 사구가 발달된 북쪽의 대진동 해안과 옥죽동 사구, 북서쪽에 발달한 농여 해안 그리고, 남서쪽에 위치한 사탄동 해안을 현지 조사하였다. 특히 심(2005)의 한국산 염생식물상 연구, 2008 전국 해안사구 정밀조사(환경부) 및 2009 인천 연안도서 해양환경 조사 및 보전, 관리 계획 수립 용역(인천광역시), 서해5도의 생물다양성(국립생물자원관) 등을 활용하여 정리하였다. 조사된 식물은 현장에서 채집 및 사진 촬영을 하여 대한식물도감(이창복, 2003), 한국귀화식물 원색도감(박수현, 2001), 한국의 해안식물(심현보 등, 2017) 등을 참고하여 동정하였다.

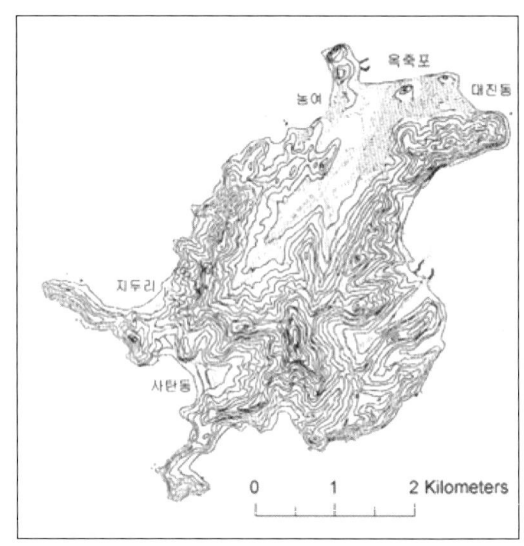

대청도의 해안사구 조사지역

3. 사구식물 분포 결과

가. 옥죽동 사구

대진동 해안과 옥죽동 사구는 대청도의 가장 북쪽에 위치하고 있는데 두 지역은 차량으로 이동할 수 있는 길로 연결되어 있으며, 중턱에 군부대가 주둔하고 있어 일부 자연 상태를 훼손하고 있다. 특히 옥죽동 사구는 바닷가의 모래가 강한 바람에 의해 날려온 것으로 매우 곱고 수 십년에 걸쳐 퇴적된 것이라고 한다. 그러나 모래가 많이 날려서 주민들의 생활에 피해를 준다고 하여 방풍림으로 식재한 곰솔이 군락을 이루어 자연스러운 사구의 모습이 사라지고 있다.

옥죽동 사구는 갯그령과 갯쇠보리가 우점하고 있으며, 특히 귀화식물로 대청도에서 가장 먼저 발견되어 이름 붙여진 대청가시풀이 발견된다. 또한 옥죽동 사구에서 대진동 해안으로 넘어가는 도로 주변에는 귀화식물로 백령도에서 처음 발견되어 이름 붙여진 백령풀이 넓은 군락을 형성하고, 애기달맞이꽃 또한 많이 발견되었다. 이와 같이 귀화식물이 넓게 발달된 것으로 보아 이 지역은 사람의 간섭으로 자연이 많은 영향을 받는 것으로 판단된다.

옥죽동 사구는 전체 길이가 1.6km, 폭이 600m 정도 규모의 모래 언덕으로 바람 등에 의해 모래의 이동이 활발해 계절에 따라 다른 모습을 보이기도 한다. 사구의 넓이에 비해 사구 식물이 다양하게 분포하지는 않는데 위쪽으로는 통보리사초가 우점하고 있으며, 아래쪽에는 호모초가 많이 발견된다. 그 외의 사구 식물로는 대표적인 사구의 목본식물인 순비기나무가 분포하고 있으며, 갯쇠보리, 갯그령, 갯메꽃, 사철쑥 등이 관찰되었다.

나. 대진동 해안

대진동 해안은 완만한 반달 모양의 해안을 따라 철골 구조물인 용치가 일렬로 설치되어 있고, 해안의 급한 경사면을 따라 갯그령, 갯쇠보리, 통보리사초, 좀보리사초, 산조풀, 갯메꽃, 모래지치, 갯완두, 사철쑥, 해국 등이 관찰되었다. 특히 사구의 지표종인 갯방풍이 발견되었다. 그리고 사구의 대표적인 목본식물인 곰솔과 해당화가 자라고 있다. 그 외에 사구에도 자라는 귀화식물인 개망초, 개쑥갓, 달맞이꽃, 도꼬마리, 돼지풀, 서양민들래, 칡, 털빕새귀리 등이 발견되었다.

다. 농여 해안

대청도의 북서쪽에 위치한 해안으로 긴 반달 모양으로 펼쳐져 있으며, 앞쪽은 풀 등이 형성되어 있으며, 해변의 중간에는 커다란 지각변동을 보여주는 나이테 바위 등이 아름답게 형성되어 있다. 특히 해안 암반 지역에서는 우리나라에서 백령도와 대청도에만 자생한다고 알려진 대청부채가 발견되었다. 대청부채는 과거에는 많이 분포하고 있었다고 하는데, 무분별한 남획으로 거의 볼 수가 없었으나 최근 바위가 흘러내리면서 그 사면을 따라 일부 개체가 떨어져 나와 자생하는 것으로 판단된다. 농여 해안은 비교적 식생이 잘 보존되어 있는데 해안사구 위쪽으로나 소나무가 우점하고 있으며, 사구에는 갯보리가 우점하고 있다. 목본으로는 곰솔 군락이 방풍림으로 조성되어 있으며 순비기나무, 해당화 등이 분포하고 있다. 사구 식물로는 통보리사초, 갯쇠보리, 좀보리사초, 갯메꽃, 사철쑥, 해국 등이 분포하고 있다.

라. 사탄동 해안

남쪽에 오목하게 형성된 사탄동 해안은 사구 위쪽으로는 소나무와 곰솔이 혼생하는 방풍림이 조성되어 있으며 소사나무, 신갈나무 등이 자라고 있다. 사구 남쪽에는 콘크리트 제방이 설치되어 있으나 잘 사용되지는 않는 것으로 보인다. 해안사구의 대표적인 순비기나무가 통보리사초와 함께 군락을 이루고 있는데 염소 등의 방목으로 다소 훼손이 되고있는 것으로 보인다. 이외의 해안사구 식물로는 좀보리사초, 참골무꽃, 갯메꽃, 모래지치, 사철쑥 등이 발견되었다.

4. 고찰 및 제언

대청도에 분포하는 관속식물 중 해안사구에서 발견된 식물은 17과 29속 31종 1변종으로 모두 32분류군으로 정리되었다. 환경부에서 지정한 식물구계학적 특징종으로는 사구의 지표종인 갯방풍을 포함하여 순비기나무, 참골무꽃, 모래지치, 통보리사초, 갯쇠보리 등 Ⅰ등급 6분류군, Ⅲ등급은 갯그령 1분류군으로 확인되었다. 또한 해안사구에서 발견된 귀화식물로는 생태계교란종으로 지정된 돼지풀을 포함하여 달맞이꽃, 백령풀, 아까시나무, 토끼풀, 개망초, 개쑥갓, 도꼬마리, 서양민들레, 독말풀, 대청가시풀 등 11분류군이 확인되었다. 이들 중 대청도에서 처음 발견되어 이름지어진 대청가시풀과 백령도에서 처음 발견되어 이름 붙여진 백령풀이 특징적인데 이들은 옥죽동 사구 및 인근 지역에서 많이 발견되는데 최근 여러 가지 개발 및 군부대 주둔으로 인해 자연에 대한 간섭이 많아지고 있음을 시사한다.

　이번 사구식물 조사를 하면서 식물과 관련된 흥미로운 것을 발견하였다. 옥죽동 사구가 발달해 있는 옥죽포의 과거 지명이 원나라 명종의 태자가 대청도로 유배될 때 황해를 건너 도착한 곳이라 하여 옥자포玉子浦임을 알게 되었는데, 옥자포는 태자(원 순제)가 처음 발을 디딘 곳이라 하여 옥지포玉趾浦로도 불리웠다고 한다. 이후 지방구역과 명칭 변경에 따라 옥죽포玉竹浦로 다시 바뀌었는데 옥죽玉竹은 둥글레 뿌리를 말린 약재를 말하고 옥죽동 사구 위쪽의 산에는 백합과 식물인 둥글레가 다수 분포한다고 하는데 현재는 군부대로 인하여 접근할 수 없어서 확인할 수 없었고 이 지명이 둥글레와 실제 관계가 있는지 알아보았으면 한다.

　또한 대청도와 백령도에만 자생한다고 알려진 환경부지정 멸종위기 Ⅱ급 식물인 대청부채가 농여 해안의 해안 암반과 사탄동 해안 사구 인근에 자생하고 있는 것이 확인되어 이를 보호하기 위한 방안이 마련되어야 하겠다. 특히 대청도라는 지명으로 이름이 붙여진 식물인 대청부채를 브랜드화하여 지역을 홍보하는데 활용했으면 한다.

　육지와 떨어져 있는 지역적 특성을 가진 대청도의 해안사구는 전형적인 사구식물과 함께 귀화식물이 분포하고 있다. 또한 방풍림 조성으로 인위적인 교란이 가해져 있기도 하다. 특히 옥죽동 사구는 내륙에서 볼 수 없는 독특한 사구를 형성하고 있어서 지형적, 식물학적 보존 가치가 높다고 판단된다. 최근 환경변화로 인한 한반도 해안 식물의 미래 분포변화 연구(박, 2020)에 의하면 미래 기후변수로 예상 분포지를 예측한 결과 미래에 분포가 감소할 것으로 예상되는 분류군인 갯메꽃, 갯방풍, 갯씀바귀, 갯완두, 해란초, 참골무꽃, 순기비나무 중 4종이 대청도에 분포하고 있다. 또한 미래 분포가 현재와 비슷할 것으로 제시한 수송나물과 통보리사초 2종 또한 분포하고 있는데 미래 기후 변화는 서해와 남해가 동해보다 기후 변화가 클 것으로 예상된다고 하였다. 이와 같은 결과를 반영하여 내륙과는 거리가 떨어져 있고, 아직은 인간의 간섭이 제한될 수 있는 대청도부터라도 해안 식물의 보전전략 수립이 필요하다고 생각된다.

[표1] 환경부 지정 식물구계학적 특정식물 종

과명	국명	학명	등급
산형과	갯방풍	Glehnia littoralis F.Schmidt ex Miq.	I
지치과	모래지치	Argusia sibirica (L.) Dandy	I
마편초과	순비기나무	Vitex rotundifolia L.f.	I
꿀풀과	참골무꽃	Scutellaria strigillosa Hemsl.	I
화본과	갯쇠보리	Ischaemum anthephoroides (Steud.) Miq.	I
사초과	통보리사초	Carex kobomugi Ohwi	I
벼과	갯그령	Elymus mollis Trin.	III

[표2] 대청도 해안사구의 귀화식물

과명	국명	학명
콩과	토끼풀	Trifolium repens L.
바늘꽃과	애기달맞이꽃	Oenothera laciniata Hill
바늘꽃과	달맞이꽃	Oenothera odorata Jacq.
꼭두서니과	백령풀	Diodia teres Walter var. teres
가지과	독말풀	Datura stramonium L.
국화과	개망초	Erigeron annuus (L.) Pers.
국화과	도꼬마리	Xanthium strumarium L.
국화과	돼지풀	Ambrosia artemisiifolia L.
국화과	서양민들레	Taraxacum officinale Weber
국화과	개쑥갓	Senecio vulgaris L.
화본과	대청가시풀	Cenchrus longispinus (HACK.) Fern.

[표3] 대청도 해안사구의 관속식물

학명	국명	분포지역			
		A	B	C	D
고란초과(Polypodiaceae)					
Cyrtomium falcatum (L.f.) C. Presl	도깨비고비			○	
소나무과(Pinaceae)					

학명	국명	분포지역			
		A	B	C	D
Pinus thunbergii Parl.	곰솔	○	○	○	○
명아주과(Chenopodiaceae)					
Corispermum stauntonii Moq.	호모초		○		
Suaeda glauca (Bunge) Bunge	나문재	○			
Salsola komarovi Iljin	수송나물	○			
Atriplex gmelini C. A. Mey. ex Bong.	가는갯능쟁이				○
석죽과(Caryophyllaceae)					
Silene aprica var. *oldhamiana* (Miq.) C.Y.Wu	갯장구채				○
Gypsophila oldhamiana Miq.	대나물			○	
장미과(Rosaceae)					
Rosa rugosa Thunb.	해당화	○	○	○	
콩과(Leguminosae)					
Lathyrus japonicus Willd.	갯완두	○			
산형과(Umbelliferae)					
Glehnia littoralis Fr. Schmidt ex Miq.	갯방풍	○	○		
Cnidium japonicum Miq.	갯사상자			○	
메꽃과(Convolvulaceae)					
Calystegia soldanella (L.) Roem. et Schult.	갯메꽃	○	○	○	○
가지과(Solanaceae)					
Datura stramonium L.	독말풀		○		
마편초과(Verbenaceae)					
Vitex rotundifolia L.f.	순비기나무	○	○	○	○
지치과(Boraginaceae)					
Argusia sibirica (L.) Dandy	모래지치	○			○
꿀풀과(Labiatae)					
Scutellaia strigllosa Hemsley	참골무꽃				○
꼭두서니과(Rubiaceae)					
Diodia teres Walter	백령풀	○	○		
국화과(Compositae)					
Artemisia capillaris Thunb.	사철쑥	○	○	○	○
Aster hispidus Thunb.	갯쑥부쟁이			○	○
Aster spathulifolius Maxim.	해국	○		○	
Sonchus brachyotus D C.	사데풀			○	

학명	국명	분포지역			
		A	B	C	D
화본과(Gramineae)					
Elymus mollis Trin.	갯그령	○	○	○	○
Elymus dahuricus Turcz. ex Griseb.	갯보리			○	
Cynodon dactylon (L.) Pers.	우산잔디			○	
Calamagrostis epigeios (L.) Roth	산조풀	○			
Cenchrus longispinus (Hack.) Fernald	대청가시풀	○	○		
Ischaemum anthephoroides (Steud.) Miq.	갯쇠보리	○	○	○	○
Phragmites communis Trin.	갈대		○		
사초과(Cyperaceae)					
Carex kobomugi Ohwi	통보리사초	○	○	○	○
Carex pumila Thunb.	좀보리사초	○		○	○
백합과(Liliaceae)					
Asparagus oligoclonos Maxim.	방울비짜루			○	

A: 대진동 해안, B: 옥죽동 사구, C: 농여 해안, D: 사탄동 해안

참고문헌

고철환. 2002. 한국의 갯벌. 서울대학교 출판부.

임병선. 1989. 토양의 수분 포텐셜과 식물의 삼투조절능에 의한 해안식물 군락의 분포. 서울대학교대학원 박사학위 논문.

정용규, 김종원. 1998. 경북의 해안사구 식생. 한국생태학회지.

Park jongsoo. 2020. Phylogeographic study of halophyte Suaeda species in East Asia and estimating distribution changes of coastal plants in korea. Inha university.

_____. 2008. 전국 해안사구 정밀조사. 환경부, 국립환경과학원.

_____. 2018. 서해5도의 생물다양성. 환경부, 국립생물자원관.

심현보 외. 2017. 한국의 해안식물. 환경부, 국립생물자원관.

심현보. 2005. 한국산 나문재속(명아주과)의 분류 및 염생식물상 연구. 인하대학교대학원 박사학위 논문.

_____. 2007. 인천 연안도서 해양환경 조사 및 보전, 관리 계획 수립 용역보고서. 인천광역시

옥주포 사구와 사구 식물

해당화

대청사초

갯쑥부쟁이

갯방풍

제4부 좌담회

대청도의 과거와 현재를 말하다

大靑島

때 2020. 8. 21
곳 대청도 엘림여행사
참가자 주민 장덕찬, 김옥자, 곽윤직,
　　　　 황해섬네트워크 최중기, 이동열, 이관홍, 김준, 이재혁
정리 이관홍

최중기 안녕하세요. 올해 황해섬네트워크 섬연구총서로 대청도를 준비하였습니다. 지금까지 세권의 총서가 발간되고 이번에 4번째 기획으로 대청도 총서를 발간하는데, 매 총서에 각 도서의 과거와 현재의 생활사에 대한 섬 주민들의 이야기를 듣는 간담회를 가졌는데, 이번에도 그런 기회를 갖고자 합니다. 인천의 도서에는 군지 또는 면지가 있습니다만, 군지 또는 면지는 행정구역에 따라 만들어지므로 섬 하나만을 대상으로 하는 총서는 드문편입니다. 이렇게 섬을 대상으로 하는 총서는 면지나 군지에 비해 섬의 특징을 잘 나타낼 뿐 아니라 섬 주민의 인터뷰와 자료 조사를 통해 그 섬이 갖는 독특한 생활사를 보여줄 수 있기 때문에, 황해섬네트워크가 총서를 만들려고 하는 것입니다. 간담회를 통하여 어르신들께서 아시는 대로 대청도의 생활사를 말씀 해주시면 감사하겠습니다. 오늘 간담회에 참석하신 분들을 소개하면, 저는 진행을 맡은 인하대학교 명예교수 최중기입니다. 함께 하신 분들은 황해섬네트워크의 이동열 이사장, 황해섬네크워크의 공동대표이며 인하대학교 해양학과의 이관홍 교수, 전남연구원의 김준 책임연구원, 연안협회 사무국장인 이재혁 박사 이십니다.

장덕찬 저는 장덕찬 엘림그룹 대표이면서 대청3리 노인 회장입니다. 백령도 장천이 고향입니다.

김옥자 저는 여기 대청도가 고향입니다. 이름은 김옥자이고 문화관광해설사와 지질공원해설사를 하고 있습니다.

곽윤직 곽윤직입니다. 여기가 고향입니다. 옹진수협 어촌계장을 역임했습니다.

1. 대청도 지명과 역사

최중기 대청도가 원래는 포을도라고 불렸다는 말이 있는데, 주민들은 포을도라는 명칭을 잘 알고 있습니까?

장덕찬 우리 주민들은 사실 포을도를 잘 모릅니다. 대청 면지를 만들 때에 김정옥 선생이 포을도라는 명칭이 나오기 시작했지만 주민들도 아는 사람은 별로 없는 것 같습니다. 면지에는 고려 초기에 포을도라고 하였다고 나와 있습니다. 본섬은 암도 또는 청도 라고도 했다가 대청도라고 불리게 되었습니다. 배가 멀리서 지나가면서 대청도를 바라보면 검푸르게 큰 섬이다 해서 대청도라고 불렀습니다.

최중기 고려 시대 이전의 대청도 역사에 대하여 아시는지요?

장덕찬 약 700년이 지났는데 그 전에 내려오는 역사는 알 수 없습니다. 기록도 별로 없고, 귀양 왔다는 그런 역사적 사실은 하나도 없어요. 물론 정감록에는 여기가 피난지라고 나와 있다는데, 여기는 큰 사고없이 평온한 지역이라고 생각할 수 있습니다.

최중기 피난지 얘기가 나와서 그러는데, 사탄동 어른들은 사탄동이 진짜 피난지였다고 말씀하십니다. 사탄동에 들어가는 입구에 산마루 고개가 있어서, 마을이 밖에서도 보이지 않아 난리가 나면 피난을 사탄동으로 왔다고 하던데, 사탄동이 정감록에 나오는 지역이 아닌지 모르겠습니다.

장덕찬 그건 잘 모르겠습니다.

최중기 들은 바에 의하면, 내동에서 옛날에 금동여래입상 세 개가 발견되었다는데, 그 중의 하나는 통일신라 시대이고, 다른 하나는 고려 시대의 것이어서 중앙박물관에 기증되었다는 이야기가 있습니다. 혹시, 이 지역에 상당히 오래된 절이 있지 않았을까 생각하는데, 그 부분에 관련해서 들으신 건 없으신지요?

곽윤직 여기에 절골이라는 이야기는 없습니다.

김옥자 순제가 유배 오면서 가지고 왔다고 내려오는 이야기는 있지만, 절골이 있다는 이야기는 없습니다.

최중기 그 당시에 불교가 성행하였으니 ,순제를 배종하던 사람들이 올 때 부처님을 하나씩 모시고 왔다가 돌아갈 때 잃어버리고 갔을 수도 있겠지요? 그런데, 순제가 와서 있었던 곳이 초등학교 자리라고 하던데, 혹시 그 자리에서 발견된 것이 있습니까?

장덕찬 초등학교 뒷산에서 기왓장이 나왔다고 해요. 그 청기와는 중국에서 가져와서 지붕을 지었다고 합니다. 그런데, 감정상으로 발표되거나 복원된 것은 없고, 단지 발견했다는 이야기만 있습니다.

최중기 그런데, 금동여래입상과 기와가 발견된 곳은 일치되지 않는 것 같습니다.

장덕찬 그렇죠, 일치되지 않고 멀죠. 금동여래입상은 서고개라는 산 중턱에서 발견이 되었는데, 서고개 꼭대기에 올라가면 중국 가는 산둥 반도 쪽이 다 보이잖아요. 그러니까 그 위에다 놓고 기원을 했던 것이 아닌가 추측합니다. 그리고, 부처도 있지만 부처 받침대까지 나왔다고 했어요.

최중기 경북대학교 이개석 교수님과 함께 여기에 왔었는데, 그 분이 보더니 초등학교 자리는 골 터가 아닌 것 같다는 말씀을 하세요.

김옥자 제가 말씀드려도 될까요? 감 논이 원래 장안이라고 불리지 않아요? 순제가 유배 올 때 원의 수도가 장안이었잖아요. 저희는 골 터가 정확한지는 모르지만 지금도 장안이라고 부르거든요. 저희는 그 말을 아주 근거가 있다고 생각하거든요. 지금도 논 있는 곳 안 전체를 장안이라고 불러요. 80대 후반 언니가 여기 동래동에서 태어나서 나중에 답동에 가서 살았는데, 그 언니 하시는 말씀이 어려서 공사할 때 보면 감 논에서 아름드리 기둥 같은 나무가 나왔다고 해요. 그래서, 혹시 감 논 있는 쪽이 어떤 건물이 있지 않았을까? 혹시, 순제가 와서 소궁궐을 지었다면 그 쪽이 아니었을까 생각합니다.

장덕찬 그렇죠, 순제가 와서 궁궐지를 정했다면, 거기를 장안이라고 불렀겠죠.

김옥자 장안이라고 하는 것도 그럴 수도 있겠다라는 생각이 드네요. 좀 의미가 있어요. 그리고 기와도 김기룡 교장선생님이 기와 깨진 거 책자 내는 거 보니까 지금 감정을 한다고 하네요. 그리고, 사진을 여기다 책에다 올리셨어요.

최중기 순제 이후에 조선시대 들어오면서, 공도 정책으로 인해 주민들을 살지 못하게 하고 거의 비다시피 했습니다. 그런데, 중국의 황당선, 즉 중국어선들이 와서 고기들을 잡아가니까, 그 대책으로 진을 설치하자 해서 대청진이 세워지죠?

장덕찬 예, 그렇죠.

최중기 그럼, 대청진을 설치할 때 입도하신 분들이 대청도 주민의 주류를 형성합니까? 아니면, 그 이전에 입도하신 분들이 계신가요?

장덕찬 입도는 진이 생기기 전에 했지요. 면지를 보면 1793년에 대청도에 주민 입도가 시작됐다고 나와있어요. 정식으로 국가의 승인을 받아서 주민이 들어온 것이죠. 한 200년 밖에 되지 않았어요.

최중기 1793년이면 정조 때인데요. 정조 대왕 때 대청도에 진이 생긴 것으로 알고 있거든요.

장덕찬 그러니까 주민이 살았으니까 진이 설치되었겠죠! 처음에는 대청도가 24가구, 연평도가 12가구인가 정식으로 승인을 받아 주민 입도가 시작됐다는 거죠. 그 전에 사람들이 살았다는 흔적은 많죠. 백령도의 목장을 대청도로 옮겼다 하는 문헌도 있고, 귀양 왔던 사람이 살았다는 흔적은 많은데 정식으로 국가에서 승인을 해서 주민이 입도를 했다는 것은 그 정도 밖에 안된다고 나와있습니다.

최중기 그럼 주민들은 황해도 장연 쪽에서 오신 건가요?

장덕찬 그렇죠.

최중기 그렇게 진이 만들어지면서 주민이 늘어나게 되었네요. 그럼, 그 당시에 진은 어디 있었습니까?

장덕찬 동래동에 있었다고 해요. 동래동의 지금 마을회관 자리인데, 그 자리에 구 노인정 짓기 전에 집이 두 채가 있었어요. 그 집들을 허물고 노인정을 지었죠! 옛날에 그 집 자리에 진청을 지었던 자리라는 얘기를 들었어요. 알고 보면, 당시에 동래동에 학식 있는 사람들이 많고 부자들이 땅도 갖고 있어서, 동래동이 좀 양반촌이라고 볼 수 있죠.

김옥자 지금은 동래동과 내동으로 분리되어 있지만, 그때 당시에는 모두 내동이라고 불렀어요.

2. 대청도 근대 발달

최중기 선진포는 나중에 개발이 되는데, 기록에 따르면 1920년대 일본이 선진포 어항을 만든 것으로 나옵니다. 그 이전에도 선진포에 사람들이 살았나요?

장덕찬 살았겠죠. 사람이 살았는데, 사실은 1918년 포경회사가 설립이 되면서 어촌으로서 규모가 커지고 발전이 되었습니다.

최중기 그전에는 배가 어느 곳으로 들어 왔습니까?

김옥자 답동으로 들렸죠. 아직도 배가 들린 흔적이 남아있습니다.

최중기 그럼 답동에도 배를 계류할 수 있는 시설이 있었습니까?

김옥자 시설은 없고, 흔적이 남아있고, 사진이 있습니다.

최중기 흔적이라고 하는 것은?

김옥자 콘크리트 해서 그대로 남아 있어요.

장덕찬 그건 아니야. 콘크리트가 아니라 돌로 만든 것이 남아 있어요. 그리고 콘크리트는 나중에 만든 것이에요.

최중기 진이 만들어질 때, 중국의 황당선을 내쫓으려고 수군이 와있던 거군요. 수군이 중국 배들을 못 오게 했을 텐데, 그렇게 하기 위해서는 수군의 규모가 상당히 컸고, 배 터도 꽤 규모가 있었을 텐데, 답동 포구가 수군 선박이 들어올 만한가요?

곽윤직 답동 포구가 선진포 선착장 크기에요. 물론 배는 대지만 큰 돌 같은 게 없고 자갈로 되어있기 때문에 옛날에는 배를 대더라도 바닥에 넘어지지 않아 짐을 부리고 물이 들어올 때 나갈 수 있었습니다.

최중기 이쪽 내동에 진이 있었으면 옥죽포가 가깝지 않습니까?

김옥자 80대 후반이신 어른들 말씀 들어보면 10살 전에 답동의 보통학교 다닐 때, 중국 상선도 그리로 들어왔는데, 거기서 수영하면서 놀고 있으면 그쪽 상선의 선원이 불렀답니다. 불러서 배에 올라오라 해서 배에 올라가면 땅콩을 볶아서 줬답니다. 그 배에는 땅콩 하고 인삼이 가득 찼대요. 그리고 땅콩 몇 알을 주면서 어린이들에게 농담을 했었나 봐요. 그러면, 자꾸 놀리니까 다시 물로 가버리면, 다시 불러 땅콩을 주었다는 이야기를 들었습니다.

이동열 개성에서 인삼을 사가지고 왔었나요?

김옥자 개성에서 사서 중국으로 수입하는 과정이었는지 잘 모르겠지만 그때 당시에는 그랬다고 합니다. 답동 포구에는 일제강점기 시대였으니까 일본 군함도 있었고 러시아 사람들까지 봤대요. 그리고, 유럽 사람들 오는 것도 보구요. 그래도, 그 중 제일 싹싹한 것은 일본 사람들이었대요. 그 때에 답동에는 집이 몇 채 없었거든요. 그러면 일본 군인이 부뚜막에 와서 앉아서 이야기하면서 밥도 얻어먹고 갈 정도로 그 사람들은 좀 약았답니다.

이동열 그럼 그들은 피항 온 것인가요?

장덕찬 아뇨, 중국으로 가는 중간 기착지 역할이었죠.

이재혁 답동에 대청 보통학교가 있었는데, 그게 언제 이사간 건가요?

김옥자 이사 간 게 아니라 이쪽 동래동으로 보통학교가 넘어왔다가 다시 그쪽(답동)으로 갔다고 했어요.

이동열 동래동이 큰 마을인가요?

김옥자 예전에는 전체적으로 내동이라고 했는데 요즘에 와서 동래동이라고 해요. 지금은 서래동, 동래동, 양계동 이렇게 나뉘었죠.

최중기 면지에 포경 기지가 만들어진 것은 1915년으로 되어있습니다. 그런데, 다른 기록을 찾아보니까 1918년이라고 되어있어요. 엘림여행사의 장실장이 1918년부터 포경 기지가 있다고 소개하였는데, 어떤 기록에 1918년이라고 되어 있는지 궁금합니다. 왜 그런 말씀을 드리는가 하면, 고래잡이를 울산에서 하다가 울산 지역에 고래가 줄어드니 서해로 올라왔습니다. 흑산도에 포경 기지가 생긴 게 1916년이고, 그 이후에 대청 기지가 생긴 걸로 알고 있는데, 대청도와 흑산도 중 포경 기지가 어느 곳에 먼저 만들어졌는지 중요하기 때문입니다.

김옥자 그럼 저기 등대가 언제 생겼는지 비교하시면 될 것 같아요.

최중기 소청도 등대는 굉장히 오래됐습니다.

장덕찬 소청도 등대는 1908년에 일본사람들이 만들었죠. 그렇지만, 등대와 포경기지는 아주 다르기 때문에 비교하기 어렵습니다.

최중기 대청 면지에는 1915년이라고 되어 있는데, 장 실장이 어떤 문헌을 보고서 그런지 모르겠습니다.

곽윤직 아마 인터넷을 보고 한 것이겠죠.

최중기 네, 알겠습니다. 포경 기지와 관련해서 고래를 잡은 기록을 보면, 처음에는 연간 50마리 정도 잡았는데, 나중에는 줄어들었고, 흑산도에서는 30~40마리 정도 잡았다고 합니다.

장덕찬 많이 잡을 때는 연간 70-80마리까지도 잡았다고 해요.

최중기 아마 포경기지가 생기고 어항을 만들고, 선진포구가 커지고 주민들도 많이 들어와 살고, 또한 일본사람들도 많이 들어와 살았던 것 같습니다.

김옥자 그때 당시에는 작은 일본촌이 있었어요.

장덕찬 지금 보건소 밑에 있는 집들이 다 적산가옥들이었어요. 바뀐지도 얼마 안됩니다.

최중기 포경기지 사업소가 면지에 사진이 나오는데 그게 언제 없어졌는지 모르겠습니다.

장덕찬 그것은 잘 모르겠습니다. 당시에는 고래를 잡으면, 여기에 시동을 걸어서 밧줄로 끌어 올렸습니다.

최중기 예전에 그렇게 고래를 많이 잡았으면 뼈라도 남아 있을 텐데, 혹시 대청도에 고래 뼈 남아있는 것이 없습니까?

김옥자 근데, 재미있는 이야기는 고래는 한 마리 잡으면 고동을 한번 불고, 두 마리는 두 번, 세 마리는 세번 불었답니다. 그러면, 어린 나이에 뛰어가서 고래 잡는 것을 구경했다는 겁니다.

이동열 여기에서 고래를 해체하지는 않았습니까?

김옥자 해체했습니다.

이동열 그럼, 고래 뼈 남은 것이 있을 텐데...

장덕찬 고래를 해체하면 그 뼈들은 모두 일본으로 가져갔다고 하더군요. 해체할 때 고래가 너무 커서 계단식으로 만들어 타고 올라가서 등을 잘랐다고 들었습니다.

김옥자 어렸을 때 이야기를 들으면, 고래를 해체할 때 미끄러지지 않게 아이젠 같은 신발을 신고 큰 칼을 차고 고래 등에 올라가서 고래 해체작업을 했다고 하더라고요.

장덕찬 저희는 고래 해체하는 것은 못 보고, 끌고 오는 죽은 고래를 봤는데 정말 컸어요.

최중기 그게 몇 년쯤이었습니까?

장덕찬 50년전이니까...1970년대네요.

이재혁 고래를 마지막 잡게 한 것이 1985년이거든요. 1984년까지는 어청도에 포경선이 들어와서 고래를 잡았다는 기록이 있습니다. 그런데, 대청도에서는 그 이전부터 고래선이 안 들어왔습니까?

곽윤직   저희는 거의 고래를 못 봤습니다.
이동열   60년대 70년대에 고래가 없었습니까?
장덕찬   그 이전에도 거의 없었어요.
최중기   일제 때 일본 포경선들이 들어와서 잡고 일제가 망하고 나서는 포경은 거의 끝나가고 없어졌군요.
이동열   해방 이후에는 없어졌나요?
장덕찬   그렇죠. 끝났죠. 그때는 고래 잡는 사람도 없었고..
김옥자   그래도 그때는 고래고기도 먹고 좋았겠어요.
장덕찬   그건 잡을 때의 이야기죠.
최중기   일제시대 때 보면 흑산도에서도 팔지는 않고 그 곳에서 일한 사람들한테 임금으로 고래고기를 조금 나누어 주었어요. 그럼, 그걸 가져가서 동네에서 팔고 나눠 먹었다는 기록이 있습니다. 대부분 일본사람들이 고래고기를 일본으로 가져가서 비싸게 팔았습니다.

3. 대청도의 어업

최중기   그러면, 수산업 쪽에서는 주로 무엇을 잡았습니까?
장덕찬   홍어죠. 주로 홍어를 했습니다.
최중기   홍어! 해방 후에는 다 홍어?
장덕찬   백령, 대청, 소청이 모두 홍어를 잡았지요.
최중기   그럼, 대청도만 하더라도 홍어잡이 배가 몇 척이나 있었습니까?
장덕찬   백령·대청에서 약 200척이 된다고 하더라고요.
최중기   대청도만 하더라도 70-80척된다고 봐야합니까?
장덕찬   네
최중기   그때 잡을 때는 주로 어떤 방법을 사용했습니까?
장덕찬   장주낙이라고, 낚시줄에 미끼를 끼워서 하는 거고, 지금은 미끼를 끼지 않는 건주낙(걸낙)을 사용하지요.

최중기 건주낙을 한 것은 언제부터였나요?

장덕찬 30년 정도 됐죠.

최중기 홍어 주낙을 한 것은 대청이 제일 먼저라고 들었습니다.

장덕찬 그 영감님이 먼저 했는데!

최중기 그 분 성함이 어떻게 됩니까?

곽윤직 수원호 사건[1] 언제 났죠? 수원호 사건! 저인망이 두 척이 가다가 한 척이 월북하고 한 척은 침몰했어요.

최중기 그럼 그 때 건주낙을 처음 하신 분은 어떤 분이세요?

곽윤직 여기 분이 아니고, 어떤 노인분이라고 알고 있습니다. 그때는 가시주낙이라고 그랬습니다. 내려와서 멧밥가지고 하다가, 그 분이 기계를 사다가 건주낙을 시작하였죠. 근데, 성함은 모르죠.

최중기 흑산도에서는 홍어 걸낙을 자기네가 처음 안하고 대청도에서 왔다고 하거든요. 대청도가 사실은 홍어 낚시 원조인 셈이죠..

곽윤직 원래는 장산곶이에요.

최중기 원래는 홍어가 장산곶이에요?

곽윤직 예

장덕찬 백령도의 배 수십척이 장산곶으로 가서 홍어잡이를 했었어.

최중기 장산곶 배들이 원래 나와서 홍어잡이를 했던 것입니까?

곽윤직 예. 그리고 야간에 했어요.

장덕찬 장주낙이라고 해서 3~4일에서 일주일정도 바다에서 잡아가지고 돌아오곤 했었요

이재혁 장주낙을 야간에 했습니까?

장덕찬 예.

이재혁 미끼는 무엇을 했습니까?

장덕찬 놀래미도 하고 까나리도 했습니다. 까나리를 잘라서 썼고, 놀래미도 잘라서

---

[1] [편집자주] 1974년 2월 15일에 백령도 서쪽에서 북한 함포사격을 받고 홍어잡이 어선 수원33호가 북한 경비정에 의해 납북되고 수원32호는 침몰된 사건

썼습니다.

김옥자 고메기라고 했잖아요? 그게 중국 말이에요? 일본 말이에요? 그게 굉장히 맛있었어요. 그것을 씻어서 약간 건조시켜 먹으면 바닷물에서 간이 잘 배서 그런지 굉장히 맛있었어요.

이동열 밑감하고 남은 것을 먹었다는 말아죠?

장덕찬 밑감 하고 남은 것을 먹은 것이 아니라, 주낙을 정리할 때 밑감 남은 것을 다시 건져서 먹는거죠.

최중기 홍어가 그렇게 많이 잡다가 줄어들었고, 까나리는요?

장덕찬 까나리는 그 전이요. 왜정때.

최중기 아, 까나리가 홍어보다 먼저 잡았다는 거네요?

장덕찬 그렇죠. 까나리는 일본 사람이 와서 시작을 했다고 해.

최중기 그 당시 까나리를 잡아서 무엇를 했나요?

장덕찬 말렸어요. 말려서 식품으로...

최중기 네, 알겠습니다. 다시 홍어로 돌아가서, 홍어가 이 지역으로 많이 오는 이유가 바닥이 사질이라서 그렇다 하는 사람도 있고 홍어가 해초에다 알을 많이 낳기 때문이라고 하는데, 여기서는 어떻게 보고 계세요?

곽윤직 홍어는 알집에 3, 4, 5의 알이 들어가 있어요. 알은 3-4월 제일 많이 낳고 6-7월달에도 낳아요. 그래서 6-7월에 금어기가 생겨났어요. 그래서, 지금은 홍어가 더 많은 것 같은데, 우리가 알기로 수놈은 부레 끝에 칼이 달려 있어요. 암놈의 알이 나올 때 새끼가 부화할 때 잘라준다고 해요. 그게 손이 잘려. 알집이 질긴데 손으로 잡았다 해도 안 터져요.

최중기 모래사장에 낳는 것도 아니고...

곽윤직 돌밭에 많이 있어요.

최중기 새끼들을 돌밭에 많이 낳아요?

이동열 알로 낳아요?

장덕찬 새끼로 낳지요. 2-3마리를 거기다 낳지.

김옥자 산란하기가 좋은 곳 이래요.

김 준 그럼 그렇게 잡은 것은 어디에 파셨어요?

장덕찬 목포에다 팔았죠. 영산포에도 팔고..

곽윤직 말잘했네요. 지금은 모르지만 그때는 거의 다 영산포에 팔았어요. 목포는 이야기도 안했어요.

이동열 지금은 덕적도까지 밖에 안 내려간다고 하던데요. 지금은 배가 올라온다고 하던데요.

곽윤직 뭐가?

이동열 홍어를 받으려고

곽윤직 그건 아니고, 여기도 지금은 잡으면, 50박스를 잡았다면, 50박스를 싸가지고 목포로 보내요.

이동열 뭘로 보내요?

장덕찬 택배로..

이동열 아, 택배로!

장덕찬 일반 택배로 다 보내요.

김 준 그러면, 영산포에서 목포로 바뀐 것은 얼마나 됐습니까?

곽윤직 그건 얼마 안됐어요. 우리 옛날에는 홍어를 많이 잡을 때는 큰 배가 와서 홍어를 장으로 셌어요. 하도급 백장, 암놈 50장, 숫놈 50장으로 적어요. 해서 주면 팔아가지고 와서 돈이 얼마인지도 몰라. 그냥 그 배에다 다 실어 주었죠.

김 준 그럼 영산포로 갔어요?

곽윤직 그렇죠. 영산포로 갔지요.

김 준 그럼 목포로 간지는 얼마나 됐습니까?

곽윤직 간 거는 한 10년, 아니 15년 정도 됐어요.

감옥자 제가 택배 하면서부터 갔어요. 15년이요.

곽윤직 그때는 모두 영산포였어요. 그래서 가보지도 못하고 가보지도 않고 영산포가 입에 발렸어요.

장덕찬 그때 운반선으로 영산포에 가지고 내려가면 3~4일 걸리는 동안에 그 배 안에서 자연 숙성 된다고.. 영산포 가면 바로 숙성된 홍어가 되는거야.

이관홍 근데 하구언이 만들어진 게 1981년이잖아요 그때면 영산포에 배가 들어갈 수

	가 없었을텐데요?
최중기	그전에 간 거죠. 영산포 하구언이 만들어지기 전에는 영산포로 갔고, 하구언이 만들어진 이후에는 목포로 갔겠죠.
이동열	하구언에 도선을 대놓고 유선으로 들날달락 했겠죠!
곽윤직	가보니까 옛날에는 거기로 배가 들어갔답니다.
김옥자	거기에 등대가 있더라고요. 거기 안쪽으로 들어갔대요.
김 준	예, 있어요. 막힌 것은 90년대이니까.
장덕찬	거기로 들어갈려면 굉장히 힘들었대요. 또, 물 때 맞춰서 들어가야 하니까 무척 힘들었대요.
김 준	그럼 영산포는 50년, 40년 전이에요?
곽윤직	네. 그때는 모두 영산포로 보냈어요. 그래서 영산포는 알아요
최중기	흑산도로 가서 판 게 아니라 영산포로 직접가서?
곽윤직	흑산도는 아니어요. 여기서 선장하던 친구들이 많아요. 그 친구들이 흑산도 가서 선장도 했어요. 그 친구들이 번드르하게 돈 벌어 왔어요. 한 20년 지나서 온 사람들도 많구요.
최중기	여기서 홍어잡이 하다가, 또 흑산도 가서 홍어잡이 한 분들도 있고..
곽윤직	그렇지요. 그때는 여기가 홍어잡이가 잘 안됐어요.
김 준	여기 것은 흑산도에 입항을 못해요.
최중기	홍어에 대해 더 궁금 하신 거 있으세요? 다음에는 조기로 넘어 가지요.
김 준	여기는 홍어를 어떻게 먹었어요?
곽윤직	지금도 그렇고 과거에도 그렇고 생물로 바로 회를 쳐서 먹었어요. 삭힐 줄도 모르고…
장덕찬	삭힌 것은 못먹어요.
김 준	무쳐 먹기도 했습니까?
곽윤직	그렇죠. 무쳐 먹기도 했죠.
장덕찬	그전에는 홍어를 회를 치면 무조건 찬 물에다가 담갔어요. 한 5분 정도 담갔다가 싹 꺼내면 하얗게 꽃이 피는 거야. 불어 가지고. 그것을 초장에다가 찍어 먹으면 얼마나 시원하고 맛있는지 몰라요.

김옥자 간홍어는 언제 만들었어요?

곽윤직 그건 또, 장마 때에 배도 안 오면 초벌 소금 간을 했어요. 변하니까. 빨갛게 짝짝 일어나요. 그걸 먹으면 톡 쏘죠. , 소금간 해서 말리기도해서 먹었어.

김 준 그냥 말리는 가요? 소금 간을 해서..

장덕찬 소금 간을 해서 나중에 말리기도 하죠.

곽윤직 말리기도 하고 독에다 두죠.

김 준 독에다 두었습니까? 아니면, 따로 간독을 만들었습니까?

김옥자 오지독에다 두었어요. 간을 해서 차곡차곡 넣었어요.

김 준 땅에 파서 넣었나요?

김옥자 그건 아니에요.

곽윤직 그건 나중에 그랬어요.

이관홍 좀 전에 홍어를 물에다 해서 드셨다고 했잖아요. 다 드신 건가요, 아니면 팔 것은 남기고 조금씩 나눠서 드신 건가요?

장덕찬 한 마리 다 먹지.

이관홍 그럴 경우는 마을 분들이 함께 모여서 드신 건가요?

장덕찬 그렇지. 마을 사람들도 먹고. 뱃사람도 먹고, 가져가기도 하고, 한 마리를 사면 7-8명 앉아서 먹어야 하니까, 한 마리 통째로 다해야죠.

최중기 그때의 홍어 잡이가 대청도 경제에 어느 정도나 차지 했나요?

장덕찬 한 70-80프로 정도 차지했죠. 그때 대청도 경제가 제일 좋은 때였던 건데. 그리고 또 인심도 좋았고. 지나가다가 홍어 한 마리 가져가라고 던져 주고. 그 정도로 사실 홍어를 많이 잡았지요.

최중기 대청도가 정말 홍어의 꽃이었는데, 이후에 홍어가 많이 줄게 되었네요. 대청도의 조기는 연평도보다는 훨씬 적게 잡혔죠?

곽윤직 아뇨. 배의 반 정도가 조기잡이 배였어요. 여기서도 굉장히 많이 잡았죠. 그런데, 이해가 안되는게, 다른 고기들은 다 올라오는데 조기만 안 돌아왔어요.

장덕찬 돌아올 수가 없죠. 올라오는 것을 그물로 다 잡았으니까!

곽윤직 그래도, 다른 고기는 다 있어요. 근데, 조기만 없어요.

김 준 다른 고기는 뭔가요?

곽윤직　다른 고기는 우럭이니 장어니, 다 있는데 조기만 없어요. 그런데, 그때 당시에는 조기가 경기를 다 살렸지요.

최중기　60년대와 70년대에는 주로 조기잡이를 했다는 거네요.

장덕찬　그렇지요.

최중기　그리고 꽃게도 많이 나왔나요?

곽윤직　아! 꽃게도 많이 나왔어요. 그전에는 꽃게가 돈이 안되니까! 옛날에는 밤에 배로 나가서 끌박이라고 하는데, 이걸로 끌어 올리면 시꺼멓게 꽃게가 꽉 차 있었어요.

김 준　저인망 같이 끄는 것을 말하는 것인가요?

곽윤직　아뇨, 조그맣게 끄는 것이 있어요. 그런데, 이게 돈이 안되니까 암놈만 가지고 왔어요. 숫놈은 다 내버리고.

장덕찬　그 전에는 잡으나 마나했지. 먹으려고 잡으면 모를까!

최중기　연평의 꽃게 올라오는 시기와 대청의 시기가 다르던데요.

곽윤직　시기는 대청이 1개월 정도 더 빨라요. 그리고, 꽃게가 연평도는 작년까지 났어요. 근데 우리는 4-5년간 꽃게가 안나왔어요.

이동열　올해는요?

곽윤직　안났어요! 우리 대청도가 꽃게를 잡아야 잘되는데 꽃게를 잡지 못해서 아주 못사는 편이에요.

김 준　홍어는요?

곽윤직　홍어는 잘됐어요. 홍어는 작년이나 올해나 잘됐어요. 홍어는 문경리에서만 하는데, 그래서 문경리 사람들은 괜찮아요. 낚시하고 우럭 재배하는 사람들도 괜찮아요. 꽃게하는 사람들은 많은데 안 나와서 힘들어요.

최중기　여기도 미역 같은 건 옛날부터 나왔었죠?

곽윤직　네 그렇지요.

최중기　다시마는 없었고요?

곽윤직　다시마는 근래에 많이 생겼어요.

최중기　최근에 많이 생겼죠. 백령도에 생기면서 여기도 생겼죠.

장덕찬　옛날에는 다시마가 사실 없었는데 최근에 생겼지. 미역은 있었어.

김옥자 예전에 다시마 하는 분들이 다시마는 오염이 되는 곳에 생기는 거라고 제가 들었는데...

최중기 다시마가 원래 우리나라 동해안의 추운 곳에 있었어요. 그것을 기술 개발을 해가지고 서해수산연구원에서 다시마가 없는 서해바다에 옮겨보자고 해서 1983~1984년부터 백령도에 가서 실험을 했어요. 최근에 백령도의 장태헌씨가 그 기술을 익혀서 대규모로 하고, 포자가 퍼져서 이 지역에 많아지게 된 것입니다.

김옥자 그래서 사람들이 하는 말이 청정지역에서 나는 다시마이니까 맛이 좋다고 많이 이야기를 하시거든요.

최중기 네 좋죠. 다시마를 이용하는 전복도 질이 좋고 다시마가 이쪽 지역에 퍼지고. 서해안에는 예전에 없었거든요. 그것은 서해수산연구소가 잘하고, 장태헌씨가 열심히 한 덕분에...

곽윤직 근데 다 망했어요. 옹진에 다시마 하는 사람들도 다 망했어요 (웃음)

장덕찬 사실 그게 힘든 일이어요. 다시마를 말려서 손질해서, 따야 하는데 굉장히 어렵죠. 사실 인건비가 다 나오느냐 하는 것이 문제죠. 돈을 줘서 운영을 하다가 계속 줄 수 없잖아요.

이동열 아, 보조금 받고 했었군요!

이관홍 어제 소청도에서 말씀을 들었는데 봄에는 까나리를 잡고 여름에는 조기를 잡고 겨울에는 홍어를 잡았다고 하더군요. 그렇게 한꺼번에 잡으셨나요? 아니면, 홍어를 잡다가 안되니까 홍어를 잡은 다음에 조기를 잡으셨는지요?

곽윤직 계절적으로 계절에 따라 잡은 것입니다.

이관홍 그럼 같이 잡았다는 이야기네요!

곽윤직 네, 같이. 옛날에는 홍어 잡는 큰 배가 있었어요. 겨울에는 배에서 불도 켜 놓고 해야 되니까. 그리고, 옛날에는 날씨도 더 추웠잖아요. 바닷물이 얼어가지고, 홍어는 겨울에만 잡혔어요. 추을 때 잡고, 눈이 올 때는 고생만 하지요.

최중기 홍어잡이도 하고 까나리도 잡으니, 대청도의 경기가 좋았을 것 같은데요. 여유가 있으니까 자녀들 교육을 잘 시키셨을 것 같은데요? 유학도 시키고..

곽윤직 그건 소청이 공부를 많이 했어요. 대청도 여기는 중고등학교가 없었거든요.

딴 데로 유학도 가지 않았어요. 거의 간 사람이 없어요. 오로지 고기 잡는 것, 옛날 사람들은 대학에 관심없었어요. 먹고 사는 것이 중요하지, 대학 교육은 안시켰지.

장덕찬 까나리 잡이도 보통 4~5명이 한 배에 타야 하니까. 조금 크면 까나리 잡이를 시키는 것이죠.

최중기 주로 어업에 종사했네요.

장덕찬 네, 그렇죠.

최중기 자녀들이 반발해서 육지로 가자고 한 경우는 없었나요?

곽윤직 나중에

장덕찬 나중에 이게 바람이 들었는데, 여기서 초등학교도 있고, 중학교, 고등학교도 있는데, 우리 아들이 나가니까 옆집에서도 보냈는데, 나가서 잘된 애들이 없어요. (웃음)

최중기 이제 이왕 얘기가 나왔으니까 여쭤보는데요. 어업이 지금은 예전에 비해서 쇠퇴하고 있지 않습니까? 어업을 대체할 만한 다른 경제 방법이 있어야 하는데, 주민들께서는 어떤 방법이 좋다고 생각하시나요?

장덕찬 지금 주민들은 특별한 방법 없어요. 어종을 바꿔야 하면 어업을 다 바꿔야 한단 말이야. 작은 배들과 큰 배들도 다 바꿔야 할 것 아니에요. 그럼, 돈이 많이 들잖아요. 쉽지 않잖아. 지금, 오징어잡이를 해보려고 야간 조업을 해달라고 하잖아요.

최중기 오징어요? 오징어는 많이 올라오나요?

곽윤직 전문으로는 안 했는데, 오징어가 그물에 올라올 때가 많아요. 또 그것도 쉬운 일은 아니에요.

최중기 양식업은?

장덕찬 하다가 안되고 그랬어요.

최중기 비단가리비 양식을 여기서 처음으로 한 것으로 아는데, 지금은 비단가리비 양식 안하나요?

곽윤직 여기는 자연산 가리비도 많아요.

최중기 자연산 가리비가 많아요?

장덕찬 지원금 받아서 한거에요! 그렇죠. 그래서 자연산 전복이나 자연산 해삼 종패를 많이 뿌려주면 좋죠. 지금 다른 사업을 생각하기는 사실 힘들죠. 나이 먹어서 옮길 수도 없잖아요.

곽윤직 근데 젊은 사람들이 많다면 모르겠지만, 우리가 나이 들어서 지금 70을 바라보고 있잖아요.그 사람들이 뭐 하겠어요.

최중기 젊은 사람들이 들어와 살려면 뭔가 잡고 할 일이 있어야 하거든요. 근데 관광업 같은 경우 젊은 사람들이 와서 할 만하죠. 여기가 아직은 많이 알려지지 않아서… 관광업은 장회장님께서 잘 아실테니까, 관광업의 전망을 어떻게 보시는지요.

장덕찬 전망은 사실 많이 좋아 진거죠. 사실 많이 알려져서 전화상으로 많이 문의가 오고 있습니다. 앞으로의 전망이라기 보다는, 처음 내가 시작해서 18년째 하는데, 처음에는 2~3명 정도 손님을 모시고 다녔는데, 지금은 점점 나아져서 70~100명씩 오시고 있습니다. 점점 나아지긴 나아 진거죠.

최중기 대청 전체로 봤을 때, 연간 오는 사람들은 몇 명정도 되나요?

장덕찬 글쎄, 몇 명이나 올까요?

최중기 백령도는 엄청 오잖아요. 그 반만 와도…

장덕찬 백령도의 3분의1정도 올 거에요.

최중기 대청십경이 있습니까?

장덕찬 만든 사람이 있어요.

김옥자 이준호 전 교장선생님이라고요. 여기서 선생님으로 계시다가 나가셔서 인일여고 교감선생님을 하셨어요. 원래 여기서 수학선생님이셨대요.

최중기 주민 분들은 대청십경에 다 동의 하시는거죠?

주민들 네 동의하죠.

최중기 혹시 옛날부터 내려오던 것은 없습니까?

장덕찬 옛날 것은 없어요.

최중기 네. 그럼 다른 주제로 넘어가겠습니다. 주민들의 대부분은 교회 다니십니까?

장덕찬 그렇게 많지 않습니다. 백령도에 교회 다니는 사람이 많지요. 옛날엔 그랬는데 지금은 많이 없어요. 성당도 마찬가지입니다. 본당에 모이니까 10명씩 모이

－는 거지. 숫자로 따지면 총 20프로도 안돼요.

최중기 교회도 적고, 성당도 적고, 그렇다고 절이 있는 것도 아니고..

장덕찬 근데 주민들이 어업에 치중하다 보니까 예전에 그런 습성이 아직까지 있어요.

최중기 해신을 믿거나, 신을 믿는 것은?

장덕찬 하나의 무속신앙이죠. 신앙으로 마음속에 가지고 있는 것이지요.

최중기 작년에 풍우제도 지냈다고 그러니까... 백령도와는 다른 것 같아요.

곽윤직 그렇죠. 백령도와는 다르죠. 종교적으로는 무속 신앙을 믿는 분들이 많이 있죠.

이동열 무당은 있나요?

장덕찬 무당은 없어요.

곽윤직 아니 있대요!

장덕찬 당집은 있죠. 당집은 사탄동 모래울 해변 소나무 숲의 삼각산 골짜기 개울 따라서 올라가면 있어요.

최중기 거기서 모시는 신이? 임경업 장군을 모시나요?

장덕찬 그렇죠. 그리고 육리 동래동에서 부대 올라가는 길 뒤쪽에도 당집이 하나 있어요. 고주동 안쪽으로도 있어요. 부대 대대본부 밑에 있어요. 동네 바로 위에 당산이 있는데 거기 가운데에 있어요.

이동열 왜 거기에 지었나요?

장덕찬 말은 순제가 그쪽에 대궐을 짓고 신을 거기다 모셨다. 거기를 왜 명당으로 잡았냐 하면 동래동 앞산이 두 겹으로 막혀 있잖아요. 그리고 앞에 내가 흐르고 뒤에 산이 막혀있다. 그래서 여기가 명당 자리로 잡귀가 못 들어온다. 그걸 장안이라고 했는데, 장안 앞의 두레 바로 밑에 삼거리 못 미쳐서 거기다가 장승, 장승배기에요. 큰 장승을 거기2개 만들어놓고 외지에서 들어오는 귀신이 장안으로 못 들어오게 장승을 만들어 놨어요.

이재혁 그럼, 당집이 있는 곳이 사탄동하고 동래동...

장덕찬 동래동하고, 천지동에는 교회 밑에도 하나 있어요. 그럼 3개가 있지요. 고주동에도 하나 있었는데 없어졌다고 했어요.

최중기 대청도는 역시 어업이 성행해서 그런지 당집이 여러 개 있네요.

이동열 어렸을 때는 풍어제 하셨나요?
장덕찬 안 했어요. 풍어제는 여긴 안 했어(웃음)
김옥자 마을마다 당제사가 있었잖아요?
장덕찬 여기가 어촌이라도 개인적으로 하는 사람들은 많았어. 풍어제 같은 것은 안 했어.
곽윤직 여긴 어촌이라도 개별로 굿을 하는 집이 많았어. 동네 별로 굿을 하는 것은 없었어요.
이동열 그럼 개별적으로 했네요. 잘 사니까 각자 한 거에요.
장덕찬 풍어제는 안했어요. 풍어제 하면, 배만복 이장이 해야 한다고 해서 만들어서 두 번 하긴 했는데, 올해는 못했어요 두 번 모두 배만복 이장이 한 것이에요. 근데 그 당시에 들어온 돈은 얼마 쓰고 얼마 남았는지 밝힌 사람이 없다는 거야. (웃음)
최중기 배만복 이장이 풍어제 준비를 했어요?
장덕찬 선진동 이장이요. 금년에 회장됐지요.
곽윤직 그리고 풍어제 할 때에도 말이 많았어요. 기독교 다니는 사람들이 반대할 거 아네요. 그래도 한다고 하니까 할 수 없이 했는데 돈이 어떻게 된 지 알 수 없으니 더 말이 많았지요.
최중기 좀 예전 얘기이긴 한데 혹시 6.25 전후 주민 변동이 심했을 것 아네요? 6.25 때 여기가 황해도였으니까, 6.25때 이쪽으로 피난 온 분들이 많지 않습니까? 피난 오신 분들이 어느 정도나 되었습니까?
곽윤진 그때는 많았지.
장덕찬 그때 많았죠. 지금도 보면 많이 있는데, 특히 대청도가 백령도 보다 더 많았어요.
곽윤직 지금은 못살지만 예전 40-50년전에는 괜찮았어. 지역감정이 아니라 호남 사람들 많고 충청사람들도 많았고, 꽃게 잡는 것은 충청 사람들이 더 잘했어.
이동열 먹고 살만 하니까 다 오는거죠!
곽윤직 다른 사람들도 많이 왔었고. 꽃게 잡는 건 충청사람들이 잘 잡고 나머지는 호남사람들이 잘했고.

최중기 오늘 많은 말씀 재밌게 해 주셔서 감사합니다. 대청도가 앞으로 어떤 식으로 발전하면 좋겠는지 한마디씩 해주시면 감사하겠습니다.

곽윤직 대청도를 발전시키려면 대청도에 투자를 많이 해야 합니다. 아름다운 섬을 만들어야 합니다. 그런데 지금 보면, 우리가 살면서도, 도로 같은 것도 그렇고 관광객이 오실 만한 것도 그렇고, 대청도가 아주 엉망이에요. 이 섬을 싹 좀 좋게 해야 관광객도 왔다가 또 오고 싶을 것 아닙니까? 그렇지 않아요?

최중기 외부 사람이 오면 교통이 좋아야 하는데, 지금은 불편한 것이 많으시죠?

장덕찬 글쎄 지금 배 상태를 보면, 관광객이 많을 때는 표를 사지 못하는 경우가 있어요. 지금 여객터미널 신축공사를 하는데, 2023년이면 끝나요. 그래서 지금 준비해서 2000톤급 이상의 배를 지어서 운항해야 관광을 활성화할 수 있을 겁니다.

곽윤직 그 2000톤급 여객선을 취항하면 태풍만 아니면 출항할 수 있을 것입니다. 안개로 인한 출항 문제도 해결할 수 있을 것입니다. 그래야 관광객도 오고 싶을 때 오고, 가고 싶을 때 가지 않겠어요? 1박2일이 4박5일이 될 때가 있어서야 누가 오겠어요!

최중기 백령도에 비행장이 생긴다고 하던데, 거기에 대해서는 기대를 하고 있습니까?

곽윤직 저희는 배 타고 한 시간을 가야할 것 아니겠습니까? 또, 비행기도 한 50명 태운다고 하던데, 50명을 태우기 위해서 배가 기다려야 할 것이고, 그 사람들 대부분은 백령도에 있을 것인데, 대청으로 오겠어요. 그래서 백령 사람들은 비행장을 원해도, 대청 사람들은 여객선을 원하지 비행장을 원하지는 않아요.

최중기 신안이나 통영은 국립공원이 돼서 사람이 많이 가니까 배편도 많아지고 있거든요. 여기 대청도가 지질공원 뿐만 아니라 국립공원이 되면 어떻습니까?

장덕찬 국립공원을 하려면 지정을 해야 하지 않나요?

최중기 요즘에는 주민이 사는 곳과 보존을 하는 곳을 구분하고 주민들에게 많은 혜택을 주고 있습니다.

장덕찬 개발하는데 지정하는 것 까지는 좀 그렇지 않습니까? 잘 모르겠고. 지질공원을 하는데 있어서 해설사들이 편하게 다닐 수 있는 해안도로 같은 것에 대한 개선을 잘하는 것이 필요할 것 같아요.

곽윤직 우리 여기에서는 야간에 배가 뜨지 못해요. 나가서 일을 하다가 저녁만 되면 들어와야 하니까 애로가 많습니다.

장덕찬 군사 지역이니까 어쩔 수가 없지요. 빨리 통일이 되거나 해야 이런 문제가 없어지지 않겠어요?

최중기 남북관계가 좋아지고, 소위 세계평화공원이 돼서, 안보위협이 줄어들면 낳아지지 않겠습니까?

장덕찬 정말 평화가 정착돼서 이북을 왕래할 수 있다고 하면, 인천을 가지 않고 바로 북한으로 가서 열차 타고 갈 수 있겠지요.

최중기 병원은 어떻습니까?

곽윤직 문제가 많습니다. 병원이 없으니 사고가 생기면 헬기를 타고 인천으로 가는데 4-5시간이 걸려요. 그리고 보건소를 가려고 해도, 백령도로 가야 하니까 배를 타고 한 시간을 가야 합니다. 그게 문제인 것이지요.

최중기 보건선으로 우선 백령으로 가야 하네요.

곽윤직 그렇지요. 의사를 만나려면 보건선으로 먼저 백령으로 갑니다.

장덕찬 그러니, 병원급은 아니더라도 의원급이라도 있으면 좋겠어요.

최중기 오늘 많은 말씀을 해 주셔서 감사합니다. 여기 사구에 대해서도 좀 더 많은 이야기를 하고 싶지만, 차차 더 많은 말씀듣기를 바랍니다.

장덕찬 대청도까지 와서 좋은 이야기를 해 주셔서 감사합니다.

황해섬연구총서 ❶
대청도

발 행 일 / 2021년 7월 30일

집　　필 / 최중기 이개석 류창호 박덕배 장윤주 이영미 이재혁
　　　　　김형진 백광모 김기룡 최광희 현진오 박진영 심현보
발 행 인 / 이동열
발 행 처 / 사단법인 황해섬네트워크
　　　　　인천광역시 남동구 인주대로552번길 18, 2층
　　　　　tel. 032-777-2017 / fax. 032-777-2019
디 자 인 / 도서출판 다인아트

ISBN 979-11-975115-0-9 (94090)
ISBN 978-11-975115-1-6 (세트)

ⓒ 최중기, 이개석, 류창호, 박덕배, 장윤주, 이영미, 이재혁,
　김형진, 백광모, 김기룡, 박진영, 최광희, 현진오, 심현보, 2021

※ 잘못된 책은 바꾸어 드립니다.
※ 이 책의 일부 또는 전부를 재사용하려면 반드시 저작권자와 출판사 양측의 동의를 받아야 합니다.